本书系浙江省哲学社会科学规划课题
"马克思主义拉美化的探索历程、
理论成就及其新进展（17NDJC271YB）"的
阶段性成果

浙江师范大学拉美马克思主义译丛

Latin American Marxist
Translation Series

马里亚特吉文选
José Carlos Mariátegui:
An Anthology

［美］哈利·E. 瓦登（Harry E. Vanden）
［美］马克·贝克尔（Marc Becker） / 编译
肖小芳 / 译

中国社会科学出版社

图字：01－2019－7450 号

图书在版编目（CIP）数据

马里亚特吉文选／（美）哈利·E. 瓦登等编译；肖小芳译．—北京：中国社会科学出版社，2020.10

（浙江师范大学拉美马克思主义译丛）

书名原文：José Carlos Mariátegui：An Anthology

ISBN 978－7－5203－6368－6

Ⅰ.①马…　Ⅱ.①哈…　②肖…　Ⅲ.①马里亚特吉（1894－1930）—马克思主义理论—文集　Ⅳ.①A81－53

中国版本图书馆 CIP 数据核字（2020）第 072394 号

出 版 人	赵剑英
责任编辑	喻　苗
责任校对	韩天炜
责任印制	王　超

出　　版	中国社会科学出版社
社　　址	北京鼓楼西大街甲 158 号
邮　　编	100720
网　　址	http://www.csspw.cn
发 行 部	010－84083685
门 市 部	010－84029450
经　　销	新华书店及其他书店

印　　刷	北京明恒达印务有限公司
装　　订	廊坊市广阳区广增装订厂
版　　次	2020 年 10 月第 1 版
印　　次	2020 年 10 月第 1 次印刷

开　　本	710×1000　1/16
印　　张	24
字　　数	366 千字
定　　价	129.00 元

凡购买中国社会科学出版社图书，如有质量问题请与本社营销中心联系调换

电话:010－84083683

版权所有　侵权必究

献给已经和将创造性地运用社会主义思想和实践使美国成为一个更好地方的所有人。

总　序
"拉美马克思主义"的探索历程及其基本特征[*]

在众多国外马克思主义理论中，有一种理论对其策源地影响巨大却迄今仍未引起国内学界的足够重视，它便是"拉美马克思主义"。尽管拉美作为思想的"试验场"，各种理论走马灯似的在这片神奇的土地上粉墨登场，但马克思主义对拉美的影响，无论从持续时间，还是从影响的广度和深度上看，皆是其他思想难以比拟的。谢尔顿·利斯（Sheldon B. Liss）就在《拉美马克思主义思想》一书的导言中指出："对拉美知识分子的影响，没有任何学派（或许除了实证主义）可与马克思主义相匹敌。"① 对此，美国《拉美视界》的编辑理查德·L. 哈里斯（Richard L. Harris）博士也有着深刻的洞识，他认为"马克思主义不仅是当代拉美社会基本构成中的重要元

---

* 本序言曾以《"拉美马克思主义"的探索历程及其基本特征》为名，在《马克思主义与现实》2016 年第 4 期上发表，随后被《中国社会会科学文摘》2017 年第 1 期、人大复印资料《马克思列宁主义研究》2016 年第 11 期全文转载，被上海社科院编纂的《世界社会主义研究年鉴（2016）》全文收录（上海人民出版社 2017 年版，第 273—287 页）。这里略作改动，用以充当"浙江师范大学拉美马克思主义译丛"的总序言，亦可看做是"导论"，便于读者在阅读"译丛"时对拉美马克思主义思潮的整体概括有个大致了解。

① Sheldon B. Liss. *Marxist in Thought Latin America*. Los Angeles：University of California Press 1984，p. 2.

素，而且它已经以无意识的方式影响着拉美的思维与实践"①。而1990年诺贝尔文学奖得主，墨西哥文学家奥克塔维奥·帕斯（Octavio Paz）对此亦有深刻的体悟，他说，"我们的历史已经被马克思主义浸润，我们全都不自觉地成为了马克思主义者，我们的道德判断，我们关于现在和未来，以及正义、和平与战争的立场与观点，甚至包括对马克思主义的否定，都渗透着马克思主义。马克思主义已经融入我们的思维血脉与道德感觉之中了"。② 将这些体认与"马克思主义必须与具体历史条件相结合并通过一定的民族形式才能实现"③ 的基本原理联系起来，我们可以合乎逻辑地推知：既然马克思主义对拉美社会产生了如此巨大的影响，必定有拉美化的马克思主义理论形态，即"拉美马克思主义"的存在。从国内外已有研究成果看，拉美地区不仅有独具特色的马克思主义理论形态，而且还异常多姿多彩！哈利·E. 凡登（Harry E. Vanden）教授就曾在《拉美马克思主义参考书目》的导言中指出："拉美马克思主义丰富而有魅力，它像拉美人一样多元（diverse）。"④ 目前，学界围绕相关思想家或某个"理论成果"的专题研究陆续涌现并日益增多，例如对马里亚特吉（José Carlos Mariátegui）、卡斯特罗、切·格瓦拉、托莱达诺（Vicente Lombardo Toledano）、玛尔塔·哈内克（Marta Harnecker）等人的思想研究，以及对"解放神学马克思主义"和"马克思主义依附理论"等个别理论的介绍。但作为一个整体的"拉美马克思主义"本身尚未得到系统梳理、探讨。有鉴于此，我们对"拉美马克思主义"进行了认真研究，"浙江师范大学拉丁美洲马克思主义译丛"便是研究工作中最基础的部分，正是在大量翻译、阅读原始文献的基础上，我们才能厘清"拉美马克思主义"的发展历程、主要理论成果及其特征，并对

---

① Richard L. Harris. Marxism, *Socialism and Democracy in Latin America*. San Francisco：Westview Press 1992, p. 1.

② Richard L. Harris. Marxism, *Socialism and Democracy in Latin America*. San Francisco：Westview Press 1992, p. 1.

③ 国内学界认为，这条原理是毛泽东思想对马克思主义的发展，但谢尔顿·B·利斯（Sheldon B. Liss）认为，这是毛泽东采纳了列宁的看法，他说，"毛接受了列宁关于马克思主义必须适应历史条件和必须采取一定的民族形式才能实行的意见"。参见 Sheldon B. Liss. *Marxist in Thought Latin America*. Los Angeles：University of California Press 1984, p. 26.

④ Harry E. Vanden, *Latin American Marxism：A Bibliography*. New York：Garland Publishing, 1991, p. 1.

之作出实事求是的初步评价。

一 "拉美马克思主义" 的探索历程

首先，国际共产主义或社会主义运动局势的发展变化，乃至兴衰成败直接影响着马克思主义的传播与发展，就其在拉美的传播和发展来看，它经历了一个跌宕起伏的过程，形成了五个具有明显时代特征的分期。世界知名拉美马克思主义研究专家，法国国家科学研究中心（CNRS）荣誉主任，米歇尔·罗伊（michael löwy）认为，拉美共产主义运动和马克思主义拉美化的探索与演进历程呈现出三个明显的分期：即从 1920 年代一直持续到 1930 年代中期的 "革命时期"，从 1930 年代中期一直到 1959 年代的 "斯大林主义时期"，1959 年代古巴革命之后的 "新革命时期"。[1] 这一划分基本上是准确的，但还不全面，若从马克思主义传入拉美开始至今的整个发展历程看，还应该在 "革命时期" 前加一个 "马克思主义在拉美的早期传播"，在 "新革命时期" 后加一个 "苏东巨变" 之后的 "后革命时期"，这样拉美马克思主义的探索历程可以划分为这样五个存在明显差别与特征的分期，因为马克思主义拉美化历程在这五个时期呈现出不同的态势和特征。

马克思主义在拉美的传播大约始于 19 世纪 50 年代左右，从现有资料来看，大约在 1854 年就有马克思的《哲学的贫困》等著作在拉美书店出售，到 19 世纪末，马克思主义已经在拉美得到较为广泛的传播，并在与各种非马克思主义思潮的斗争中赢得了工人阶级的信赖。在这一时期，欧洲进步移民和拉美左翼人士对马克思主义在拉美的传播发挥了重要作用，他们成立共产国际分支机构和各种劳工组织与政治团体，通过办报、撰写文章、翻译原著、出版理论研究著作等等形式宣传和传播马克思主义。其中阿根廷的胡安·胡斯托（Juan B. Justo，1865—1928）、智利的雷卡瓦伦（Luis Emilio Recabarren，1876—1924）、古巴的何塞·马蒂（José Julián Martí Pérez，1835—1895）等人可以作为这一时期的代表人物。胡斯托是第一个

---

[1] Michael Löwy, *Marxism in Latin America from 1909 to the Present.* New Jersey: Humanities Press, 1992, p. Ⅷ.

把《资本论》翻译成了西班牙文的拉美思想家，他于1984年创办了社会主义刊物《先锋》，1920年出版了个人文集《社会主义》，他力图将马克思主义理论与阿根廷的现实结合起来，对马克思主义在拉美的传播甚至初期"拉美化"皆功不可没，许多拉美马克思主义者皆受惠于他。米歇尔·罗伊就认为胡斯托是拉美第一批接受马克思主义思想家中的"温和派"代表（雷卡瓦伦则是"革命派"代表）；① 罗纳尔多·孟克（Ronaldo Munck）则认为胡斯托是追求"拉美化"马克思主义知识分子中的杰出代表；② 但二者都认为胡斯托不是马克思主义者。一般认为，胡斯托受到了马克思、伯恩斯坦、饶勒斯，特别是斯宾格勒的影响。雷卡瓦伦作为拉美第一批接受马克思主义思想家中的"革命派"代表，被奉为"智利工人的良心"，以"爷爷"这一充满深情的尊称闻名于智利穷苦大众之中，是世所公认的拉美马克思主义者。雷卡瓦伦不仅善于传播马克思主义思想，而且更擅长把理论变为实践，他对拉美工人运动的影响就象马里亚特吉对该地区马克思主义政治理论家的影响一样大。③ 何塞·马蒂虽然不是马克思主义者，却写了不少介绍和纪念马克思的文章，在工人中扩大了马克思主义的影响，《论卡尔·马克思之死》便是其中的代表。马蒂不仅对马克思主义的早期传播，而且对古巴革命与建设亦有着巨大而深远的影响，卡斯特罗就承认"7·26运动"受惠于马蒂的思想，今天马蒂思想依然是古巴共产党的指导思想之一。同时需要注意的是，马克思主义在拉美从传播初期开始就是多元的。

其次，马克思主义在拉美的传播随着俄国"十月革命"的成功而达到高潮。"十月革命"对于拉美工人运动和知识分子产生了极为深刻的影响，一时之间，共产主义思潮在整个拉美扩散开来，拉美诸国的左翼政党或劳工组织纷纷转变成为共产党，拉美马克思主义探索与发展就此进入了"革命时期"。依米歇尔·罗伊之见，"革命时期"从1920年开始至1935年共

---

① Michael Löwy, *Marxism in Latin America from 1909 to the Present*. New Jersey: Humanities Press, p. xvii.

② Daryl Glaser and David M. Walker. *Twentieth-Century Marxism: A Global Introduction*. London & New York: Routledge press, 2007, p. 155.

③ Sheldon B. Liss. *Marxist in Thought Latin America*. Los Angeles: University of California Press 1984, p. 75 – 76.

产国际"七大"召开为止。马里亚特吉及其著述是这一时期最深刻的理论表达，而最重要的实践则是 1932 年的萨尔瓦多农民起义。① 这一指认非常准确，但在此期间发生的两件大事却需要交代，因为这两件事深刻地影响了拉美马克思主义的理论样态。第一件事是："20 世纪 20 年代，"土著主义""作为使印第安人进入现代文明同时又保存其文化的运动，成了秘鲁知识界大部分人主要关切的事情，而且他们的意见很快就传遍拉丁美洲。"② 这里说的土著主义，也就是印第安主义，它是型塑马里亚特吉思想的核心要素之一，正因为它，马里亚特吉这位"拉美马克思主义教父"的社会主义常被称为"印第安人的社会主义"。当然，它的影响不仅限于马里亚特吉，而且已经融入那个时代拉美马克思主义理论界的血脉之中，成为马克思主义拉美化的基因，甚至渗入了整个拉美左翼的思维之中，即便时至今日它的影响依然不衰，"21 世纪社会主义"就宣称自己是印第安人的社会主义。当然，这一影响是积极而正面的，它引导拉美马克思主义理论家们关注土著、农民和土地问题，乃至关注本国国情，为马克思主义拉美化提供了契机，敞开了正确的本土化路径。另一件事情是共产国际在 1928 年"六大"上提出完全脱离各国革命实际的"第三时期"这一极"左"理论。该理论认为，"第三时期"（即 1928 年以后）是资本主义进入全面崩溃，无产阶级夺权的时期。这一错误理论不仅因奉行"宗派主义"和"关门主义"对各国共产主义运动与左翼的联盟产生了极大的破坏作用，也对马克思主义拉美化产生了不良影响。在此背景下，马里亚特吉的正确主张不仅不被采纳，反而受到批判，甚至被斥为"小资产阶级的东西"。许多进步群众对这时期的极"左"策略无法理解，纷纷转向与共产党决裂的社民党或其他左翼组织，使共产主义运动遭受严重孤立与挫折。当然，总体上看，这一时期还是有利于马克思主义理论探索的，特别是在"第三时期理论"提出来之前，那是马克思主义拉美化的多元探索期，诸多左翼知识分子和工会领袖都为此做出了积极贡献，其间确实涌现了一大批颇具探索与创新

---

① Michael Löwy, *Marxism in Latin America from 1909 to the Present*. New Jersey：Humanities Press，1992，p. ⅷ.

② Sheldon B. Liss. *Marxist in Thought Latin America*. Los Angeles：University of California Press 1984，p. 127.

精神的理论家、实干家，其中除马里亚特吉外，古巴的梅里亚（Julio Antonio Mella, 1903—29）、智利的雷卡瓦伦、墨西哥的托莱达诺，以及《对巴西政治发展的唯物主义解释》（1933）的作者索德雷（Nelson Werneck Sodré, 1911—1999）等皆是其中的杰出代表。

随着"第三时期"错误理论的恶劣影响不断彰显，再加国际形势的变化与法西斯的猖獗，1935 年共产国际在莫斯科召开"七大"，纠正了"第三时期"的极"左"错误，提出了建立反法西斯统一战线（"人民阵线"），拉美马克思主义就此进入"斯大林主义时期"。"斯大林主义时期"从 1935 年开始至 1959 年"古巴革命"为止，这一时期的特点是苏联支配着共产国际，而各国共产党成为了共产国际的一个支部，共产国际对各国共产党领导人握有"生杀予夺"的权力，它的决议各国共产党必须无条件贯彻，甚至共产国际和苏联还给各国共产党规定了一条清一色的路线，最终形成了斯大林主义和苏联官方阐释的"正统"马克思主义教条一言堂局面，完成了对拉美共产党的组织与思想控制。这种局面造成了两个截然相反的"效果"：一方面它整合增强了国际共运的力量，给予拉美各国共产党和左翼以极大的支援与指导，有力促进了马克思主义的传播；另一方面却既损害了拉美诸国共产党的自主性与创新精神，也几乎窒息了探索马克思主义拉美化的积极性，拉美马克思主义由此从多元探索发展期被迫转向一元教条期。这一时期，从总体特征上看，拉美共产党因在共产国际和苏共的组织与理论控制下丧失了独立自主性而显得党性模糊，理论创新乏力。阿根廷共产党总书记柯都维亚（Vittorio Codovilla, 1894—1970）是这一时期的典型代表，而"白劳德主义"则是这一时期孕育出来的"怪胎"。柯都维亚们"从一种聪明的政治观点出发而与苏共及其操控的共产国际组织建立了更为直接的联系，无论苏共和共产国际如何转向，他们都紧紧跟随，毫不动摇。"①而在本国马克思主义理论发展与实践上，却毫无建树。对此，有研究者毫不客气的指出，柯都维亚们在几十年领导拉美共产党的过程中，留下

---

① Michael Löwy, *Marxism in Latin America from 1909 to the Present.* New Jersey：Humanities Press, 1992, p. xxiii.

的东西只不过是"应景之作"①，却无任何理论创新。当然，拉美马克思主义在这一时期也并非没有任何作为，二战以后，拉美诸国左翼理论界加大了马克思主义研究，推进了马克思主义的学科化发展，尤其是马克思主义经济历史理论的研究领域，围绕拉美殖民时期的社会性质是封建主义的还是资本主义的争论非常热闹，这一争论有力地促进了拉美马克思主义历史学发展，甚至1940年代末，阿根廷、巴西、乌拉圭、智利出现马克思主义历史学派，对拉美马克思主义依附理论的形成作出了非常重要的贡献。代表性学者有：《马克思主义与古巴历史》（1944）的作者罗德里格斯（Carlos Rafael Rodriguez）、《殖民社会的经济》（1949）的作者塞尔吉奥·巴古（Sergio Bagu）、《巴西经济历史》（1957）的作者小卡约·普拉多（Caio Prado Jr.），以及马塞洛·西格尔（Marcelo Segall）、纳维尔·莫雷诺（Nahue Moreno）和西尔维奥·弗朗蒂奇（Silvio Frondizi）等人。

再次，古巴革命有力促进了马克思主义拉美化进程，将之推进到一个充满活力的多元创新阶段。1959年古巴革命的成功才给拉美提供了本土版本的更富吸引力的马克思主义，打破了斯大林主义的专制和苏共一言堂的局面，使拉美马克思主义不再臣服于莫斯科意识形态权威与教条，从而将拉美马克思主义发展和共产主义运动推进到"新革命时期"。这一时期从1959年开始至1989年"苏东剧变"为止，"切·格瓦拉—卡斯特罗主义"是这一时期最具代表性的理论成果，而古巴革命是其中最为关键的历史事件，因为"无论是在拉美马克思主义发展史上，还是在拉美的历史上，古巴革命都构成了一个重要转折。"它既突破了"斯大林时期"在拉美形成的"苏联官方版正统"马克思主义一元独霸的局面，以及"革命阶段论"及其相应的"和平过渡""议会斗争策略"等"单一路线"的教条，又破除了"阿普拉主义""庇隆主义"等"拉美例外论"所宣扬的"马克思主义不适合拉美"的怀疑主义悲观论调，重新激发了拉美左翼人士和共产党人创造性地发展马克思主义的理论冲动与革命激情。对此，米歇尔·罗伊总结道："拉美马克思主义在1959年以后迎来了一个新的变革期——这一时期恢复了20世

---

① 崔桂田等：《拉丁美洲社会主义及左翼社会运动》，山东人民出版社2013年版第128页。

纪20年代'原初的共产主义（Original Communism）'的一些有力思想。虽然这两个时期之间并不存在直接的和意识形态上的连续性，但卡斯特罗主义重新强调了马里亚特吉的思想，并从历史的尘埃中解救了梅里亚，以及1932年萨尔瓦多革命（精神）。"① 谢尔顿·利斯也认为，中国和古巴对革命采取战斗的、非正统马克思主义的态度所获得的巨大成功，以及"中苏论战"打破了教条主义的束缚，促进了马克思主义拉美化的进程。到了1960年代，拉丁美洲的知识分子比以往更多地接受马克思思想的变种。他们把卡斯特罗、格瓦拉、列宁、托洛茨基、毛泽东和葛兰西的理论同民族主义、印第安主义、存在主义，甚至基督教神学的一些方面结合起来，② 进行创造性发展，因此从20世纪60年代开始，拉美出现了大量重要而新颖的马克思主义研究，这些研究所涉及的都是关于拉美现实的一些关键主题：依附性与欠发达、民粹主义、工会及其与国家的联系、工人和农民运动、土地问题、边缘性问题等等。③ 同样，马克思主义历史学，乃至文学、艺术等学科的发展也被推进到一个新的阶段……。总之，这一"新革命时期"是马克思主义对拉美社会影响最广泛、最深刻的时期，更是拉美马克思主义探索发展历程中最丰富、最多元，甚至"最异端"的时期。尽管这一时期的游击运动以及其他形式的社会主义运动，像智利阿连德社会主义、秘鲁军事社会主义、尼加拉瓜桑解阵社会主义、圭亚那合作社会主义和格林纳达社会主义等最后基本都失败了，但由古巴革命所引发的拉美马克思主义新革命与新探索却影响深远，甚至还收获了一些独具特色的马克思主义拉美化的别样成就，其中最重要的成果就是"解放神学马克思主义"、"马克思主义依附理论"，以及"切·格瓦拉—卡斯特罗主义"等。

最后，随着"苏东剧变"，以及尼加拉瓜桑迪诺革命阵线在1990年因选举失利而交出政权，"新革命时期"伴随着这个"游击运动"仅存的

① Michael Löwy, *Marxism in Latin America from 1909 to the Present.* New Jersey：Humanities Press, 1992, p. xliii.

② Sheldon B. Liss, *Marxist in Thought Latin America.* Los Angeles：University of California Press, 1984, p. 38.

③ Michael Löwy, *Marxism in Latin America from 1909 to the Present.* New Jersey：Humanities Press, 1992, p. xlii.

硕果一起终结了。自此,拉美马克思主义进入了"后革命时期"。目前,"后革命时期"大致已经历了两个阶段,即 20 世纪 90 年代的"新自由主义实验期",这是拉美马克思主义探索发展的低潮期。但到了 20 世纪末,随着"新自由主义"露出败象,人们对马克思主义的兴趣开始升温,进入 21 世纪,拉美政坛更出现了"集体左转"的趋势,拉美马克思主义理论研究与实践探索又开始活跃起来,这是"后革命时期"的第二阶段。在这一阶段,由于拉美左翼政府的支持、资助,马克思主义著作被大量出版,甚至《共产党宣言》也于 2004 年被译成了盖丘亚语(南美地区最重要的土著语言),各种学术交流活动与社会运动论坛得以频繁召开,拉美马克思主义得到进一步传播与发展。总体上看,这一时期最为突出的特点是:拉美马克思主义的发展由原来主要被"革命家"和"社会活动家"推动的,以"改变世界"为旨趣的"革命化"发展为主的道路,转向以学理探索与历史梳理为主的"学术化"发展道路。这一转变当然有其深刻的背景:一方面,随着国际社会的深刻变革,"革命主体化危机"进一步加深,尽管 1994 年仍有墨西哥的萨帕塔起义,但显然大规模武装革命暂时已无可能;另一方面,苏东剧变打破了长期禁锢人们头脑的成见与教条思维,将人们带进一个"可读马克思"的新阶段,而随着"新自由主义神话"的破灭,当代资本主义弊端层出不穷,人们自然会也将目光投向马克思主义;同时,马克思主义作为一项智力成果,已经深深的根植到人类思想史之中,成为相关学科研究不可忽视的重要构成内容。当然,这一时期也不妨有一些马克思主义理论家,如玛尔塔·哈内克尔等不仅积极开展马克思主义理论研究,而且还积极投身于现实社会政治运动,甚至直接参与左翼政党和政府的政治活动,将马克思主义运用于拉美现实社会运动或变革实践之中,为其提供理论支持,"21 世纪社会主义"等各种颇具时代特色与拉美特色的"新社会主义"政治主张的提出,便包含着这些理论家的心血。另外,值得注意的是,马克思主义拉美化的前期成果,诸如马里亚特吉思想、切瓦格拉—卡斯特罗主义、"解放神学马克思主义"等也得到了更为广泛传播,其中的诸多元素被 21 世纪以来席卷拉美的各种社会主义运动所吸收。这一时期比较突出的代表有智利的玛尔塔·哈内克尔(Marta Harnecker)、约格·拉腊林(Jorge Larraín),德裔学者海因斯·迪特里希(Heinz Dieterich),墨西哥的卡斯塔涅达（Jorge G. Castañeda）、华西斯（Marco Vinicio Dávila Juárez），阿根廷的恩里克·杜塞尔（Enrique Dússel）、哥伦比亚的哈伊罗·埃斯特拉达（Jairo Estrada）、秘鲁的阿尼巴尔·魁加诺（Aníbal Quijano）等。

二 "拉美马克思主义" 的主要理论成果

从以上结合历史背景对马克思主义在拉美的传播与发展历程的简略梳理中，可看出，尽管马克思主义拉美化的百年历程跌宕起伏，充满了艰难险阻，但从传播初期的胡斯托开始直到当今仍然活跃在拉美左翼理论与实践前沿的哈内克尔等人，始终有一批探索者努力克服"教条主义"的干扰，坚持探索将马克思主义基本原理与具体历史条件、本土思想资源和理论传统结合起来的民族形式，其间产生了诸多颇具拉美色彩的"马克思主义思潮"。当然，随着时间的流失，其中大部分思潮都湮没在历史的尘埃中去了，唯有少数几个成果经受了时间的考验，成为了马克思主义拉美化的活的遗产，成为了拉美社会主义运动，乃至左翼运动的精神食粮，继续在拉美左翼理论界和社会实践领域发挥着影响力。其中最重要，也是最具代表性的理论成果是：马里亚特吉思想、切·格瓦拉—卡斯特罗主义、"解放神学马克思主义"和马克思主义依附理论等。

首先，无论从产生时间上看，还是从影响力上看，马里亚特吉思想都是头一份马克思主义拉美化的成果，其他三项成果皆深受其影响，甚至可以在其中找到部分源头。也因此之故，马里亚特吉常被冠以"拉美马克思主义教父""解放神学先驱""拉美葛兰西"等称号。相较而言，马里亚特吉思想也是最受国内外理论家关注，因而被研究得较为充分的。他的思想集中体现在《关于秘鲁国情的七篇论文》（1928）和《捍卫马克思主义》（1934）两本著作，及其担任《阿毛塔》（Amauta）杂志主编时刊登的一系文章中。大多数研究者认为，马里亚特吉大致是在1919至1923年间游历欧洲时从空想社会主义者转变为科学社会主义者的，其间他广泛吸收了欧洲思想界的有益成分，特别受到克罗齐、乔治·索列尔和以皮埃罗．戈贝蒂、葛兰西为首的意大利《新秩序》集团的影响；同时，他也广泛吸收了拉美思想的有益成分，特别是普拉达和卡斯特罗·波索等人的 "土著主义" 思想。因此，米歇尔．罗伊认为，马里亚特吉思想 "融合了欧洲文化最先进的方面以及土著共同体中的千年传统，并试着将农民群体的社会经验纳入到马克思主义的理论框架之中。"[①] 马里亚特吉思想内核可大致简略概括为 3 个主要方面：（1）对马克思主义的科学认识。一方面马里亚特吉认为马克思主义根本上是一种基于现实和事实基础之上的辩证方法，并非庸俗唯物主义和经济决定论；另一方面他认为马克思主义思想应当是开放的、可变化的、非教条的，应当根据新情况加以更新和发展，这一态度是避免其落入 "欧洲中心主义教条" 的泥潭，促成其走向探索马克思主义拉美化之路的关键。（2）用马克思主义基本原理来分析本土问题，并将之创造性地与本土理论传统、思想资源结合起来建构出适合解决本土问题的思想；例如，在《关于秘鲁国情的七篇论文》中，马里亚特吉用历史唯物主义方法分析得出秘鲁的根本问题不是理论界所认为的人种问题，而是经济社会问题，关键是土地问题，因为秘鲁乃至整个拉美独立后并没有解决土地分配问题，其中尤以印第安人因失去土地而受害最深，所以解决之道首先要恢复印第安人得到土地的权利，他建议通过成立农民组织恢复古代印加人的村社共有土地模式；总之，马里亚特吉认为，社会主义的斗争应当深深地根植于国家和民族传统之中，而拉美思想对欧洲的依附正是其政治经济依附性的根源之一，因此必须用本土的思想意识来取代后者以减少依附性。为此，他拒绝屈从于斯大林主义，以及共产国际和苏共强加的教条。也因为这一鲜明的内核，马里亚特吉思想一方面被称为 "民族主义" "土著主义" 或 "印第安主义" 的马克思主义或社会主义，另一方面又不为 "正统" 马克思主义承认而被斥责为 "小资产阶级的东西"。（3）凸出意识的主观能动性，重视精神力量，强调宗教神话的积极作用。马里亚特吉认为，"俄国的共产主义太唯物主义了，因而不适宜于秘鲁这样一个主要是印第安人的国家"，因为这样的 "马克思主义中的决定论因素会抑制创造力，因而革命的神话不可以抛弃，否则与之一道失

[①] Michael Löwy, *Marxism in Latin America from 1909 to the Present*. New Jersey：Humanities Press，1992，p. xxi.

去的将是马克思主义的人道主义品质"①。他甚至认为,"革命者的力量并不在于其科学,而在于其信仰,在于其激情,在于其意志。这是一种宗教性、神秘性、精神性的力量。这是神话的力量……革命情绪乃是一种宗教情绪"②。这些思想在正统马克思主义看来显然就是"异端",但这一鲜明的理论特质有其背景:一方面是对当时被"决定论化"了的"正统"马克思主义的"反动",另一方面是对印第安人的神话传统和被高度"天主教化"了的拉美社会的理论体认,同时也要看到马里亚特吉既强调精神力量,又坚持历史唯物主义的辩证立场与方法。因此,我们应该看到,尽管因了这一颇为"异端"的理论特征,马里亚特吉时常被片面地称为"唯意志论者",其思想也常被偏颇地称为"伦理社会主义",但或许他始终是位"聪明"的"马克思主义者"。

马克思主义拉美化的第二个成果自然非"格瓦拉—卡斯特罗主义"莫属了。"格瓦拉—卡斯特罗主义"兴起并活跃于 1960 年代,是格瓦拉和卡斯特罗关于社会主义革命的理论。切·格瓦拉和卡斯特罗是古巴革命和建设的领导核心,两人的思想理论作为一个统一整体贯彻和体现在古巴革命与建设初期之中,因而其无论被称为"瓦格拉主义"或"卡斯特罗主义",内涵基本是一致,故此将之合称为"瓦格拉—卡斯特罗主义"。从思想源渊上看,格瓦拉和卡斯特罗既受到马克思、列宁、斯大林、托洛茨基等欧洲思想家的影响,也吸收了毛泽东、武元甲、胡志明等亚洲革命家的独特理论,同时继承了马蒂、梅里亚、马里亚特吉等拉美革命先驱们的思想。他们对这些思想理论既借用又加以批判,因而格瓦拉—卡斯特罗主义是马克思子主义结合了拉美,特别是古巴的具体历史条件的创新与发展。③"格瓦拉—卡斯特罗主义"的内核概括为 3 个主要方面:(1)格瓦拉—卡斯特罗主义最基本的内核是"革命意志论",即"它是某种站在所有消极的和宿命论的决定论的对面的政治上的和伦理上

① Sheldon B. Liss. *Marxist in Thought Latin America*. Los Angeles: University of California Press, 1984, pp. 129 – 133.

② 叶建辉:《拉美马克思主义思想之父——马里亚特吉述评》,《马克思主义研究》2013 年第 3 期。

③ Sheldon B. Liss. *Marxist in Thought Latin America*. Los Angeles: University of California Press, 1984, p. 256 – 265.

的 '革命意志论'"①。这一思想内核显然受到马里亚特吉强调主观意志与精神力量思想的深刻影响。格瓦拉和卡斯特罗对革命雄心、意志与精神动力的倚重和强调贯穿在革命与建设过程之中。他们认为无论夺取革命胜利还是消灭贫困都有赖于牺牲精神和共产主义态度。因而在武装革命中，他们非常看重革命的主观条件，且不像列宁强调的那样只有主客条件成熟才能行动，而认为凭借游击队的革命意志与激情的"催化"作用，就能创造出革命条件，甚至认为"拉丁美洲人已看到了革命的客观条件，即遭受贫困、饥饿和压迫，因而他相信只要进行武装斗争就能具备主观条件，即意识到胜利的可能性"②。所以，他们积极输出和推动游击武装斗争。同样，在社会主义建设时期，古巴则积极开展塑造社会主义"新人"的运动，力图用精神鼓励取代物质刺激，鼓励人们不计报酬自愿奉献，其后虽不得已也采纳了物质刺激的方式，但对精神道德作用的重视却始终如一，卡斯特罗始终认为，"没有精神道德就没有社会主义"，"社会主义的最重要的价值是平等"。（2）格瓦拉—卡斯特罗主义最鲜明的标志是关于武装斗争的思想，他们拒绝社会主义革命可以通过"和平过渡"得以实现的方案，认为"武装斗争是这场社会主义革命的必要条件，因为无产阶级的胜利意味着资产阶级军事机构的摧毁"。而且卡斯特罗认为，"不必等到所有条件成熟才去发动武装斗争，因为游击运动本身有助于创造这些条件。"格瓦拉认为游击战能起到革命"催化剂"的作用，且"乡村游击战是最可靠、最现实的武装斗争形式。"后来他们还提出了"诸如军事对于政治的优先性、游击运动中心作为政党的核心或替代物"，以及"农民将为土地战斗，从而构成第三世界革命的主要动力"等颇具特色的思想。③ 这些以游击为中心的武装斗争思想也许是格瓦拉—卡斯特罗主义构成内容中国际知名度最高，也是国际输出最多的部分，甚至人们常用"游击中心主义/论"来指代格瓦拉—卡斯特罗主义。

---

① Michael Löwy. *Marxism in Latin America from 1909 to the Present.* New Jersey：Humanities Press，1992，p. xliv.

② Sheldon B. Liss. *Marxist in Thought Latin America.* Los Angeles：University of California Press，1984，p. 258.

③ Michael Löwy. *Marxism in Latin America from 1909 to the Present.* New Jersey：Humanities Press，1992，p. xliv.

他们也因此而被批评者们贴上"布朗基主义"的标签。(3) 彻底的社会主义革命。尽管古巴革命开端于带有资产阶级民族民主革命性质的"7·26 运动",但在思想层面上,格瓦拉和卡斯特罗却主张摒弃"正统"马克思主义的"革命发展阶段论",拒绝与民族资产阶级合作,追求彻底的社会主义革命,力图消灭一切资本主义成分。一方面,他们在被称为拉美左翼纲领与意识形态旗帜的《通过三大洲会议致世界人民的信》中主张:社会主义革命必须"将帝国主义者同当地的剥削者同时推翻",因为"民族资产阶级完全丧失了抵抗帝国主义的能力——如果他们曾经有过的话——如今又成了帝国主义的帮凶",所以"我们要么进行社会主义革命,要么成为革命的笑柄,除此之外,别无它途"①。另一方面,在社会主义建设中,他们力图快速剔除一切资本主义成分,认为革命者应坚持不断革命的原则,迅速消灭市场与商品生产,甚至消灭带有资本主义气息的货币和物质刺激,追求彻底而纯粹的社会主义;基于这样激进主张,他们还批判了苏联 1960 年代在一定程度上承认市场机制和个人利益的经济改革以及"和平过渡"与"和平共处"的路线。

当然,格瓦拉—卡斯特罗主义奉行"彻底社会主义革命"的激进主张,既于 1960 年代拉美掀起的"走社会主义还是资本主义道路"的民族解放路径之争密切相关,亦于另一个马克思主义拉美化的成果,即马克思主义依附理论的警示性结论相关。因为马克思主义依附理论认为:落后国家的民族资产阶级没有能力领导民族解放进程,资本主义也不可能解决落后和不发达问题,社会主义是不发达国家唯一的革命性出路。②马克思主义依附理论作为马克思主义拉美化的具体理论成果之一,是在继承马克思主义经典作家关于落后国家对发达国家的从属关系以及帝国主义和新老殖民主义理论的基础之上,用马克思主义的立场、方法对"不发达理论""发展主义"等已有成果与拉美社会现实进行双重批判的基础上形成的,探讨不发达国家经济政治与社会发展的一种理论。"马克思主义依附理论"和"结构主义依附理论"合称为"依附理论",依附理论

---

① Michael Löwy. *Marxism in Latin America from 1909 to the Present*. New Jersey: Humanities Press, 1992, p. xliii.

② 袁兴昌:《依附理论再认识》,《拉丁美洲研究》1990 年第 4 期。

是拉美理论家们在反对和批判欧美学者主导的现代化理论的基础上，结合本土客观条件和现实需要而建构出来的地道本土理论，① 亦可称为 "拉美不发达理论"。马克思主义依附理论的主要代表人物及其成果有：多斯桑托斯（Theotonio Dos Santos）的 "新依附理论"、瓦尼娅·班比拉（Vania Bambirra）的 "依附性资本主义理论"、鲁伊·马里尼（Ruy Mauro Marini）的 "超级剥削理论"、阿尼瓦尔·基哈诺（Anibal Quijano）的 "边缘化理论"，以及费尔南多·卡多索（Fornado Henrique Cardoso）和恩索·法莱图（Enzo Faletto）的 "发展型依附理论" 等。国内研究者大多认为马克思主义依附理论的思想来源除了马克思主义经典作家的相关理论外，还极大受惠于劳尔·普雷维什（Roal Prebish）等人的 "发展主义理论"、萨米尔·阿明（Samir Amin）和安德列·弗兰克（Andre Gunder Frank）等人的 "不发达的发展理论"，而且主要从经济发展的角度探讨和阐释这一理论。但其实拉美社会的依附现象早已引起有识之士的思考，马里亚特吉早在 20 世纪初就深刻地将拉美 "经济政治的依附局面归咎于思想上的依附"，而 "美洲最知名的巴西马克思主义历史学家小卡约·普拉多" 也早就 "以其经济分析和敏锐地发掘依附性主题著称"②。当然，从中也可看出拉美对欧美的依附不仅仅是经济依附，还有更深层的 "知识依附"③ "思想依附"，因而依附理论也不应该也不能只关注经济问题，例如费尔南多·卡多索就 "对依附的经济基础不甚重视，而对依附的社会政治方面很感兴趣，尤其对阶级斗争、群体冲突以及政治运动感兴趣。"④ 基于以上认识，我们把马克思主义依附理论的主要内容概括为 3 个主要方面：（1）认为对发达国家的 "依附" 或 "从属" 关系是阻碍落后国家不发达的根源。马克思主义依附理论实际上就是为了弄清楚拉美国家发展障碍而产生的。欧美现代化理论一般把落后国家不发达的原因

---

① ［英］莱斯利·贝瑟尔主编：《剑桥拉丁美洲史》第六卷（上），当代世界出版社 2000 年版，第 395 页。

② Sheldon B. Liss. *Marxist in Thought Latin America*. Los Angeles：University of California Press，1984，pp. 134、116.

③ 张建新：《从依附到自主：拉美国际关系理论的成长》，《外交评论：外交学院学报》2009 年第 2 期。

④ 周长城：《新依附理论：卡多佐对传统依附理论的挑战》，《社会科学研究》1997 年第 4 期。

归之于这些国家缺乏合适的现代化观念、社会结构、人力与财力资源，以及缺乏对发达工业国的完全开放，而马克思主义依附理论则认为拉美诸国的落后与不发达恰恰是因为它们对发达国家完全开放而导致的依附关系所造成的，① 即发达国家对落后国家的控制、盘剥、压迫并使之边缘化是阻碍其发展，导致其落后、贫穷的根源。（2）落后国家对发达国家的依附不仅是产业、金融和技术的依附，而且还包括更深层的知识与思想依附；这种依附不仅作为一种外部力量，通过经济分工导致产业结构失衡来制约落后国家的发展，而且还通过与当地资本和利益集团勾结形成政治联盟，从而成为影响这些国家的"内部力量"，当然还包括通过思想理论的输入形成的深层观念控制。（3）在如何摆脱依附道路的问题上，马克思主义依附理论形成了新老两个派别的不同答案。传统马克思主义依附理论认为：在依附关系下，落后国家不可能发展，而资本主义也不可能摆脱依附关系，因此社会主义革命是唯一出路。但以卡多索（Forna-do Henrique Cardoso）和法莱图（Enzo Faletto）为代表的新一代"发展型依附理论"则认为，在依附关系下，落后国家也能获得发展，因为"外国企业的利益在某种程度上和依附国家的内在繁荣是相协调的"。但这种发展需要有一个"强力政府"存在为前提条件，即"在强力政府存在的前提下，与发达国家利益群体建构一种相互关系，寻求'和依附相联系的发展'"。当然，这种发展要付出诸如"收入分配倒退""劳工遭受剥削""政府集权专制"与"政治生活封闭"等代价。②

受到马克思主义依附理论深刻影响，并与之一道产生于 1960 年代，活跃于 1970 年的另一个马克思主义拉美化成果是"解放神学马克思主义"，它也许是马克思主义发展史上最为"异端"的"奇葩"。"解放神学马克思主义"是解放神学中最进步、最激进的派别，而解放神学是 20世纪 60 年代，在拉美人民争取解放的革命斗争日趋激烈，天主教出现危机和马克思主义广泛传播的背景下产生的，一种将马克思主义和基督教信仰调和起来的基督教社会主义思潮。马克思主义对解放神学的影响十分明显，它在历史观和人道主义问题上吸收了某些马克思主义流派的观

---

① 周长城：《新依附理论：卡多佐对传统依附理论的挑战》，《社会科学研究》1997 年第 4 期。
② 周长城：《新依附理论：卡多佐对传统依附理论的挑战》，《社会科学研究》1997 年第 4 期。

点，对拉美社会进行具体分析基本上采用了马克思主义依附理论的方法和结论。但解放神学家们对马克思主义接受的程度是不同的，有一些派别甚至排斥马克思主义。[①] 因此不能将解放神学与"解放神学马克思主义"混为一谈。从思想渊源上看，"解放神学马克思主义"所吸收的是常被其称为"新马克思主义"的西方马克思主义。它对苏共及其规制下的拉美各国共产党的正统马克思主义不感兴趣，它认为这种正统马克思主义代表的是一种教条的、否定人的自由的马克思主义。[②] 同时，它还吸收了马里亚特吉思想、格瓦拉—卡斯特罗主义和依附理论等马克思主义拉美化的成果。米歇尔·罗伊在其为《当代马克思主义词典》撰写的"解放神学马克思主义"词条中将之称为"新马克思主义"，但同时又认为它比西方马克思主义更具实践精神。[③] "解放神学马克思主义"主要代表人物有被称为"穿着教士袍的切"的卡米洛·托雷斯（Camilo Torres Restrepo）神父，曾担任过尼加拉瓜"桑解阵线"革命政府文化部长的埃内斯托·卡德纳尔（Ernesto Cardenal）神父，以及塞贡多（Juan Luis Segundo）、博尼诺（Jose Miguez Bonino）、古铁雷斯（Gustavo Gutierrez），莱奥纳多·博夫（Leonardo Boff）以及杜塞尔（Enrique Dussel）等人。综合已有研究成果，可大致将"解放神学马克思主义"的核心内容概括为4个要点：（1）用马克思主义改造神学，使之革命化，同时对马克思主义的宗教观进行"去""无神论化"的重新阐释，将两种理论融合起来；宣称共产主义的深刻含义与基督教精神是一致的，信仰马克思主义与信仰基督教并不矛盾，并且"马克思主义者无须是无神论者"，而"每个基督教徒的义务是做一个革命者"[④]。（2）"解放神学马克思主义"不仅像解放神学一样把马克思主义方法当做分析社会现实的工具，更将之作为改造社会现实的实践；它将投身革命与践行基督教精神结合起来，甚至认为

---

① 徐世澄主编：《拉丁美洲现代思潮》，当代世界出版社 2010 年版，第 455 页。

② 杨煌：《马克思主义与基督教神学能统一吗？——拉美解放神学的尝试》，《马克思主义与现实》2000 年第 5 期。

③ ［法］雅克·比岱主编：《当代马克思辞典》，社会科学文献出版社 2011 版，第 242—250 页。

④ Sheldon B. Liss. *Marxist in Thought Latin America.* Los Angeles：University of California Press，1984，pp. 136、159.

只有投身"人民争取解放的革命"才能践行基督的"拯救"精神，成为真正的基督徒，卡米洛·托雷斯神父甚至认为，"作为天主教徒而不革命，就是过着罪大恶极的生活"①，埃内斯托·卡德纳尔神父认为，"一个基督徒要想成为真正的基督徒，就必须是个马克思主义者"，"解放神学其实应该叫革命神学"②。（3）解放神学马克思主义另一个突出内容是对资本主义的道德批判，其灵感来源是宗教性的和伦理性的，但表现得更为激进，且毫不妥协；它认为贫穷、饥饿、疾病、死亡是资本主义这棵罪恶之树上结出的果实，③"资本主义是犯了死罪的社会"，必须消灭它。（4）认为只有"社会主义"才能使拉丁美洲得到真正的发展，并主张建立一种民主的、公正的，"爱神爱人""富于人性"的"人道主义"的，与基督教精神相容的社会主义。④

三 "拉美马克思主义"基本特征

以上对"拉美马克思主义"发展里程及其主要代表性成果的简要梳理和勾勒，虽然既不能囊括马克思主义拉美化的所有"思潮"或理论成果，也不能穷尽这四个颇具代表性思潮或成果的所有内涵，但还是能够看出拉美诸国的马克思主义思潮及其相应的实践运动总是同气连枝的，它们在相互影响和相互渗透中形成一个信仰共同体，共享着某些一脉相承的传统。因此，尽管拉美马克思主义从传入之初开始到本土化思潮与成果的形成过程，走的都是一条多元分化的发展道路，但却仍然形成了作为一个理论整体的自我认同与自我辨识的一些基本特征，大致可归纳为以下4个方面。

第一，"拉美马克思主义"为了解决拉美地区普遍面临的时代任务而生，因而具有深刻的内生性与鲜明的时代特征。"拉美马克思主义"是其

---

① Sheldon B. Liss. *Marxist in Thought Latin America*. Los Angeles：University of California Press，1984，pp. 134、159.

② 吉力：《革命，以父之名》，《经济观察报》2011 年 2 月 11 日。

③ ［法］雅克·比岱主编：《当代马克思辞典》，社会科学文献出版社 2011 版，第 242—250 页。

④ 王谨：《"解放神学马克思主义"的兴起及其特征》，《教学与研究》1996 年 05 期。

创始人在用马克思主义基本原理来分析和解决拉美诸国普遍面临的时代问题的过程中产生的。因而，它一方面具有深刻的内生性原因，另一方它的内容反映着时代主题，深深打上了时代主题的烙印。拉美诸国自摆脱宗主国的殖民统治独立以来，因为对原有经济社会结构未进行深入革命，因而普遍面临着"对外的经济政治依附"和"对内的社会排斥"问题。"对外依附"意味着拉美诸国经济社会依然没有独立自主性，依然遭受着"中心国家"、帝国主义和国际资本的盘剥；对内的"社会排斥"则意味着广大民众仍然被排斥在现代化进程之外，依然遭受着极端不公的歧视与压迫；前者导致拉美经济对外高度依赖而严重受制于人，后者导致拉美贫富极度分化，社会被严重撕裂。不言而喻，"对外依附与对内排斥"既是拉美经济社会发展最大障碍，亦是拉美诸国贫困落后与动荡不安的总根源。因此，摆脱"依附"实现经济自主，消除"排斥"实现社会公平，既是拉美人民必须争取的"第二次独立"斗争，亦是拉美诸国必须完成的历史任务。拉美马克思主义正是其创始人自觉承担起这一历史任务，在将马克思主义创造性地用来解决拉美诸国普遍面临的这一时代问题的过程产生的。因此，我们看到这一时代主题在前面归纳总结出来的四个具体成果之中都得到了非常集中而鲜明地反映，甚至还成为了马克思主义依附理论的中心议题。当然，这也说明"拉美马克思主义"具有内生性特征，因为它是应拉美社会面临的时代任务的内在要求而产生的。诚如斯言，"理论在一个国家实现的程度，总是决定于理论满足于这个国家的需要的程度"[1]，正是"拉美的经济社会状况，如不发达、依附性和贫困逼迫人民走向激进革命"[2]，而革命需要革命的理论，马克思主义拉美化的过程正是其在满足革命需要的过程中被吸收内化为拉美独特的革命意识形态的过程。因而通过坚决彻底的社会主义革命，摆脱依附，实现经济社会的自主发展，消除社会排斥，现实社会公平，自然成为了拉美马克思主义各个理论成果的中心诉求，并由此构成其鲜明特征。当然，反帝、反殖民主义，甚至反美也自然成为其摆脱依附的题中应有

---

① 《马克思恩格斯选集》第 1 卷，人民出版社 1995 年版，第 11 页。

② E. Bradford Burns. At War in Nicaragua: *The Reagan Doctrine and the Politics of Nostalgia*. New York: Harpercollins Press, 1987, p. 7.

之义了。

第二，"拉美马克思主义"根植于拉美历史文化传统之中，具有鲜明的地域文化特色和独特的民族形式。由于拉美历史文化和社会结构的特殊性，无论是在坚持普遍主义的诸如卡佩罗（Alejandro Martinez Cambero）之流正统马克思主义者看来，还是在坚持特殊主义的"拉美例外论"的阿亚·德拉托雷（Haya de la Torre）之流看来，马克思主义都不适合拉美地区。[①] 然而，马里亚特吉等拉美马克思主义创始人始终坚持辩证地看待普遍性与特殊性问题，既避免将马克思主义普遍原理教条化，又避免绝对化拉美的特殊性，创造性地将二者融会贯通起来，既将马克思主义根植于拉美民族文化传统之中，使之以易于被拉美人民接受的本土化形式出场；同时又将拉美历史文化传统融入到本土化的马克思主义之中，使之具有鲜明的地域文化特色和独特的民族形式。毫无疑问，其中最为突出的就是它将宗教神话纳入到社会主义运动中，使之成为社会主义的精神和伦理维度而从属于人类解放事业。也许，这在正统马克思主义者看来是"大逆不道"的，但这恰恰是马克思主义与拉美具体历史条件相结合的必然产物。拉美是个高度天主教化的地区，90%以上的民众皆是天主教徒，毫无疑问，如果教条而僵死地坚持马克思的宗教观而不加以"变通"或发展，马克思主义就不可能在该地区获得任何发展。也许正是基于这样正确的体认，马克思主义在拉美化过程中对宗教持开放态度。同时，拉美基督教基层教会在支持和领导广大贫苦信众参与社会斗争的过程中，形成了激进的基督教左翼思潮。由于相近或相似的"穷人优先"的劳苦大众立场，基督教左翼与马克思主义在参与社会斗争的过程中形成了对话，马克思主义批判性地接受了基督教的某些元素，基督徒被允许入党，左翼基督徒也接受了马克思主义，社会主义成为他们尘世的奋斗目标，切·格瓦拉被称为"尘世中的基督"，而卡米洛·托雷斯神父被称为"穿教士袍的切·格瓦拉"。随着相互影响和渗透的不断加深，基督教左翼与马克思主义从联盟到有机统一，不仅产生了解放神学马克思主义这样的理论成果，而且还有大量神职人员直接参与社会主义革命运动，

① Michael Löwy. *Marxism in Latin America from 1909 to the Present.* New Jersey: Humanities Press, 1992, p. xiv – xv.

甚至成为武装游击队员，为共产主义事业献出了生命；米歇尔·罗伊就发现，拉美左翼基督教已经成为革命运动的重要成分，在某些情形中，它甚至是革命的先锋，因为他们的主张比同时期受苏共遥控的拉美共产党还要激进，因而如果不考虑马克思主义对基督教左翼的吸引及其激进化，拉美的许多民族解放运动和革命活动就不能得到很好的理解。① 同样，马克思主义在拉美化过程中对印第安神话传统的处理也是成功的。从中可以看到，拉美马克思主义具有一种别样的宗教神话色彩，而宗教乃是古老的印第安美洲人生命的全部，从中已经可以隐约看到切·格瓦拉"新人"的大致轮廓。由此可知，共产主义之于拉丁美洲并不是一群谵妄青年热情的无端发作，而是深不见底的古老传统的回声，是拉丁美洲寻找自身认同的脚步。②

第三，"拉美马克思主义"的理论发展具有一个非常突出的特点：它不像西方马克思主义那样，通过从理论到理论的抽象演绎来实现理论发展与创新的，而是在对现实的批判和干预中完成的。因此，"拉美马克思主义"的理论议题和时代主题具有高度关联性，其理论诉求与实践目标基本是一致的。这使得它的研究成果具有一种极为可贵的现实性和实践性品格。在前面的分析中我们已经指出，"拉美马克思主义"接纳的主要是西方马克思主义，而对苏共及其遥控下的拉美共产党所阐释的正统马克思主义则兴趣不大，因而有些研究者就此简单地认为，拉美马克思主义所"接纳"的主要是西方马克思主义者所鼓吹的人本主义思潮，它所崇尚的，说到底是一种人道主义。但事实并非全然如此，"拉美马克思主义"之所以对苏联版马克思主义之所以"兴趣不大"，是因为苏联版"正统马克思主义"的机械决定论和经济还原论倾向，遗忘了马克思主义的"实践原则"；同样，"拉美马克思主义"对西方马克思主义的"接纳"也只是批判性的吸收其强调意识的能动作用等方面的思想元素，而对其缺乏实践性的一面也毫不留情的予以批判；古铁雷斯就认为，阿尔都塞

① Michael Löwy. *Marxism in Latin America from 1909 to the Present.* New Jersey：Humanities Press，1992，p. lvi–lvii.

② 叶建辉：《拉美马克思主义思想之父——马里亚特吉述评》，《马克思主义研究》2013 年第 3 期。

等西方马克思主义者遗忘了马克思主义的实践品格，只醉心于对马克思主义的纯粹抽象理论化阐释的做法"阻碍了（人们）去研究马克思作品的深层统一性，因而妨碍了人们本应理解的其启发激进持久革命实践的能力"。① 其中的缘由在于，"拉美马克思主义"理论发展走的是一条与西方马克思主义"学院化"的理论抽象发展道路截然不同的现实批判与实践介入的道路，它不是停留在书斋中的"解释世界"的学问，而是旨在"改变世界"，"使现实世界革命化"的理论武器。从我们对"拉美马克思主义"发展里程的梳理中可以看出，其创建者基本上都是实干家，甚或是社会活动家和革命家，他们的理论直接针对现实问题，大部分灵感源于对实践的批判与总结。因此，这些理论成果具有一种极为可贵的现实性和实践性品格。

第四，"拉美马克思主义"的发展是多元化的。拉美各国思想界具有相互影响、相互渗透的传统，由此形成一个多元共识的自我认同与自我识别的整体，即在多元并存的表象下存在作为自我识别与认同的交叉（重叠）共识这一深层根基。此特征在"拉美马克思主义"领域里体现的尤为突出，但"拉美马克思主义"之所以形成这一突出特征却不仅仅是拉美自身的思想传统使然，还有其深层原因：一方面，这自然是马克思主义既强调坚持普遍原理，又强调必须与具体历史条件相结合，既强调国际主义，又强调民族形式等充满辩证思维的基本原理的体现；另一方面却是由马克思主义拉美化的特殊情形所使然的。首先，从源头上看，马克思主义在拉美的传播始终是多元并存的，拉美对各种流派的"马克思主义"始终是开放的，第二国际版的马克思子主义、苏联官方版的马克思子主义、被称为"新马克思主义"的西方马克思主义、托洛茨基主义、毛泽东思想等，几乎马克思主义发展史上出现过的任何一种版本或派别的"马克思主义"，甚至是相互矛盾或敌对的，都在拉美获得"合法"的传播与存在，由此也就形成了相应的不同派别的拉美马克思主义理论和政党，进而演化成多元"马克思主义思潮"并存的局面；其次，拉美大部分国家没有像欧洲那样的成熟而数量庞大的无产阶级，占绝对

_____

① ［法］雅克·比岱主编：《当代马克思辞典》，社会科学文献出版社 2011 版，第 242—250 页。

多数的是农民，而且受压迫，被盘剥最深重的是土著和亚非少数族裔，因而从不同群体的立场出发，对马克思主义的接受自然会出现一些分歧，进而导致马克思主义的多元化发展；再次，尽管拉美诸国有着大体相似的处境，面临大致相同的历史任务，但每个国家的具体情况还是有些差异的，因而基于不同国情，自然会形成具有本国特色的"马克思主义"。例如，以苏联官方马克思主义教条为圭臬的"马克思主义政党"就与马里亚特吉等具有浓厚本土色彩的"拉美化马克思主义者"不同，"大都采用教条的革命手册和还原论的观点，蔑视印第安人和农民"；同样在那些印第安人很少的国家就不可能像秘鲁、玻利维亚、委内瑞拉等深受印加文明影响的国家一样，发展出具有浓重土著色彩的马克思主义和社会主义理论。正是基于对拉美马克思主义这种多元化发展的深刻体认，奥马尔·阿查（Omar Acha）和德波拉·安东尼奥（Débora D'Antonio）才警告：尽管任何一个国家在马克思主义拉美化中取得的成功经验，必然会对拉美其他国家和民族产生一定的积极影响，并促进马克思主义在整个拉丁美洲的传播与发展，但"任何地域性的经验都不能成为整个大陆的效仿模式"①。

除了以上特征外，"拉美马克思主义"也还存在一些瑕疵，乃至缺陷。首先，尽管在"拉美马克思主义"的演进历程中，产生了一些具体的理论成果，但这些理论成果显然缺乏体系化的理论表达，还显得比较粗陋，"理论不足"或许是"拉美马克思主义"领域，乃至整个左翼的缺陷；玛尔塔·哈内克尔（Marta Harnecker）就准确指出，"拉美马克思主义左翼面临着理论危机、实践危机和组织危机"，而理论危机是结症所在，因为"理论危机必然导致实践危机与组织危机"；② 其次，"拉美马克思主义"或许还存在一定的主观化倾向；尽管"拉美马克思主义"反对、批判机械决定论和经济还原论无疑是正确的，但它显然有矫枉过正之嫌，且在本土化过程中又过于迁就本土思想资源和理论传统中的主观化倾向，因而导致其存在着过分强调主观能动性，过分重视精神作用，特别是对待宗教神话作用的主观化倾向，显然已经偏离了马克思主义

① Francisco T. Sobrino. *Marx in Hispanic America. Socialism and Democracy*, Vol. 24, No 3, November, 2010.

② 袁东振：《拉美地区的当代马克思主义研究》，《社会科学报》2007 年 11 月 29 日。

"无神论"；甚至我们还可以指出其还存在着一定的"民众主义"色彩等等不一而足的"瑕疵"和缺陷。当然，这些简洁概括，也许不足以全面反映"拉美马克思主义"的特点，而且我们不否认基于不同立场与视角概括出来的其他结论或说法；例如，索布瑞诺（Francisco T. Sobrino）就认为，对马克思主义进行拉美式的解读具有异端性、反帝国主义、文化关切、唯意志论、自我批评和拒绝欧洲中心主义等特征。① 但我们认为简单而绝对化地判定"拉美马克思主义"是或不是正真的马克思主义都是不恰当的，在此我们不想陷入带有"宗派主义"唯我论色彩的繁琐争论之中，我们相信"拉美马克思主义"肯定存在某些偏离马克思主义基本精神的成分，但也同样有很多创造性发展是符合马克思主义精神的。对此，或许谢尔顿·利斯的看法可以给我们提供某种启示。他在《拉美马克思主义思潮》一书中借用赖特·米尔斯（C. Wright Mills）的见解将"拉美马克思主义者"分成四类："僵化的"（dead），即将马克思主义当成神圣不可侵犯的神谕；"庸俗的"（vulgar），即将马克思的某些思想当作整体来加以应用；"迂腐的"（sophisticated），即把马克思主义体系定型化，以教条主义来代替思考与探究；"朴实的"（plain），即相信马克思主义但不把马克思主义教条化，且总是像马克思本人一样开放灵活而又实事求是的工作。② 另外，他还猜想，马克思本人并不会赞成只存在一种唯一正宗的马克思主义的狭隘观念，而且马克思本人也不会按照其后继者制定的所谓正宗马克思主义教条体系来思考。因为马克思深谙"理论是灰色的，只有生命之树长青"的道理。

以上对"拉丁美洲马克思主义"的探索历程及其基本特征的简单勾勒，是为"浙江师范大学拉美马克思主义译丛"总序言。

冯昊青　郑祥福
2020 年 8 月 25 日

---

① Francisco T. Sobrino. *Marx in Hispanic America. Socialism and Democracy*, Vol. 24, No. 3, November, 2010.

② Sheldon B. Liss. *Marxist in Thought Latin America*. Los Angeles: University of California Press, 1984, p. 2.

目　　录

致谢 ……………………………………………………………… （1）

引言 ……………………………………………………………… （1）

第一部分　关于秘鲁和印第安美洲国情的研究

1. 对秘鲁问题的研究 …………………………………………… （49）

2. 土地问题 ……………………………………………………… （52）

3. 秘鲁历史上的经济因素 ……………………………………… （92）

4. 统计问题 ……………………………………………………… （95）

5. 理论 …………………………………………………………… （98）

6. 周年和总结 ………………………………………………… （100）

7. 殖民经济 …………………………………………………… （104）

第二部分　秘鲁和"土著主义"

1. 秘鲁的主要问题 …………………………………………… （109）

2. 关于土著居民问题：简短的历史回顾 …………………… （113）

3. 土著居民问题的方方面面 ………………………………… （117）

4. 民族进步和人力资本 ……………………………………… （120）

5. 秘鲁的阶级行动 …………………………………………… （123）

第三部分　马克思主义和社会主义

1. 对路易斯·阿尔伯特·桑切斯的回复 …………………… （133）

2. 当代法国文学的进程 …………………………………… (137)

3. 发往工人代表大会的信息 ………………………………… (139)

4. 捍卫马克思主义 …………………………………………… (143)

    4. a 亨利·德曼与马克思主义的危机 ………………… (144)

    4. b 自由主义和社会主义的经济学 ………………… (145)

    4. c 现代哲学与马克思主义 ………………………… (146)

    4. d 伦理学和社会主义 ……………………………… (151)

    4. e 马克思主义的决定论 …………………………… (157)

    4. f 社会主义崇高的和创造性的意识 ……………… (160)

    4. g 自由经济和社会主义经济 ……………………… (163)

    4. h 弗洛伊德主义和马克思主义 …………………… (165)

    4. i 唯物主义者的唯心主义 ………………………… (168)

    4. j 革命的科学 ……………………………………… (174)

5. 秘鲁社会党的纲领 ………………………………………… (178)

6. 秘鲁社会的特征 …………………………………………… (182)

第四部分 帝国主义

1. 民族主义与国际主义 ……………………………………… (193)

2. 反帝观点 …………………………………………………… (197)

3. 美帝国主义在尼加拉瓜 …………………………………… (203)

4. 海地的戒严令 ……………………………………………… (206)

5. 伊美主义和泛美主义 ……………………………………… (207)

6. 北美的命运 ………………………………………………… (210)

第五部分 政治、组织、农民、工人和种族

1. 世界危机与秘鲁无产阶级 ………………………………… (217)

2. 拉美的种族问题 …………………………………………… (224)

3. 介绍《阿毛塔·阿土斯帕瑞亚》 ………………………… (240)

4. 瓦乔农民保护他们的灌溉系统：一个值得重视的机构 ……… (244)

5. 海拉杜拉（Herradura）海滩会议 ……………………… (246)

6. 五一节和统一战线 ……………………………………………………（249）

7. 给秘鲁工人阶级的《秘鲁工人总联合会宣言》 ……………………（252）

第六部分　女性

1. 女性与政治 ……………………………………………………………（265）

2. 女权主义者的要求 ……………………………………………………（269）

3. 玛格达·波塔尔 ………………………………………………………（273）

第七部分　神话和理想的乐观

1. 人类与神话 ……………………………………………………………（283）

2. 最后的斗争 ……………………………………………………………（288）

3. 现实的悲观与理想的乐观 ……………………………………………（292）

4. 想象与进展 ……………………………………………………………（295）

第八部分　美学

1. 玛克西姆·高尔基和俄国 ……………………………………………（303）

2. 关于超现实主义的总结 ………………………………………………（307）

3. 艺术、革命和颓废 ……………………………………………………（313）

4. 《水泥》和无产阶级的现实主义 ……………………………………（317）

5. 解释卓别林 ……………………………………………………………（322）

第九部分　拉美

1. 印度—西班牙美洲的统一 ……………………………………………（333）

2. 墨西哥与革命 …………………………………………………………（337）

3. 波特斯·吉尔反对墨西哥地区工人联合会 …………………………（341）

4. 从边缘看墨西哥政治的新历程 ………………………………………（344）

术语表 ……………………………………………………………………（348）

致　谢

　　这项工作源于一个深层的信念，即何塞·卡洛斯·马里亚特吉（José Carlos Mariátegui）有很多话要对英语读者说。他的《全集》（*Obras Completas*）已有许多版本，在拉美广为流传。他的作品被翻译成多种语言，不仅包括法语和意大利语，还包括俄语和日语。然而，到2008年世界资本主义金融危机爆发时，马里亚特吉的著作尤其是他的《关于秘鲁国情的七篇论文》的英译本已经绝版。

　　在我们生活的危机时期，马里亚特吉的著作内涵丰富。我们相信，他的著作代表了马克思主义思想中富有活力和创造性的风格，能够最好地滋养令人信服的分析和强有力的实践。它远非主宰苏联和东欧官方思想的教条主义式的马克思主义。在我们职业生涯的早期，我们两个就发现了马里亚特吉的著作，并被其著作的说服力和相关性所吸引。我们希望，阅读这卷书的人将会发现给我们留下深刻印象的创造性见解和现时相关性。

　　我们要感谢马里亚特吉的家人，特别是已故的哈维尔·马里亚特吉（Javier Mariátegui），感谢他们慷慨地接待我们，为我们提供了接触马里亚特吉著作的众多论文、文档和版本的机会，并让我们获取了那些能够丰富对马里亚特吉及其作品的研究的大量的个人信息。特别要感谢的是每月评论出版社的迈克尔·耶茨（Michael Yates）相信这本书，并给予我们大力支持。他许诺编辑们会仔细阅读和编辑手稿。我们还要感谢艾琳·克莱蒙特（Erin Clermont）认真审稿。

哈利·E. 瓦登　马克·贝克尔

佛罗里达　塔穆帕　威斯康星州　　麦迪逊

引　言

《阿毛塔》：对何塞·卡洛斯·马里亚特吉
生活和著作的介绍

当我们进入 21 世纪时，学者和活动家仍在争论马克思主义和马克思主义思想的地位与相关性。有人认为，这两者都将被归入历史的附页。然而，正如这句话说的那样，世界资本主义正遭受着一个世纪中最严重的挫折之一，新自由资本主义立足的理论基础备受质疑，因为它们无法引领现代世界系统。然而，当约瑟夫·斯大林（Joseph Stalin）对官方马克思主义有着重大影响时，他所宣扬的马克思主义的僵化的正统观点在这一新的现实中并没有提供什么，在非教条主义和独创性的马克思主义思想家如安东尼奥·葛兰西（Antonio Gramsci）和罗莎·卢森堡（Rosa Luxemburg）那里，兴趣则持续增长。欧洲以外的其他作家也出现在脑海中：非洲的阿米尔卡·卡布拉尔（Amílcar Cabral）、印度的拉宾德拉纳特·泰戈尔（Rabindanath Tagore），甚至是中国的毛泽东（Mao Tse-tung）。许多人发现他们的分析、见解和构想在我们当前的现实中有着相当大的用处。他们的思想与更细微的阶级形式、性别、文化和生态分析相结合，为我们的时代以及对我们时代的批判提供新视角。

近年来，拉美已经成为一个挑战许多新自由主义假设的地区。随着该地区开始重构许多内部阶级关系和外交政策，拉美为新自由主义思想的全球化提供了一个富足的替代方案。在这种背景下，转向那些为拉美左翼思想的发展做出贡献的重要思想家和作家是值得的，他们的工作可能成功挑战新自由主义的文化霸权。全球化的世界资本主义体系将这种新自由主义的文化霸权强加于南半球和北半球的民族。拉美的学术氛围一直被左派思想滋养着，并时常信奉马克思主义思想家。事实上，拉美马克思主义是一个丰富而令人着迷的主题。正如形形色色的拉美人一样，拉美马克思主义反映了拉美思想的一些最单调枯燥和偏狭的成分，但也包括创造性的、新颖的和精彩的即兴创作。尽管西方哲学传统和政治制度对拉美产生很大的影响，但它是南半球的一部分，承认这一现实允许马克思主义理论的某些方面以独特的方式得以发展。

当我们调查拉美的学术形势时，一个富有创新精神的思想家崭露头角。他为埃内斯托·切·格瓦拉（Ernesto Che Guevara）的早期马克思主义思想提供了养分，支持着土著人民的事业，认识到农民的革命潜力，并主张一种成熟的马克思主义女权主义，甚至抵制拉美马克思主义政党的斯大林化。这个人就是秘鲁的阿毛塔（盖丘亚语是"智者"），即何塞·卡洛斯·马里亚特吉（1894—1930）。马里亚特吉出身贫穷家庭，但在他看来，正因如此，他才有机会广泛接触秘鲁塞拉（安第斯山区）和沿海地区的土著居民、混血儿（mestizo），尤指欧洲与印第安族的非洲人和欧洲人。他与所有人互动，包括利马的知识精英，甚至秘鲁的无产阶级、农民和矿工。马里亚特吉还在欧洲待过一段时间，他运用三种语言（西班牙语、意大利语和法语）开展政治、文学甚至科学演讲。他的思想具有独创性，且兼收并蓄，超越从 20 世纪 30 年代到 60 年代的许多马克思主义思想家的狭隘局限。

马里亚特吉不仅在其祖国秘鲁的政治、社会和学术方面，而且在整个欧洲大陆上都留下明显而持久的遗产。他竭尽全力并积极地接触欧洲人的思想，设想出新方法分析非西方社会的问题，就像对待他自己的问题一样。在这个过程中，他发展了一种后来被称为民族马克思主义（National Marxism）的方法。这种方法在马克思主义理论的背景下处理当地的现实问题。马里亚特吉贯彻了一种新的理论框架，它与大多数拉美共产主义党派所采用的教条主义思想体系背道而驰——这种方法试图将马克思主义策略的机械解释应用于现实国情。他打破了对马克思主义刻板和正统的解释，发展了一种创新性的马克思主义分析方法。这种分析方法面向 20 世纪 20 年代秘鲁和拉美的特定历史现实。马里亚特吉不认为马克思主义是一项已完成的事业。他赞成一种无派系的、"开放的"马克思主义，相信"马克思主义思想应该是可以完善的，也是非教条主义的，并且可以适应新形势"①。马里亚特吉不是僵化地依赖客观的经济因素来煽动一种革命形势，他还考察了一些主观因素，比如政治教育和工人阶级—无产阶级组织的需求。他认为，这一战略可以推动社会走向革命行动。他淡化了正统马克思主义中消极的经济决定论的重要性，遵循一种动态的"马克思主义的唯意志论，这不允许他期待经济条件来迫使农民采取行动"②。另外，区别于主张农民组成一个反动阶级的正统马克思主义者，马里亚特吉期待农村农民和土著居民以及工业化的城市工人阶级一起领导一场他认为会席卷拉美的社会革命。

尽管马里亚特吉的思想对于拉美的意识形态斗争仍然具有重要意义，但在英语世界里，很少有人意识到他的贡献。当马里亚特吉于1930年去世时，他的葬礼成为利马大街上最大规模的工人游行之一，然而在美国，几乎没有人注意到他的逝世。美国作家沃尔多·弗兰克（Waldo Frank）是马里亚特吉的好朋友，他在《民族》（The Nation）周刊中写道，马里亚特吉的逝世使"所有西班牙美洲知识分子陷入悲伤之中；新世界的两部分之间的文化分离比这个事实即对我们大多数人来说这些话是没有意义的更有说服力"③。近一百年后的今天，马里亚特吉的著作仍然与那些试图创立激进思想并建立更人道和更公正的世界的人有着内在关联。

何塞·卡洛斯·马里亚特吉

何塞·卡洛斯·马里亚特吉于1894年7月14日出生在秘鲁南部莫克瓜的一个小镇。他是一个贫困的混血儿玛丽亚·阿玛丽娅·拉奇拉（María Amalia La Chira）的第六个孩子，拉奇拉在分娩后不久就失去她的前三个孩子。马里亚特吉的父亲弗朗西斯科·哈维尔（Francisco Javier）

---

① Sheldon B. Liss, *Marxist Thought in Latin America*, Berkeley: University of California Press, 1984, pp. 129 – 30.

② Harry E. Vanden, *National Marxism in Latin America: José Carlos Mariátegui's Thought and Politics*, Boulder: Lynne Rienner Publishers, 1986, p. 68.

③ Waldo Frank, "A Great American", *The Nation* 130/3389, June 18, 1930, p. 704.

是同名的自由主义独立领袖的孙子。马里亚特吉出生后不久，拉奇拉就与孩子的父亲分开了，并试图保护她的孩子免受其父亲的自由主义的影响。最后，她带着孩子们回到萨扬，与父母生活在一起。在这个城镇，游客经常沿着贸易路线往返秘鲁山区。在那里，马里亚特吉时常待在祖父的皮革作坊里，听着旅行者讲述他们在被称为"大庄园"（latifundios）的那些拥有大量土地的山区庄园中类似农奴一样劳动的生活故事。在很小的时候，马里亚特吉就患上结节病。当他 8 岁的时候，他的左腿受伤了，这使他终身残疾。

马里亚特吉在利马郊区度过了他的青少年时代。由于缺乏经济来源，加之养家糊口的需要，他只接受了 8 年教育。15 岁时，他开始在秘鲁《新闻报》（La Prensa）报社工作。他在新闻行业表现出卓越的才华，并迅速从学徒工转入写作和编辑行列。在他的一生中，马里亚特吉利用他作为记者的技能谋生，并把它作为表达政治观点的一种手段。到 16 岁时，他的著作呈现出一种社会主义倾向。马里亚特吉和他的朋友塞萨尔·法尔孔（César Falcón）一起发行了两份短暂的报纸，即《我们的时代》（Nuestra Epoca）和《理性报》（La Razon）。尽管这些报纸采用一种亲劳工的立场，但它们并没有拥护在马里亚特吉后来的著作中所发现的革命的马克思主义。然而，马里亚特吉对工人和学生的革命要求的声援与秘鲁独裁者奥古斯托·B. 莱吉亚（Augusto B. Leguía）的观念发生冲突。莱吉亚于 1919 年 10 月将马里亚特吉和法尔孔作为秘鲁的"情报员"流放到欧洲。马里亚特吉在欧洲的时光极大地促进了其思想的发展和成熟，并稳固了他的社会主义倾向。马里亚特吉后来回顾其作为一名记者的早期生涯，他将这段时光称为其"石器时代"，与他在 20 世纪 20 年代后期的著作形成鲜明的对比。那时作为一个马克思主义思想家，他已经成熟了许多。

1919—1923 年，马里亚特吉待在法国和意大利，寻求与许多欧洲社会主义者见面的机会。在法国，他遇到了罗曼·罗兰（Romain Rolland）、亨利·巴布斯（Henri Barbusse）以及来自革命的《光明》（Clarté）集团的其他人。马里亚特吉在意大利生活了三年，他遇到了贝内德托·克罗齐（Benedetto Croce）、乔瓦尼·帕皮尼（Giovanni Papini）等人。1921 年意大利共产党的成立，使马里亚特吉深刻地感受到马克思主义唯意志论方法的革命潜力。1923 年回到秘鲁时，马里亚特吉宣称，他是"一个供认不讳的马克思主义者"①。

1923 年回到秘鲁后不久，马里亚特吉遇到了学生领袖维克托·劳尔·阿亚·德拉托雷（Víctor Raúl Haya de la Torre）。阿亚·德拉托雷刚刚在利马成立了冈萨雷斯·普拉达人民大学（González Prada Popular University），为秘鲁工人提供受教育的机会。阿亚·德拉托雷邀请马里亚特吉做了一系列关于世界事件的讲座，马里亚特吉的这些讲座汲取了他在欧洲所获得的经验和见解。② 在这些讲座中，马里亚特吉表明了他对战后欧洲重大政治主题的深刻理解。他还强调对近代欧洲事件的一种工人阶级的批判。马里亚特吉比大学里的其他教师准备得更充分，因此，他很快就成了最受欢迎的教师之一。③ 尽管有学生呼吁授予马里亚特吉教授职位，但是因为马里亚特吉缺乏正规的学历证书，因此，圣马科斯公立大学拒绝这样做。尽管马里亚特吉在很大程度上没有接受过教育，他却有着富有创造力和聪慧的头脑。他喜欢读书，大部分情况下，是自学成才。总之，马里亚特吉是一位知识分子，有时与资产阶级的知识分子世界格格不入。

1924 年，马里亚特吉失去右腿，因此，他只能坐在轮椅上度过余生。尽管身体状况不佳，马里亚特吉还是加倍努力地在秘鲁组织一次社会革命。1926 年，他创立了《阿毛塔》（Amauta），作为学术和精神运动的一种先锋声音，这本杂志旨在创设一个新秘鲁。它不仅会检测政治领域的发展，还会审核哲学、艺术、文学和科学领域的发展，所有这些都有明确的政治议程。《阿毛塔》在秘鲁甚至是整个拉美都颇受欢迎。④

由于其成本和在艺术、文学、政治与文化方面的前卫立场，《阿毛塔》在秘鲁工人阶级中并没有找到足够多的知音。因此，1928 年，马里

---

① José Carlos Mariátegui, "The Problem of Land", *Seven Interpretive Essays on Peruvian Reality*, Trans. Marjory Urquidi, with an Introduction by Jorge Basadre, Austin: University of Texas Press, 1971, p. 42.

② 1973 年 12 月 3 日，瓦登在利马采访了维克托·劳尔·阿亚·德拉托雷。

③ 1974 年 8 月 25 日，瓦登在利马采访了胡里奥·波托卡雷罗。波托卡雷罗事先听说了这件事，然后在冈萨雷斯·普拉达人民大学认识了马里亚特吉。

④ David O. Wise, "Mariátegui's *Amauta* (1926 – 1930), A Source for Peruvian Cultural History", *Revista Interamericana de Bibliografía* 29/3 – 4, 1979, p. 288.

亚特吉创办了一份较少教条化的但更有信息量的双周刊，即《劳动》（*Labor*），并将它作为《阿毛塔》的一种延伸。《劳动》试图为工人阶级提供信息，教育他们并使他们政治化。然而，这份期刊幸存了不到一年就被莱吉亚独裁政权查封了。尽管政府从未对《劳动》的查封给出官方解释，但对莱吉亚的"越来越不受欢迎且不稳定的政权"①而言，这份报纸被视为一种威胁。直到 1930 年马里亚特吉去世后不久，《阿毛塔》才继续出版。

在马里亚特吉的一生中，他在秘鲁的各种期刊上发表了很多文章并出版了两本书，即 1925 年的《当代舞台》（*The Contemporary Scene*）和 1928 年的《关于秘鲁国情的七篇论文》（*Seven Interpretive Essays on Peruvian Reality*）。《当代舞台》是他为秘鲁的流行杂志《万象》（*Variedades*）和《世界》（*Mundial*）所写文章的汇编。在这些文章中，他探究了当今世界的政局，包括法西斯主义的兴起、民主、社会主义和反犹太主义。马里亚特吉的第二本书于 1971 年被翻译为英语，名为《关于秘鲁国情的七篇论文》，这本书深入剖析了拉美的现实。马里亚特吉从马克思主义的视角对秘鲁和拉美问题做了精彩的分析。这本书包括有关经济演变概况、土著人民、土地分配、教育制度、宗教、地方主义与中央集权主义和文学专题的七篇论文。学界普遍认为，《关于秘鲁国情的七篇论文》是一本关于拉美马克思主义的基础性著作。

马里亚特吉的革命活动并不是仅仅停留在理论层面上。他提出许多要求，表明他希望在秘鲁构建的社会主义的本质，包括劳动和社会改革、结束令人愤恨的劳役偿债（*debt peonage*）制度、实行八小时工作制、增加工资以及确立最低工资。为了宣传这些变革，马里亚特吉于 1928 年成立秘鲁社会党（*PSP, Peruvian Socialist Party*），并担任首任秘书长。1929 年，秘鲁社会党成立秘鲁工人总联合会（*CGTP, General Confederation of Peruvian Workers*）。作为该党组织工人阶级的一种尝试，秘鲁工人总联合会是一个以马克思主义为导向的工会联盟。秘鲁社会党和秘鲁工人总联合会积极参与国际主义活动，参加共产国际赞助的会议。

---

① David O. Wise, "*Labor*（Lima 1928 – 1929），José Carlos Mariátegui's Working-Class Counterpart to *Amauta*", *Revista de Estudios Hispanicos* 14/3, October 1980, p. 125.

　　显而易见，马里亚特吉积极参与遍及秘鲁的共产主义基层组织的团体活动，但他组织活动的确切规模和性质仍是不完全清晰的。马里亚特吉的活动对秘鲁国家的安全构成足够的威胁，尽管他从未被判有罪，但莱吉亚曾两度逮捕并监禁了马里亚特吉。马里亚特吉第一次被捕是在1924年，当时他涉嫌在冈萨雷斯·普拉达人民大学从事颠覆性活动。这次逮捕引发国际社会即刻的和强烈的反响，马里亚特吉很快就被释放。1927年，莱吉亚独裁政权第二次逮捕了马里亚特吉，并指控他参与共产主义阴谋。马里亚特吉在一家军事医院被拘留了六天，后来他仍然是警察骚扰和监视的受害者。1929年9月，马里亚特吉的工人阶级周刊《劳动》被查封，同年11月，警察突击搜查了他的房子，并"绑架了"他三天。马里亚特吉否认了指控的有效性，并声称警察带有政治动机。马里亚特吉在写给一位朋友的信中提到，"自然而然地，他们谈及的是共产主义阴谋"。马里亚特吉在《阿毛塔》和《劳动》上发表了一些论文，批判了塞罗德帕斯科的一家美国公司经营的铜矿缺乏安全措施，并存有剥削劳工的做法。秘鲁政府担心马里亚特吉是"在维护和煽动工人反抗"。马里亚特吉支持矿工的组织斗争和继起的罢工行动使北美公司感到震惊，秘鲁政府也不想失去强大的外国经济利益的支持。[①]

　　尽管马里亚特吉帮助创办的政党和劳工联盟蓬勃发展，但他的健康却让人堪忧。为了寻找更好的气候，马里亚特吉打算搬到阿根廷，这既有利于他的健康，也有利于他的政治工作。1930年4月16日，马里亚特吉去世，享年36岁。在他逝世后，马里亚特吉策划的运动失去其生命力和革命潜力。

意识形态

　　马里亚特吉拥有一个年轻记者的大胆气魄，他运用丰富多样的生活经验和知识来源，在任何可以找到的地方寻找故事。尽管他是一个信仰坚定的国际马克思主义者，但其秘鲁和拉美身份以独特的方式影响着他

---

　　① 马里亚特吉写给塞萨尔·阿尔弗雷多·米洛·奎萨达（César Alfredo Miro Quesada）的信，参见 *José Carlos Mariátegui：Correspondencia*，Lima：Biblioteca Amauta，No. 2，1984，p. 677。

的想法。他是最早从拉美现实中发展出革命社会主义思想的人之一——
"思考拉美"（pensar end América Latina）——智利哲学家赫利奥·盖勒
多（Helio Gallardo）倡议拉美的知识分子必须这么做。这种"思考"是
一种"实用的社会历史活动"，它"必须意识到其社会历史根源"①。一
般的理论中可能也阐发了这样的思想，但它是具有历史意义的，因而充
分意识到决定眼前现实的特殊性。

马里亚特吉能够根据马克思主义方法，以及他在欧洲和秘鲁获得的
个人体会与知识经验的财富来阐明秘鲁和拉美的现实。马里亚特吉努力
想要对自己的现实做一种原创的分析。著名的墨西哥思想家莱奥波尔
多·泽拉（Leopoldo Zea）引用西蒙·玻利瓦尔（Simón Bolívar）的老师
即西蒙·罗德里格斯（Simón Rodríguez）的观点，认为拉美不能模仿欧洲
或美国，它必须是独创的。泽拉补充说："在文化和哲学中，创新的必要
性尤为重要。"人们不能盲目地模仿从欧洲或其他地方引进学术或哲学体
系。从自己的现实着手思考、分析和创造，这是很有必要的。只有通过
这种方式，原先被殖民地化的人们才能够确认他们的文化和本土精华，
并为全世界的哲学和文化做出贡献。② 这个论点——在许多方面与弗朗
茨·范恩（Frantz Fanon）和其他第三世界国家的民族主义者的思想相
似——最适用于马里亚特吉。③

其实，很难把马里亚特吉定位在他写作的那个历史时代。一些拉美
马克思主义者如阿尼巴尔·庞塞（Aníbal Ponce）可能更精通欧洲马克
思主义的经典，因此他们能更好地运用公认的马克思主义术语来构思他
们的分析。与拉美的许多马克思主义者一样，这种传统的以欧洲为中心
的马克思主义观点在当地（拉美语境中）强劲地影响着原创的分析。
它不会促进拉美马克思主义思想或分析的产生，但会允许拉美人使用一
种不是他们自己创造的欧洲马克思主义（比如以前的哲学和文化体
系）。可能会进一步证明，这只会使拉美文化的依赖性以一种新的——

---

① Hello Gallardo, *Pensar en America Latina*, Heredia, Costa Rica: Editorial de la Universidad Nacional, 1981, p. 18.

② Leopoldo Zea, *La filosofía americana como filosofía sin más*, Colección Mínima, No. 30, México: Siglo Veintiuno Editores, 1969, pp. 32 - 33.

③ See Frantz Fanon, *The Wretched of the Earth*, New York: Grove Press, 1963.

尽管更加微妙的——方式延续下去。马里亚特吉把一种经验方法运用到
分析秘鲁的基本经济现实之中。马克思主义方法论的应用聚焦于经济和
阶级的因素，这导致马里亚特吉同时代的许多人批判他的著作，认为马
里亚特吉的著作是将马克思主义卑屈地运用于秘鲁和拉美现实。[①] 然
而，马里亚特吉方法的适用性及其思想的清晰性，似乎表明它需要更加
现实的解释。

马里亚特吉所做的开创性的分析，是拉美知识分子第一次尝试利用
现代社会主义思想发展提供的一般范畴来理解当地现实的独特性。虽然
它远离决定论的唯物主义，但其主要关注点是经济。此外，由于这种分
析在拉美现实中进行，诸如塞萨尔·安东尼奥·乌加特（César Antonia
Ugarte）、希尔德布兰多·卡斯特罗·波佐（Hildebrando Castro Pozo）和
阿贝拉多·索利斯（Abelardo Solis）这些先进的秘鲁作家极大地影响了马
里亚特吉所做的开创性分析的发展方向。这些作家从秘鲁和拉美的背景
入手，撰写各自关于秘鲁经济史和秘鲁土著社群的著作。[②] 马里亚特吉将
他们的著作与其他激进的原住民（indigenistas）（捍卫土著居民权利的受
过教育的外来者）如路易斯·瓦尔卡塞尔（Luis Valcárcel，后来成为秘
鲁最著名的人类学家之一）的著作结合起来，为他研究秘鲁现实奠定经
验基础。马里亚特吉通过用类似这样的著作来丰富其马克思主义的方法，
他能够根据世界趋势（如资本主义的发展）和一般的马克思主义理论，
开始领会其民族国情的特殊性（以及当地人/第三世界）。马里亚特吉的
分析是国际马克思主义所提供的视角和在秘鲁发展起来的激进的原住民
的民族主义视角之间的一种极具吸引力的融合。马里亚特吉是最早利用
马克思主义来重建拉美社会史和经济史的一员，这样就可以按照外部
（outside）力量强加给该地区的经济关系来理解民众的贫困和被剥削。这

---

① See especially, in this respect, the "Catholic" criticism of the 7 *Ensayos* (Seven Essays) that Víctor Andrés Belaúnde makes in *La realidad nacional*, París: Editorial — "Le Livre libre", 1931.

② See also César Antonio Ugarte, *Bosquejo de la historia económica del Perú*, Lima: Imp. Cabieses, 1926, cited in chap. 3 of the 7 *Ensayos* (Seven Essays); Hildebrando Castro Pozo, *Nuestra comunidad indígena*, Lima: Editorial: "El Lucero", 1924, see hapters 2 and 3 of the 7 *Ensayos*; and Abelardo Solis, *Ante el problema agrario peruano*, Lima, Perú: Impresiones encuadernaciones "Perú", 1928.

是一位秘鲁人尝试用一般的术语来解释秘鲁问题，而且是从秘鲁—拉美的角度来这样做。马里亚特吉为秘鲁的后代人和拉美的思想家以及社会分析人士提供了背景知识，他们将根据现实中自己的地位，并利用现代思想所提供的深刻见解更好地理解拉美现实。

当时，马里亚特吉的分析与教条主义相去甚远，甚至被认为——在俄国人米罗谢夫斯基（Miroshevsky）创作的一篇批判性文章中——是有问题的马克思主义正统学说。① 马里亚特吉对秘鲁国情的分析预测了三种经济制度的同时存在：原安第斯土著社群的残余（他把这种残余视为来自原始共产主义经济的一种遗留物）；西班牙植入的欧洲封建制度；在一些相对而言不受酋长（gamonal）（"地主"或"地头蛇"）封建统治影响的沿海地区中的现代资本主义经济。这是马里亚特吉的一个原创性的贡献，它提供了一种极好的方法来思考一种艰难的——如果不是令人困惑的话——民族国情。

不同经济制度之间的联系提供了一个明显的例子，证明马里亚特吉如何将马克思主义理论融合到他所分析的具体国情中。这位秘鲁思想家认为，如果工人在未来（社会主义）社会中发挥重要作用的话，他们必须拥有一个适当的教育和文化基础。② 更为直接的是，马里亚特吉认为，社会的革命阶层必须让工人和年轻人接受教育，为他们在任何社会主义革命中所扮演的角色做好准备。③ 他在信中提到建立马克思主义学习小组的重要性，并为工人自我教育办公室制定规划，这些都彰显了他赋予这项活动以重要意义。④ 他清楚地意识到，即使是最先进和最开明的秘鲁工人，也需要教育和文化准备，才能有效地参与一种强有力的

---

① See V. Miroshevsky, "El populismo en el Perú, papel de Mariátegui en la historia del pensamiento social latino-americano", *Dialéctica* 1/1, May – June 1942, pp. 41 – 59.

② José Carlos Mariátegui, "La crisis mundial y el proletariado peruano", *Historia de la crisis mundial: conferencias (años 1923 y 1924)*, in *Obras Completas*, 3rd ed., Lima: Biblioteca Amauta, No. 8, 1971, p. 15.

③ José Carlos Mariátegui, *Defensa del marxismo: polémica revolucionaria*, in *Obras Completas*, 3rd ed., Lima: Biblioteca Amauta, No. 5, 1967, p. 95 (the youth) and 57 (the workers).

④ 1929年6月20日写给 N. 德拉·冯特（N. de la Fuente）的信；José Carlos Mariátegui, *Ideología y política*, in *Obras Completas*, 3rd ed., Lima: Biblioteca Amauta, No. 13, 1971, pp. 156 – 158.

运动。

　　然而，马里亚特吉设想的秘鲁社会主义不能是另一种社会主义制度的毫无生机的复制品或马克思主义思想的一种教条主义应用。它必须是一种"英雄的创造"；拉美的现实必须赋予它生命。[1] 在这里，我们开始见证一些赐予马里亚特吉构想如此有活力的特殊天赋。马里亚特吉对欧洲社会主义的憧憬和欧洲社会主义革命的成败，使他深刻地理解了阐述社会主义学说和为特定国情而采取行动的错综复杂之处。从其历史背景来看，马里亚特吉理解秘鲁和拉美大体上与马克思所写的城市化和工业化的欧洲国家截然不同。马里亚特吉认为，这取决于马克思主义革命者创造性地将马克思主义学说（和列宁的创新）的革命精髓运用到具体的历史情境中。只有这样，成功的革命社会主义行动才能得以产生。[2] 马里亚特吉批判教条主义式的马克思主义，以致与共产国际有关的作者谴责他是一个"民族的民粹主义者"[3]。

　　马里亚特吉根据自身对马克思、恩格斯、列宁和其他欧洲社会主义者著作的理解设计他的构想。他没有——也不能——忽视秘鲁国情或国民的学术思潮。冈萨雷斯·普拉达（González Prada）、秘鲁山区和始于秘鲁的激进本土运动都对马里亚特吉的思想产生较大的影响。这些因素的汇聚，使得马里亚特吉有了一种独特的视野，并使他创建了一种特殊的秘鲁社会主义。

　　如果马里亚特吉对经典马克思主义理论做出一种严格的应用，那么，他就会把几乎所有的农民都置于潜在的革命劳动阶级之外。许多矿工可能也被排除在外，因为这些矿工与他们的农民出身有着密切关系，而且经常在偏远的农村地区工作。在标志着社会党之形成的巴兰科会议所达成的协议中，也许最好地诠释了马里亚特吉的立场。其中，第三点指出，

①　Mariátegui, "Aniversario y balance", *Ideología y política*, 1971, p. 249.

②　Mariátegui, "Manifesto a los trabajadores de la república", *Ideología y política*, 1971, p. 123; see also Harry E. Vanden, "The Peasants as a Revolutionary Class: An Early Latin American View", *Journal of Inter-American Studies and World Affairs* 20/2, 1978, pp. 191 – 209; and Harry E. Vanden, "Marxism and the Peasantry in Latin America: Marginalization or Mobilization?" *Latin American Perspectives* 9/4 (35), Fall 1982, pp. 74 – 98.

③　See Miroshevsky, "El populismo en el Perú", *Dialéctica* 1/1, May-June 1942.

"根据秘鲁目前的状况，联合会将建立一个基于有组织的工农群众的社会党"①。对于马里亚特吉的社会主义革命和社会党的纲领而言，农民（更不用说矿工）是必不可少的。他们被认为是运动成功的必要条件。我们再次看到马里亚特吉如何将马克思主义学说融入秘鲁具体情况的极好例子。马里亚特吉的学术取向使其能够根据马克思主义的术语来构思运动，他的灵活性、创新个性及其对具体条件的重视使他能够以创造性的方式设想这个规划。尽管马里亚特吉的思想和政治活动与经典马克思主义和欧洲社会主义运动有着明显的联系，但他创造了一种新型的第三世界国家的思想。

与大多数拉美马克思主义者不同，马里亚特吉意识到，白人和混血儿掌控着土著人民的文化、个性和剥削，因此能够使清醒的组织者将它们融入革命运动。这种重要性是马里亚特吉对拉美马克思主义最重要和最持久的影响之一。当危地马拉革命运动（Guatemalan revolutionary movements），如贫民的革命军队（ERP, Poor Peoples' Revolutionary Army）同土著社群成为一体并尊重玛雅习俗和文化时，这种重要性就被证实了。他们发现，印第安人很快就开始将马克思主义激发的革命运动看作他们自己斗争的一种延续。20 世纪 80 年代初，危地马拉运动的成功与大规模的土著居民参与革命斗争息息相关。

事实上，马里亚特吉认为，一旦土著人民理解了社会主义，他们就会热切地依恋它，因为它与传统的集体情感相吻合。② 然而，这样的现代社会主义将与新的历史条件相一致，从而将现代西方的科学与技术纳入其中。③ 这将是一种把"印加共产主义"传统与现代社会主义理论和现代西方技术相融合的方式。

马里亚特吉根据现代马克思主义思想重新诠释了传统和第三世界的现实。如果马里亚特吉对秘鲁前殖民时期的"黄金时代"的重建并不完

---

① "La Reunión del Baranco", in Ricardo Martínez de la Torre, *Apuntes para una interpretación marxista de la historia social del Perú*, Lima: Empresa Editora Peruana, No. 2, 1947 – 1949, p. 17. Emphasis added.

② Mariátegui, "El problema de las razas", in *Ideología y política*, 1971, p. 46.

③ Mariátegui, "Principios programáticos del partido socialista", in *Ideología y política*, 1971, p. 161.

全准确的话，那么他对传统社群主义（如果不是传统社会本身）的一些
德行的重视则是开创性的。这也是确认秘鲁第三世界实质的重要一步，
从而否定秘鲁和拉美知识分子中欧洲中心主义思想的基础。然而，这种
第三世界的做法并不常见。正如卡洛斯·阿尔塔米拉诺（Carlos Altamira-
no）说的那样：

> 马克思的拉美信徒们时常不知道该如何详细阐述或解析民族问
> 题与世界形势之间的辩证关系。因此，他们的作品似乎更像是其他
> 构想的效仿或评论，而不是真正的智力成果的产物。①

其他拉美作家也发表了类似的看法。② 乔治·阿伯拉德·拉莫斯
（Jorge Abelardo Ramos）在《印度的马克思主义》（*El marxismo de Inidas*）
中阐释了相似的观点。他猛烈抨击"拉美马克思主义的不成比例的欧洲
化"，提议与这些从欧洲复制而来的革命术语彻底决裂。这些革命术语如
此缺乏实质内容，以致给我们具体理解拉美现实制造了一大障碍。③

显然，在打破欧洲中心论的同时代人中，马里亚特吉是一个例外。
他聚焦土著人民、农民、不同类型的政党以及大众文化的重要性。因此，
诚如阿尔塔米拉诺指出的那样，马里亚特吉无疑是拉美马克思主义早期
历史上最杰出的知识分子。④ 与拉莫斯和其他许多后来的马克思主义知识
分子一样，阿尔塔米拉诺认可马里亚特吉将马克思主义适应于他们的国
家现实所做的努力的重要性，以致它能够成为更好地理解并最终改变现
实的工具。阿尔塔米拉诺评论道："马里亚特吉选择的道路向我们展示了
运用马克思主义思想和实践的唯一合法路径。"⑤

---

① Carlos Altamirano, *El marxismo en la América Latina*, Buenos Aires：Centro Editor de América Latina, 1972, p. 7.

② See, for instance, Espartaco（Aníbal Pinto Santa Cruz）, *Crítica de la izquierda latinoamericana*（Montevideo：ARCA, 1965）, and José Aricó, *Marx y América Latina*, Lima：Centro de Estudios para el Desarrollo y la Participación, 1980.

③ Jorge Abelardo Ramos, *El marxismo de Indias*, Barcelona：Editorial Planeta, 1973, pp. 7 - 8.

④ Carlos Altamirano, *El marxismo en la América Latina*, Buenos Aires：Centro Editor de América Latina, 1972, p. 9.

⑤ Ibid. .

在拉美政治和思想发展的关键阶段，马里亚特吉能够创造性地结合广泛的学术思潮和政治趋势，利用其渊博的知识和经验，独创性地把马克思主义思想和欧洲文化中最具活力的潮流融入秘鲁与拉美正在不断发展的国家和第三世界意识。尽管马里亚特吉的马克思主义与共产国际开始将其作为社会主义革命的普遍公式的俄国列宁主义并不一致，但事实证明，马里亚特吉的马克思主义非常适合其国家。就其本身而言，马里亚特吉的马克思主义是一个早期的——也许是独特的——拉美民族马克思主义的典范。很明显，这与葛兰西的马克思主义以及后来适用于第三世界国家现实的社会主义思想的改编是相似的。在拉美，大量后继者的思想和实践从属一种过于决定论的欧洲取向的马克思主义，这使得深刻理解马里亚特吉的贡献变得十分困难，直到后来，也不允许许多其他人追随马里亚特吉的道路。大多数拉美活动家和左翼知识分子花了近50年的时间来接受秘鲁的《阿毛塔》对社会分析和革命思想的独特贡献。只有在古巴和尼加拉瓜革命之后，随着拉美文学的"繁荣发展"和一种真正的拉美实践与认知的隐性验证，才能够理解马里亚特吉努力的全部意义。本卷包括一些马里亚特吉最令人信服的著作的样本。

《世界危机史》

从欧洲回来后，马里亚特吉在利马刚成立的冈萨雷斯·普拉达人民大学做了一系列关于"世界危机史"的讲座，现在汇编成《世界危机史》（*Historia de la crisis mundial*）。这些讲座共有 17 个，从 1923 年 6 月持续到 1924 年 1 月，但只有 9 个完整的文本被保存下来。就第 16 个讲座"墨西哥革命"（La revolución Mexicana）而言，尽管马里亚特吉在《我们美洲的主题》（*Temas de nuestra América*）和其他地方发展了这个主题，但只有报纸报道还保留着。[①] 就其余的讲座而言，《全集》的编辑提交了作者的笔记和报纸报道。在《当代舞台》和《世界生活的外观和景象》（*Figuras y aspectos de la vida mundial*）中，马里亚特吉充分地拓展许多他最初

---

① See José Carlos Mariátegui, "México y la revolución", in *Temas de nuestra América*, *Obras Completas*, 1st ed., Lima: Biblioteca Amauta, No. 12, 1960, pp. 39 – 43.

在这些讲座中所阐释的主题。① 他演讲的主要目的之一，就是向秘鲁的无产阶级传播对世界危机的理解。马里亚特吉指出，在秘鲁，既没有一家新闻媒体在政治上教育人们，也没有社会主义者或工会组织使无产阶级关注世界危机。冈萨雷斯·普拉达人民大学提供了（革命）教育的唯一手段。为了实现使命，冈萨雷斯·普拉达人民大学必须解释影响文明民族的深层痼疾。② 马里亚特吉认为，尽管这场危机以欧洲为中心，但它是一种西方文明的危机。资本主义使人类生活国际化；国际主义现在是一个历史现实。和其他国家一样，秘鲁也涉入这场危机之中，这些讲座尤其关注秘鲁无产阶级的先锋队。"出于各种超验的理由"，马里亚特吉邀请这一先锋队与他一同研究世界危机的进程。③ 他主张，无产阶级不再是一个旁观者，而是一个参与者。人类生活在一个革命时期。世界经济危机既是经济危机，也是政治危机，但最重要的是思想危机——这是一场资本主义文明的深刻危机。欧洲的悲剧在于资本主义不再发挥作用，社会主义还没有做好准备。④ 到此时，马里亚特吉的观点已经相当成熟，反映了他对西方资本主义体系的国际化进程和对其影响如此严重的周期性危机的理解。

在这些讲座中，马里亚特吉还处理了民族主题以及欧洲和国际事件，如凡尔赛和平会议。马里亚特吉期待大多由工人组成的听众能够意识到国际事件的蔓延、它们的经济基础和相互依存、资本主义危机、革命运动和其潜力以及秘鲁和秘鲁无产阶级的可能性。在关于"战争文学"的第 2 个讲座中，马里亚特吉强调战争的经济原因，最后指出，在战争中，一些人和一些利益已经影响到无产阶级，无产阶级应该考虑是否值得重建资本主义社会，因为在四五十年后这样的战争可能会发生，如果不是立即发生的话。⑤

---

① Mariátegui, *Historia de la crisis mundial*, 1971, pp. 7 – 8. 这也许可以解释为什么这些演讲集作为《全集》第八卷的形式出版，虽然它们写于《来自意大利的信件》（*Cartas de Italia*）［第15 卷］之后。遗憾的是，《全集》通常不遵循任何既定的年代。

② Mariátegui, "La crisis mundial y el proletariado peruano", in *Historia de la crisis mundial*, 1971, p. 13.

③ Ibid., pp. 16 – 18.

④ Ibid., pp. 19 – 24.

⑤ Mariátegui, "Literatura de guerra", in *Historia de la crisis mundial*, 1971, p. 2.

马里亚特吉还讨论了第二国际的问题。他指出，尽管列宁和罗莎·卢森堡有这样的地位，但却无法采取明确立场反对这场战争，这场战争让如此多的工人牺牲了，因此必然导致战争的失败。[①] 在他后期的著作中，马里亚特吉对第二国际的批评更加尖锐。有趣的是，马里亚特吉宣称自己是"一条无产阶级战线"的虔诚信徒。他主张，在教派或党派团体组织他们之前，工人们应该将自身聚集到一个联盟中。在这个联盟中，每个人都有自己的取向，但因共同信条将他们团结起来。[②] 这似乎正是马里亚特吉及其同伴在 1929 年组织秘鲁工人总联合会时所遵循的方案。

马里亚特吉的其他讲座对德国和匈牙利参加革命斗争的秘鲁工人与学生产生极大的影响，并使他们意识到无产阶级英雄如罗莎·卢森堡和贝拉·昆（Bela Kun）。马里亚特吉还叙述了俄国政权的历史。[③] 在这些论述中，马里亚特吉谨慎地指出，布尔什维克在工业化的无产阶级中奠定了他们的根基，他们通过和平方案与土地划分来吸引俄国农民。马里亚特吉当时认为，农民并没有为共产主义做好准备，在将来，他们对政权可能是一种潜在的威胁。[④] 在马里亚特吉的论述中（和他的大部分著作一样），任何人都会被他的现实主义和他对政治进程动力学的敏感性所震惊，就像他在阐述新经济计划时所说的那样，"苏联政治建立在现实基础之上，而且是由现有的事实所决定的"[⑤]。

马里亚特吉没有忽视拉美自身的革命。在关于墨西哥革命的演讲中，他扩展了墨西哥革命的历史轨迹，指出其农业发展的重要性，并在结束演讲时邀请工人向西班牙世界的转型初期致敬。[⑥] 17 个讲座中的最后一个

---

① Mariátegui, "El proceso de la segunda internacional", in *Historia de la crisis mundial*, 1971, pp. 33 – 36.

② Ibid. , p. 33.

③ Mariátegui, "Exposición y crítica de las instituciones del régimen ruso" (author's notes), in *Historia de la crisis mundial*, 1971, pp. 148 – 152.

④ Mariátegui, "Exposición y crítica de las instituciones del régimen ruso" (author's notes), in *Historia de la crisis mundial*, 1971, pp. 149 – 150. 然而，到 20 世纪 20 年代末，马里亚特吉关于农民的革命潜力的思想会发生巨大变化。

⑤ Mariátegui, "Exposición y crítica de las instituciones del régimen ruso" (author's notes), in *Historia de la crisis mundial*, 1971, p. 152.

⑥ Mariátegui, "La revolución mexicana", in *Historia de la crisis mundial*, 1971, p. 166.

是献给列宁的颂词（他刚逝世）。在这个讲座中，从《国家和革命》（*State and Revolution*）开始，马里亚特吉不仅讲述了列宁的生活，还讨论了列宁在俄国革命及其著作中的作用。[①]

这一系列讲座代表了马里亚特吉开始着手教育和指导秘鲁工人阶级的努力。工人（和一些学生）参加了讲座，对许多参与者来说，这些讲座为他们提供了初次接触国际事件的机会。直到那时，社会主义意识非常淡薄。1919 年成立的秘鲁社会党此时消失了。特别是在冈萨雷斯·普拉达的领导下，无政府主义严重影响了工人。[②] 新闻界是偏狭和保守的。当马里亚特吉开始有关社会主义的论述时，许多聚集在一起的工人最初甚至充满敌意地接纳他。[③] 无政府主义者的思想主导着工会。马里亚特吉用他关于欧洲和国际主题的简单而清晰的阐释来探讨这种环境。显然，他希望秘鲁无产阶级"先锋队"对世界事件和欧洲正在进行的新生的社会主义革命有一定的认识。正是在这所人民大学里，马里亚特吉简单的举止和直截了当的演讲开始吸引秘鲁工人中的一批追随者。马里亚特吉表达得很清楚，在社会主义者同志情谊（socialist camaraderie）的传统中，他使用第二人称的你们（vosotros）的复数形式。马里亚特吉的解释开始让许多工人想知道，他们会在秘鲁采取什么样的（社会主义）行动。[④] 工人们开始从全新的视角来看待布尔什维克革命。

当马里亚特吉从欧洲来到这里计划组织一次共产主义运动时，秘鲁无产阶级缺乏真正的阶级意识。[⑤] 因此，马里亚特吉第一步是着手开展一种无产阶级教育，这种教育将播下意识可以生长的种子。他接受了一份可以在一个直接和工人交谈且将辩证法与教学方法混合在一起的环境中教书的工作，这绝非偶然。马里亚特吉煞费苦心地强调资本主义剥削的国际性质——对国际社会主义组织的需求。他阐明了德国、俄国和匈牙利的共产主义者的斗争，并指出德国工人遭受的任何损失也是他们秘鲁

---

① Mariátegui, "Elogio de Lenin", in *Historia de la crisis mundial*, 1971, pp. 168 – 169.

② 1974 年 8 月 25 日，瓦登在利马采访了胡里奥·波托卡雷罗。

③ 1973 年 12 月 3 日，瓦登在利马采访了维克托·劳尔·阿亚·德拉托雷。

④ 1974 年 9 月 2 日，瓦登在利马采访了弗洛伦奇奥·查韦斯（Florenzio Chávez）。查韦斯当时是一名工人，通过与马里亚特吉接触，他被无产阶级运动所吸引。

⑤ 自传式书信，载于 *La Vida Literaria*（Buenos Aires）。

同伴的一种损失。马里亚特吉反复强调国际关系和一次国际的社会主义革命的必要性。尽管马里亚特吉没有直接讨论秘鲁（也许是由于莱吉亚的独裁），但他认为，欧洲和美国的资本家通过遍及亚洲、非洲和拉美（以及秘鲁）的剥削维持生计。马里亚特吉讨论墨西哥革命，邀请工人向作为拉美转型的第一步的墨西哥革命致敬。这些做法表明，如果不是秘鲁的话，拉美确实有可能发生变化。马里亚特吉后期的著作和书籍将有助于描述这些可能性的确切性质。

编辑们插入了一篇《外交事件的 25 年》（*Twenty-five Years of Foreign Events*）的文章，在某种程度上有点不合时宜，这篇文章写于 1929 年，在马里亚特吉演讲的结尾部分。它是对 1904—1929 年世界事件的一种简要描述，作者提供给《万象》杂志以纪念该杂志 25 周年庆。马里亚特吉对一些重要事件做了实事求是的总结，他特别关注意大利的法西斯主义、中国革命、印度的民族主义运动和墨西哥革命。[①] 在演讲中，马里亚特吉探讨了许多同样的主题，但到了 1929 年，他更加关注欧洲的时局变化，特别是来自法西斯主义和其他反抗形式的威胁，如西班牙普里莫·德里维拉（Primo de Rivera）的法西斯主义所代表的意涵。论及列宁时，马里亚特吉的阐述非常重视列宁的国际共产主义的类型［这也许表明他很少强调无政府主义的工团主义者乔治·索雷尔（George Sorel）］。事实上，这篇文章发表于 1929 年 3 月 6 日和 13 日，就在马里亚特吉派遣秘鲁代表团参加拉美共产党第一次会议以便寻求与第三国际的合作之前。

《当代舞台》

大多数演讲中提及的主题都收集在《世界危机史》中，马里亚特吉首次出版的《当代舞台》也阐述了这些主题。这本书于 1925 年由编辑密涅瓦（Minerva）发布，它包括马里亚特吉返回利马时即 1923—1925 年在利马杂志《万象》与《世界》上发表的论文。为了准备以书的形式出版这些论文，马里亚特吉只对这些论文做了些许的修改。在这本著作的序

---

① Mariátegui, "Veinticinco años de sucesos extranjeros", in *Historia de la crisis mundial*, 1971, p. 200.

言中，马里亚特吉写到，他并没有尽力解释他所处的时代：

> 我认为，在一种理论中，想象当代世界的景象，这是不可能
> 的……我们必须通过片段和方方面面去探索和了解它。就现象的全
> 部而言，我们的观点和想象力总是会被延误。因此，解释和表达我
> 们时代的最好方式可能是一些新闻作品和一些电影作品。①

尽管马里亚特吉是一个马克思主义者，但解释诚如 20 世纪一样复杂
的任何现象的所有方面时，他十分重视任何理论的不足之处。的确，反
思这段引文，我们可以领会到思想家思维的敏捷性。

在本书中，关于法西斯主义的内容是马里亚特吉论述最精辟的论文
之一。墨索里尼（Mussolini）被视为好战的极端分子。马里亚特吉意识
到，只能是因为其所遭受的疾苦，元首（Duce）才能引起中产阶级的注
意。马里亚特吉指出，意大利的内战状态促进法西斯主义的发展，意大
利社会主义者没有利用政治来帮助改变中产阶级的观念，他们因此感到
内疚。马里亚特吉知晓法西斯主义和社会主义截然对立的立场，他指出：

> 在意大利，这种反抗提供了其最大的实验和最大的景象。意大
> 利法西斯主义显然代表了反革命（anti-revolution），或者很多人更喜
> 欢称之为复辟（counter-revolution）。如果不是战败的话，法西斯攻势
> 在意大利被解释为革命撤退的结果。②

在一个简短而有说服力的章节中，马里亚特吉审视了美式民主和美
帝国主义：

> 美国是一个伟大的帝国，而不只是一种伟大的民主。美国的发
> 展必然导致帝国主义的结论。在美国及其殖民地范围内，美国资本

---

① José Carlos Mariátegui, *La escena contemporánea*, *Obras Completas*, 4th ed., Lima: Bibliote-
ca Amauta, No. 1, 1970, p. 9.

② Ibid..

— 19 —

主义不能再得以发展。因为这个原因，它呈现为一种扩张和控制的强大力量。①

这一分析似乎表明它直接来源于列宁。事实上，马里亚特吉论道，"正如列宁在一本革命小册子中所说的，帝国主义是资本主义的最高阶段。"② 马里亚特吉依托列宁的《帝国主义是资本主义的最高阶段》（*Imperialism：The Highest Stage of Capitalism*）来阐述帝国主义和美国经济的扩张本质。虽然对马里亚特吉注释的缩写形式和零星特点以及现有的新闻报道做出一个精确的鉴定是不可能的，但是在他的演讲中，这种影响却不太明显。无论如何，早在1925年，马里亚特吉就精通列宁的帝国主义理论，并运用它来理解美帝的本质及其与拉美的关系。这进一步证实我们早先的断言，即马里亚特吉早在欧洲的时候就已经开始阅读列宁的作品。同样，这也有助于强调这一事实，即尽管马里亚特吉只不过把自己称为马克思主义者或社会主义者，但他的绝大部分思想更类似于列宁和第三国际的思想，而不是类似于任何不太激进的社会主义意识形态。这些事实似乎为下面的这一论断提供进一步的佐证，即马里亚特吉正在（按照他在热那亚会议与秘鲁共产主义的其他拥护者所采取的计划）帮助传播信息和想法，这些信息和想法会给不断增长的阶级意识提供支撑，并为一个阶级政党在秘鲁的最终形成做好准备。

在关于俄国革命的内容中，马里亚特吉首先讨论了托洛茨基（Trotsky）和卢那察尔斯基（Lunacharsky），最后以讨论季诺维耶夫（Zinoviev）和第三国际的方式结束："第二国际是一个组织机器，第三国际是一个战斗机器。"③ 然而，只有在与其他主题相关的时候，马里亚特吉才提到列宁。令人费解的是，在演讲中，列宁得到更加凸显的待遇，而且，在马里亚特吉后期的大多数作品中，列宁也是备受关注。一种可能的解释是，在列宁逝世之后，马里亚特吉想把注意力集中在新的苏联领

---

① José Carlos Mariátegui, *La escena contemporánea*, *Obras Completas*, 4th ed., Lima: Biblioteca Amauta, No. 1, 1970, pp. 82 – 87.

② Ibid., p. 82.

③ Ibid., p. 113.

导人身上。如上所述，马里亚特吉强调了列宁关于帝国主义的思想的重要性。因为马里亚特吉与美洲人民革命联盟（American Revolutionary Popular Alliance，它开始把自身界定为不同于任何共产主义运动的组织）结盟，加之莱吉亚专制的极端镇压性质，可能已经把国内对列宁的特别专注等同于颠覆性活动，马里亚特吉希望回避列宁主义内部政治的主题和共产党组织，这种可能性也是存在的。莱吉亚对提及国际事件（而不是国家事务）并不感到十分惊慌，而维克托·劳尔·阿亚·德拉托雷是坚决反帝国主义的。在这两个阵营中，这样的策略会遇到最小的阻力，并能解释为什么只有提及列宁的反帝国主义将是被允许的。

关于社会主义危机的内容极其重要。马里亚特吉对欧洲社会主义者无法团结他们的力量感到十分不满。例如，他认为，法国需要消除使其社会主义力量相分离的人为差异。[1] 秘鲁人也谴责社会党的非革命性质。在一篇奇怪地让人回想起雷吉斯·德布雷（Régis Debray）[2] 和更多当前激进分子的文章中，马里亚特吉指出，在法国，"社会党和工人联合会的官僚机构缺乏一种革命动力。因此，他们无法加入这个新的国际组织。演说家、作家、官僚和律师……不能成为革命的领导者"[3]。这也让人回想起罗杰·加洛蒂在 20 世纪 60 年代对法国共产主义者的批判。[4] 同样，马里亚特吉声称，在意大利，"改革精神幸存于意大利无产阶级的组织和领导人中……这是很明显的"。"领导人破坏革命。"[5] 他还指出，甚至反法西斯战争也没有把意大利的社会主义力量团结起来。[6] 这种分裂明显地削弱了社会主义运动。因此，马里亚特吉对左翼党派主义的批判十分尖锐。正如之前所指出的那样，似乎很清楚的是，这一评估影响马里亚特

---

① José Carlos Mariátegui, *La escena contemporánea*, *Obras Completas*, 4th ed., Lima: Biblioteca Amauta, No. 1, 1970, p. 122.

② Régis Debray, *Revolution in the Revolution? Armed Struggle and Political Struggle in Latin America*, New York: Monthly Review Press, 1967.

③ Mariátegui, *La escena contemporánea*, 1970, p. 125.

④ See Roger Garaudy, *The Crisis in Communism: The Turning-Point of Socialism*, New York: Grove Press, 1970, and Roger Garaudy, *Marxism in the Twentieth Century*, New York: Scribner, 1970.

⑤ Mariátegui, *La escena contemporánea*, 1970, p. 138.

⑥ Ibid., p. 142.

吉对秘鲁统一战线（Frente Único）战略的支持，以及他决定成立一个以社会主义为名义的但与许多左派团体的取向相一致的政党。诚如人们可能想象的那样，马里亚特吉批判法国和意大利社会主义者的胆怯，希望这样的一个统一的社会党在立场上具有革命性，从而与第三国际所代表的其他革命力量联合起来。

在革命与知识分子的内容中，马里亚特吉讨论了像亨利·巴塞斯（Henri Barbusse，对马里亚特吉的思想影响很大）、马克西姆·高尔基（Maxim Gorky）和菲利波·马里内蒂（Filippo Marinetti）这样的知识分子，并阐述了他关于知识分子在革命中可能扮演的角色的观点。马里亚特吉写道，"不可能中途献身于革命"，"真正有革命信仰的知识分子除了接受集体行动中的立场之外，别无选择"。[①] 在一个方便描述他的自身特质的段落中，马里亚特吉认为，"知识分子抵制纪律、计划或制度。他们的心理是个人主义的，他们的思想是异端的……知识分子的个性总是感觉比一般的规则要优越"[②]。他最后指出，知识分子的智慧创造了一种革命义务，被赋予一种创造性功能的知识分子不能忽视这种义务。[③]

在"来自东方国家的信息"的内容中，就像讲座中的那样，马里亚特吉特别关注印度。事实上，观点和他讲座中的思想一致，但他更为具体地反对作为一位政治家的甘地（Gandhi）。马里亚特吉认为，革命者必须在遭受暴力和使用暴力之间做出选择。[④] 他进一步论证说："如果一个人不希望精神和智慧被武力所控制，那么，他就必须下定决心，在智慧和精神的指挥下使用武力。"[⑤]

《当代舞台》确实提供了一个认识武力的绝佳视角，武力发展成战后时期的世界事件。该著作的章节——尤其是"法西斯主义的生物学"（Biology of fascism）——的洞察力也是引人注目的，即使以今天的标准来看也是如此。

---

① Mariátegui, *La escena contemporánea*, 1970, p. 153.
② Ibid., p. 154.
③ Ibid., p. 158.
④ Ibid., p. 198.
⑤ Ibid., p. 199.

《阿毛塔》：博学的智者

作为进一步传播其思想和教育利马读者的一种手段，马里亚特吉有一段时期认为他需要自己的杂志。1926 年 9 月，他发行了《阿毛塔》杂志的第 1 期。正如塞萨尔·法尔孔的一封信中所暗示的那样，马里亚特吉（像葛兰西和巴尔塞）尤其感兴趣的是，将创建一个进步的知识分子团体作为必要的阶级运动的一部分。自欧洲之行以来，马里亚特吉就考虑过这个想法，并最终使它得以落实。正如他在杂志的导言中所说的那样，"在这个时候，一个人如果没有意识到一本历史杂志正在秘鲁诞生的话，这将是非常不明智的"①。事实上，马里亚特吉想用《阿毛塔》来吸引知识分子参加"杂志代表的先锋派运动"②。

如果《阿毛塔》有战术的话，它同时也是一个传播思想的绝佳工具。此外，它是 20 世纪初拉美最杰出的文学杂志之一。在《阿毛塔》的序言中，马里亚特吉清楚地指出，这本杂志的目的在于"从科学和教条的观点来提出、澄清和理解秘鲁问题"。他接着说，"我们将研究所有伟大的政治、艺术、文学以及科学革新运动。人类的一切都是我们的"③。

第 1 期源于路易斯·瓦尔卡塞尔创作的《安第斯山的风暴》（*Tempestad en los Andes*）。它包含来自西格蒙德·弗洛伊德（Sigmund Freud）的《选集》和乔治·格罗斯（George Grosz）的草稿的译文。何塞·萨博加尔（José Sabogal）的画和木刻自始至终是随处可见的。有人发现像何塞·玛丽亚·埃格伦（José María Eguren）那样的诗歌穿插在文章中。土著人民的主题经常出现。作者讨论了墨西哥革命和西班牙独裁统治，甚至还包括阿尔伯特·伊达尔戈（Alberto Hidalgo）所写的一首诗《列宁的地位》（*Situating Lenin*）。④ 在这一章节中，"书籍和杂志"对一些重要作品如乌纳穆诺（Unamuno）的《基督教的苦难》（*L'agonie du christian-*

---

① "Presentación de Amauta", *Amauta* 1/1, September 1926, p. 1.

② 1974 年 4 月 10 日，瓦登在利马采访了安东尼奥·纳瓦罗·马德里（Antonio Navarro Madrid）。

③ "Presentación de Amauta", *Amauta* 1/1, September 1926, p. 1.

④ Alberto Hidalgo, "Ubicación de Lenin", *Amauta* 1/1, September 1926, p. 12.

isme）给予了巧妙的评价。

仔细审视这个问题的内容后，我们会更深刻地领悟到马里亚特吉在"讲座"中所讲的内容："没有必要明确地指出《阿毛塔》对所有的精神倾向不够公开……我们对思想的普遍不可靠的容忍标准绝不做出任何让步。对我们来说，有好主意和坏主意。"①

《阿毛塔》在早期就提出它的社会主义标准。然而，这本杂志包括来自各种各样的左中翼资源的文章、诗歌和绘画。它不仅包括来自像马克思或列宁这样有着一种清晰意识形态定义的人物的文章或《选集》，而且还包括来自那些在他们的应用思想（如弗洛伊德）或美学输出（秘鲁诗人何塞·玛丽亚·埃格伦）方面逐步发展的人物的文章或《选集》。直到1927年马里亚特吉与阿亚·德拉托雷决裂，有人甚至还发现阿亚和人民党知识分子路易斯·阿尔伯特·桑切斯的文章与信件。巴勃罗·聂鲁达（Pablo Neruda）的几首诗和胡安娜·德·伊巴布卢（Juana de Ibarbourou）专门为马里亚特吉写的一首诗也出版了。这本杂志包括来自米格尔·德·乌纳穆诺的几篇文章和一封信，以及何塞·奥特嘉·伊·加塞特（José Ortega y Gasset）的一本《选集》。其中，有一期源于对秘鲁艺术的讨论；另一期则刊登了迭戈·里维拉（Diego Rivera）作品的精美插图。埃格伦、塞萨尔·瓦列霍（César Vallejo）、玛格达·波塔尔（Magda Portal）等许多秘鲁诗人把他们的诗歌交给杂志。马里亚特吉刊载了来自何塞·巴斯孔塞洛斯（José Vasconcelos）的作品《文选》，还刊载了马里亚诺·阿祖拉（Mariano Azuela）所写的《弱者》（Los de abajo）中的几个章节（《弱者》是墨西哥革命时期最重要的小说之一）。② 马里亚特吉在北美的朋友沃尔多·弗兰克也出现在出版物的页面上。

整整一代秘鲁作家都在《阿毛塔》杂志上有了彰显之机。安特诺尔·奥雷戈（Atenor Orrego）和路易斯·瓦尔卡塞尔经常提交文章。诚如阿伯拉尔多·索利斯（Abelardo Solis）一样，恩里克·洛佩兹·阿尔布扎尔（Enrique López Albújar）设法寻找通向《阿毛塔》的出路。当时很激

---

① "Presentación de Amauta", *Amauta* 1/1, September 1926, p. 1.

② *Amauta* 11 (January 1928): 30–31. See Mariano Azuela, *The Underdogs*, New York: Penguin, 1963.

进的乔治·巴斯德（Jorge Basadre）为这本杂志写了几篇文章。清晰地界定为马克思主义者的尤多西奥·拉维恩斯（Eudocio Ravines）、埃斯特班·帕列奇（Esteban Pavletich）和里卡多·马丁内斯·德拉托雷（Ricardo Martínez de la Torre）陆续参与到《阿毛塔》后来的几期中。塞萨尔·法尔孔从创刊开始就参与了进来。

随着杂志的发展，《阿毛塔》的取向也发生变化。在《阿毛塔》的第10期中（1927年被查封之后，这是首次出版），马里亚特吉写了一篇称为"第二阶段"（Second Act）的述评。为了表明杂志的风格，马里亚特吉写道："当脑力劳动不是形而上学的而是辩证的时候，那它就是历史性的，并存有其风险。在当代世界中，是否存在一种新型的学术事故，这是不明显的吗？"①

在同一期中，马里亚特吉以《阿毛塔》中名为"经济生活"（La Vida Económica）的章节作为首卷。马里亚特吉谈到了对秘鲁问题的"科学和有机的"研究的重要性。同样，他提到，"在我们的时代，经济学比任何其他事物更能解释一个国家的生活。即使是那些不接受历史唯物主义的人……毫无疑问地确信经济因素明显主宰着我们生活的时代"。马里亚特吉进一步指出"用注释和数据勾勒秘鲁历史的经济概况的重要性"②。

从杂志创办起就出现的其他经济主题在第10期中得以深化。它包括一篇关于"土地问题"的文章，这篇文章后来被马里亚特吉收录进《关于秘鲁国情的七篇论文》中。《阿毛塔》之前发表过一篇由马里亚特吉撰写的被收录在《关于秘鲁国情的七篇论文》中的文章。它探究了秘鲁经济、地方主义和中央集权主义的演变。从第5期到第16期，它还刊登了名为"酋长的作用"的章节，也包含一个名为"土著居民防卫公告"的章节，谴责了酋长及其代理人的犯罪和暴行。后一个主题与杂志的一般的印第安人取向有关，也就是马里亚特吉关注经济因素的一种取向。

马里亚特吉与阿普拉党（Apristas）决裂（1928年中期）之后，随着一些知识分子和工人早期阶级意识的发展，这种辩证的取向变得愈加

---

① "Segundo acto", *Amauta* 10, December 1927, p. 1. 马里亚特吉强调补充道，这次学术事故当然是禁锢。

② *Amauta* 10, December 1927, p. 37.

明显。为了庆祝《阿毛塔》的第二个周年纪念日，马里亚特吉写了一篇《周年和总结》的述评。这是马里亚特吉最重要的公开声明之一，他明确地强调其在《阿毛塔》中所提出的"集中和极化"现象可能会发生：[1]

> 在我们的旗帜上，我们题写了一个伟大而简单的词：社会主义。打出这个口号，我们肯定我们绝对独立于民族主义政党、小资产阶级和蛊惑人心的思想……在这两年中，《阿毛塔》一直是一本关于意识形态界定的杂志……对我们来说，意识形态界定的工作似乎已经完成了……《阿毛塔》的第一个阶段已经结束。在第二个阶段，它不必称自己为"新一代"、"先锋队"和"左派"的杂志。为了忠于革命，《阿毛塔》只是一份社会主义杂志就足矣。
>
> 在这个小革命的美洲，同一个词革命经常会引起误解。我们必须严格地且不妥协地改造它。我们必须恢复其严格而又确切的含义。拉美革命正是世界革命的一个阶段。它将简单明了地成为社会主义革命……我们当然不希望拉美的社会主义成为一个复制品或仿造品。它应该是一种英雄的创造。我们必须用我们自己的语言和现实为印第安美洲社会主义注入活力。这就是新一代人的庄严使命。[2]

为了宣告这个新取向，《阿毛塔》开始出版马里亚特吉的一系列文章，这些文章被命名为《捍卫马克思主义》。在《阿毛塔》中，这个系列一直持续到1928年，1929年6月刊（第24期）宣告结束。论文集——将在后面深入探讨——后来以书的形式收集为《捍卫马克思主义》，并在这本《文选》中得到充分的体现。《阿毛塔》还包括一些马克思主义者如欧多西奥·拉维内斯（Eudocio Ravines）创作的教条主义的文章，甚至还有来自布哈林（Bukharin）的《关于历史唯物主义理论问题的注释》的节选。[3] 到20世纪20年代末，《阿毛塔》真正确立了它的地位。

---

[1] "Presentación de Amauta", *Amauta* 1/1, September 1926, p. 1.

[2] José Carlos Mariátegui, "Aniversarío y balance", *Amauta* 3/17, September 1928, p. 3.

[3] See *Amauta* 23, May 1929, and *Amauta* 24, June 1929.

从第 17 期（1928 年 9 月）开始，马里亚特吉还开创了一个"动态概述"（Panorama Móvil）的章节。这一标题不仅被巧妙地用于讨论经济状况，而且还被用于讨论酋长暴行问题，它把人们的注意力引向依靠不同工人团体的工会事务和组织驱动力。《阿毛塔》已经发展成（按照马里亚特吉的规划）一个以阶级为中心且有着明显教条主义取向的出版物。然而，在这一进程中，它有着特殊的文学和审美标准。1930 年马里亚特吉去世后不久，这本杂志就停止了发行。

《关于秘鲁国情的七篇论文》

《阿毛塔》中刊载了马里亚特吉许多关于经济和土地的文章，这些文章与其他文章结合在一起，形成其最著名的著作《关于秘鲁国情的七篇论文》（《全集》的第 2 卷）。它论述了马里亚特吉之前提出的七个主题："经济演变概况""印第安人问题""土地问题""公共教育进程""宗教因素""地方主义与中央集权主义"和"对文学的审理"。正如作者所言，这项工作为秘鲁问题和历史的社会主义批判做出了贡献。马里亚特吉也不是"一个公正且客观的批判家"。他解释说，"我的理想、情感和激情滋养着我的判断。我有一个公开而又坚定的愿望：帮助创立秘鲁社会主义。我远离了大学的学术技术"①。自从马里亚特吉从欧洲回来，他一直在努力正视秘鲁现实，希望利用欧洲的文化、实践、理论以及进步的秘鲁和拉美知识分子这个新群体的贡献，以便更好地理解自己的国家。

基于灵活的马克思主义分析和本质上独特的秘鲁条件，《关于秘鲁国情的七篇论文》和相关文章对秘鲁问题做出一种开创性的分析。马里亚特吉后来表示，因为对索雷尔影响的重要性和正统马克思主义者而言，他的分析可能不够严格。在任何情况下，马里亚特吉都有着明确的观点和一种发展的马克思主义方法。他精通秘鲁作家如冈萨雷斯·普拉达、卡斯特罗·波佐、乌加特和瓦尔卡塞尔等人的著作。马里亚特吉在很大程度上依赖秘鲁国家统计研究所的摘录（Extracto estadístico del Perú）。结

---

① Mariátegui, *Seven Interpretive Essays on Peruvian Reality*, Trans. Marjory Urquidi, Austin: University of Texas Press, 1971, p. xxxvi.

合这些影响因素，马里亚特吉最为详尽地分析了秘鲁现实，但理论成果并未公开发表。事实上，哈罗德·尤金·戴维斯（Harold Eugene Davis）认为，《关于秘鲁国情的七篇论文》是"20 世纪拉美最伟大的著作之一"①。

马里亚特吉最负盛名的著作始于对秘鲁国家经济发展的概述。他巧妙地利用一种折中的马克思主义的聚焦点，以便更好地理解影响秘鲁发展的经济力量。借助统计数据和其他秘鲁作家的观点，马里亚特吉聚焦经济事实，阐述了后征服历史的四个阶段：殖民经济、早期的共和经济、海鸟粪和硝石时期以及当前的经济形势。马里亚特吉的分析还表明，印加经济是一种令人满意的（社会主义）机制，确保大众的物质利益。然而，征服却完全摧毁了这个富有成效的机制，而且无法取代它。殖民者的最初动机在于开采秘鲁的黄金和白银，而不是关心土著人民。

如同贯穿在整个作品中的风格一样，对于描绘秘鲁国家的被美化的描述性叙述，马里亚特吉暂且撇开不谈。他以一种简洁而又神秘的方式指出，源于法国或美国的共和思想的盛行并不是因为百科全书编撰人的观点，相反，"西方的发展需要，或者更确切地说，资本主义文明的发展需要决定了南美洲的独立"②。新的秘鲁共和国指望西方来满足自身的需要，并迅速与西方的资本主义制度联系起来。马里亚特吉提醒我们，英国资本入侵秘鲁与海鸟粪和硝石在国际市场上的销售是一致的。③ 随着更多的海外资本的到来，沿海经济开始从封建的生产方式演变成资本主义的生产方式。在对当代秘鲁经济的讨论中，作者认为，同时存在三种不同的经济要素：封建经济（在山区中）；资本主义经济（在沿海）；本土的共产主义经济（在山区中）。④ 秘鲁的大部分农业本质上仍处于半封建性质的大庄园制（*latifundia*）之下。地主阶级还没有转变成资本主义的资产阶级，因此，尽管现代资本主义很快侵占了土地所有者的领地，但

---

① Harold Eugene Davis, *Latin American Thought*, Baton Rouge: Louisiana State University Press, 1972, p. 189.

② José Carlos Mariátegui, *7 ensayos de interpretación de la realidad peruana*, in *Obras Completas*, 12th ed., Lima: Biblioteca Amauta, No. 2, 1967, p. 7.

③ Ibid., pp. 10 – 11.

④ Ibid., pp. 18 – 21.

它还没有完全占据主导地位。

这部著作包含马里亚特吉对土著居民问题（第 2 章）最令人信服的讨论。马里亚特吉写道："没有或拒绝把印第安人问题视为一个社会经济学问题的任何做法是一种刻板的和理论化的运用，它注定是完全不可信的。"① 与冈萨雷斯·普拉达一样，马里亚特吉相信，印第安人的经济条件对任何理解——或解放而言都是至关重要的。事实上，马里亚特吉指出，社会主义批判家通过在该国经济中寻找原因来解释这个问题。② 土著居民贫困是土地所有制的一个结果。不改变封建土地所有制，我们无法谈论改变印第安人的命运。在马里亚特吉的著作中，冈萨雷斯·普拉达的《我们的印第安人》的影响是显而易见的。③ 不足为奇的是，马里亚特吉认为，解决方案必须来自土著居民，而不是来自试图通过善意的但又困惑和开明的理想主义者或传教士来教化或教育他们的任何尝试。④

在《关于秘鲁国情的七篇论文》的下一章即"土地问题"中，马里亚特吉加强了对秘鲁土地所有制所引发问题的分析。为了确立这些问题的经济性质，马里亚特吉撇开不谈巴托洛梅·德拉斯·卡萨斯（Bartolomé de las Casas）主教的使徒地位，他是一位以保卫西班牙美洲人而闻名的殖民地主教。马里亚特吉认为，沿袭殖民地西班牙的最令人担忧的是封建经济制度，这种制度不允许现代资产阶级的形成。以前的土地所有阶级——本质上仍然是封建制度的——一直保持对这个国家的控制。西班牙强加给秘鲁的封建经济比印加"共产主义"（Inca communism）更低效。印加"共产主义"至少可以为印加帝国的 1000 万居民提供足够的食物。即使是共和国的自由主义宪法，也允许封建土地所有者不断地蚕食村社（comunidades，土著村社的共有土地）。然而，人们的共同情感一直延续到现在。

---

① José Carlos Mariátegui, 7 *ensayos de interpretación de la realidad peruana*, in *Obras Completas*, 12th ed., Lima: Biblioteca Amauta, No. 2, 1967, p. 22.

② Ibid..

③ Manuel González Prada, "Nuestros indios", in *Horas de lucha*, 2nd ed., Callao: Tip. "Lux", 1924.

④ José Carlos Mariátegui, 7 *ensayos de interpretación de la realidad peruana*, in *Obras Completas*, 12th ed., Lima: Biblioteca Amauta, No. 2, 1967, pp. 24 – 27.

独立战争和随后的共和国都没有侵蚀大庄园。马里亚特吉提醒我们，贵族土地所有者仍然是统治阶级。因此，独立期间，在秘鲁，资本主义经济的必要要素几乎不会存在。① 一种新的法律和经济秩序不可能是军事独裁者（caudillo）的工作。相反，一个阶级必须创建它。由于秘鲁不存在资产阶级，因此，并不存在资产阶级政权，封建制度仍在发挥作用，而且在高山地区的大庄园中已经根深蒂固。

马里亚特吉进而指出，在沿海，大庄园从封建技术发展到资本主义技术。在高山地区，情况并非如此。在这些地区，"大型土地所有权完全保留了其封建性质，比村社更加抵抗资本主义经济的发展"②。在封建大种植园中，州法律是无效的，一切都服从土地所有者在庄园内的操控。学者普遍认为，印加"共产主义"不同于马克思和索雷尔设想的现代工业共产主义。不同的历史时期产生不同类型的共产主义。③ 因此，印加"共产主义"的某些方面与我们的时代是不相容的，尽管当时的农耕文明并非如此。然而，在印第安人中，作为源自早期印加"共产主义"的现代遗留物，村社是一种使道德激励保持持久活力的生产体系，道德激励促使他把工作干得最出色。④ 事实上，村社可以转变为合作社，从而为现代秘鲁的社会主义组建一个农村基地。⑤

在这一章的最后一部分，马里亚特吉扩展了其经济分析中更有趣的方面，并预见了大部分的新马克思主义者和依附文学（dependency literature）：

> 秘鲁经济是一个殖民地经济。它的运转和发展服从伦敦和纽约市场的利益和需要…… 无论我们的大庄园主和我们的土地所有者对独立的幻想是什么，他们实际上都是外国资本主义的中介机构。⑥

---

① José Carlos Mariátegui, 7 *ensayos de interpretación de la realidad peruana*, in *Obras Completas*, 12th ed., Lima: Biblioteca Amauta, No. 2, 1967, pp. 45 – 46.

② Ibid., p. 59.

③ Ibid., pp. 74 – 75.

④ Ibid., p. 61.

⑤ Ibid., pp. 24 – 27, 59.

⑥ Ibid., p. 80.

马里亚特吉意识到，封建大庄园制度的残余通过出口商品的销售与国际资本主义制度联系在一起。虽然许多内部关系本质上是封建的，但是通过国际商品市场机制，与国际资本主义制度的外部联系确立了秘鲁经济的依赖性。这也解释了为什么许多曾经用于满足当地居民食品生产的富饶的沿海土地现在被用来生产像棉花这样的经济作物。马里亚特吉认为，沿海农业屈从于英国和美国资本的利益，因此，无法根据秘鲁经济的具体需求来组织和发展沿海农业。此外，他认为，在秘鲁，如此刻板的自由放任政策，应该被使财富的源头国有化的社会政策所取代。[①]

马里亚特吉还考察了秘鲁依附关系的其他方面。在第四篇论文中，他概述了秘鲁公共教育的思想和政治基础。马里亚特吉解释说，在公共教育中，就像在国民生活的其他方面，人们会发现外来因素的叠加，这些因素没有必要适应当地的条件。三种相继的外来文化强烈影响了秘鲁的教育：它们是西班牙的遗产、法国的影响以及北美的影响。然而，西班牙的影响在秘鲁中仍然占据主导地位。其他两种文化没有实质性地改变西班牙裔框架，只是被移植到西班牙裔框架中而已。[②] 因此，秘鲁教育缺乏一种民族精神或充分的民族认同。这种西班牙的影响确保文学和修辞取向的持续存在。

马里亚特吉补充说，受法国影响的时期正好与共和国的到来相吻合，这只会加剧现存的问题。1920 年的改革运动（1918 年在科尔多瓦发起）预示着北美民主势力的崛起。然而，即使在初级阶段，由此导致的教育体系也只涉及一小部分的人口。高等教育的大门不对穷人开放。殖民时期的贵族创建了经济和政治制度，使得拉美大学长期处于寡头政治集团及其追随者的庇护之下。大学的目的主要是为统治阶级提供律师和其他专业人士。[③]

在结束这一章节时，马里亚特吉强调，教育必须被视为一个经济和社会问题。因此，秘鲁教育日益依赖资本主义经济的不断变化的阶级利

---

① José Carlos Mariátegui, *7 ensayos de interpretación de la realidad peruana*, in *Obras Completas*, 12th ed., Lima: Biblioteca Amauta, No. 2, 1967, p. 82.

② Ibid., p. 85.

③ Ibid., p. 104.

益，因为封建的和现代的资产阶级利益有着不同的经济基础，它们将会发生冲突，并将受到来自城市无产阶级日益增长的阶级意识的挑战。①

在第五篇论文中，马里亚特吉对秘鲁的"宗教因素"做了较为精辟的分析。他写到："先验的反教权主义时代一去不复返。""革命的批判不再贬低造福人类，也不再贬低宗教或教会在历史上的地位。"② 虽然与马克思著作对宗教的一般解释有着差异，但是这一部分允许我们深入洞察马里亚特吉对人类社会发展历程中宗教因素的关注。而且，这一部分与20世纪80年代早期在拉美变得如此受欢迎的解放神学运动是兼容的。③这也说明马里亚特吉的分析根植于其自身实际和生活经历的程度。

倒数第二篇论文（第六个章节）集中讨论"地方主义与中央集权主义"。在这里，马里亚特吉的分析超越有关这种冲突的大多数讨论的固有局限。他指出，在联邦制与中央集权制的传统论战中，我们不可能在联邦制中找到解决方案。相反，"我们的经济和政治组织有待于接受彻底审查并实现改造"④。例如，对于解决印第安人问题而言，地方分权并不意味着任何进展。实际上，地方分权会增强酋长的权力。马里亚特吉总结式地表明，"政府形式不再是至关重要的"。"我们生活在一个经济学占主导地位并吸纳政治学的时代。在世界上的每一个国家中，对国家经济基础的讨论不再优先于其行政机构的改革。"⑤

七篇论文中的最后一篇也是最长的一篇，它涉及马里亚特吉对民族文学的评论。我们聚焦政治问题，不需要对这个有趣的论述进行冗长的讨论。然而，这篇文章的某些方面却值得我们关注。首先，据我们所知，这是第一次从一个民族无产阶级的角度来评判秘鲁文学。也就是说，马里亚特吉把他的分析应用于秘鲁文学。他的分析浸透着马克思主义的观

---

① José Carlos Mariátegui, 7 *ensayos de interpretación de la realidad peruana*, in *Obras Completas*, 12th ed., Lima: Biblioteca Amauta, No. 2, 1967, p. 121.

② Ibid., p. 128.

③ 古斯塔沃·古铁雷斯（Gustavo Gutierrez）对马里亚特吉表现出相当大的兴趣，并在其著作《解放神学》（马利诺，纽约：欧碧斯出版社1973年版）中直接援引马里亚特吉的观点，指出马里亚特吉对秘鲁牧师神学的起源产生较大影响。

④ José Carlos Mariátegui, 7 *ensayos de interpretación de la realidad peruana*, in *Obras Completas*, 12th ed., Lima: Biblioteca Amauta, No. 2, 1967, p. 154.

⑤ Ibid., p. 170.

点。实际上，马里亚特吉正在审理文学，考虑文学是否已经履行了使文化具有民族特点并产生国情意识的使命。我们让马里亚特吉为自己辩护：

> 我不可以假装是一个公正的或不可知论的评论家，在任何情况下，我都认为这是不可能的。哲学、政治和世界关注的问题影响着任何评论家……
>
> 人的精神是不可分割的，为了达到富足和和谐，它必须如此。我毫不犹豫地宣布，我把我所有的政治热情和政治主张都倾注到文学评论之中，鉴于这个词已被误用，我应该补充一下的是，我的政治就是哲学和宗教……
>
> 这并不意味着我不参照美学来评判文学和艺术，在我的意识深处，尽管美学概念并没有失去其特性，但是，美学概念与我的政治和宗教思想有着如此紧密的联系，以至于它不能独立运作或以不同的方式运作……
>
> 我用我公开声明的对革命和社会主义的拥护，挑战里瓦·阿奎罗（Riva Agüero）未被承认的文明和殖民主义的偏见。我不是声称自己是一个温和而公正的法官；我宣称自己是一个充满激情且好斗的对手。①

其次，马里亚特吉不同于一个盲目执着于阶级分析的人。他接触过欧洲评论家如克罗齐，因而视野更加开阔：

> 我不应该将文学的马克思主义的分类当作封建的或贵族的、资产阶级的或无产阶级的分类。为了不加深这一印象，即我已经以政治或阶层划分来组织我的实例，我将把我的实例建立在美学历史和评论的基础之上。这将作为一种解释的方法，而不是作为一种先验

---

① José Carlos Mariátegui, *7 ensayos de interpretación de la realidad peruana*, in *Obras Completas*, 12th ed., Lima: Biblioteca Amauta, No. 2, 1967, pp. 183 – 186. 文官党指 19 世纪末 20 世纪初由那些反对军人执政的人所领导的秘鲁政治运动。

地（a priori）评判和阐释作品及其作者的理论。①

马里亚特吉批判这样一个事实，即秘鲁作家几乎从未觉得与普通人有任何联系，而且鲜有例外，我们对此不应感到惊讶。马里亚特吉没有批判曼努埃尔·冈萨雷斯·普拉达没有超越其无政府主义从而发展一种更科学的社会主义。但是，当我们发现秘鲁最不寻常的悼词之一是专门留给何塞·玛丽亚·埃格伦——一个没有任何政治取向的"纯粹的诗人"——的时候，我们也不应该踌躇不前。马里亚特吉的文学观点就是这样。

《捍卫马克思主义》

随着秘鲁情况的变化，马里亚特吉日益朝更加教条主义的方向发展。从1928年9月开始，《阿毛塔》开始出版马里亚特吉的一系列文章，名为《捍卫马克思主义》。通过这些文章，马里亚特吉对欧洲的修正主义倾向发起长期的批判，并为列宁和其他现代革命者所阐释的革命马克思主义做辩护。本系列作品持续到1929年6月，但直到马里亚特吉去世后才以书的形式出版。② 最初发表于《阿毛塔》上的16篇文章总计107页。第二部分由相关作品［"反抗的理论与实践"（Teoría y práctica de la reacción)］组成，构成另外的35页。

马里亚特吉指出，亨利·德曼在《超越马克思主义》中主张对马克思主义的修正和清算即将到来，这一论断完全不正确。通过这种批判，马里亚特吉开始着手写作这篇文章。马里亚特吉认为，在这个论断中，德曼不是孤身一人。对马克思主义而言，它确实有着一系列类似的反应。在对马克思的最初构想做出反应的人所构成的阵营中，相比于《资本论》（Capital）的革命思想，一些修正主义者如德曼和爱德华·伯恩斯坦

---

① José Carlos Mariátegui, 7 ensayos de interpretación de la realidad peruana, in Obras Completas, 12th ed., Lima: Biblioteca Amauta, No. 2, 1967, pp. 190 – 191.

② 阿毛塔图书馆在1959年出版了第一个完整版。1934年的圣地亚哥版也采用同样的标题，但并不完整，还收录了其他作品中的一些篇章。

（Eduard Bernstein）受拉萨尔（Lassalle）的改革精神的影响更大。① 马里亚特吉主张：

> 从改造和延续马克思著作的意义上而言，马克思主义在理论和实践中的真正修订已在另一类别的革命知识分子——乔治·索雷尔的研究中得以完成，在马克思著作中，什么是至关重要的和实质性的以及什么是形式的和可能的，索雷尔的研究就致力于将它们分辨开来。在本世纪（20 世纪，译者加）的头 20 年……索雷尔代表了马克思的动态概念和革命概念的回归，他嵌入新型智能的和有机的现实。通过索雷尔，马克思主义从马克思之后的哲学洪流中吸收了大量的元素和利得……不管什么疑惑困扰着《超越马克思主义》的这位幻想破灭的作者，在我们这个时代，列宁似乎无可争议地成为马克思主义思想中最具活力的和最渊博的修复者。无论改革派是否接受，俄国革命都是当代社会主义的主要成就。②

虽然著作的所有部分都没有如此清晰，但这些引语代表着著作的主要论点。他们认为，马里亚特吉对亨利·德曼所代表的社会民主"改革主义"不屑一顾。同样，马里亚特吉非常敬佩革命马克思主义及其领导人。马里亚特吉尤其倾向于与乔治·索雷尔［《反思暴力》（*Reflections of Violence*)］和列宁保持一致。他认为，索雷尔与列宁推动着马克思主义在马克思所确定的充满活力的革命传统中持续发展。

在整个著作中，我们可以发现革命的马克思主义的辩证观点，列宁和苏维埃国家的事件影响着这个辩证观点。马里亚特吉为革命的马克思主义找寻论点，这些论点是反驳（否定）议会社会主义的立场的产物，如比利时社会民主党人亨利·德曼的主张。任何人必须通读马里亚特吉的批判才能找到这个论断。这种间接的论断才有更好的机会被刊登在莱吉亚独裁政权持续监控下的报刊之上。《阿毛塔》已被政府查封了六个

---

① José Carlos Mariátegui, *Defensa del marxismo*: *polémica revolucionaria*, in *Obras Completas*, 3rd ed., Lima: Biblioteca Amauta, No. 5, 1967, p. 15.

② Ibid., pp. 16 – 17.

月；以成为"共产主义阴谋"（communist plot）的一分子为借口，马里亚特吉已被囚禁起来。至少在关于马克思主义的论文中，这样的情况表明警告经常出现。

马里亚特吉指出，许多知识分子倾向于夸大马克思主义的决定论。在现实中，"无论在哪里，马克思主义已表明它自己是革命的——也就是说，一直是马克思主义的地方——从未遵从一种消极的和死板的决定论"①。他进一步主张，马克思的政治现实主义预测，当资本主义进程最具活力时，它会通向社会主义。但马里亚特吉认为，马克思始终懂得"无产阶级在精神和智力上的准备是实现这一目标的必要条件"②。此外，虽然评论家不太了解社会主义的自发性，但是相比于其决定论，社会主义的自发性确实更加明显。马里亚特吉写道："在无产阶级运动的发展过程中，每一个字和每一个马克思主义者的行动都充满了信仰、意志以及豪情的和创造性的信念，在平庸而消极的决定论的观点中寻求它们的推力是荒谬的。"③ 马里亚特吉在意大利的经历及其与葛兰西和巴比塞（Barbusse）的接触，无疑对他的思想产生极大的影响。

在"论弗洛伊德主义和马克思主义"的章节中，马里亚特吉认为，马克思主义的辩证原则没有把人类行为归结为一种将心理因素排除在外的机械经济。④ 相反，马里亚特吉没有发现马克思的教义与弗洛伊德的学说不相容。

在《阿毛塔》中，第二部分"反抗的理论与实践"最初并没有作为《捍卫马克思主义》的一部分而出版，然而，它注定需要纳入马里亚特吉一生所设想的著作的一个版本之中。⑤ 下面的引语彰显了马里亚特吉的分析及其思想发展的清晰性和预见性：

---

① José Carlos Mariátegui, *Defensa del marxismo：polémica revolucionaria*, in *Obras Completas*, 3rd ed., Lima：Biblioteca Amauta, No. 5, 1967, p. 56.

② Ibid., p. 57.

③ Ibid., p. 58.

④ Ibid..

⑤ 1928 年 3 月 10 日写给塞缪尔·格鲁斯堡（Samuel Glusberg）的信，载于 Enrique Espinoza（pseud. Samuel Glusberg），*Trinchera*, Buenos Aires：Biblioteca Argentina de Buenas Ediciones Literarias（BABEL），1932, p. 53。

我们有理由并不笃信，在罗马法和苏维埃法的冲突之中，盎格鲁－撒克逊资本主义将是为资产阶级代言的最后一个……①

所有这些事实都表明，在北美，发现了资本主义社会的席位、中枢和中心。美国工业以较低的成本为大规模生产做好了充分准备。②

当代历史的两极是俄国和北美：资本主义和共产主义，虽然它们截然不同，但两者都具有普遍性。③

有趣的是，这一章节的论文第一次发表于 1927 年。马里亚特吉用如此列宁主义的术语来思考美国的发展及其扩张的能力似乎表明，他对社会主义和资本主义的领头羊之间日益激烈的竞争有着一种相当成熟的马克思主义的理解。此外，它还表明列宁主义和革命马克思主义思想贯穿马里亚特吉的许多著作中的延续性。

《意识形态与政治》

可悲的是，在马里亚特吉的一生中，没有出版任何著作来汇聚秘鲁人思想作品的全部力量。在《关于秘鲁国情的七篇论文》的简介中，马里亚特吉提到了一本他正在创作的关于秘鲁政治和意识形态发展的书。④在自传体笔记中，马里亚特吉再次提到这本书，他于 1929 年将这本书递交给了拉美的共产主义会议。⑤ 这本书的手稿似乎被寄给马德里的塞萨尔·法尔孔，并准备在西班牙出版，但不知为何，在印刷之前丢失了。⑥阿毛塔图书馆的编辑们出版了一卷教条主义的论文和与这些主题相对应

---

① José Carlos Mariátegui, *Defensa del marxismo：polémica revolucionaria*, in *Obras Completas*, 3rd ed., Lima：Biblioteca Amauta, No. 5, 1967, p. 113.

② Ibid., p. 126.

③ Ibid., p. 129.

④ José Carlos Mariátegui, *Seven Interpretive Essays on Peruvian Reality*, Trans. Marjory Urquidi, Austin：University of Texas Press, 1971, p. iiiv.

⑤ Mariátegui, *Ideología y política*, 1971, p. 15.

⑥ Ricardo Martínez de la Torre, *Apuntes para una interpretacion marxista de la historia Social del Perú*, Lima：Empresa Editora Peruaua, No. 2, 1947, p. 404.

的联合演讲作为补偿。《意识形态与政治》这个作品集是在马里亚特吉死后才出版的，它可能是理解马里亚特吉政治思想的最好来源之一。这个作品集包含与马里亚特吉政治活动密切相关的秘鲁思想家的著作。

这个作品集共有 260 页，包括五个部分：意识形态方面的论文、政治评论和工会作品、辩论主题、来自《阿毛塔》的述评以及来自《劳动》这份工人阶级报纸的述评。这个作品集包含了马里亚特吉一生中从未出版过的许多文章，而且通常与 1928—1929 年这个时期有关。在这一时期，马里亚特吉发表的公开声明显然更倾向于教条主义的取向。

《意识形态与政治》的第一部分包括马里亚特吉为拉美联盟（1929年 5 月）的蒙得维的亚（Montevideo）会议和 1929 年 6 月在布宜诺斯艾利斯（Buenos Aires）召开的第一次拉美共产党会议准备的三篇论文。第一篇论文关涉的是"拉美的种族问题"，在这两次会议上，它以意见书的形式提交，旨在引发讨论，使两次会议转向一种充分考虑具体的拉美历史条件的评价。虽然这篇论文的几个部分都包括在《意识形态与政治》中，但是马里亚特吉只写了第一部分"问题的拟订"。马里亚特吉的密友乌戈·佩塞（Hugo Pesce）博士，作为布宜诺斯艾利斯会议的代表扩展了这篇论文的其余部分。尽管这篇论文在很大程度上以马里亚特吉的笔记为主，但也包含了其他代表团在会上提交的信息和观点，或者是佩塞自己添加的信息和观点。因此，我们将集中讨论第一部分。

马里亚特吉首先指出，在拉美，种族问题如果不是有助于忽视欧洲大陆的真正问题的话，它往往会有助于掩盖欧洲大陆的真正问题。他声称，"马克思主义的批判有着至关重要的义务，即用真正的术语来确立种族问题，让它清除任何一种诡辩的或迂腐的错误表述"，"与土地问题一样，从经济、社会和政治层面而言，种族问题从根本上讲是封建制度的清算问题"①。

马里亚特吉把种族问题视为经济问题，它源自西班牙在其殖民地实行的封建土地所有制。此外，他发现，拉美资产阶级往往被证实为太懦弱，以致无法肃清封建残余。因此，大部分人仍然处于被奴役状态。

---

① Mariátegui, *Ideología y política*, 1971, p. 21.

诚如白人帝国主义者一样，我们国家的封建势力和资产阶级势力鄙视印第安人、黑人和混血儿……当地的领主或资产阶级与他们的肤色帮凶（pawns of color）毫无共同之处。阶级团结被添加到种族团结或偏见之中。①

马里亚特吉并不接受原住民或黑人种族低劣的论点，他援引尼古拉·布哈林（《历史唯物主义》）的观点，大致意思就是种族低劣的理论完全不符合事实。②

马里亚特吉指出，对拉美所有地区如秘鲁、玻利维亚（Bolivia）和较小范围的厄瓜多尔（Ecuador）等国家而言，这种情况并不常见，但是在这些地区，大部分是土著居民，社会和民众为他们的权利开展辩护。③基于对这些国家必须运作的事实的认识，一种精确的社会主义政治现实主义应该把种族因素转变成一种革命因素。④革命意识可能需要一段时间才能得以形成，"但是，一旦印第安人将社会主义理念作为他们自己的理念，他们就会以一种纪律、坚韧和力量为之服务，来自其他国家的无产者将会超越这一理念"⑤。马里亚特吉认为，这是由于土著人民对社会主义的自然倾向，这种倾向起因于共同劳动和财产拥有的习惯，而这些习惯是印加帝国的一种遗留物。因此，它们代表马里亚特吉含蓄地承认了文化规范的重要性。

三篇论文的第二部分关涉美洲人民革命联盟和反帝国主义。它的标题为《反帝观点》，这是胡里奥·波托卡雷罗（Julio Portocarrero）在布宜诺斯艾利斯会议上提出来的。对此，马里亚特吉认为，也许拉美共和国相对于其他半殖民地国家而言，其经济状况是半殖民地状态，因而受到日益发展的帝国主义渗透的影响。国家或者占统治地位的阶级都不会错过一种发达的民族自治，可能只会保留国家主权的幻想。⑥

---

① Mariátegui, *Ideología y política*, 1971, p. 27.

② Ibid., p. 29.

③ Ibid., p. 32.

④ Ibid., p. 33.

⑤ Ibid., p. 46.

⑥ Ibid., p. 87.

　　马里亚特吉关注美洲人民革命联盟。他指出，中国国民党的例子说明信任资产阶级的民族革命情绪的局限性。因此，美洲人民革命联盟是一个拉美的国民党。① "反帝国主义并不构成一个政治方案，或它自身能够构成一个政治方案"；"它不会消除阶级之间的对立"。在马里亚特吉看来，"我们的使命是向大众说明，只有社会主义革命才能永久地和真正地反对帝国主义的发展"②。即使一个民粹主义的蛊惑人心的运动要夺取权力，也绝不会代表依靠无产阶级人民大众和社会主义来实现权力的征服。论文以这个经常被引用且现在十分著名的段落告终："总之，我们是反帝国主义者，因为我们是马克思主义者，因为我们是革命者，因为我们用社会主义作为对抗制度来反对资本主义，呼吁社会主义取代资本主义。"③

　　论文的第三部分"秘鲁的阶级行动"是一个关于阶级行动如何在秘鲁发展的简短的年表，1929 年提交给了蒙得维的亚国会。这份文件对马里亚特吉聚焦于劳工组织做了精彩的介绍，不幸的是，它涉及的只是到 1928 年的阶级行动。

　　《意识形态与政治》的第二部分是"政治评论和工会作品"，包括马里亚特吉关于工会或工人组织的著作以及其他著作，如"秘鲁社会党的纲领"。这部分还包括"5 月 1 日专业委员会发起的共和国工人宣言"和"给秘鲁工人阶级的《秘鲁工人总联合会宣言》"。包括阿韦利诺·纳瓦罗（Avelino Navarro）和胡里奥·波托卡雷罗在内的工会领袖撰写了这些文件。虽然这些文件得到马里亚特吉的认可，但或许还存在研究方向和后续的修订。

　　这个作品集的第三部分为"辩论主题"，主要是马里亚特吉反对美国人民革命联盟的一些辩论文章。核心论文关涉的是，在论争中，马里亚特吉对路易斯·阿尔伯特·桑切斯的回复，内容包括："好辩的插曲""对路易斯·阿尔伯特·桑切斯回复""回复埃斯卡兰特（Escalante）先生"和"最后的辩论"。它们于 1927 年 2 月和 3 月被刊登在《世界》和《阿毛塔》上。在这些论文中，马里亚特吉为自己辩护，反对桑切斯指控

---

① Mariátegui, *Ideología y política*, 1971, p. 90.

② Ibid., p. 91.

③ Ibid., p. 95.

他是"一个欧化分子"，并在捍卫激进的印第安人运动中继续阐释他的思想：

　　这位先锋派的"土著主义"（indigenismo）对路易斯·阿尔伯特·桑切斯似乎并不真诚……在秘鲁，群众——工人阶级——占据了印第安人的五分之四。如果我们的社会主义没有与印第安人的辩护团结起来的话——我们的社会主义就不会是秘鲁人的社会主义——也不会是社会主义。

　　路易斯·阿尔伯特·桑切斯请不要叫我"民族主义者"和"印第安人"，也不要叫我"伪印第安人"。根本不需要借助这些术语来把我进行分类。简单地称呼我为社会主义者。①

　　下面的章节是有关《阿毛塔》的一些著名述评："《阿毛塔》简介""第二阶段"和《周年和总结》。第五章和最后一章包括关涉《劳动》的一些重要评述："《劳动》的简介""《劳动》继续发行"和"《劳动》被查封"。在"《劳动》继续发行"中，马里亚特吉指出：

　　《劳动》代表了所有生产阶层的利益和愿望；工业和运输工人；农业工人、矿工、印第安人村社、教师和［白领］雇员等等。它不是一个类别或团体的报刊；而是一个阶级的报刊。在《劳动》这里，那些把自己和无产阶级毫无保留地捆绑在一起的知识分子和学生拥有他们的平台。那些为改造学校而奋斗的教育工作者可以依靠这些页面为他们寻求一些辩护理由。［白领］雇员的辩护和工人的这类权益也将在《劳动》的专栏中找到空间。②

　　需要提一下的是，应该写一篇文章添加到《全集》中。在一个书面采访中，马里亚特吉澄清了他在秘鲁封建主义和资本主义的表现以及社

---

　　①　Mariátegui, *Ideología y política*, 1971, p. 217. 整篇辩论被转载在 Manuel Aquézolo Castro, ed., *La polémica del indigenismo*, Lima: Mosca Azul, 1976。

　　②　"Labor continua", Mariátegui, *Ideología y política*, 1971, pp. 227 – 228.

会主义初级阶段将在秘鲁上演的特殊形式问题上的立场。他认为，秘鲁的社会主义可能必须完成理论上属于资本主义的一些任务。①

马里亚特吉的信件没有包括在他的《全集》中，直到1984年才得以发表。这封信件为研究马里亚特吉的思想提供了重要的支撑材料，并有利于澄清《意识形态与政治》中提出的许多问题。除了马里亚特吉家族档案中引用的信件外，还有一些信件是写给来自布宜诺斯艾利斯的萨缪尔·格鲁伯格（Samuel Glusberg）的。格鲁伯格在其著作《特林切拉》（*Trinchera*）中刊载了大部分信件。其中一封信件注明的日期是1927年9月30日，它为研究马里亚特吉的思想提供了一些特别有趣的见解：

> 我在政治上反对［利奥波多］卢贡内斯（Lugones）。我是一个革命者……我永远也不会理解其他的政治领域：那些平庸的改革者、被驯服的社会主义和闹剧式的民主的领域。此外，如果革命需要暴力、权威和纪律，那么，我赞同暴力、权威和纪律。我把它们视作一个带有其所有的惊惶却没有怯懦的保留的障碍物。②

我们把这些内容添加到《意识形态与政治》的一些篇章中，有利于更好地领悟马里亚特吉的政治思想是如何发展的，也可以更好地理解哪些类型的材料可能已经包含在遗失的那部著作中。

《让我们把秘鲁秘鲁化》

马里亚特吉写的大部分文章刊载在《让我们把秘鲁秘鲁化》（*Perua-nicemos al Peru*）中，历时五年（1924—1929年）。有一部分内容类似于由埃斯基耶尔·巴拉雷佐·皮尼洛斯（Ezequiel Balarezo Pinillos）创办并由马里亚特吉接管的《世界》的标题，即"让我们把秘鲁秘鲁化"。在这

---

① Mariátegui, "Acerca del carácter de la sociedad peruana", This is the text of the interview that appeared in the magazine *La Sierra*（May 29, 1929）. In the early 1970s, it was republished in a limited edition, *Acerca del carácter de la sociedad peruana*, Lima: Editorial Popular, 1973, and is now included in *Ideología y política*. See "On the Character of Peruvian Society", selection III. 6 in this volume.

② Enrique Espinoza, *Trinchera*, September 30, 1927, pp. 45 – 46.

样的标题下创作，马里亚特吉发表了大部分文章，这些文章如今出现在
这本著作中。他还发表了一些刊载在《关于秘鲁国情的七篇论文》中的
文章。这些文章像对待"秘鲁历史上的经济因素""民族进步和人力资
本""民族主义和先锋派""殖民地经济"和"国家农业政策的开端"一
样对待这些主题。通过这些文章，马里亚特吉形成关于秘鲁民族主义和
民族问题的观点。事实上，他认为，就"秘鲁问题"的研究而言，不仅
必须考虑秘鲁的问题，也要考虑当代世界的潮流。① 的确，马里亚特吉支
持秘鲁的经济学研究和社会学研究，并对缺乏可用的统计数据感到惋
惜。② 马里亚特吉呼吁一种开创性研究，犹如《关于秘鲁国情的七篇论
文》所表征的那样的研究。这样的解释将创造性地把有关现存的国家经
验数据的一种孜孜不倦的思考融合到理论概述中，从而有助于正确定位
社会力量和生产力。它将根据马克思、列宁以及其他当代马克思主义者
和非马克思主义思想家与作家所提供的理论和哲学见解，仔细研究国情
现实的各个方面。在"秘鲁问题的研究"中，马里亚特吉认为，当前的
研究人员有责任更加深入地理解国家问题。他期盼像洛佩兹·阿布贾
(López Albújar)、路易斯·瓦尔卡塞尔和豪尔赫·巴斯德（Jorge Basadre）
这样的作家一样展示自己的风格。这些"新一代的"秘鲁人将利用科学
研究和对事实的智慧诠释来阐明本土展现（the national panorama），并协
助使秘鲁真正属于秘鲁人的进程。③ 他们必须研究并理解自己的现实，才
能改造现实。

《文选》

这本文集的大部分篇章来自马里亚特吉的《全集》，《全集》包括马
里亚特吉的16卷论文和四篇关于他的二手资料。马里亚特吉的4个儿子

---

① José Carlos Mariátegui, "Hacia el estudio de los problemas peruanos", *Peruanicemos al Perú*, in *Obras Completas*, 2nd ed., Lima: Biblioteca Amauta, No. 11, 1972, pp. 50 – 53.

② Ibid., pp. 54 – 58; Mariátegui, "El problema de la estadística", *Peruanicemos al Perú*, in Obras Completas, 2nd ed., Lima: Biblioteca Amauta, No. 11, 1972, pp. 88 – 91.

③ Mariátegui, "El problema de la estadística", *Peruanicemos al Perú*, in Obras Completas, 2nd ed., Lima: Biblioteca Amauta, No. 11, 1972, pp. 50 – 53; see selection I. 4.

和他的妻子整理了这个作品集。利马的阿毛塔图书馆在 1957 年开始出版他的《全集》，并于 1970 年完成这个项目。从那时起，这一卷卷的藏书已经有了很多版本。这本《文选》分为九个部分，它们反映了马里亚特吉著述的主要领域①：

第一部分　关于秘鲁和印第安美洲国情的研究

第二部分　秘鲁和"土著主义"

第三部分　马克思主义和社会主义（包括来自《捍卫马克思主义》的大部分章节）

第四部分　帝国主义

第五部分　政治、组织、农民、工人和种族

第六部分　女性

第七部分　神话和理想的乐观

第八部分　美学

第九部分　拉美

我们使用了如下书卷：

第 1 卷《当代舞台》［*La escena contemoránea*］（第四版），1970。

第 2 卷《关于秘鲁国情的七篇论文》［*Ensayos de interpretación de la realidad peruana*］（第十二版），1967。

第 3 卷《早晨的心灵》［*El alma matinal*］（第四版），1970。

第 4 卷《小说与生活》［*La novela y la vida*］（第四版），1970。

第 5 卷《捍卫马克思主义》［*Defesa del marxismo*］（第三版），1967。

第 6 卷《艺术家和时代》［*El artista y la época*］（第一版），1967。

第 7 卷《作品符号》［*Signos y obras*］（第二版），1967。

第 8 卷《世界危机史》［*Historia de la crisis mundial*］（第三版），1971。

第 9 卷和第 10 卷是一些二手资料［参见路易斯·涅托（Luis Nieto）等人的《马里亚特吉诗集》（*Poemas a Mariátegui*）和马里亚·维斯（María Wiesse）的《何塞·卡洛斯·马里亚特吉》（*José Carlos Mariátegui*）］。

第 11 卷《让我们把秘鲁秘鲁化》［*Peruanicemos al Perú*］（第二

---

① 这是一本优质的西班牙语《文选》，参见 Francisco Baez, ed., *José Carlos Mariátegui Obras*, Colección Pensamiento de Nuestra América, 2 vols., Havana: Casa de las Americas, 1982.

版），1972。

第 12 卷《我们美洲的课题》［*Temas de nuestra América*］（第一版），1960。

第 13 卷《意识形态与政治》［*Ideología y política*］（第三版），1971。

第 14 卷《教育问题》［*Temas de educación*］（第一版），1972。

第 15 卷《意大利来信》［*Cartas de Italia*］（第二版），1970。

第 16 卷、第 17 卷和第 18 卷《世界生活的外观与景象》［*Figuras y aspectos de la vida mundial*］（第 3 卷），1970。

第 19 卷和第 20 卷是关于马里亚特吉的一些二手资料［参见阿尔伯特·陶罗（Alberto Tauro）的《阿毛塔及其影响》（*Amauta y su influencia*）和阿曼多·巴赞（Armando Bazán）的《马里亚特吉及其时代》（*Mariátequi y su tiempo*）］。

我们努力选择马里亚特吉著作中有代表性的篇章，以便为读者提供足够的资料来鉴赏马里亚特吉的马克思主义思想的本质及其广博的学识。

第一部分

关于秘鲁和印第安美洲
国情的研究

在这一部分中，何塞·卡洛斯·马里亚特吉打破对秘鲁的更加印象派的准—历史的研究，他运用精湛的马克思主义的分析，对困扰秘鲁和拉美现实的问题进行仔细的实证研究。这部分主要来自《全集》第 11 卷中以题名为《让我们把秘鲁秘鲁化》而出版的论文集。在这一部分，我们也涉及了"土地问题"，这是《关于秘鲁国情的七篇论文》中的关键章节。在《关于秘鲁国情的七篇论文》中，马里亚特吉提出一个强有力的论据，即土著边缘化的永存问题不可能通过自由改革得以解决，只能借助土地方面深刻的结构性变革得以解决。

1. 对秘鲁问题的研究*

在我们这一代人的特性中，人们可以并且应该注意到一种正直且值得称赞的态度：对秘鲁形势日益增长的兴趣。如今的秘鲁人表现出比昔日的秘鲁人更能适应他们自己的民族和历史。但是，这并不是他们的精神被封闭或局限在我们边界之内的结果。恰恰相反，当代的秘鲁人与全球思想和情感有着更多的接触。人类对革新的渴望逐渐监管着具有新思想的人们。理解秘鲁国情的这种迫切而扩散的愿望，源于对革新的渴望。

过去几代人的特点是不仅对我们的问题缺乏了解，而且与他们自己的历史时代有着极弱的关联性。我们注意到一个事实：时代不同了。经过一个漫长的革命时期，那时似乎或多或少具有决定性的一种政权和秩序在西方国家已经被确立，且已经相当成熟。另外，世界并没有像现在这样被清晰地表达出来。秘鲁似乎没有像今天这样被纳入历史或西方文明的轨道上。

大多数知识分子构成殖民地封建主义的继承人或后裔的一种顺从的客户。种姓的利益不允许它从其傲居而琐碎的帕纳萨斯山（Parnassus）深入秘鲁的深层现实。那些本能地和有意识地反对这些阶级利益的人们也没有把他们的观点融入社会和经济现实中去。他们的思想意识——或者他们的措辞——被《人权和公民权利宣言》（*the Declaration of the Rights of Man and Citizen*）的抽象文学所滋养着。

例如，激进主义以一种小册子式的文教主义告终，它并非毫无价值，

---

* Source："Hacia el estudio de los problemas peruanos", in Peruanicemos al Péru, in Obras Completas, 11th ed., Lima：Biblioteca Amauta, No. 11, 1988, pp. 69 – 73.

但注定内容空洞。由大众所支持的彼罗拉主义① (Pierolism) 虽然得势，在其教义却表现得更不稳固。而且，彼罗拉 (Piérola) 在其担任宪制总统的四年里，构建了一个文官党 (civilian-oriented/civilista)② 政府。因为这一承诺，彼罗拉的政党在精神上脱离了其最初看起来所代表的阶级。

在《当代秘鲁》(Le Pèru Contemporain) 中，相比于前几代知识分子而言，弗朗西斯科·加西亚·卡尔德隆 (Francisco García Calderón) 采用一种更加现实的标准来研究秘鲁。但是，加西亚·卡尔德隆回避了所有大胆的研究和无畏的审查。他的书局限于指出，在秘鲁存有一些进步力量，带有文官党的乐观主义色彩。这项研究的结论并没有将笔者坚持呼吁的秘鲁的深层现实考虑进来。1906 年，加西亚·卡尔德隆兴奋地用一种开明而务实的寡头政治来规定政府并提议，我们准备使生活适应泛美 (Pan American) 铁路的优势。他的远见很快从北到南将欧洲大陆连接起来，然而，20 年后似乎仍然是一个遥不可及的愿景。在泛美铁路之前，其他的倾销必须经由秘鲁的历史。

维克托·安德烈斯·贝朗德 (Víctor Andrés Belaúnde) 年轻时反对大学的平庸。在高等教育中，他宣扬一种更加现实和更加秘鲁化的倾向。但是，贝朗德没有坚持走这条路。在一些小规模的冲突之后，他终止了好战的态度。现如今，《秘鲁信使报》(Mercurio Peruano)③ 这一杂志没有提及贝朗德青年时代论及的任何关于大学的事情。此外，贝朗德觉得有必要在笔者写的一篇文章的空白处说明，人们不应该认为他支持关于圣马科斯的说法 [这是一种多余的声明，因为公众并未想到要怀疑《秘鲁的墨丘利神》(Mercurio Peruano) 赞同笔者的想法或与笔者的想法保持一致。公众清楚地知道，笔者应该为自己的想法负全责。在任何情况下，这种责任没有使杂志的声誉受损，杂志却庄重而热忱地把笔者算在它们的合作者之列]。

以更大的热情来洞察秘鲁情况和问题的趋势属于我们的时代。文学作品中最先论述了这种运动。尽管瓦尔德马 (Valdelomar)④ 有其文学精英主义和

---

① 源自何塞·尼古拉斯·德·彼罗拉 (José Nicolás de Piérola y Villena)，他是一位杰出的秘鲁政治家、财政部长，曾担任过两任 (1879—1881 年、1895—1899 年) 共和国总统。

② 文官党指 19 世纪末 20 世纪初由那些反对军人执政的人所领导的秘鲁政治运动。

③ 《秘鲁信使报》是维克托·安德烈斯·贝朗德于 1918 年创办的一本秘鲁学术杂志。

④ 亚伯拉罕·瓦尔德马 (Abraham Valdelomar) 是一位著名的秘鲁诗人和作家。

贵族作风，但他却从卑微而又质朴的故土中提取出最微妙的主题和情感。与1924年拘谨的文学形象不同的是，在瓦尔德马的文学作品中，他没有忽视公民或来自公民的事情。相反，尽管瓦尔德马有着颓废的灵感，且有一点点邓南遮（D'Annunzio）的色彩，但他注重找寻平民的踪迹，而且深爱着他们。①

有一天，市场广场成为瓦尔德马的幽默和文学的主题。后来，在其《无效用的计划》（*Plantel de Inválidos*）中，塞萨尔·法尔孔收集了关于秘鲁生活的各种随笔。而且，就像瓦尔德马一样，法尔孔知道如何对"著名的"主题表现出一种快乐的鄙视。以这种方式，文学愈加关注土著人民。洛佩斯·阿奎尔（López Abujar）、路易斯·瓦尔卡塞尔和奥古斯托·阿奎尔·莫拉莱斯（Augusto Aguirre Morales）的书籍，同样记录了这个有趣的现象。笔者打算不久就着手写写关于他们著作的文章。

在科学研究和理论思考中，也会出现同样的趋势。凭借睿智和才华，塞萨尔·乌加特专注于土地问题。胡里奥·特略（Julio Tello）则深入研究种族问题。据笔者了解，奥诺里奥·德尔加多（Honorio Delgado）已经提议对本土心理学进行系统的研究。乔治·巴斯德和路易斯·阿尔伯特·桑切斯在他们的历史研究中放弃了逸事和编年史的日常使用。他们关心的是对事实的解释，而不是毫无目的的叙述。乔治·巴斯德是一项关于"道路帮派征兵"（road gang conscription）研究的作者，该研究向大学先锋队中的同志们展示了一种方式和方法。最近，在人民大学开设了秘鲁社会史中的一门课程；它是一门原创课程，也是一门新课程。在这门课程中，研究和解释的能力将被应用到考试之中。至于这所人民大学，它不应该被忘记，在创建这个文化中心的过程中，我们的新成员之一阿亚·德拉托雷为有关"秘鲁的深度现实"的研究提供了最出色的服务。国际主义者远远超过许多民族主义者，他们感触着土著居民和秘鲁人；土著居民和秘鲁人的事情并不是团结大街（Jirón de la Unión）或利马晚会（Lima soiresé）的精神，而是更深刻和更超然的东西。

——《世界》，利马，1925年7月10日

---

① 加布里埃尔·邓南遮（Gabriele d'Annunzio，1863年3月12日—1938年3月1日），一位意大利诗人、记者、小说家、剧作家和冒险家，他的政治行动主义在20世纪20年代影响着意大利的政治。

2. 土地问题[*]

土地问题和印第安人问题

过去的亲土著人运动（pro-Indigenous campaigns）作为巴托洛梅·德·拉斯·卡萨斯主教的使徒之战的一种延续，以人道主义或慈善的观点为基础，对于我们这些用社会主义观点来研究和说明印第安人问题的人而言，我们宣布人道主义或慈善的观点已经完全过时。我们第一次尝试把印第安人问题的特质确立为一个基本的经济问题。首先，我们抗议克里奥尔人（Creole）或印欧混血儿本能的和防御性的倾向，这种倾向将印第安人问题归结为一个纯粹的行政、教育、种族或道德问题，目的在于不惜任何代价来回避其经济的各个方面。因此，指责我们具有浪漫性或文学性的做法是荒谬的。从根本上把印第安人问题界定为一个社会经济问题，至少浪漫派和文学派的立场是可能的。我们并不满足于要求印第安人享有接受教育、文化、进步、爱和极乐的权利。从一开始，我们明确地要求印第安人享有土地权益。这种彻底的唯物主义需求应该足以使我们不与伟大的西班牙修道士的福音教派言辞的继承人或模仿者混为一谈，而且，唯物主义并不能阻止我们狂热地崇拜和景仰这位传教士。

土地问题与印第安人问题具有一致性，这是相当明显的。土地问题不允许我们适时地缓解或贬低它。恰恰相反，笔者将努力以绝对明确且清晰的术语来呈现土地问题。

土地问题首先是秘鲁封建制度的清算问题。由独立革命正式建立的

---

* Source: José Carlos Mariátegui, *7 ensayos de interpretación de la realidad peruana*, 13th ed., Lima: Biblioteca Amauta, 1968, pp. 42 – 84.

资产阶级民主制度应该已经完成这种清算。但是在秘鲁，近百年以来，我们没有一个共和国，没有一个真正的资产阶级（bourgeois class），也不曾有一个真正的资本家阶层（capitalist class）。伪装或假扮成一个共和党中产阶级的旧封建阶级处于不败之地。由独立革命发起的作为其意识形态的一种逻辑结果的农村地产限定继承权的政策并没有导致小资产的发展。原来占有土地的地主阶级并没有失去其统治地位。在实践中，大土地所有者政权的持存导致大土地所有制的持续。众所周知，取消地产的限定继承权反而侵蚀了村社。事实是，在共和党统治的一个世纪，尽管我们宪法中的自由主义理论和发展资本主义经济的实际需要，但农村的大土地所有制已经不断地被强化和扩展。

存有的两种形式的封建制度：大土地所有制（large estates）和奴役（servitude）是不可分割的。对这两种表现形式的分析，促使我们得出这样的结论：没有根除大土地所有制，就不能根除对土著种族的奴役。

以这种方式来呈现秘鲁的土地问题时，它才不容易被曲解。诚如按照这种事实和想法进行活动的人们所认可的那样，土地问题表现为一个社会经济问题和政治问题。例如，把土地问题转换成农学家的一种技术农业问题，这是徒劳无益的。

众所周知，根据个人主义的意识形态，土地问题的自由解决方案是解散大型的土地持有从而创设小土地所有制。但是，对社会主义基本原则一无所知的现象随处可见，因此，有必要再次强调的是，解散大土地所有制从而支持小土地所有制既不是乌托邦式的方案，也不是异端的、革命的、布尔什维克主义的或先锋主义的方案，而是正统的、符合宪法的、民主的、资本主义的和资产阶级的方案。它源于自由派思想，这些自由派思想激发了所有资产阶级民主国家制定宪法。中欧和东欧国家（捷克斯洛伐克、罗马尼亚、波兰、保加利亚等）已经制定了土地法限制土地所有权，原则上最多可拥有 500 公顷土地。这是战争的危机摧毁了封建制的最后壁垒。从那时起，西方资本主义开始利用反布尔什维克的国家集团来反对俄国。

为了与自己的思想立场保持一致，笔者认为，在秘鲁，尝试自由主义的方法和个人主义的方案的时代已经悄然流逝。除了教义上的原因外，我们的土地问题有一个毫无争议且具体的因素，这个因素赋予土地问题一种特殊性质：村社和现实社会主义要素幸存于土著人的农业与他们的生活之中。

但是，如果那些仍囿于民主—自由学说的人们正在寻求印第安问题的解决方案的话，那么，首先将会把他们从奴役中拯救出来，而且能够将他们的目光转向捷克和罗马尼亚的经验，因为将墨西哥的例子作为一个妙计似乎是危险的。对这些人来说，现在是提倡自由方案的时候。如果他们这样做了，至少会确保新一代所推动的关于土地问题的辩论不会彻底地缺乏自由派思想。根据文字记载，自共和国成立以来，自由派思想一直支配着秘鲁的生活。

殖民主义—封建主义

土地问题澄清了对总督辖区制（viceroyalty）残余势力的先锋派或社会主义者的态度。文学上的佩里乔利主义（perricholismo）① 除了作为经济殖民主义的一个标志或一种反映之外，它并没有激发我们的兴趣。从根本上说，我们想要根除的殖民地遗留问题不是一个关门主义和闭关自守的问题，而是封建经济制度的遗留问题，它的表现形式为酋长制下的大庄园（gamonalisomo）、大土地所有制和奴役的遗留问题。对笔者来说，殖民主义文学和总督辖区制的怀旧的重现及其壮丽景观根植于这种封建经济制度，而且是一种平庸的精神的产物。在一些游吟诗人和编年史家的佩里乔利主义中，总督辖区制无法存活下来。它幸存于封建主义之中，即使没有强制执行自己的规则，封建主义仍蕴含着一种潜在的和早期的资本主义。我们并不如此拒斥把西班牙的遗留问题视为封建遗毒。

西班牙给我们带来了中世纪的东西：宗教法庭、封建制等。随后，西班牙又带来了反对宗教改革的东西：一种反动精神、一种耶稣会的方

---

① Luis E. Valcárcel, *Del ayllu al imperio*: *la evolución politico-social en el antiguo Perú y otros estudios*, Serie "El inkario", Lima: Editorial Garcilaso, 1925, p. 166.

佩里乔利主义指涉的是玛丽亚·米凯拉·维莱加斯·乌尔塔多（María Michaela Villegas y Hurtado, 1748 年 9 月 18 日—1819 年，利马），她是一位著名的秘鲁女演员，俗称佩里乔利。作为总督曼努埃尔·德·阿马特·朱尼特（Manuel de Amat y Juniet, 1761—1776 年）的情妇，她以其表演才能和在众多戏剧中扮演新生的格兰天后（gran diva）而得名。

法和一种学者的诡辩术。凭借西方文化的同化，我们费力地摆脱大部分东西，有时正是从西班牙本土获益。但是，我们仍然没有从其经济基础中解放出来，这些经济基础根植于一个阶级的利益，独立革命并没有摧毁这个阶级的霸权。封建制的根基是完好无损的。例如，封建制的持存，延缓了我国资本主义的发展。

土地所有制决定了任何国家的政治制度和行政制度。共和国尚未能解决的土地问题制约着我们所有的问题。在半封建的经济中，民主制度和自由制度无法实现，也不能发挥作用。

由于特殊原因，土著居民问题从属于土地问题的现实更加绝对。土著种族是一个务农的种族。印加人是由农民构成的民族，他们通常致力于农牧业。工业和艺术有着家庭和农村的特点。相比于其他任何地方，"生命来自土地"的原则在印加的秘鲁中显得更加真实。印加帝国最令人钦佩的公共工程和集体工程有着军事、宗教或农业的用途。山区和沿海的灌溉渠道以及安第斯山脉的农业梯田，它们是印加帝国时期秘鲁经济组织所达至程度的最佳证明。所有的主要特征都把他们的文明描绘成一种农业文明。瓦尔卡塞尔在关于印加帝国经济生活的研究中写道：

> 在土著传统中，这片土地是共有的母亲：不仅食物，而且连同人本身也孕育于土地之中。土地提供了所有的财富。对地球帕查母亲（Mama Pacha）即大地母亲的崇拜与对太阳的崇拜是一样的，诚如太阳不属于任何人一样，地球也不属于任何人。平均地权论（agrarianism）源自于两个概念，即土著居民关于土地的集体所有制和太阳的宇宙宗教的思想观念。

印加共产主义是在印加独裁统治下发展起来的，因此，不可否认或不容轻视的是它被设计成一种农业共产主义。塞萨尔·乌加特谨慎地阐释我们进程的一般特征，根据他的说法，印加经济的基本特征是：

> 尽管可耕种土地分为个人的和不可转让的土块，但可耕种土地的集体所有权却由艾柳（ayllu）或有亲属关系的家庭组成的集团共同所有；水源、牧场和森林的集体所有权由马尔卡（marka）或部落

（定居在同一个村庄附近的艾柳联盟）集体所有；合作劳动；收成和生产的个人所有。[1]

这种经济及滋养它的文化的破坏是殖民统治应该承担的一项不容争辩的责任。这不是因为殖民统治破坏了土著形式，而是因为它没有用更高级的形式来替换土著形式。殖民统治破坏并摧毁了印加的农业经济，却没有用一种收益更高的经济来取代它。在土著贵族的统治下，土著居民组成一个拥有千万人口的国家，一个高效而有组织的国家管辖了所有的领土。在外来的贵族统治之下，土著居民沦为号称百万人口的分散且混乱的民众，陷入奴役状态和劳役偿债之中。

在这方面，人口统计数据是最权威和最具决定性的。反对基于现代的自由和正义概念之上的所有批判可以用于对抗印加制度，对这些批判的反对是确凿的和重要的历史事实。批判确保了人口的存活与增长。当征服者来到秘鲁时，人口增加到一千万，在西班牙统治长达三个世纪之后，却降至一百万。这一事实不是从抽象的或理论的或正义的道德视角来谴责殖民主义，而是从效用之实际的、具体的和实质性的角度来谴责殖民主义，或者无论如何人们想要对殖民主义加以限定。

殖民主义无力在秘鲁建立一种封建经济，却引入奴隶制经济的要素。

殖民统治时期的政策：灭绝人口和奴隶制

为什么西班牙殖民统治无法在秘鲁规划一种纯粹的封建经济，这是很容易解释的。如果对一种经济缺乏清晰而深入的理解，试图规划它就是不可能的。因此，如果不了解一种经济的基础原则，至少应该了解其需求。一种本土的和有组织的当地经济独自发展。这种经济自发地确定其制度。但是，一种殖民地经济某种程度上是建立在人为和外来的基础之上的，并服从殖民者的利益。殖民地经济的发展，取决于殖民者适应

---

[1]　César Antonio Ugarte, *Bosquejo de la historia económica del Perú*, Lima: Imp. Cabieses, 1926, p. 9.

或改造环境条件的能力。

西班牙殖民者很明显缺乏这种能力。他们对自然财富的经济价值有着夸大其实的想法，几乎不了解人的任何经济价值。

灭绝土著居民并破坏他们机构的做法，常常与这个宗主国的法律和秩序相冲突，也使得西班牙国王征服的神话般的国家变得更加贫困和苦不堪言，并达到征服者无法感知和领会的程度。19 世纪的一位南美洲政治家为他的时代阐释了一个经济原则。他后来说到，半荒芜的大陆景象给他留下深刻的印象："统治应是发展人口（to govern is to populate）。"西班牙殖民者无限地偏离了这个原则，他们为秘鲁引入一个灭绝人口的计划。

对印第安人的迫害和奴役迅速吞噬了被殖民者严重低估的一种资本：人力资本。西班牙人逐渐发现，他们需要劳动力来开发和利用他们所征服的财富。他们采取最反社会和最原始的殖民制度：输入奴隶。因此，殖民者放弃了征服者先前认为能够胜任的任务：同化印第安人。为了缓和白人与印第安人之间的人口构成不平衡的问题，当然还有其他原因，殖民者输入了黑人种族。

在一个世纪里，遥远的地方几乎无法将任何其他产品运往欧洲的时候，对贵金属的贪婪是相当合乎逻辑的。这种贪欲促使西班牙人主要从事采矿业。西班牙人的利益导致矿工的转变，在印加统治之下，甚至在它之前，这些矿工都从事着农业活动，由此就萌生了让印第安人服从苛刻的奴隶制法律的需要。在一种实质的封建制度之下，农业劳动本可以把印第安人转变成与土地相联系的农奴。矿山和城市中的劳动，将使他们成为奴隶。赋役制（mita）兴起之后，西班牙人实施了一种强迫劳动的制度，迫使印第安人背井离乡，放弃他们的生活习俗。

非洲奴隶的输入为总督府所在沿海地区的西班牙居民提供了劳动力和家奴，这意味着西班牙没有意识到其在经济和政治上的错误。奴隶制被注入政权，侵蚀并削弱着政权。

在关于秘鲁殖民地的社会地位的研究中，哈维尔·普拉多（Javier Prado）教授从一个笔者不敢苟同的视角得出结论，确切地指出殖民事业某个方面的失败。他说道：

　　黑人被当作是一种商业商品，他们作为人类劳动的机器被输入到美洲，需要用他们的额头上的汗水来浇灌土地，但他们却不能使土地肥沃或多产。文明在人类历史上一直遵循着相同的消除模式。就像在秘鲁的情形那样，奴隶在他们的劳动中和在罗马帝国中都创造不了多少价值。这是社会肌体中的一个恶性肿瘤，腐蚀着民族情感和民族理想。因此，在秘鲁，奴隶已经消失了，却没有留下被开垦的田地。奴隶通过与白人混血从而来报复白人，在这种混血通婚中，奴隶降低了那些最初是他们的残暴主人而随后又是他们的教父、同伴和兄弟姐妹的人们的道德标准和智力标准。①

　　如今，人们不能指控殖民统治要为带来一个劣等种族而负责任；这是半个世纪前社会学家的主要指控。相反，殖民统治将奴隶连同奴隶制一同引入进来，作为经济剥削的一种手段和殖民地的组织形式。殖民统治是一个注定要失败的政策，只有基于征服和武力之上，它才能强化一种政权。

　　沿海农业的殖民地性质仍旧没有摆脱这个弊端，其殖民地性质主要源自奴隶制。大片的沿海庄园要求劳动力（labor）而不是人（men）来给土地施肥。因此，当庄园主耗尽非洲奴隶时，于是在中国的苦力中寻找一种替代品。与输入黑奴一样，其他的输入是委托监护主（encomenderos）制度的一个缩影。这种制度与自由经济的正常发展相冲突，而自由经济与独立革命所确立的政治秩序相一致。塞萨尔·乌加特在他之前提及的关于秘鲁经济的研究中承认这一点，他极力主张，秘鲁所需要的不是劳动力而是人。②

西班牙殖民者

　　在秘鲁自然形成的农业基础之上，殖民统治无法组织秘鲁经济，我

---

　　① Javier Prado, "Estado Social del Perú durante la dominación española", in *Anales Universitarios del Perú*, 22, pp. 125 – 126.

　　② César Antonio Ugarte, *Bosquejo de la Historia Económica del Perú*, Lima: Imp. Cabieses, 1926, p. 64.

们所拥有的殖民者的类型可以用于解释殖民统治的这种无能为力。然而，北美殖民化的进程中孕育了代表未来精神和经济的种子。随后，它们在欧洲繁荣发展起来。西班牙人给美洲带来一种处于衰退之中的且代表过去的精神与经济的影响和方法。对于那些只考虑殖民统治的经济方面的人和老学究式的烦琐哲学派的浑然不觉的残余分子而言，这种论点似乎过于简单化了。他们表现出一种缺乏理解经济事实的能力，这是我们之中研究历史的业余史学家的一个主要缺陷。值得欣慰的是，笔者在何塞·巴斯孔塞洛斯最近出版的《印度安人学》（*Indología*）中发现了一个观点，这个观点具有来自一个不能被指责为过多的马克思主义或过少的西班牙主义特点的思想家的价值。巴斯孔塞洛斯写道：

> 如果没有如此多的道德秩序和自然秩序的其他原因，以致完美地解释北方撒克逊人取得的巨大进步和南方拉美人逐渐迷失方向的景象，那么，只有两种财产制度的比较才足以解释这种差别的原因。北方没有把彼此的土地据为己有的国王。北方殖民者没有来自其国王的特殊恩惠，进而在一定程度上反对英国君主的精神反抗，北方殖民者就能够建立起一套私有财产制度，在此制度中，每个人都要为他们的土地付出代价，且只需要尽可能多地占有他们能耕作的土地。其结果就是，这里没有委托监护制（encomiendas），只有耕地。取而代之的是，一个具有皇家血统的、源于一个卑躬屈膝和凶残的贵族的好战的农业贵族，一个带有所谓的民主倾向的贵族出现了，这种民主起初认可的正是法国箴言的信条：自由、平等、博爱。
>
> 北方人逐渐征服了原始森林，但在对抗印第安人的战斗中，就像我们古老的传统一样，"就像眼睛所能看到的那样"，获胜的将军是不允许被控制的。新征服的土地不受君主的支配，不能按照君主的意愿来分配，从而创设出一个具有双重道德品性的贵族：君主的一个侍从和最弱群体的一个傲慢的压迫者。在北方，这个共和国与大规模的扩张主义运动是同步的，共和国放弃了大量的好土地，创立了从私营贸易中获利的大量储备。共和国并没有利用这些储备来创设公爵领地或奖赏爱国功勋，而是用于发展国民教育。因此，在人口不断增长的过程中，不断上升的土地价值保证了教育事业的发

展。每当一个新城市出现在沙漠中心时，在土地出让的分配中，也就不存在任何偏袒，而是公开拍卖未来城市蓝图中早已征用的土地。这也有一个限度，即没有人可以一次性购买很多土地。北美实力在这一明智而公正的社会制度中彰显无遗。因为我们没有以类似的方式继续进行下去，所以我们一直在倒退。[①]

在巴斯孔塞洛斯看来，封建制是殖民统治遗留下来的弊端。在独立之后，已经设法修复了这种弊端的国家是那些已经有了很大进步的国家。那些还没有成功做到这一点的国家则在倒退。我们已经看到了，封建制的弊端如何与奴隶制的弊端结合在一起。

西班牙人没有盎格鲁－撒克逊人的殖民化的条件。美国的创立被认为是先驱者的杰作。在征服史诗之后，西班牙送给我们的几乎只有贵族、神职人员和恶棍。征服者有着英雄的血统；殖民者则没有。征服者是绅士，而不是拓荒者。在赋役制的实践中，那些认为秘鲁的富饶在于其贵金属的人们将采矿业变成毁灭人类资本和农业衰退的一个要素。我们在文官党的文献中也发现了这些指控的证词。哈维尔·普拉多写道："由于西班牙人实施的荒谬的经济制度，秘鲁总督辖区中的农业状况十分糟糕。"正是西班牙人的这种剥削制度导致我国人口不断减少。[②]

开采矿山而不是油田的殖民者有着金矿勘探者的心理。因此，他们不是财富的创造者。正是那些开拓殖民地并赋予土地生机的人们造就了一种经济和一个社会，而不是那些贸然地从其土壤中攫取财富的人们造就了它们。那些迅速枯竭或被废弃的矿山的发现与弃用，影响着许多殖民山区城镇的兴衰史。它们的兴衰史为我们强有力地诠释了这一历史规律。

也许西班牙为我们派遣的真正殖民地开拓者的队伍是耶稣会信徒和

---

① José Vasconcelos, *Indología una interpretación de la cultura ibero-americana*, París: Agencia Mundial de Librería, p. 192?.

② Javier Prado, "Estado Social del Perú durante la dominación españa", in *Anales Universitarios del Perú*, 22: p. 37.

多明我会修道士的传教团。这两个传教团尤其是耶稣会教士团在秘鲁建立了许多有趣的生产中心。耶稣会教士把宗教、政治和经济因素融入他们的事业——并没有达到巴拉圭那样的程度。在巴拉圭，他们开展了最著名和广泛的试验，却遵循着同样的原则。

　　传教团的这种功能不仅符合西班牙美洲耶稣会的政策，而且也符合中世纪修道院的传统。在中世纪的社会中，修道院尤其发挥着一种经济作用。在勇士和神学家的时代，修道院负责保存艺术和手工艺的技术，提炼和培育资产阶级工业立基的各项要素。作为现代经济学家的乔治·索雷尔，在其将圣培尼多教团（Benedictine order）作为修道院—工业企业原型的研究中，最好地概述并界定了修道院在欧洲经济中的作用。索雷尔指出：

　　　　在那个时代，寻找资本是一个很棘手的问题。但是，对于僧侣们来说，这却是一个简单的问题。很快，富人的捐赠慷慨地给予他们大量的贵重金属。这极大地促进了资本的原始积累。此外，女修道院几乎没有花多少钱，院规强制实行的厉行节约让人们回想起早期资本家的节俭习惯。很长一段时间，僧侣们都有着出色的业务能力来增加他们的财富。

　　索雷尔阐述了"这些机构在为欧洲做出了人人皆认可的卓越功绩之后如何迅速地衰退"。同时，他还翔实地解释了圣培尼多教团的修女们如何"不再是聚焦在资本家车间中的工人，而是退出商业活动成为一个资产阶级，她们只想在乡下甜蜜的闲散之中度日"。[1]

　　与我们经济的许多其他方面一样，殖民统治的那个方面尚未被研究。阐明这些发现的任务落在笔者这个供认不讳的马克思主义者身上。这项研究对于措施的经济合理性的论证是至关重要的，即未来的土地政策将会对修道院和教团的领地产生影响，因为它将最终确定修道院和教团的所有权及其赖以存在的王室地契已经过时。

---

　　[1]　Georges Sorel, *Introduction a l'économie moderne*, Paris：M. Rivière, 1922, p. 120, p. 130.

殖民统治下的村社

《西印度法》（*The Laws of the Indies*）保护着土著居民的财产，并承认土著居民的共产主义组织。有关土著村社的立法适应了不侵犯组织机构和习俗的需求，这些组织机构和习俗并不反对宗教精神和殖民主义的政治特征。一旦印加国家被摧毁，艾柳的农业共产主义精神与任何一种组织都是不相容的。恰恰相反，耶稣会教士利用在秘鲁、墨西哥以及巴拉圭中一个更大规模的土著共产主义来实现他们传播基督教的目的。在理论和实践中，中世纪的制度调和了封建所有制与村社所有制之间的关系。

《西印度法》承认村社及其经济风俗，不仅体现了殖民政策现实主义的深谋远虑，而且完全符合封建制的理论和实践。在没有任何问题的情况下，也没有任何逻辑上的改革时，有关村社的殖民地法律的规定保留了其经济组织。当然，风俗与天主教教义（试婚等）相违背，这些规定还倾向于将村社转变为行政机构和财政机构的一部分。村社可以也应该为国王和教会的更大荣耀与利益存续下来。

我们很清楚的是，这种法律在很大程度上仍是一纸空文。由于殖民地的做法，土著居民的财产无法得到充分的保护。在这一点上，所有的证据都保持一致。乌加特做了如下评论：

> 既不是托莱多（Toledo）的前瞻性措施，也不是那些在不同时期曾被尝试过的措施阻止了大部分土著居民的财产通过合法或非法的途径逐渐落到西班牙人或克里奥尔人手中。委托监护制促使了这种掠夺的发生。在这一制度的法律概念之下，委托监护主负责收取贡赋并将纳贡人聚集起来，并向他们传播基督教（Christianization）。但实际上，委托监护主是一个封建领主，也是纳贡人和庄园的主人，因为他们控制着印第安人，就好像他们拥有来自森林的树木一样。如果印第安人死了或失踪了，委托监护主就以一种或另一种方式占有他们的土地。简而言之，殖民时期的土地制度导致大量的土著农业村社取代了由印第安人以封建方式组织起来的大型的个人所有的

庄园。这些大规模的封地并没有随着时间的推移被划分开来，而是变得越来越集中并整合到少数人手中，因为庄园受制于那些固化它的无数障碍和永久束缚如长子继承权、宗教遗产和支付以及所有权方面的其他继承人之限制（entailments）。①

封建制同样地让农村公社在俄国延续下去，与西方资本主义国家的历史进程相比，相似之处总是趣味横生，其历史进程更接近于农业国家和半封建国家的历史进程。尤金·施卡夫（Eugène Schkaff）在其关于米尔（mir，即沙俄时代的一种村社组织）② 在俄国的演变研究中写道：

由于地主们负责收取捐税，因此，他们希望每个农民拥有大致相等的土地，这样一来，每个农民将会贡献他们的劳动以便缴纳赋税。为了确保其税收，地主们规定了连保制。政府把这种制度扩展到其他农民。随着农奴数量的变化，土地被重新分配。封建主义和专制主义逐渐把农民的集体组织转变成了一种剥削工具。在这种情况下，农奴的解放没有引起任何变化。③

在所有制的庄园制下，与秘鲁的村社一样，俄国的米尔已经完全变了样。村社可利用的土地越来越少，土地分配的弊端越来越多。一方面，米尔没有确保农民生活所必需的土地；另一方面，它确保土地所有者拥有必要的劳动力，能够为他们的庄园提供服务。1861 年奴隶制被废除时，地主们找到削减农民土地的办法，使他们不能靠自己的劳动成果来维持生计。因此，俄国农业保留了其封建性质。大地主们利用改革为自己谋福利。他们早已注意到，假若土地的规模没有大到足以为农民及其家人提供生活保障的话，给予农民土地是符合他们的利益需求的。没有更好的办法使农民束缚在土地上，同时又尽可能地使他们的移民保持在最低

---

① César Antonio Ugarte, *Bosquejo de la Historia Económica del Perú*, Lima：Imp. Cabieses, 1926, p. 24.

② 米尔是俄罗斯农村的一种公共土地占有形式。

③ Eugène Schkaff, *La question agraire en Russie*, Paris：Rousseau & cie, 1922, p. 118.

限度。农民被迫在庄园里为地主效力。犹如小块土地上的贫困还远远不够一样，地主在草地、森林、磨坊、海域等方面也占有统治地位。

因此，我们不仅可以借助殖民主义制度的特征，还可以通过封建欧洲的经验来全面解释秘鲁的村社和大庄园的共存。但是，在这种制度之下，村社是被容忍的，而不是受到保护的。这些大庄园摆脱了国家的控制，将它们专横的法则强加于人。在奴役制之下，村社幸存下来了。此前，村社一直是国家的基层组织，它为其成员的福利确保必要的活力。殖民主义使村社僵化在大土地所有制之中。大土地所有制是一个新国家的基础，这个国家与村社的命运格格不入。

共和国法律的自由主义无力摧毁封建主义并建立资本主义，后来又否认了殖民地法律的专制主义授予村社的保护。

独立革命和土地所有制

现在让我们进一步审查共和国之下的土地问题。为了阐明本人对这一时期土地问题的看法，笔者必须坚持自己已经表达的关于秘鲁独立革命本质的看法。革命发现秘鲁在其资产阶级的形成中倒退。相比于其他美洲国家，在我们的国家中，一种资本主义经济的要素更为雏形。在这些美洲国家，革命有着一个不那样隐性和潜在的资产阶级。

如果革命是土著民众的一种运动，或者一直以来支持土著民众的事业，它必定有一个土地方面的问题。革命已经很好地证明法国大革命给农民阶级带去了实惠。法国大革命必须依靠农民阶级来防止旧政权的复辟。此外，从推翻中欧和俄国独裁政治所造成的更明确且更稳定的后果来看，这一现象似乎普遍适用于资产阶级革命和社会主义革命。这两场革命主要由城市资产阶级和城市无产阶级领导与完成，农民都是革命的直接受益者。特别是在俄国，农民阶级已经收获了布尔什维克革命的第一个成果，因为没有一场资产阶级革命来摧毁封建主义和专制主义，并将其置于一个自由的民主制度之中。

就自由民主革命产生的这些影响而言，两个前提是十分必要的：一是资产阶级意识到革命行动的后果与利益，二是农民阶级中存有一种革命情绪。而且，最重要的是，农民阶级要求占有土地的权利，他们无视地主贵族的力量。相比其他美洲国家，在秘鲁，独立革命并没有满足这些条件。因为反抗西班牙统治的那些民族的被迫团结，加之世界的政治和经济形势对他们有利，革命已经取得胜利。西班牙美洲革命者的大陆民族主义与他们命运的被迫聚合连同在一起，使得向资本主义迈进的那些最先进的人们与最落后的人们并驾齐驱。

在对阿根廷和拉美独立战争的研究中，埃切维里亚（Echeverria）将社会划分为以下几个阶级：

> 美洲社会被分为三个利益相互冲突的阶级，它们没有任何道义上和政治上的社会联系。第一个阶级由律师、神职人员和官方机构组成；第二个阶级由受益于垄断和好运气的人们组成；第三种阶级以拉普拉塔河（Río de la Plata）的"高乔人"（gauchos）和"孔帕德里托人"（compadritos）、秘鲁的"乔洛人"（cholos）、智利的"罗托人"（rotos）和墨西哥的"莱佩罗人"（leperos）著称。土著和非洲血统的人是奴隶，他们没有任何社会地位可言。第一个阶级享受生活且不劳而获，拥有贵族的权力和特权；他们是贵族，主要由西班牙人和极少数美洲人组成。第二个阶级的生活也十分安逸，默默地经营着他们的工业和商业；跻身于中产阶级列席市政议会。第三个阶级是手工劳动的唯一生产者，由各种工匠和无产阶级组成。那些高举革命旗帜的人就是在美洲或伊比利亚半岛接受过教育的前两个阶级的美洲后裔。[1]

在许多情况下，拉美革命没有引发地主贵族和商业资产阶级之间的冲突，反而促成他们开展合作。或者因为贵族所声称的自由思想的教化，或者因为在许多情形下，他们并没有把这场革命视为摆脱西班牙王室的一种解放运动。农村人口在秘鲁就是土著居民，他们没有直接或积极地参与到革命之中。革命纲领并不代表他们的需求。

但是，这个革命纲领建立在自由化的意识形态之上。革命不可能摒

---

[1] Esteban Echeverría, "Antecedentes y primeros pasos de la revolución de Mayo", *Obras completas de D. Esteban Echeverria*, Buenos Aires: C. Casaralle, No. 5, 1874, p. 247.

弃那些支持土地要求的原则。这些土地要求建立在将土地从封建桎梏中解放出来的实际需要和理论的正义性基础之上。共和国将这些原则纳入其章程。秘鲁没有一个资产阶级根据经济利益和政治学说及法律学说来执行这些原则。因为这是历史的进程和指引，但是应该在自由主义原则和资产阶级原则之上建立共和国。只有与土地所有制有关的革命的实际后果，才能被大地主利益所设定的限制所制止。

因此，由共和国的政治基础所强加的土地所有制的不加限定的政策并没有侵犯大庄园。尽管新法律将土地分配给土著居民，但它也以自由原则的名义侵蚀着村社。

不考虑一种制度的原则，开创一种制度在某种程度上就是恶化而不是改善了土著种族的状况。这不是新政策背后的意识形态的错，如果意识形态被正确地贯彻，它应该已经终止了土地的封建占有，并把土著种族转变成小土地持有者。

新政策形式上废除了赋役制、委托监护制等，它包括一系列旨在终结土著农奴制的措施。但由于新政策没有损坏封建所有制的权力和势力，它与自身保护小土地所有者和农民的措施相抵触。

虽然地主贵族原则上放弃了特权，实际上却仍然保留了他们的地位。在秘鲁，地主贵族仍然是统治阶级。革命并没有带来一个执掌政权的新阶级。工商业资产阶级太软弱，以致他们不能执掌政权。因此，废除农奴制只不过是一种理论上的宣言，因为革命没有触及土地所有制。奴役只是封建制的一个方面，而不是封建制本身。

共和国的土地政策

在独立革命之后的军事独裁者（military strongmen）时期，不可能自然地实行或制定一个关于土地所有制的自由政策。军事独裁者是革命时期的天然产物，而革命时期却未能造就一个新的统治阶级。在这种情况下，革命的战士行使着权力，一方面，他们享受着战时成就的威望；另一方面，能够凭借武力保持统治。当然，这些军事独裁者无法回避阶级利益或敌对的历史力量的影响。他们得到城市平民（demos）不那么坚定的自由主义和言论的支持，或者得到地主阶级殖民主义保守思想的支持。

军事独裁者还深受城市民主派的律师和保民官的追随者的鼓舞，或者深受地主贵族的文人和学者的启发。在自由派和保守派之间的利益冲突中，农民并没有直接和积极地提出迫使自由派将土地财产的重新分配纳入议程的要求。

一个更出色的政治家肯定会注意和重视这个基本问题。但是，在这段时期，我们的军事首领都没有做到这一点。

此外，军事独裁者似乎没有能力有组织地开展这种规模的改革，这种改革比任何事情都更需要明确的法律标准和经济标准。他们的残暴行为营造了一种不利于试行新法律和新经济制度的原则的氛围。巴斯孔塞洛斯指出：

> 在经济层面上，军事独裁者一直是土地所有制的主要支柱。尽管有时他们宣称自己是所有制的敌人，但几乎没有一个军事独裁者不会成为一个富有的庄园主。事实是，军事力量不可避免地导致土地所有权的侵占。无论是被称之为军人、军事独裁者、国王或皇帝、专制主义和大规模的土地所有者，它们都是相关的术语。当然，只能在一种自由体制内才能保护和捍卫经济权利和政治权利。专制主义必然导致许多人的苦难，也必然会导致少数人的暴富与权力滥用。尽管民主存在种种缺陷，然而，至少在民主蜕变为那些过于富有的并被颓废的人民所包围的共和国的帝国主义之前，只有民主才能使我们接近社会公正的最大成就。无论如何，在我国，军事独裁者和军人政府一直在助长大庄园的发展。即使粗略地审查一下我国这些大地主的土地证也足以表明，几乎他们所有的财富最初都是来自于西班牙王室，后来则是来自于特许权和非法的赏赐，这些特许权和非法的赏赐被授予给了我们徒有其名的共和国的有影响力的将军们。在每一个阶段中，给予赏赐和特许权都没有考虑到土著种族的整个人群或印欧混血儿的权利，这些人都没有维护他们自己的所有权的权力。[1]

---

[1] José Vasconcelos, "El Nacionalismo en la América Latina", *Amauta* No. 4, December 1926, p. 15.

在美国，就军事领袖和土地所有制之间的关系而言，这个观点是正确的。但是，对于任何时代和历史情境而言，这个观点并不是同等有效的。没有这一限定条件的话，也就不可能赞成这个观点。①

无论如何，一种新的法律秩序和经济秩序不可能是一个军事独裁者的成就，只能是一个阶级的功劳。当阶级存在时，军事独裁者充当其代言人和受托人。正是集体利益和需求而不是独裁者的个人意愿决定其政策。秘鲁缺乏一个有能力组织强大而高效的国家政权的资产阶级。军人执政是一种初级的和过渡的秩序，一旦它不再是不可或缺的秩序，就不得不被一种更先进和更一体化的秩序所取代。军人执政无法理解或者考虑土地问题。那些基本的和暂时的问题消耗了它的有限行动。卡斯蒂利亚（Castilla）是军人执政时期取得最大成就的军事独裁者。卡斯蒂利亚精明的机会主义、极端的凶残、粗鲁以及绝对的经验主义，使得他无法将一种自由政策贯彻到底。卡斯蒂利亚意识到，他那个时代的自由主义者是一个派系和团体，而不是一个阶级。这就使他避免采取任何严重违背保守派阶级利益和原则的行动。但是，卡斯蒂利亚政策的优点在于其革新的和进步的倾向。卡斯蒂利亚最重要的历史行为是废除黑奴制和土著居民纳贡制，这些代表着他的自由主义态度。

自《民法典》颁布以来，秘鲁就进入了一个循序渐进的组织时期。除了其他方面之外，几乎没有必要指出，《民法典》的颁布标志着军人执政的衰落。这个法典深受与共和国关于土地的最初法令相同的原则的启发，它强化并延续了废除地产限定继承权和再分配政策。乌加特意识到这个有关土地的国家立法的进步。他指出，法典"确认从法律上废除土著村社和限定继承所有权；它引入新的立法，将占有确立为获得没有所有者的财产的方法之一；在关于继承的规定中，它试图推进小土地所有制"②。

弗朗西斯科·加西亚·卡尔德隆认为，《民法典》实际上并没有

---

① 在马里亚特吉的原始脚注中找到了这些评论，为了呈现对这一著作更全面的理解，这里收录了这些评论。——译者

② César Antonio Ugarte, *Bosquejo de la Historia Económica del Perú*, Lima: Imp. Cabieses, 1926, p. 57.

取得这样的成效，或者至少没有达到他所认为的彻底的和绝对的程度。他写道：

> 宪法摧毁了特权，民法分割财产并终止了家庭中的平等权利。在政治领域中，这一条款的后果就是整个寡头政治和整个地主贵族的终结。在社会领域中，它导致了资产阶级和种族混合的兴起……从经济上而言，继承权的平等分割有利于小土地所有制的形成，在之前，大庄园主极力阻挠这种所有制的形成。[1]

这当然是秘鲁的法律编纂者的意图。然而，《民法典》只是自由政治和资本主义实践的工具之一。正如乌加特所赞成的那样，秘鲁法律"旨在促进土地所有制的民主化，但只是借助纯粹的消极手段为农民消除障碍，而不是为农民提供积极的保护"[2]。在没有特别的征用法律的情况下，土地所有权的分配或再分配是不可能的。这些特别的征用法律把土地所有权已经转让给操控土地所有权的阶级。

尽管存在法典，但秘鲁的小土地所有制并没有发展起来。相反，大庄园却得到巩固和扩大。土著村社所有制承受着这种畸形的自由主义所带来的后果。

大土地所有制和政治权力

诚如埃切维里亚（Echeverría）所解释的那样，城市资产阶级初期的本质和土著居民没有社会地位的状况抑制着独立革命提出并解决秘鲁的土地问题，它们后来也制约了政府在共和国时期发展一种较为平等和公正的土地分配政策。

在军事独裁者时期，土地所有者贵族而不是城市的平民得以不断壮

[1]　Francisco García Calderón, *Le Pérou contemporain: étude sociale*, Paris: Dujarric et cie, 1907, p. 98, p. 99.

[2]　César Antonio Ugarte, *Bosquejo de la Historia Económica del Perú*, Lima: Imp. Cabieses, 1926, p. 58.

大。随着贸易和金融落入外方手中，一个充满活力的城市资产阶级的出现，在经济上就是不可能的。西班牙教育从根本上远离工业生产和资本主义的目的与需求，它并没有培养商人或技术人员，所培育的是律师、文人和神学家等。除非律师、文人和神学家等意识到对雅各宾派主义或煽动者有着特殊的使命，他们才会加入地主阶级的行列。商业资本几乎完全为外国人所有，除了与这个贵族阶级达成共识和关联之外，商业资本不能做任何其他事情。而且，贵族阶级心照不宣地或明确地保留了其政治统治地位。以这种方式，地主贵族及其追随者成为财政政策和开发海鸟粪与硝酸盐的受益者。通过这种方式，这个阶级因为经济角色被迫在秘鲁扮演着资产阶级的角色，却没有失去其殖民地和贵族的恶习与偏见。因此，城市资产阶级、专业人士和商人最终被反对军人执政的文官党（civilismo）所吸纳。

这个文官主义者（civilistas）或"新式地主"（neogoths）阶级享有权势。他们之所以享有权势，很大程度上取决于他们拥有土地所有权。独立初期，这个阶级并不是资本家阶级而是所有者阶级。文官主义者或"新式地主"作为所有者阶级而不是有文化素养的阶级的地位，使得他们能够将自身利益与外企所有者的利益融合在一起，并利用这个头衔处理国家和公共财富。总督辖区制时期授予的土地所有权意味着，在共和国期间，文官主义者或"新式地主"可以掌控商业资本。殖民地时期的特权，使得共和国时期的特权得以形成。

因此，这个阶级对土地所有制持有最保守的态度，这是自然而然的，也是本能的。土著居民没有社会地位的状况则意味着，缺少有意识的农民群众准备反对封建地主的利益。

这些是大土地所有制得以维系和发展的主要因素。共和党立法的自由主义只对公有土地所有制持积极态度，面对封建土地所有制时，它是消极无为的。尽管共和党立法的自由主义不能做任何反对大土地所有制的事情，但它可以为村社做很多事情。在一个有着共产主义传统的种族中，解散村社并不意味着创设小土地所有权。我们不能人为地改造一个社会，更不用说人为地改造一个深深地根植于其传统和法律制度的农业社会。个人所有制从未发源于国家的宪法或民法典之中。它的形成一直是一个极其复杂的和自发的过程。破坏村社并不意味着将土著居民转变为小土地所有者或者把他们变成自由的雇工，而是意味着把土著居民的土地交给酋长及其追随者。这就使得大土地所有者更容易把土著居民束缚在大庄园上。

据说，沿海地区土地所有权集中的关键在于，所有者和平地获得充足水源的需求。根据这一论点，浅水区形成的河谷灌溉农业导致大土地所有制的兴起和中小土地所有制的衰落。但这是一个特殊的论点，只在很小的程度上是准确的。由于技术或物质原因高估了河谷灌溉农业，河谷灌溉农业之所以影响所有权的集中，仅仅是因为沿海地区建立和发展起大规模的作物园以后才有了这种影响。在经济作物繁荣之前，在沿海农业有一个资本主义组织之前，风险因素太弱，以致无法决定所有权的集中。的确，由于多种灌溉设施的分布困难，灌溉用水的短缺对大土地所有制有利。但这并不是阻止地产被细分的原因。沿海的土地所有制可以追溯到殖民统治时期。作为殖民实践的产物，沿海地区的人口减少是大土地所有制出现的后果之一，也是造成大土地所有制出现的原因之一。劳工问题是沿海土地所有者面临的唯一问题，其根源在于庞大的土地所有权制度。在殖民时期，土地所有者希望与非洲奴隶一同解决劳工问题；在共和国期间，土地所有者则希望与中国的苦力一起解决这个问题。这是一种徒劳的努力。地球上不能住满奴隶。最重要的是，不能依靠奴隶来提升土地的生产能力。由于这一政策，沿海的大土地所有者大包大揽所有土地，但他们没有足够的劳动力来利用和开发土地。这是对大土地所有制的保护，也是大土地所有制的灾难和致命之处。

此外，山区中的土地状况也表明了上述论点的荒谬性。对山区而言，它不存在水的问题。充沛的雨水使大庄园主与村社社员一样，能够种植同样的作物。然而，在山区，也存在土地集中的现象。这一事实表明，土地集中的问题本质上是一个社会—政治问题。

在沿海的大庄园中，对农业出口而言，工业作物的发展完全依赖于西方资本主义对拉美的经济殖民。当英国商人和银行家利用这些土地获利的可能性被证实时，他们对这些土地的开发就产生兴趣，首先是为了生产蔗糖，后来是为了生产棉花。绝大部分农业用地长期被抵押，受制于外国公司。当背负外国企业和银行家的债务时，土地所有者就为盎格鲁－撒克逊的资本主义充当着中介，甚至犹如佃农（yanaconas）一样，旨在确保以最低的成本盘剥被奴役的贫苦劳工，迫使这些劳工在殖民地的奴隶督工的鞭笞下耕作土地。

但是，沿海的大庄园已经达到一个或多或少拥有先进技术的资本主义水平，尽管他们的剥削仍然依赖封建方式和封建原则。棉花和甘蔗的产量是资本主义制度的产物。这些企业拥有雄厚的资本，也可以借助现代机械和程序来耕作土地。大型的工业工厂对产品进行加工。与此同时，在山区，大庄园土地的产量一般不高于村社耕地的产量。如果一种生产制度的合理性与其结果息息相关，作为客观经济标准的要求，仅仅这一事实就会直接宣判山区中土地所有制的死刑。

共和国时期的村社

我们已经看到，共和国立法形式上的自由主义仅仅是积极地对抗土著村社。可以说，在共和国，个人所有制的观念有着一种几乎是反社会的作用，因为它与依旧存在的村社相冲突。事实上，如果由充满活力且自主发展的资本主义来决定村社的侵占和解散的话，这将是经济发展的一个牺牲品。印第安人将从一种共产主义和奴役的混合制度转向自由工资制度。这种改变会使他们变得更加不自然，但也会把他们置于一种境地，即与世界上的无产阶级一样，作为一个阶级组织起来并解放自身。与此同时，大庄园逐渐侵占和吞并村社，这使得印第安人陷入更深的束缚之中，摧毁捍卫他们古老文明之精神和实质的经济制度与法律制度。

如果印加共产主义的历史证据不具有争议性，作为共产主义特殊组织的村社应该足以消除任何疑问。[①] 然而，印加人的"专制主义"已经冒犯了我们时代某些人的自由化观念。在这里，笔者想重申的是用自己为印加共产主义所做的辩护，以驳斥它的最新挑战者即小说《太阳的子民》(*El Pueblo del Sol/The People of the Sun*) 的作者奥古斯托·阿奎尔·莫拉莱斯的观点。[②]

---

① 马里亚特吉将以下内容作为本书的脚注，鉴于其长度和重要性，我们将这部分内容放在正文中。

② Augusto Aguirre Morales, *El Pueblo del Sol*, Lima: Editorial Garcilaso, 1924.

现代的共产主义不同于印加共产主义。这是探索印加帝国的学者首先需要学习和理解的第一要务。这两种共产主义是人类不同经验的产物，它们属于不同的历史时代，是由不同的文明发展而来的。印加帝国的文明是一种农耕文明，马克思和索雷尔的文明是一种工业文明。在前者中，人类屈服于自然；在后者中，自然有时会服从人类。因此，将一种共产主义的形式和制度与另一种共产主义的形式和制度做比较是十分荒谬的，唯一可以比较的是它们实质性的和基本的相似性。为了这个比较，我们需要懂得一点历史相对主义，否则，就会面临维克托·安德烈斯·贝朗德试图进行这种比较时所陷入的同样严重的错误风险。

征服和殖民地时期的编年史家用中世纪的眼光来考察印第安人的状况。从表面来看，他们的证词当然不能被接受。

编年史家的判断严格对应于他们有关西班牙和天主教的观点。但是阿奎尔·莫拉莱斯也是这种错误观点的受害者。在关于印加帝国的研究中，他的立场并不是一种相对主义的立场。阿奎尔·莫拉莱斯用自由主义和个人主义的偏见来研究与审视印加帝国。他认为，因为印加人缺乏自由，所以他们是被奴役的人们，也是不幸的人们。

个人自由是复杂自由现象的一个方面。一个现实的批判家可以把个人自由定义为资本主义文明的法律基础（如果没有自由意志，就不会有自由贸易、自由竞争或自由工业）。唯心主义的批判可能把它定义为现代社会中人类精神的一种习得。在任何情况下，这种自由并不适合印加人的生活。印加帝国的人根本不会意识到需要个人自由，就像他坚信不需要新闻自由一样。新闻自由对阿奎尔·莫拉莱斯和笔者来说都是有用的，但是印第安人不知道自由或者并不设想自由，他们也可能是快乐的。印第安人的生活和精神没有被推测和智力创造的欲望所折磨。他们不屈从于商业需求、签订合同或运输物质。因此，我们的文明所创造的这种自由对印第安人而言有什么用呢？如果自由精神展现在盖丘亚族人（Quechua）面前，它无疑有别于自由派、雅各宾派和个人主义的自由方式，或者更确切地说，它是一种不同的情感。与上帝的表现形式一样，自由的表现形式随时代、种族和环境而变化。用一顶弗里吉亚帽即新教、文艺复兴和法国大革命的产物这一自由的具体形象来体现自由的抽象思想，这就是受困于一个幻想。这种幻想也许取决于一种虽不是公正的却是资产阶级及其民主的纯粹的哲学像散（philosophical astigmatism）。

阿奎尔·莫拉莱斯否定印加社会的共产主义性质的观点完全建立在一种错误的观念之上。阿奎尔·莫拉莱斯最初的想法就是独裁和共产主义是两个不可调和的术语。他说道，印加制度是专制的和神权的。然后，他又宣称，印加制度不是一种共产主义制度。但是在历史上，共产主义并不假定个人自由或民众投票。独裁和共产主义在我们的时代是不相容的，然而，在原始社会，两者并非如此。如今，一种新秩序不能不承认现代社会的任何道德上的进步。现代社会主义（其他时代也有其他类型的社会主义，历史已用不同的名称来标明它们）是自由主义的对立面，但它由自由主义孕育而来，并以自由主义的经验为基础。现代社会主义并不轻视自由主义的任何思想成果，它只会蔑视和贬低其局限性。现代社会主义欣赏和理解自由思想中的任何积极的成分，只谴责和攻击自由思想中那些消极的和不公正的东西。

印加制度当然是神权的和专制的。但这是所有古代制度的一个共同特征。历史上的所有君主政体都依赖于其种族的宗教情感。世俗权力和神权的分离是一种新的发展。这不仅仅是一种分离，更是一种彻底的分家。直到霍亨索伦（Hohenzollern），即布鲁士王室家族的威廉王子为止，君主们都是借助他们的神圣权利。

我们不可能抽象地谈论暴政。暴政是一种具体事实。只有在暴政压抑被压迫者的意志，或者扼杀被压迫者的重要冲动的程度上，才是真正意义上的暴政。相反，在古代，一种专制主义和神权的政治制度通常已经体现并代表着那种意志和力量。这似乎就是印加帝国的情况。笔者并不相信印加人的超自然力量。印加人的政治才能无疑是显而易见的，但他们的事业在于用几个世纪以来积累的人类物质条件和道德元素建立了印加帝国，这是不清晰的。艾柳这个村社是帝国的基层组织。印加人实现统一并建立了帝国，但他们没有创建自己的基层组织。由印加人组织的法律上的国家毫无疑问地再现了早先就存在的天然国家。印加人没有破坏任何东西。他们的事业应该受到赞扬；这种事业的丰功伟绩只是一种表现和成果，不应该被轻视和贬低。

不应该贬低也更不应该否定民众在这一事业中的作用。作为个人主义文人的阿奎尔·莫拉莱斯热衷于忽视民众在历史上的作用。他的浪漫派眼光只是一味地关注着英雄。

印加文明的遗迹一致反对阿奎尔·莫拉莱斯的主张。这位《太阳的子民》的作者以他见过的数千件随葬陶器（huacos）为证词。因此，那些随葬陶器表明印加艺术是一门人民的艺术。印加文明的最好证明也许就是它的艺术。一个原始而野蛮的种族无法研发出这些独具一格的人造彩陶。

从精神和物质层面而言，詹姆斯·乔治·弗雷泽（James George Frazer）与殖民时期的编年史家相去甚远。他写道：

> 追溯历史的进程，在专制和神权政府的统治之下，朝文明迈进的所有的第一个重要进展并不是一个意外，像埃及、巴比伦和秘鲁的那些进展一样，最高统治者以国王和神的双重角色要求并得到了其臣民的效忠。可以毫不夸张地说，在这个早期时代，专制是人类最好的朋友，它也是自由的朋友，这一点听起来似乎是自相矛盾的。毕竟从自由一词的最严格的意义上而言——按照我们自己的思想来思考和改变我们自身的命运的自由——在最绝对的专制和最令人难以忍受的暴政之下，相比于野蛮生活的表面自由而言，有着更多的自由，然而，在这种表面自由之下，个人从出生到进坟墓的命运由世袭习俗的铁模所铸定。①

阿奎尔·莫拉莱斯说，印加社会没有偷盗行为，因为人们对邪恶缺乏想象力。但这句诙谐幽默的话并不会推翻一种社会现实，这种社会现实恰恰证明阿奎尔·莫拉莱斯所坚决否认的事实：印加共产主义。法国经济学家查尔斯·吉德金（Charles Gidj）认为，比蒲鲁东（Proudhon）著名的公式更确切的是："盗窃即所有制（Theft is property）。"因为印加社会没有所有制，所以才没有偷盗。或者可以这样说，因为有一种社会主义组织形式的所有制。

我们质疑殖民地编年史家的证词，如果有必要，甚至拒斥他们的证

---

① James George Frazer, *The Golden Bough*, abridged edition, London: Macmillan & Co., 1954, p. 48.

词。但是阿奎尔·莫拉莱斯的理论正是在这些编年史家针对土地和产品的分配形式所做的中世纪的解释中寻求庇护。

土地的产物不能被隐藏。因此，三分之二的产物被囤积起来供帝国的官员和祭司消费，这是不合理的。貌似更加有理的是，据说专供给贵族和印加领袖的作物是用作国家储备的。总之，这些产物代表着社会主义秩序一种独特且别具一格的社会性措施的活动。

在共和党时期，作家和立法委员已经或多或少地表现出一致倾向，即将村社谴责为原始社会的残余或殖民组织的一种残存物。这种态度有时归咎于拥有土地的酋长的利益，有时是因为其他个人主义和自由主义的思想。这些思想自动支配着一种过于文学和情感的文化。

在世纪之初，由曼努埃尔·维森特·维尔拉兰（M. V. Villarán）博士开展的一项研究代表着这种思想。维尔拉兰博士是一位有着最高超的才能和最强的理论一致性的学者。他的研究标志着他开始仔细地修正其有关土著村社的结论。维尔拉兰主张财产的个人所有权的原则，在理论上坚持自由主义立场，但在实践中，他承认村社拥有一种国家应该予以保护的职能。因此，他主张保护村社，反对大土地所有制。

但是对土著村社完整的、有根有据的和一流的辩护必须利用社会主义思想，这些社会主义思想建立在对土著村社的性质的具体研究之上，并根据现代社会学和经济学的研究方法得以贯彻落实。希尔德布兰多·卡斯特罗·波佐的《我们的土著村社》（*Nuestra Comunidad Indigena*）一书就证实了这一点。在这个有趣的研究中，卡斯特罗·波佐在没有自由的先入之见的情况下解决这个问题。这允许他用一种欣赏和理解村社的思维来处理村社问题。卡斯特罗·波佐揭示了土著村社仍然是一个有生机的组织，尽管服务于封建制的自由派的形式主义企图破坏土著村社。他还表明，土著村社在试图扼杀并扭曲它的敌对环境中自发地彰显出进化与发展的明显可能性。

卡斯特罗·波佐认为：“艾柳或村社保留了它的自然特性，犹如一个家庭组织，在西班牙征服美洲大陆之后，其主要构成因素仍旧继续存在着。”[1]在这一点上，卡斯特罗·波佐与瓦尔卡塞尔保持一致的看法，他们有关

---

[1] Hildebrando Castro Pozo, *Nuestra comunidad indígena*, Lima：Editorial：El Lucero, 1924.

艾柳的主张似乎被复兴土著民族的理想支配着。

那么，村社的当前功能是什么？它又是如何运作的？卡斯特罗·波佐认为，可以将村社分为以下几类：

> 第一种类型——农业村社；第二种类型——畜牧业村社；第三种类型——拥有牧场和水源的村社；第四种类型——用益权村社。我们必须考虑到的问题是，在一个像我们这样的国家中，根据其已经发展变化的环境条件，同一组织有着不同的特征，就上述这个分类而言，在现实中，没有哪一种类型与其他类型能够如此的截然不同，以致它可以被推崇为一种模式。相反，第一种类型即农业村社包含着与其他类型相对应的特征，在其他类型中也有着与第一种类型相似的特征。但是，由于每一种类型的村社都受到了一系列外部因素的影响，它们的风俗、习惯以及土地所有制和产业活动的运作制度都有着某种特定的生活方式，每一种类型的村社都有突出的特点。这些特点把它定义为农业、畜牧业、拥有共有牧场和水源的畜牧业，或者仅仅是最后两个，而对于那些绝对或相对地缺乏土地所有权和土地用益权的村社类型而言，毫无疑问，艾柳是土地的唯一所有者。①

这些差异并不是随着古代村社的自然进化或衰退逐渐形成的，而是致力于地产个体化立法的产物，尤其是征用村社土地从而支持大土地所有制的产物。因此，这些差异彰显了土著共产主义的活力。土著共产主义总是促使土著居民采取各种形式的合作和联系。尽管共和国百年来有着各式各样的法则，但印第安人并没有成为个体所有者。这不像批判者所宣称的那样，是因为印第安人抵制进步，相反，它是因为封建制下的个人所有制无法找到存续和发展所必需的条件。此外，共产主义仍然是印第安人唯一的防御力量。除非是在一个自由竞争的制度中，个体所有制才能兴盛起来，甚至才能真实有效地存续下去。印第安人从来没有觉

---

① Hildebrando Castro Pozo, *Nuestra comunidad indígena*, Lima：Editorial：El Lucero, 1924, pp. 16, 17.

得比倍感孤独时更加不自由。

因此，在土著村落里，许多家庭会聚在一起，继承和公共工程的盟约已不复存在，合作和联合的习惯是共产主义精神的经验表现，这些习惯顽强而又坚韧地保留着。村社利用了这种精神，这种精神是它们的肌体。当土地的征用和重新划分似乎是要清算村社时，土著社会主义总会找到一种拒绝、抵抗或逃避的方法。共同劳动和共有财产被个人劳作中的合作形式所取代。正如卡斯特罗·波佐所写的那样："习俗已被限定在明加（mingas，即土著村社中从事共同劳动的合作小组）和艾柳会议，以便帮助一些村社社员修建围墙、灌溉沟渠或房屋。他们干这些活时有竖琴和小提琴的音乐伴奏，还可以喝上几阿罗瓦（arrobas，西班牙重量单位）的甘蔗烧酒，抽几包香烟，咀嚼古柯叶。"① 这些习俗把土著居民引向集体契约而不是个人契约的初级实践和基本实践。土著居民不是服务于土地所有者或立契约者的单一个体，他们都是村社中有劳动能力的人们，通过开展合作完成任务。

村社与大庄园

对土著村社的辩护不是基于抽象的正义原则或传统主义的情感来考虑，而是基于经济秩序与社会秩序具体而又实际的原因。在秘鲁，村社所有制并不代表一种已逐渐被建立在个体所有制之上的进步经济所取代的原始经济。不，为了封建或半封建的大地主的利益，这些村社已经被剥夺了它们的土地，这些村社在组织上是无法取得技术进步的。创作这篇文章时，笔者在维克托·劳尔·阿亚·德拉托雷的《争取拉丁美洲的解放》（*Por la emancipación de la América Latina*）一书中发现，在土地问题尤其是土著村社问题上，他与笔者有着完全一致的想法，都是从相同的观点出发，所以当务之急就是，我们的研究结果也是一样的。②

在沿海地区，从耕种的角度来看，大土地所有制已经从一种封建的

---

① 一阿罗瓦相当于 25 加仑。

② Víctor Raúl Haya de la Torre, *Por la emancipación de la América Latina*, Buenos Aires: M. Gleizer, 1927.

惯例演变为一种资本主义的技术，而土著村社则作为土地的一种共产主义方式消失了。但在山区，大土地所有制完全保留了其封建特性，相比于村社对发展资本主义经济的抵制，大土地所有制的抵制要强烈得多。事实上，当村社通过铁路连接到一个商业系统和交通运输线路时，这个村社已经自发地把自身转变成了一个合作社。卡斯特罗·波佐是建设部土著事务部门的负责人，他收集了大量的关于村社生活的资料。在他看来，穆基亚乌约（Muquiyauyo）村社这个例子富有启发性，并声称穆基亚乌约村社具有生产、消费和信贷合作社的特征。

在曼塔罗河岸上，有一座壮观的发电厂，它为哈乌哈（Jauja）、康塞普西翁（Conceoción）、米托（Mito）、穆基（Muqui）、辛科斯（Sincos）、瓦里潘帕（Huanpampa）和穆基亚乌约等地区的小型工业提供电力，这个发电厂已被改造成一个最为典型的村社组织。这个村社组织并没有忽视当地的风俗习惯，而是利用这些风俗习惯来完成这项设施的工程。它把这笔通过解决手工劳动而省下的钱用于购买重型机械。对于普通住宅的建设而言也是如此，普通住宅的建设利用明加，在这种从事集体劳动的合作小组这里，即使是妇女和儿童也都是搬运建筑材料的有用的参与者。①

与作为一种农业生产企业的村社相比，大土地所有制一点儿也不占优势。在资本主义制度下，由于使用先进的生产技术来强化生产能力，大土地所有制取代并排斥小土地所有制。农业产业化导致土地所有权的集中。大土地所有制似乎符合生产方面的利益，至少从理论上讲，它和小土地所有制都符合社会利益。但大土地所有制并没有取得同样的效果，也没有对经济必要性做出回应。除了甘蔗种植园的情况之外，山区庄园的生产通常与村社的生产是一样的。甘蔗种植园从事烧酒生产，它们离不开土著农民的烈性和野性，产量也没有什么区别。由于农业统计数据的匮乏，我们无法进行一种精确的计算，但所有可获得的数据都表明，村社作物的平均产量不低于大庄园的作物产量。山区唯一的生产统计数

---

① Castro Pozo, *Nuestra comunidad indígena*, Lima: Editorial: EI Lucero, 1924, pp. 66, 67.

据就是有关小麦的产量，它证实了这个结论。卡斯特罗·波佐总结了
1917—1918 年的统计数据。他写道：

> 就村社所有的土地和个人所有的土地而言，每公顷的平均收成
> 分别为 450 公斤和 580 公斤。在南方各省，为了最好的土地的斗争已
> 达到通过暴力和屠杀来消除土著土地所有者的程度，如果我们考虑
> 到最好的土地受控于大土地所有者，以及村社农民的无知导致他们
> 隐瞒有关收成总产量的确切数额的话，他们出于恐惧地方当局或其
> 代理机构按照新税或评估而低估数据，那么，我们就可以很容易地
> 推断出以下结论，即有利于个人所有的土地的每公顷产量的差异并
> 不准确，按理来说，它应该被理解为可以忽略不计。因此，从生产
> 和耕作的角度来看，村社所有的土地和个人所有的土地这两种类型
> 都是完全相同的。①

在 19 世纪的封建俄国，大庄园的收益高于小土地所有制的收益。每
公顷产量按公担（hectoliters）计算分别为：黑麦，11.5—9.4；小麦，
11—9.1；燕麦，15.4—12.7；大麦，11.5—10.5；土豆，92.3—72.26。②
因此，从生产要素来看，秘鲁的山区大庄园还不如令人憎恶的沙俄大
庄园。

然而，一方面，村社能有效地促进发展和转型；另一方面，作为一
种生产制度，村社使印第安人身上保持着为最大限度地发挥工人效能所
需要的精神动力。对此，卡斯特罗·波佐做了非常准确的评论：

> 土著村社保留着两个主要的经济原则和社会原则，直到目前为
> 止，社会学和伟大的企业家的经验主义都未能圆满地解决这些原则
> 问题：多样化的劳动合同和在一种友好的和支持性的环境中以较少
> 的生理消耗来完成劳动的能力。

---

① Castro Pozo, *Nuestra comunidad indígena*, Lima：Editorial：EI Lucero, 1924, p. 434.
② Eugène Schkaff, *La question agraire en Russie*, Paris：M. Rivière, 1922, p. 188.

卡斯特罗·波佐对村社经济的实质要素做了一些有趣的评论：

> 一个村社成员凭借精力、毅力和利益收割和捆扎小麦或大麦，然后扛在背上（quipichar，这是遍及整个山区的一种土著习俗：沿岸的搬运工和工人用肩膀托起他们的货物），并快速地进入打谷场，与他的同伴开玩笑或背负着身上的重担，与在完全相同或其他类似的工作场所中的佃农的懒惰、冷漠、漠不关心和明显的疲劳相比，呈现出一种非常深刻的和决定性的差异。从一开始，我们就会发现，在心理状态和生理状态的价值方面有着很大的差异，因为在精神中隐含的第一个问题就是它的对象化和具体目的与直接目的对劳动过程有着什么影响？[1]

通过解散或削弱村社，封建大庄园制试图破坏一种经济制度。最重要的是，它还试图破坏一种捍卫土著传统的社会制度。这种社会制度保留了农村家庭，并诠释了蒲鲁东和索雷尔如此高度评价的占主导地位的法哲学。索雷尔十分关注蒲鲁东的思想和勒普莱（Le Play）关于家庭在社会结构与精神中的作用的思想。他以敏锐的洞察力研究了"经济环境中的精神方面"。如果在马克思那里缺失了什么东西的话，那就是一种不充分的法律精神。尽管人们一致认为，生产的这一方面并没有摆脱特里维斯的辩证法（Treves's dialectic）。索雷尔在《现代经济学绪论》（*Introduction à L'Economie Moderne*）中写到："我们知道，考察撒克逊平原上的家庭习俗，在勒普莱开始旅行之初就给他留下了深刻印象，并对其思想有着决定性的影响。我想知道，马克思在谴责资本主义把无产阶级变成一个没有家庭的人时，马克思是否还没有想到这些古老的习俗。"就卡斯特罗·波佐的主张而言，可以回顾一下索雷尔的另一个观点："劳动在很大程度上取决于工人对他们的任务的感受。"[2]

---

[1] Castro Pozo, *Nuestra comunidad indígena*, Lima: Editorial: EI Luceo, 1924, p. 47.

[2] Georges Sorel, *Introduction a l'économie moderne*, Paris: M. Rivière, 1922.

劳动制度：奴隶制和雇工制

农业中，劳动制度主要取决于所有制。因此，秘鲁存在着大量的封建庄园，这一点也不令人惊讶。农奴制也以各种形式和不同的名称存在着。沿海农业和山区农业之间的区别与劳动制度的关系比与劳动技术的关系要弱。沿海农业或多或少地迅速朝土地耕作、农作物加工和贸易的资本主义技术的方向发展。但与此相反，沿海农业对劳动者的态度和行为却始终裹足不前。就劳动者而言，大的殖民地庄园没有放弃他们的封建习惯，除非环境迫使它这样做。

这种现象不仅是因为封建领主保留了土地所有权，而且作为外国资本的中介，他们采用现代资本主义的这种做法，而不是现代资本主义的精神。这也解释了这个土地所有者阶层的殖民心态。他们习惯于以奴隶主和黑奴贩子的标准来对待劳动。在欧洲，封建领主在某种程度上体现了原始的宗族制传统，因此，封建领主自然会感觉比他们的农奴更优越，但在种族和民族方面并无差异。拥有土地的贵族地主发现，在与农业工人打交道的过程中，他们有可能接受一个新概念和一种新做法。在殖民地时期的美洲，白人认为有色人种低劣的这种傲慢且根深蒂固的想法阻碍了这种进步。

在秘鲁沿海，当农业工人尚未是印第安人时，他一直是一个非洲奴隶或中国的苦力，备受歧视。沿海的庄园主和中世纪的贵族与白人殖民者一样充满着种族偏见的情感。

佃农制（yanaconazgo）和挂钩制（indenture）并不是唯一存在于沿海农业中的封建的表现形式。庄园作为一个男爵领地在运行着。由于缺乏大地主默认的或正式的共识，因此，国家法律并不适用于大庄园。政府或行政官员的权威实际上服从于其领土内的土地所有者的权威。土地所有者实际上把他们的庄园看作不受国家管辖的，且丝毫不考虑居住在领地范围内的人们的公民权利。土地所有者征税收捐、授予垄断权并实施制裁来限制劳工及其家庭的自由。在庄园内部，交通、贸易甚至风俗习惯都受土地所有者的支配。工人的棚屋与收容奴隶的窝棚没有明显的区别。

　　沿海的大地主在法律上没有封建或半封建的权利，但在一个没有工业或交通的地区，他们的统治阶级地位和无限制的土地囤积授予他们一种几乎无法控制的权力。大地主利用挂钩制（enganche）和佃农制来抵制建立一种自由工资制度，这种工资制度是自由资本主义经济的一种功能性需求。挂钩制剥夺了劳动者支配其人身和劳动的权利，直到他们履行与土地所有者的合同义务为止。挂钩制明显地起源于苦力的半奴隶交易。佃农制是一种奴役制，在政治和经济上落后的种族中，封建制通过佃农制已经延续到我们的资本主义时代。例如，秘鲁的佃农制类似于俄国的对分佃农制（polovnischestvo），在某些情况下，地主和农民之间会均分一些作物，而有时农民却只能得到三分之一的作物。①

　　沿海的人口并不多，这使得农业企业随时面临劳动力短缺的问题。佃农制把为数不多的当地居民与土地捆绑起来，因为如果连使用土地的最低保障也没有的话，当地居民就会迁移，人数减少。挂钩制确保了山区劳动者为沿海农业供应劳动力，尽管这些劳动者发现他们身处异国他乡，在沿海庄园的陌生环境中工作，但至少得到了较好的报酬。

　　这表明，沿海地区雇工的处境比那些山区封地中的雇工要好，尽管这可能只是表面或局部的现象。人们不应该忘记，山区工人在炎热和艰苦的沿海受苦。山区印第安人几乎都患有疟疾，这使得他们变得十分虚弱，而且容易患上肺结核。我们也不应该忘记，印第安人对他们的家园和故土的深切依恋。在沿海一带，他们感觉自己像流放者一样，像米蒂马埃（mitimaes）即被迫背井离乡的人一样。沿海的土地所有者被迫接受自由工资和自由劳动的制度，这种制度受到极大的限制，并大打折扣。他们企业的资本主义特征限制了竞争。雇工会保留他们移居国外的自由和拒绝为过分虐待员工的老板工作的自由，尽管这只是一种相对的自由。港口和城市的附近地区可以利用现代交通和贸易通道，这也为雇工提供了一种逃离农村命运而尝试另一种谋生手段的可能性。

　　如果沿海地区的农业有着一种更加进步和更加资本主义的特性的话，它就会寻求一个合乎逻辑的方案来解决这个老生常谈的劳工问题。开明的土地所有者意识到，现在的大庄园正如它们运作的那样，是人口减少

---

① Eugène Schkaff, *La question agraire en Russie*, Paris: rousseau & cie, 1922, p. 135.

的动因，因此劳工问题是大庄园最明显和最合乎逻辑的后果之一。这个话题最重要的一个发现就是，我们的土地问题与人口问题如何密不可分。土地集中在酋长手中，是阻止国家人口增长的毒瘤。只有清除这个阻挡秘鲁进步的障碍，才有可能采用南美洲的原则："统治应是发展人口。"

随着沿海农业中资本主义技术的进步，工资制取代了佃农制。科学种植——设备、化肥等的使用——与因循守旧而又原始的农业制度和劳动力制度是不相容的。人口因素和"劳工问题"对资本主义发展这一进程而言是一个极大的阻力。佃农制及其变种可用来保持山谷中的人口基数，人口基数能够确保企业长期工作所必需的最低数量的工人。外来短工不能像垦殖农（native settler）或当地佃农那样确保劳动的连续性。而且，当地佃农代表农民家庭的根源，他们的大孩子或多或少地被迫将劳动力出卖给土地所有者。

那些大地主现在意识到了这一点，他们开始不紧不慢和谨慎地考虑建立殖民地或小土地所有者集群的有利条件，同时不损害他们利益的任何可能性。帝国谷中的部分灌溉土地已被预留给小农场。在其他灌溉区，存有一个运用相同原则的计划。一位富有、聪慧且经验丰富的土地所有者认为，大庄园附近的小农场对于农村人口的组建是至关重要的，否则，土地的耕作将总会受到契约劳工迁移的可能性的影响。农业细分公司的计划是另一个旨在逐步建立小农场的农业政策的表现。深受自由主义和资本主义经济政策的启发，政府形成确立小农业所有权的规划。在沿海，这个规划的实施受制于庄园的征用和未开垦土地的灌溉，但它仍然可以与或多或少的殖民地化的机会相对应。在高山地区，该规划的影响将会更加的有限和不确定。在我们共和党的历史进程中，土地分配的所有尝试的特点就是在大地主以极大的热情维护他们的利益之前，规定村社的社会价值及其不足。在高山地区，市场货币经济并不存在以现金或20年的年付款方式来支付土地的款项。在这种情况下，不应该用现金而是要用货物来付款。国家并购庄园从而在印第安人之间予以分配的制度，体现了对富有土地所有者的高度关注。这一制度为富有的土地所有者提供了出售非生产性或停产的庄园以便获得利润的机会。

但是由于这一政策系统地避免征用，或者更准确地说，避免出于公共事业或分配正义的原因由国家施行大规模的征用，以及目前这一政策发展的有限可能性仅局限于少数山谷，因而，小农场不可能很快或广泛地在其人口功能方面取代佃农制。在山谷中，山区工人的契约制度无法为大地主针对有利的方面提供足够的劳动力，佃农制将继续在许多种类的工资劳动中共存一段时间。

在沿海和山区，佃农制、伙耕制（tenancy）或租佃制的形式各不相同，这取决于区域、习俗或作物。这些形式也有不同的名称。但在它们的多样性中，佃农制、伙耕制或租佃制的形式通常可以被认为是运用前资本主义时期的方法来耕作土地，犹如在其他国家的半封建农业中所观察到的那样。例如，在沙皇俄国就是如此。俄国的工役制（otrabotki）有着各种各样的支付租金的方式，秘鲁存在劳役地租、货币地租或实物地租等形式。通过阅读施卡夫有关俄国土地问题的书中所写的关于这种制度的文章，我们可以确认这一点：

> 在古代奴隶的劳动中，暴力或胁迫扮演着重要的角色，然而，在自由劳动中，唯一的约束就是一种纯粹的经济胁迫，在奴隶劳动与自由劳动之间，延伸出一种结合了劳役地租制（barchtchina）和雇佣劳动特点的形式多样化的过渡性制度。它就是工役地租制（otrabo-totschnaia）。用现金来支付工资，根据签署的合同提供服务，或者用产品或土地来支付工资。在最后一种情况中（严格意义上的工役制），土地所有者把其土地出借给农民，而不是为农民在其土地上工作支付工资……在工役制中，工作报酬总是低于资本主义自由租赁制的工资。以产品支付的方法使得土地所有者更加不受小麦和劳动力市场价格的波动的支配。土地所有者发现当地农民是更廉价的劳动力来源，因此享有一种真正的地方垄断地位……农民支付的租金有着多种形式。有时，除了劳动，农民还必须给钱和产品。农民每得到一德西亚蒂纳（deciatina）土地的话，那么，他就得承诺负责耕种一德西亚蒂纳半领主的土地，并给十个鸡蛋和一只母鸡。那个农民还会从其牲畜场搬来粪肥，因为所有的东西包括粪肥都是用于支付的。通常，农民甚至被要求"去做土地所有者要求他做的一切事

情"，比如运输庄稼、砍柴、搬运货物。①

在山区农业中，封建所有制和封建劳动制的这些特征尤其明显，这里还没有建立起自由劳动制度。土地所有者并不关心土地的生产能力，只关心土地的盈利能力。对土地所有者来说，生产要素几乎只剩下两个：土地和印第安人。土地所有权允许他无限地剥削印第安劳工。对印第安劳工实行的高利盘剥给印第安人带来巨大的痛苦，并增加了按照通常的租佃形式计算的租金。土地所有者保留了最好的土地，并将贫瘠的土地分配给他的印第安劳工，这些劳工首先被迫在没有报酬的情况下劳作，只能依靠劣地生产的劳动成果为生。印第安人用劳动或农作物的形式支付土地的租金，他们很少用货币支付租金（印第安人的劳动力对土地所有者有着更大的价值），最常见的是混合或合并的形式。在库兹科大学庞塞·德利昂（Ponce de Leon）博士的报告中，笔者发现他的一项研究提供了这一辽阔省份中有关各种租赁协议和佃农制的第一手资料。尽管他得出有关土地所有者的封建剥削特权的结论，但这项研究呈现出一幅相当客观的封建剥削的图景。以下是庞塞·德利昂的一些研究发现：

在帕乌卡尔坦博（Paucartambo）地区，土地所有者将他的土地使用权授予一群土著居民，条件就是土著居民负责土地所有者留给自己耕作的土地上的所有活计。一般来说，他们一年中每周工作三天。正如这个地区的佃户或"佃农"在没有任何报酬的情况下，他们也不得不用他们自己的牲口把土地所有者的收成运送到库兹科（Cuzco）这个城市，并作为仆人（pongos）即家政服务的提供者在同一庄园或土地所有者更愿意居住的库兹科城劳作……在丘姆比维尔卡斯（Chumbivilcas）地区，情况也是如此。佃农尽可能多地耕种土地，并如土地所有者所要求的那样将这作为工作的回报。这种租佃形式可以简化为：在只要我需要就可以为我工作的条件下，土地所有者要求承租人"你可以"尽可能多地耕种土地……在安塔（Anta）地区，土地所有者允许佃农在下列条件下使用他的土地：佃农提供

---

① Eugène Schkaff, *La question agraire en Russie*, Paris: Rousseau & cie, 1922, pp. 133 – 135.

资本（种子、化肥）和从耕作直到结束（收获）所需的劳动。一旦完成的话，佃农和土地所有者平分所有的产品。也就是说，只有在所有者允许使用土地的情况下，佃农和所有者各有50%的产品，土地所有者却没有做任何其他的事情，甚至也没有为土地施过肥。但这还不是全部。伙耕农（aparcero）须亲自为土地所有者劳作，通常可以得到一天25个生太伏（centavos）的报酬。[1]

将这一材料与施卡夫提供的资料进行对比足以证明，在山区封地中，前资本主义的所有制和劳动制的黑暗面从未缺失过。

我们沿海农业的"殖民主义"

资本主义制度下的农业产业化和沿海河谷技术的发展程度是英美资本有兴趣在秘鲁生产蔗糖和棉花的主要因素。这些作物的推广，主要不是由于资本主义土地所有者的能力或工业生产能力。他们把土地用于由强大的出口公司资助或授权的棉花生产和甘蔗行业。

沿海山谷最好的土地用于种植棉花和甘蔗，这并不是因为它们只适合种植那些作物，而是因为它们是目前唯一对英国和美国商人具有重要意义的作物。直到国家农业银行成立为止，农业信贷完全服从这些公司的利益，它并不推广任何其他作物。国内市场的粮食作物一般由小土地所有者和佃农掌控。只有在利马的山谷中，因为它们靠近主要的城市市场，那里的大庄园所有者参与粮食作物的生产。棉花和蔗糖庄园往往不能种植足够的粮食作物来养活它们自己的农业人口。

在不考虑国民经济需要趋势的推动下，小土地所有者或小佃农也去种植棉花。从传统粮食作物到小土地所有者保留的沿海农场的棉花种植，这一转变是沿海城镇粮食价格上涨的最明显原因之一。

农民发现了几乎是专供棉花种植的商业条件。贷款完完全全只为棉农预留。棉花生产不以国民经济的任何关注点为准绳。棉花是为世界市

---

[1]　Francisco Ponce de León, *Sistemas de arrendamiento de terrenos del cultivo en el departamento del Cuzco y el problema de la tierra*, Cuzco：Rozas, 1934.

场生产的，它不提供任何操控方式来保护经济免受工业危机时期或棉花生产过剩所导致的潜在的价格下跌。

一位牧民指出，虽然只有价格波动才能使棉花作物获得信贷，但是针对牛群或牧场的贷款完全是约定的或不确定的。沿海农场主无法获得大量的银行贷款来发展他们的业务。其他农民如果无法提供棉花或甘蔗作物作为贷款抵押品的话，他们也会面临同样的处境。

如果国内的农业生产满足了国内的消费需求，这一现象肯定不会有如此多的人为痕迹。但事实并非如此。土壤还没有生产出民众生存所需的物质。我们进口的最大项目就是粮食：1924 年就达到 3620235 秘鲁镑。总共进口 1800 万英镑，这个统计数字暴露了我们的经济存有问题。我们不可能停止所有的粮食进口，但可能会停止最重要的食物的进口。需要进口的最大规模的食物是小麦和面粉，1924 年就高达 1200 万索尔（soles）。

一段时间以来，秘鲁显然迫切地需要国家种植用于满足其民众吃面包所需的小麦。如果实现这一目标，秘鲁每年将不必为其沿海城市消耗的进口小麦支付 1200 万或更多的索尔。

就我们的经济而言，为什么这个问题还没有得到解决？这不仅是因为国家还没有考虑制定一个维持生计的政策，也不是因为沿海的土壤和气候最适合种植甘蔗和棉花。单单安第斯山中的平原——修几公里的铁路和公路就能够全面通车——就可以为秘鲁的民众提供大量的小麦、大麦等。在沿海一带，西班牙人在殖民初期就种植小麦，直到灾难改变了沿海的天气状况。没有任何后续关于种植可能性的科学而系统的研究。在北部萨拉曼卡（Salamanca）土地上进行的试验表明，抗虫害的各种各样的小麦品种威胁着沿海一带存在的这种谷物植物。在这个试验之前，懒惰的克里奥尔人似乎已经认输。据宣布，最近在沿海不同地区开展的小麦种植推广取得了令人满意的成绩。即使是在半干旱地区，他们从抗锈病的卡普里二粒小麦（kappli Emmer）品种中也获得了可观的收入。

在秘鲁的经济结构中，人们发现了解决这个问题的障碍。秘鲁经济是一种殖民经济，它的变化和发展受制于伦敦与纽约市场的利益和需求。伦敦与纽约市场将秘鲁看作一个初级产品的储藏所和制成品的市场。因此，秘鲁农业只接纳投资信贷和按照优惠条件向大市场提供的产品运输。

外国资金将来或许会对橡胶感兴趣，或许会对棉花感兴趣，又或许会对蔗糖感兴趣。一旦伦敦以更好的价格从印度和埃及获得产品，将瞬间让秘鲁的供应商听从他们命运的安排。不管我们的大庄园主（latifundistas）和土地所者对独立抱有怎样的幻想，他们实际上只是充当着外国资本主义的中间商而已。

最后的结论

在关于秘鲁土地问题现状分析的研究中，笔者已经提出了关键的命题，还应该补充以下几点：

（1）秘鲁的农业所有权性质是国家资本主义发展的最大障碍之一。大中型佃农耕作的土地比例很高，这些土地属于那些从未管理过自己地产的土地所有者。这些土地所有者完全不过问农业及农业问题，他们依靠地租为生，却没有为国家的经济活动提供任何帮助或智力支持。这样的土地所有者相当于贵族或食利者，他们是没有生产能力的消费者。通过世袭产权，这些土地所有者获得可以被视为封建特权的租金收入。然而，佃农更像是资本主义企业的负责人。在真正的资本主义制度中，企业的资本收益应该有利于这个企业家和为企业活动提供资金的资本家。由一群食利者占领土地，这种土地支配加重维持租金收入的负担，而这种收入不受农产品可能跌价的影响。在这种制度中，食利者通常不会得到所有激励来提升或增加土地、庄稼和设施的价值。当租赁到期时，租金上涨的恐惧是将投资保持在最低水平的一个动机。佃农的志向当然是成为所有者，他的努力有助于提升农田的价值，这对土地所有者是有利的。在秘鲁，农业信贷的新兴市场环境阻断了为了这类工业对土地进行更强劲资本主义式的剥夺。土地的资本主义和工业的开发在我国发展得非常缓慢，它的自由而充分的发展需要清除所有的封建特权。这是一个问题，不仅对社会主义批判者而言是很明显的，对资本主义批判者而言也是如此。爱德华·赫里欧（Eduard Herriot）在阐释一个深嵌于法国自由资产阶级土地纲领中的原则时说道："土地要求本人在当地居住。"[1] 在

---

[1] Edouard Herriot, *Créer*, Paris：Payot, 1920.

这个方面，考虑到穆罕穆德法（Mohammedan law）的规定，西方肯定不比东方先进，正如查尔斯·吉德金所言："土地属于提升土地生产能力并赋予土地生机的人。"

（2）秘鲁的大庄园制是白人移民的最严重障碍。由于显而易见的原因，我们所能想到的移民是来自意大利、中欧和巴尔干地区的农民。西部城市人口迁移的规模要小得多，而且产业工人也意识到他们在拉美几乎没什么事情可做。这是真实的。除非在高工资会使欧洲农民有大量积蓄的情况下，否则，他们不会作为雇工来美洲打工。在秘鲁，情况并非如此。即使是来自波兰和罗马尼亚的最可怜的农民，也不会接受我们关于甘蔗和棉花种植园的日常工作量的条款，他的愿望是成为一个小土地所有者。为了使我们的领地吸引这些移民，我们必须为他们提供配备房屋、牲口和工具的土地，并使其与铁路和市场联系起来。大约三年前，访问秘鲁的一名法西斯主义官员或宣传人员告诉当地媒体，我们的大土地所有制与吸引意大利农民的殖民化和移民计划是格格不入的。

（3）沿海农业隶属于英美资金和市场利益，这不仅阻碍沿海农业根据国民经济的特定需求进行组织和发展，也就是说，首先确保居民的食品供应，而且也阻断了沿海农业试验和接纳新作物的能力。近年来，这一方面的最大事业即通贝斯（Tumbes）烟草种植园在政府的干预下才有可能兴办起来。这一事实比其他任何观点都更能证明：在秘鲁，放任自流的自由化政策已经导致如此糟糕的结果，这一政策无疑应该被作为一种财富主要来源的国有化的社会政策所取代。

（4）尽管沿海的土地所有制已享有盛誉，但它却无法在国家需要的程度上应对农村卫生的挑战，这当然是一个适度的目标。在目前的防治疟疾的规定中，大地主仍然没有遵守公共卫生部的要求。在住房方面，也没有实现普遍改善农村房舍的要求。有证据表明，沿海地区的农村人口死亡率和发病率是最高的（当然，那些极其不健康的丛林地区除外）。帕蒂维尔卡（Pativilca）农村地区的人口统计数据显示，三年前的死亡率比出生率还高。正如工程师萨顿（Sutton）谈及奥尔莫斯工程项目（Olmos project）时指出的那样，灌溉工程也许为沼泽或湿地问题提供了最彻底的解决方案。但是，如果没有安东尼奥·格拉纳（Antonio Graña）在瓦乔（Huacho）开展的治理来自昌凯河溢水的工程的话（安东尼奥还有一个令人关注的殖民计划），如果没有在奇克林（Chiclin）开展的利用地下水的项目和在北方开展的其他项目，私人资本在秘鲁沿海灌溉事业中的作用则可以忽略不计。

（5）在山区，残存的土地封建制显示出它在创造财富和进步方面总体上的无能。除了那些出口羊毛和其他产品的畜牧业贸易之外，山区山谷和大草原上的大片土地几乎什么都不生产。作物的产量很低，耕作方法也很原始。当地的一份刊物报道过，在秘鲁高山地区，酋长像印第安人一样贫穷。按照相对论，这个论点完全无效，它绝不是要替酋长辩护，毫无疑问是在谴责酋长。对被公认为客观而具体的科学的现代经济学而言，为资本主义及其工业和金融巨头辩护的唯一正当理由就是，它作为财富创造者的角色。从经济的角度看，封建领主或酋长应该对其土地所创造的较少价值负主要责任。我们已经看到，这类大庄园主不关心生产率，只关心土地的盈利率。尽管大庄园主拥有最好的土地，但他们的土地产量并不比印第安人通过原始耕作工具和贫乏村社土地所获得的产量要高。因此，酋长完全没有资格充任经济要素。

（6）有人对这种现象做出如下解释，主张山区农业的经济状况完全取决于道路和交通。相信这一点的人，无疑没法理解封建或半封建经济与资本主义经济之间的根本差异。他们并不了解封建地主的原始族长特征与现代企业主有着本质区别。酋长制（gamonalism）和大庄园制也成为贯彻执行国家现行道路计划的障碍。酋长的暴行和利益完全反对直接运用道路兵役法。印第安人本能地认为道路兵役法是酋长制的一个武器。在印加制度中，筑路服役制被正式确立为一种公共义务服役制，它完全符合现代社会主义的原则。在大庄园和农奴制的殖民地制度中，筑路服役制具有赋役制令人反感的特征。

5. 秘鲁历史上的经济因素[*]

图书馆书架上有关秘鲁共和国历史的解释性文章通常与它们对经济创伤的蔑视或无知相一致，这些经济创伤源于政治。人们有一种固执的倾向，无法用浪漫和小说的术语来解释秘鲁历史。在每个片段和每个阶段中，主角都是被找寻的。他们没有设法理解表演者所代表的利益和爱好。平庸的老板和克里奥尔政治的庸俗管理者都被视为现实的推动者和动摇者，他们在现实中一直是微不足道和愚钝的工具。克里奥尔人精神上的懒惰，使得他们很容易习惯于错过关于秘鲁历史的看法：他们满足于对其戏剧人物（dramatis personae）的认可。

对秘鲁历史现象的研究，因其缺乏现实主义而受到影响。贝朗德（Belaúnde）乐观地认为，在很长一段时期内，民族思想一直是明显的实证主义。贝朗德给先于他自己的这一代大学生贴上实证主义者的标签。但在很大程度上，人们不得不承认，这一代人采用实证主义最微弱和最缥缈的部分即它的意识形态，而不是实证主义最可靠和最有效的部分即它的方法，人们通过承认这个观点来修正贝朗德的判断。我们甚至是没有实证主义的一代人。采用一种意识形态，不仅仅是操纵其最多余的共性。我们必须把一个哲学流派或学派的思想与措辞区分开来。

正因如此，即使是一种纯粹的思辨性批判也会满足于历史唯物主义在新一代中所享有的日益增长的支持。这种意识形态的方向将是卓有成效的，即使它只会使秘鲁人的心态适应对经济事实的感知和理解。

毫无疑问，在没有经济学的帮助下，无法理解支配秘鲁国家的形成

---

* Source："El hecho económico en la historia peruana", in *Peruanicemos al Péru* in *Obras Completas*, 11th ed., Lima：Biblioteca Amauta, No. 11, 1988, pp. 79 – 83.

过程的现象。经济学可能无法解释这种现象的总体性及其后果，但它确实解释了这种现象的根源。至少在我们这个时代，这一点是十分明显的。如果出于某种原因，这个时代似乎是僵化的，那无疑是因为经济学的逻辑。

对秘鲁的征服破坏了从秘鲁土地和人民中自发产生的经济形态和社会形态。土著居民的生活意识滋养着这些经济形态和社会形态。创设一种新经济和一个新社会的复杂工程始于殖民时期。西班牙过于专制、死板和原始，因此，无法完成这个复杂工程。西班牙王室认为，它掌控了殖民经济的所有密钥。殖民地新经济力量的发展打破了这个链条。

这是独立革命的根本原因。法国大革命和美国宪法的思想找到一种有利于它们在南美洲，扩散的氛围，因为在南美洲，仍旧有一个初期的资产阶级，因为这个资产阶级的需要和经济利益可能也将会受到欧洲资产阶级的革命思想的影响。当然，如果不能指望一个能够敏锐地感受其时代的情感且有能力和意愿在他们的种族中激活一场真正革命的英勇的新一代的话，西属美洲的独立就不可能实现。在这一方面，独立被视为一种浪漫的事业。这与独立革命的经济基础理论并不矛盾。就这个事件而言，革命的领导人、军事独裁者和理论家并不比经济前提和原因更重要。理智的和情感的行为，并没有优先于经济行为。

经济因素同样是共和党历史中其他阶段发展的关键。例如，在独立初期，派系和军事首领的斗争似乎是缺乏有组织的资产阶级的结果。尽管比拉美其他地区更不清晰和更加落后，但在革命时期，秘鲁也有自由主义和资产阶级的元素。为了使这一秩序在萌芽阶段或多或少地运行起来，一个充满活力的资产阶级需要构建自己。这个阶级正在组织自己，权力由军事领袖操控着。这些领袖是独立革命修辞艺术的后代，有时他们会暂时支持民众的要求。他们如此做并没有任何思想意识以便赢得或至少维持他们的权力，从而反抗西班牙委托监护主的后裔与继承者的保守和反动情绪。例如，这些军事领袖中最有意思和最具代表性的卡斯蒂利亚（Castilla）[①]，实际上高举旗帜，支持废除对土著种族征税和终结非洲奴隶制。当然，一旦大权在握，卡斯蒂利亚必须把其计划引入一个由

---

① 拉蒙·卡斯蒂利亚（Ramón Castilla），1845—1851 年担任秘鲁政治领袖和总统。

保守阶层的利益所主导的政治局势，他利用国家资金赔偿因奴隶解放带给保守阶层的损害。

此外，卡斯蒂利亚政府标志着资产阶级进入巩固阶段。国家的让步和海鸟粪石与硝石的效益创造了资本主义和资产阶级。这个资产阶级后来是在平民的基础上组建起来的，很快就接掌了绝对的权力。与智利的战争中断了它的统治。这个阶级一度重新营造了共和国最初几年的条件和环境。但战后时期的经济发展逐渐恢复到原来的水平。

与智利的战争也有一个经济依据。觊觎秘鲁企业利润和税收收入的智利富豪正准备征服并掠夺该国。具有经济性质的合适事件为侵略提供了借口。

如果不研究经济事实，就不能理解秘鲁的国情。也许新一代人并不清楚这段历史，但这一代人非常强烈地感受到这段历史。这一代人意识到，秘鲁基本的印第安人问题和土地问题是它的经济问题。当前的经济和秘鲁社会遭受征服的原罪。用不着印第安人和反对印第安人，这是已经诞生和形成的罪孽。

——《世界》，利马，1925 年 8 月 14 日

4. 统计问题[*]

研究任何国家问题时，总会遇到一个必须被归类为问题的障碍：缺乏统计数据。例如在秘鲁，我们不知道国家有多少人。也就是说，我们甚至连国家的基本信息都没有。对于那些想了解秘鲁当前人口的人们来说，唯一可用的信息是 1876 年的人口普查或 1896 年以来地理学会（Geographical Society）的统计。除了可以估算的数据之外，可获得的最新数据已经有 30 年的历史。

这个数据不是官方普查的结果，如果不是因为存储的需要，任何人都无法接受它。过去 20 年以来，秘鲁的地理研究设置了一个更低的数据。这并不意味着，在其作者的估算中，秘鲁的人口已经减少了，而是说地理学会的统计似乎太不可靠。

一段时间之前，国家安排了一项新的人口普查。笔者并不是在要求一项新的人口普查，虽然不久就会讨论新的人口普查；不是在考究人口普查，而是在关注更宽泛的统计问题。

毫无疑问，这一天即将到来，这将涉及一种对富有人群的复杂的动员，这样我们就会有一次普查，但仍将没有充足的统计数据。在没有统计数据的国家，没有必要登记国民以便知道到底有多少人。在秘鲁，即使把所有人登记在册，我们仍然无法精确地知道到底有多少人。这是因为游牧丛林部落仍在普查之外，地理学家长久以来一直未能提供一个关于这个部落的准确报告。

需要注意的是，一个不清楚人口状况的国家也不了解其经济形势吗？

---

[*] Source："El problema de la estadística", in *Peruanicemos al Perú*, in *Obras Completas*, 11th ed., Lima：Biblioteca Amauta, No. 11, 1988, pp. 121 – 125.

如果一个国家不了解一件基本的事情即人口的话，它就不可能知道国家生产、消费和储蓄什么。所有对德国、法国、意大利等国家的预测，在做出任何预测之前，在倡导任何政策方向之前，所有的研究首先要核实的就是人口的变化。

在一个不能统计人口的国家，也不太可能统计产量。这个国家不了解最重要的因素：人口因素，即劳动力因素。

当然，在秘鲁的过去几年里，我们有一个正在运作的统计部门。由于这个部门的作用，秘鲁现在发行了一份年度的《秘鲁统计摘要》（*Statistical Abstract of Peru*）。但是，这份出版物不能确确实实地包含比我们能够收集的东西更多的信息。一个统计部门不需要奇迹，它必须利用有限的资源。最重要的是，它的目的不是创建统计数据，而是编制和组织统计数据。

《秘鲁统计摘要》没有告诉我们 1925 年秘鲁的人口究竟有多少，而是转述了地理学会 1896 年所说的内容。大多数情况下，《秘鲁统计摘要》所包含的信息是零碎的，它的缺陷听起来并不真实、可靠。

我们缺乏关于劳动力和生产性行业的统计数据。农业统计很少，我们所提到的几乎都是甘蔗、棉花和大米的生产。不仅小型生产商，山区和亚马孙的几乎所有生产都没有包括在报告中。农业用地没有从统计学上被划分为大、中、小土地所有者。《秘鲁统计摘要》甚至没有提供基本的信息，也没有提供生活成本的指数。它几乎没有提供几个城市的人口统计信息。

正如曼邱拉·维克托（Maúrtua Victor）几年前所写的那样，毫无疑问，之所以缺乏统计信息，是因为秘鲁仍是"一个无组织的国家"。在曼邱拉·维克托看来，统计需要精确地记录秘鲁最缺乏的东西：组织性。统计资料是一种效应、推论和结果，它们不能被人为地制造，代表组织性和组织的水平。

在一个有组织和一体化的国家中，每个村社作为国家的活细胞正在运行着。因此，国家不可能忽视任何与人口、劳动、生产和消费有关的事情。从国家操控中遗漏的东西是微不足道的，也是描述性的。

但是在秘鲁，我们都很清楚什么是自治市以及在什么程度上可以称为自治市。国家只控制部分人口。就土著种族而言，国家的权力转至封建土地所有者手中。如果封建主义把印第安人置于奴役之中，封建主义本身就不能为他们提供任何形式的组织。如果我们探究山区的话，就会立马发现一个政权或一种秩序的幸存形式和制度。这种政权或秩序自西班牙统治时期以来就被认为是专制的，最终它被彻底地废除。

统计问题不是一个比其他国家问题更容易解决的问题。当为其他更严重的问题寻求根本解决方案时，假如没有取得进展，在解决统计问题的过程中，一个人也无法取得很大的进展。与其他问题一样，统计问题不是一个孤立的问题。当我们组织的其他基本问题得到解决时，这些问题将以一种完整的方式得到解决，而不是在那之前。

然而，很明显的是，还有很多事情可以做。从统计上来说，秘鲁的情况与我们所知的相去甚远。例如，就像有可能进行人口普查一样，许多其他事情也是有可能的。没有什么理由可以为所有城市人口数据的缺乏开展申辩，没有什么理由可以为生活成本指标的缺乏进行辩解，至少在主要地区是这样。在最低限度上，秘鲁生产、劳动和贸易的重心应该是有一种真正的统计分析。

——《世界》，利马，1926 年 1 月 1 日

5. 理论*

由于一些朋友的善意坚持，笔者决定把过去两年以来有关世界生活的数据和各个方面的文章汇编到一本书里。

在《当代舞台》的标题下，这些文章被整合成一册。这些文章不是旨在形构快速而碎片化的印象，而是构成一种对我们时代的解释。它们包含关于这个时代及其激烈问题的一种概略性叙述或一篇解释性文章的主要元素。笔者敢于尝试将这些激烈的问题放入一本更加系统的书中。

我们不可能在一个理论中想象当代世界的景象。最重要的是，不可能在理论中设定当代世界的运动。我们必须通过小插曲和方方面面去探索和了解当代世界。在现象的整体性方面，我们的观点和想象力总是会被延迟。

因此，解释和传达我们时代的最好方式，也许是有一点新闻式和电影式的方式。

这是刊载这些论文的另一原因。几乎所有的论文都已在《万象》中出版过。这个系列的五篇论文已经出现在《世界》中。

在评论和完善这些文章的过程中，笔者没有触及它们的实质内容，而是将自己限定在一些形式的修订中，包括删除那些只与创作它们的契机有关的参考点。为了方便和管理它们的阅读，笔者根据主题组织了这些文章。

笔者知道，自身对这个时代的看法不是十分的客观或不规则（anas-

---

* 这一段话构成马里亚特吉的第一本著作即《当代舞台》的前言，它于 1925 年出版。

Source：José Carlos Mariátegui，"Advertencia"，*La escena contemporánea*，in *Obras Completas*，14th ed.，Lima：Biblioteca Amauta，No. 1，1987，pp. 10 – 11.

tigmatic），自己也并不是人类戏剧的漠不关心的旁观者，而是一个有立场和有信仰的人。这本书是忠实反映我们这一代人的精神和情感的文献。出于这个原因，把它献给印第安伊比利亚美洲的新一代和年轻人。

——何塞·卡洛斯·马里亚特吉

利马，1925 年

6. 周年和总结[*]

　　到这刊为止，《阿毛塔》就要过它的第二个周年纪念日了。在它的第一个周年纪念日之前，《阿毛塔》当时面临着第九大问题。乌纳穆诺的警告——"一本老套的杂志发生了蜕变"——将是一个充满活力但短暂的作品的墓志铭。但《阿毛塔》并不是生来就只有一集戏份，而是为了成为历史和创造历史。如果历史是人类和思想的创造物，我们可以满怀希望地面对未来。我们的力量来自人类和思想。

　　像《阿毛塔》这样的所有刊物已被施加的首要目标就是持久。历史是耐久。不管孤独哭泣的回声有多大，它都是无效的；持续不断的训诫才是最重要的。那些完美的、绝对的、抽象的以及对事实和改变现实漠不关心的思想是行不通的；那些萌芽的、具体的、辩证的、可行的且有着发展潜能的思想是能够发挥作用的。《阿毛塔》既不是纯粹知识分子的一种消遣，也不是他们的一种游戏；它认可一个具有历史意义的理念，也认可一种积极的基于大众的信仰，顺应一种当代的社会运动。在两种制度和两种思想的斗争中，我们不会觉得自己像旁观者或寻求第三种路径。极端的原创性是一种文学的和无政府主义的偏见。在旗帜上，我们写了一个伟大而简单的词：社会主义（有了这个口号，我们肯定自己绝对独立于民族主义政党、小资产阶级和那些蛊惑人心的思想）。

　　我们希望《阿毛塔》能获得系统的、独立的、显著的和全国性的发展，因此，开始在秘鲁传统中寻找标题。《阿毛塔》不应该是一个剽窃的术语或译文。我们用一个印加词赋予了它新的含义。我们的目的是为了

　　[*] Source："Aniversario y Balance"，*Amauta* No. 17，September 3，1928；repr. in *deología y Política*，in *Obras Completas*，18th ed.，Lima：Editorial Amauta，No. 13，1988，pp. 246 – 250.

使秘鲁印第安人和土著美洲人有可能觉得这本杂志是他们的。我们把《阿毛塔》作为一种运动的声音和一代人的心声。在这两年中，《阿毛塔》一直是一本意识形态界定的杂志，它把命题汇集在页面上，任何人都希望带着真诚和能力以这一代和这种运动的名义来陈述这些命题。

对我们来说，意识形态界定的工作似乎已经完成。无论如何，我们已经听到它表达出来的直言和征求意见。所有的辩论都是为那些发表看法的人而不是保持沉默的人所开设的。《阿毛塔》的第一个阶段已经结束。在第二个阶段，它不必称自己为"新一代""先锋派"和"左派"的杂志。为了忠于革命，《阿毛塔》只是一份社会主义杂志就足矣。

"新一代""全新的精神"和"新感觉"都是已经过时的术语，它同样应当适合于其他的标签："先锋派""左派""革新"。在那个时刻，这些标签是新鲜和令人满意的。我们利用这些标签来确立临时的划界，原因取决于地形和方向。今天，它们已经变得十分普通和不可靠。在这些标签下，假冒伪劣品混杂进来。新一代不会有效地成为新一代，除非它终于明白自己还是要成熟和富有创造力的。

在进行小型革命的美洲中，同样的词即革命常常导致自己被误解。我们必须严格且毫不妥协地改造革命这个词，必须恢复革命严格和确切的含义。拉美革命无非就是世界革命的一个阶段和时期，它将简单明了地成为社会主义革命。根据一种特殊的情形即"反帝国主义的""农业的""民族—革命的"，把你想要加的所有形容词都加到革命这个词上。社会主义假设、优先于以及包括所有这些内涵。

只有用社会主义的拉美或伊比利亚美洲才能有效地反对资本主义、财阀和帝国主义的美国。资本主义经济的自由竞争时代，在各个领域都已宣告结束。我们处于垄断时代，也就是说，处于帝国时代。拉美国家在资本主义竞争中姗姗来迟。第一种秩序已经被明确地指定了。在资本主义秩序中，这些国家的命运就是简单的殖民地的命运。语言、种族和精神之间的张力没有决定性的意义。现在仍然谈论唯物主义者的盎格鲁-撒克逊美洲与唯心主义者的拉美之间以及金发碧眼的罗马与惨淡的希腊之间的对比则是荒谬的。这些都是绝对不可信的话题。罗多（Rodó）

的神话①不再以有用的或富有成效的方式触摸灵魂，也从未这样做过。我们无情地丢弃所有的这些漫画和意识形态的外表，认真而坦率地阐释现实。

社会主义当然不是印第安美洲的教条。但是，没有教条，也就没有现代体系。尽管与资本主义一样，社会主义可能诞生于欧洲，但它并不是明确的或特殊的欧洲式的社会主义。这是一种全球性运动。在这种运动中，在西方文明轨道内运行的国家没有一个被排除在外。这种文明以其他文明所不曾拥有的力量和手段朝普遍性迈进。在这个新的世界秩序中，印第安美洲可以而且应该有特性和风格，但不是它的文化或者独一无二的命运。一百年前，我们把作为国家的独立归因于西方历史的节奏。自殖民时代起，西方历史的指南针无情地促使我们前行。作为那个时代人类说过的伟大的字眼，自由、民主、议会、人民的主权都来自欧洲人。然而，历史没有用这些想法的独创性来权衡这些人的伟大之处，而是因为这些人用服务自身的效力和天赋来权衡这些人的伟大之处。在大陆行进得最远的民众是那些思想扎根最牢固和最敏捷的人。在那个时代，种族和大陆的相互依赖与团结一致远不及这个时代。最后，社会主义沿袭了美洲的传统。历史记录中最先进的原始共产主义组织就是印加的共产主义组织。

我们当然不希望拉美的社会主义成为一个复制品或仿造品。它应该是一种英雄的创造。我们必须用自己的语言和现实为印第安美洲社会主义注入活力。这是新一代人的庄严使命。

在欧洲，议会的堕落和社会主义的改良主义在战后强制实行了特定的类别。在那些没有发生这种现象的种族中，因为社会主义最近出现在历史进程中，这个古老而伟大的词原封不动地保存了它的崇高。当如今将实践与方法区分开来的偶然而传统的界限已经消失时，社会主义将在历史中坚持下去，也将在今后维持自己。

资本主义或社会主义是我们这个时代的问题。我们没有预见综合体，

---

① 马里亚特吉在这里引用了何塞·恩里克·罗多（José Enrique Rodó）的理论，罗多在其对拉丁美洲欢乐的精灵即爱丽儿（Ariel）的赞词中阐释了该理论。参见 José Enrique Rodó, *Ariel*, Austin：University of Texas Press，1988。

没有预见那些只能通过历史来运作的交易。我们认为而且感觉有点像戈贝蒂（Gobetti）[1]，在革命者采取这种革命行动的条件下，历史是改革主义的。马克思、索雷尔和列宁这些人创造了历史。

有可能许多艺术家和知识分子会注意到，我们完全尊崇统治者的权威，统治者的权威不可逆转地被卷入《知识分子的背叛》（*la trahison des clercs*）[2] 的进程。在没有顾虑的情况下坦白地承认，我们处于时间和历史的领域中，无意抛弃这些艺术家和知识分子。我们把那些无法接受和理解这些艺术家和知识分子所处时代的精神留给他们的痛楚和令人伤心的形而上学。社会主义者的唯物主义包含精神的、伦理的和哲学的提升的所有可能性。我们从来没有觉察到比自己坚定地把想法和双脚放在重要的东西上时更疯狂、更有效和更虔诚的理想主义者。

---

① 皮耶罗·戈贝蒂是当时颇具影响力的意大利作家，他支持激进的自由主义。

② Julien Benda，*La trahison des clercs*，Paris：B. Grasset，1927，英文版本即朱利安·班达的《知识分子的背叛》（*The Treason of the Intellectuals.* New Brunswick，NJ：Transaction Publishers，2007）。班达是一位法国哲学家和小说家，他的论辩作品主张欧洲人已经失去冷静地分析政治和军事问题的能力，从而成为粗鲁的民族主义、主战派和种族主义的辩护者而声名狼藉。

7. 殖民经济[*]

1925 年的经济年让我们重新认识到，源于征服的所有沿海经济乃至整个秘鲁都依赖两个基础即棉花和糖。从生理上而言，这两个基础对任何人来说都不可能更可靠。对于实践者而言，这种确认缺乏价值。但现实的人的想象总是被肤浅的东西所支配，以致不可能非常深刻。在某些方面，理论比经验渗透得更深。

此外，理论的介入远远超过那些明显是经验的和客观的概念中的思想。例如，世界相信英国经济没有达到这个程度，并不是因为它的商业统计说明了什么，而是因为这种经济的基础是煤炭。对德国经济复苏的信心无疑也有着类似的动机。证据表明，只有当德国的基础之一——煤炭和钢铁——受到威胁或破坏时，这种信心才会被攻破。

显然，这个隐喻更多的是一种需要，而不仅仅是一种快乐，它引导我们代表自己、社会、国家、经济等，诚如建筑物一样。这就解释了对基础的不可避免的关注。

此外，在 1925 年的话语中，这个隐喻是本性而非理论，它揭示了糖和棉花作为经济基础的脆弱的一致性。过多的雨水使这个国家的经济生活化为泡影。许多人已经习惯把一系列事情看作秘鲁的进步所获取的产物。然而，这一系列事情已经终结，正在依赖纽约与伦敦市场中糖与棉花的价格。

所有国家都感知到了秘鲁的经济依附性。例如，即使有良好的外贸

* Source："José Carlos Mariátegui, Economía colonial", in *Peruanicemos al Perú*, in *Obras Completas*, 11th ed., Lima：Biblioteca Amauta, No. 11, 1988, pp. 127–31.

关于历史上的殖民经济的那一节没有包括在内，因为它作为"土地问题"（第一部分的第二节）的一部分被刊登在《关于秘鲁国情的七篇论文》中。

平衡，货币流通在黄金中得到担保，秘鲁也没有它应有的钱。尽管在对外贸易中存在贸易顺差，尽管对信托问题有担保，但秘鲁镑以 23% 或 24% 的折扣率报价。在这一点上，与其他一切一样，我们经济的殖民特征开始显现出来。对外贸平衡最基本的分析表明，这是一种虚构。欧洲国家有"无形的输入品"，使它们的商业贸易保持平衡：移民汇款、来自外国投资的利润、来自旅游业的收入等。同时，正如在所有有着殖民经济的国家中一样，在秘鲁也有"无形的输出"。来自采矿、商业、交通运输等行业的利润不会停留在秘鲁。这些利润大多以股息、利息等方式在国外投资。为了获得这些利润，秘鲁经济必须诉诸国外贷款。

因此，在每一个困难时刻，在我们即将完成的历史使命中，我们总会发现自己面临同样的问题：秘鲁化、国有化和解放经济。

第二部分

秘鲁和"土著主义"

这一部分深入阐释了马里亚特吉对秘鲁及其土著种族的理解，同时也大量引用《让我们把秘鲁秘鲁化》中的文章。马里亚特吉对土著居民问题的经济形势研究得十分清楚。他是仔细研究这个安第斯国家中原始种族的知识分子中的一员。就被称为原住民（indigenistas）的人们而言，这些知识分子认识到秘鲁土著种族及其文化的重要性，并努力研究这个种族，并从后殖民时代的积极角度来重释它。他们重视而不是贬低印加帝国和原始人群的后代。在"秘鲁的主要问题"中，马里亚特吉写道："印第安人是我们国家形成的基础……那些使印第安人贫困并压迫印第安人的人们，使这个国家变得贫穷，并镇压着这个国家。如果印第安人处于被剥削、被嘲笑和被羞辱的境地，他们就不可能成为财富的创造者。贬低和轻视作为一个人的某个人，就等于贬低和轻视作为一个生产者的人。只有当印第安人获得他们工作的价值时，他们才能具备消费者和生产者的特性，这种特性是现代国家的经济需要从其所有成员那里获得的东西。当人们论及秘鲁化时，首先应该思考的是这种秘鲁化是否包括印第安人在内。没有印第安人，秘鲁化是绝不可能的。"

1 秘鲁的主要问题*

在人们还没有关掉庆祝克罗利达·马迪奥·特纳（Clorinda Matto Turner）① 的角色和作品的回声之前，在土著种族第四次大会的代表们解散之前，我们把目光转向最根本的问题，即秘鲁的主要问题。我们谈论一些事情，如果克罗利达·马迪奥·特纳还活着的话，她肯定会论及这些事情。这是来自秘鲁的新人和年青一代对这个特殊的女人所表达的最好的告慰。在一个比我们更复杂和更残酷的时代，克罗利达·马迪奥·特纳毫无畏惧地奋起反抗土著种族剥削者的不义之举和犯罪行径。

克里奥尔人和大都会的人民不喜欢这个棘手的问题，但他们忽视并忘却的倾向不应该被扩散开来。鸵鸟在受到威胁时把头埋在沙子里的姿态太愚蠢了。拒绝正视一个问题，并不会让该问题消失。印第安人的问题是400万秘鲁人的问题。这是秘鲁四分之三的人口的问题。这是大多数人的问题。这是国家的问题。我们的民众不愿意公正地研究和处理这个问题，这是精神懒惰的标志，更是道德麻木的表现。

从这一点和其他观点来看，总督辖区的责任似乎比共和国的责任要少。起初总督辖区应该对印第安人的悲惨和沉沦承担全部责任。但是，在那个审判似的时代，弗雷·巴托洛姆·德·拉斯卡萨斯（Fray Bartolomé de Las Casas）这个伟大神父却竭尽全力地呼吁保护印第安人，谴责殖民者的残酷暴行。在共和党时期，却一直没有人能够如此顽强和

　＊　Source：José Carlos Mariátegui，"El problema primario del Perú"，in *Peruanicemos al Perú*，in *Obras Completas*，11th ed.，Lima：Biblioteca Amauta，No. 11，1988，pp. 41 - 46.

　①　克罗利达·马迪奥·特纳是19世纪晚期的秘鲁女权主义本土作家。她最著名的作品是《无巢鸟》（*Aves sin nido*），这是一部关于秘鲁土著居民生活和僧侣压迫的小说。参见《无巢鸟》（*Birds Without a Nest*，Austin：University of Texas Press，1996）。

坚定地维护土著种族。①

虽然总督辖区是一种中世纪的、外来的统治制度，但共和国形式上是一种秘鲁人的、自由的统治制度。因此，共和国肩负着总督辖区所没有的职责，它有责任提升印第安人的地位。与这种职责背道而驰的是，共和国使印第安人更加贫困。这就加重印第安人的经济萧条，并加剧他们的痛苦。对印第安人而言，这个共和国意味着一个新的统治阶级的崛起，这个阶级已经有计划地占领他们的土地。在一个以风俗和农业灵魂为基础的种族中，与土著种族一样，这种驱逐行为已成为他们肉体和精神解体的原因。土地一直是印第安人的欢乐所在。印第安人与土地结下不解之缘。他们觉得生命来自土地，并回归土地。因此，印第安人对任何事物都漠不关心，除了通过他们的双手和激励占有土地之外，土地的占有在宗教意义上是卓有成效的。在强占土地这个方面，克里奥尔的封建制度比西班牙的封建制度更糟糕。总的来说，西班牙的委托监护主时常流露出某些封建地主的贵族习气。克里奥尔的委托监护主却有着平民的所有缺点，而且没有贵族的优点。简而言之，在共和国统治之下，印第安人的奴役并没有减少。印第安人的所有起义和暴动都血流成河，它的要求一直得到军方的回应。之后，普纳（puna）的沉默守卫着这些回应的悲惨隐情。在《道路劳动草案》的名义下，共和国最终恢复赋役制。当然，民族主义者抗议这种复辟。乔治·巴斯德②是一位年轻的前卫作家，他是少数几个觉得揭发道路征兵的真实本质是责无旁贷的人之一。在一项温和而谨慎的研究中，乔治·巴斯德有一个惊人的发现，那就是道路征兵的真实本质。民族主义的言论并没有以他为榜样。

此外，共和国还要对种族的萎靡不振和意志消沉负责。在总督的议席上，图帕克·阿马鲁（Túpac Amaru）起义证明印第安人仍然能够为他们的自由而战。独立性削弱了这种能力。在共和国的统治下，解放印第安人的事业成为某些领袖的一种蛊惑人心的投机行为。克里奥尔政党已经签署了他们的计划。因此，印第安人失去为他们的要求而战的斗争

---

① 这一段和下面两段基本上重复了 "关于印第安人问题" 的内容。

② 乔治·巴斯德（Jorge Basadre）是马里亚特吉的同时代人，他成为秘鲁最著名的知识分子和历史学家之一。

意志。

但是，通过推迟印第安人问题的解决方案，共和国推迟了实现其进步梦想的进程。一个真正在全国范围内的政策不能没有印第安人；它不能忽视印第安人。印第安人是我们国家形成的基础。压迫使印第安人成为文明的敌人，实际上扼杀了一种进步的元素。那些使印第安人贫困并压迫印第安人的人们，使这个国家变得愈加贫穷，并镇压着这个国家。如果印第安人处于被剥削、被嘲笑和被羞辱的境地，他们就不可能成为财富的创造者。贬低和轻视作为一个人的某个人，就等于贬低和轻视作为一个生产者的人。只有当印第安人获得他们工作的价值时，他们才能具备消费者和生产者的特性，这种特性是现代国家的经济需要从其所有成员那里得到的东西。当人们论及秘鲁化时，首先应该思考的是这种秘鲁化是否包括印第安人在内。没有印第安人，秘鲁化是绝不可能的。那些有着真正资产阶级的、自由民主的和民族主义的意识形态的人们应该特别欣赏这一真理。从查尔斯·马勒拉斯（Charles Maurras）的民族主义和"法兰西行动派"（L'action Francaise）开始，所有民族主义的格言都声称："民族的就是我们的。（All that is national is ours.）"

印第安人的问题就是秘鲁的问题，它无法在一个抽象的人道主义方案中找到其解决办法。印第安人的问题也不可能通过一次慈善运动得以解决。本土的政治掮客（caciques）和虚情假意的律师的赞助是一种嘲弄。昔日的亲土著居民协会这类联盟的呼吁只是提供了在荒野中叫嚷的话语权。亲土著居民协会还没有成为一种运动。它们的行动逐渐变成佩德罗·苏伦（Pedro S. Zulen）和多拉·马耶尔（Dora Mayer）个人慷慨的、无私的、高尚的和个人的行为。亲土著居民协会是一次失败的尝试，它有助于对比和衡量一代人和一个时代的道德冷漠。

印第安人问题必须借助社会对策来化解，它必须由印第安人自己来解决。这一理念使我们把土著居民代表大会的会议看作一个历史事实。土著居民代表大会还没有制定一个纲领，但它们确实代表了一次运动。它们表明印第安人开始具备有关他们处境的集体意识。印第安国会最不重要的方面就是它的审议和投票。超越的和历史的方面就是国会本身。国会是种族提出自己要求的意志的一种认定。但印第安人没有风行全球，他们的抗议一直是地区性的。这一点在很大程度上导致他们的失败。400

万民众如果意识到他们人多势众的话，就不会对未来感到绝望。然而，只要这 400 万人还是一个无组织和分散的人群，就无法决定他们的历史进程。[①] 在印第安国会中，来自北方的印第安人已与来自中心和南部的印第安人会过面。此外，国会中的印第安人一直与首都的先锋领导人保持着联系。这个先锋队把印第安人当作兄弟。印第安人的口音是新的，他们的语言也是新的。印第安人意识到他们的情感，这些情感随着接触而不断扩展。这是一个非常模糊和混乱的问题，是人类星云中所描述的问题，可能且肯定孕育了秘鲁民族未来的种子。

——《世界》，利马，1924 年 12 月 9 日

---

① 这段话也刊载在《关于秘鲁国情的七篇论文》的《土著居民问题的方方面面》这篇文章中。

2. 关于土著居民问题：简短的历史回顾[*]

据保守估计，印加帝国的人口至少有 1000 万。有人认为，印加帝国的人口估计有 1200 万至 1500 万。最主要的是，征服是一场可怕的大屠杀。西班牙征服者人数不多，他们无法将其统治强加给土著居民，只能设法恐吓土著居民。入侵者的枪和马被认为是超自然的生物，它们创设了一种迷信的印象。殖民地的政治和经济组织继征服以来继续消灭土著种族。总督辖区建立了一种残酷剥削的制度。西班牙人对贵金属的贪婪驱使他们从事指向矿山的经济活动。在印加时代，因为印第安人大多数是农业人口，他们不使用铁而只使用金银作为装饰品，因而只是小规模地开采矿山。为了经营矿山和从事编织工作的血汗工厂（obrajes），西班牙人建立了一套毁灭人口的强制性的劳动制度。正如西班牙限制土地的利用且保留国家的农业特征一样，这不仅是一种奴役状态，在很大程度上还是一种奴隶制状态。人道主义和文明的声音呼吁西班牙国王保卫印第安人。巴托洛姆·德·拉斯卡萨斯神父比任何人都更重要，他在为印第安人的辩护中脱颖而出。西印度群岛的法律是为了保护印第安人而制定的。它将印第安人的传统组织成村社。实际上，印第安人继续受制于残酷的封建主义，它破坏了印加的经济和社会，却没有用可以增加产量

---

　　* 在纽约塔斯社的要求下，何塞·卡洛斯·马里亚特吉写了这篇《简短的历史回顾》，并被翻译成《新秘鲁》（*The New Peru*），刊载在《民族》的第 128 期上（1929 年 1 月 16 日）。这篇文章在《劳动》（第 1 年，1928 年第 1 期）上以《关于土著居民问题：简要的历史回顾》为名再次出版。在此之前，马里亚特吉的一篇社论指出，这些评论"在某种意义上对《关于秘鲁国情的七篇论文》中的《土著居民问题》是一种补充"。出于这个原因，《全集》的编辑从 1952 年 4 月第三版开始加入了这篇文章。

　　Source：José Carlos Mariátegui，"Sobre el problema indígena"，*Labor*：*Quincenario de información e ideas* 1/1，November 10，1928，p. 6.

的制度来取而代之。西班牙人在沿海定居的趋势使许多土著居民离开了这个地区，从而导致他们缺乏劳动力。总督想通过输入非洲奴隶来解决这个问题。非洲奴隶适合于炎热的山谷和沿海平原的气候，并不适应在寒冷的塞拉山区的矿山工作。非洲奴隶强化了西班牙的统治，土著人口减少，印第安人的数量超过土著人口，尽管印第安人处于被征服的境地，却仍然是一个仇敌。黑人致力于家政服务和其他工作。白人很容易和黑人混杂在一起，会聚成具有沿海人口特征的混血儿，他们更能忠于西班牙，并抵抗本土的影响。

众所周知，独立革命不是一种土著运动。这是克里奥尔人和居住在殖民地的西班牙人的一种运动，也是为了他们的利益的运动。但是，独立革命利用了土著民众的支持。此外，正如普马卡瓦（Pumacahua）所言，一些印第安人在独立革命的进展中发挥了重要作用。从逻辑上讲，革命的自由主义计划将印第安人的救赎作为其执行平等原则的一种自然结果包括在内。因此，在共和国的第一个法案中，一些法则和法令支持印第安人。它们指定土地的分配、强制性劳动的废除等。但是秘鲁革命并没有带来一个新的统治阶级，所有这些条款都停留在纸面上，缺少一个有能力来执行它们的政府。殖民地的土地所有者即贵族是权力的拥有者，他们保留了统治土地和印第安人的封建权力。即使是今天，所有旨在保护印第安人条款也不能做任何违抗封建制度的事情。

总督的责任似乎比共和国的责任要少。印第安人的悲惨和沮丧的全部责任起初都落在总督身上。但是，在那个审判似的时代，弗雷·巴托洛姆·德·拉斯卡萨斯这个伟大神父却竭尽全力地呼吁保护印第安人，谴责殖民者的残酷暴行。在共和党时期，一直没有人能够如此顽强和坚定地维护土著种族。

虽然总督辖区是一种中世纪的、外来的统治制度，但共和国形式上是一种秘鲁人的、自由的统治制度。因此，共和国肩负着总督辖区所没有的职责。共和国有责任提升印第安人的地位。与这种职责背道而驰的是，共和国使印第安人更加贫困。这就加重印第安人的经济萧条，并加剧他们的痛苦。对印第安人而言，这个共和国意味着一个新的统治阶级的崛起，这个阶级已经有计划地占领他们的土地。在一个以风俗和农业灵魂为基础的种族中，与土著种族一样，这种驱逐行为已成为他们肉体和精神解体的原因。土地一直是印第安人的欢乐所在。印第安人与土地结下不解之缘。他们觉得生命来自土地，并回归土地。因此，印第安人对任何事物都漠不关心，除了通过他们的双手和激励占有土地之外，土地的占有在宗教意义上是卓有成效的。在强占土地这个方面，克里奥尔人的封建制度比西班牙的封建制度更糟糕。总的来说，西班牙的委托监护主时常流露出某些封建地主的贵族习气。克里奥尔的委托监护主却有着平民的所有缺点，而且没有贵族的优点。简而言之，在共和国统治之下，印第安人的奴役并没有减少。印第安人的所有起义和暴动都血流成河，它的要求一直得到军方的回应。之后，普纳的沉默①守卫着这些回应的悲惨隐情。在《道路劳动草案》的名义下，共和国最终恢复赋役制。

此外，共和国还要对种族的萎靡不振和意志消沉负责。在总督的议席上，图帕克·阿马鲁起义证明印第安人仍然能够为他们的自由而战。独立性削弱了这种能力。在共和国的统治下，解放印第安人的事业成为某些领袖的一种蛊惑人心的投机行为。克里奥尔政党已经签署了他们的计划。因此，印第安人失去为他们的要求而战的斗争意志。

山区的大多数居民是印第安人，最野蛮和最强大的封建主义基本上保持原样。土地由酋长掌控着，土著种族的命运陷入极度沮丧和无知的地步。除了在非常原始的水平上进行农业生产之外，秘鲁山区还有另一个经济活动即采矿业。采矿业几乎完全由两家美国大公司掌控着。矿山中的工资被监管着，但是薪水微乎其微，工人的生命几乎没有任何保障，管控事故的劳动法也被忽略了。挂钩制通过虚假的承诺来奴役工人，使印第安人处于这些资本主义企业的支配之下。农业中的封建制度使得印第安人处于悲惨境遇，以致他们更喜欢到矿山中碰碰运气。

在秘鲁，社会主义思想的传播导致了一场反映土著居民需求的强大运动。新一代秘鲁人知道，五分之四的秘鲁人是土著居民和农民，如果秘鲁的进步没有给秘鲁民众带来福祉，秘鲁的进步将是虚构的，或者至少不会是秘鲁人的。在国家的艺术和文学领域中，同样的趋势也是很明显的。之前，由于西班牙殖民地精神和意识的支配，文学艺术中的土著形式和内容遭到贬斥，如今人们对它们的鉴赏则是与日俱增。土著主义

①　寒冷而荒凉的高地地区。

文学（Indigenista literature）似乎扮演着俄国革命前农民主义文学（Muji-ka literature）的同样角色。印度安人也开始显露出有了新觉悟的迹象。不同的土著居民定居点之间以前因为距离太远而失去联系，如今它们的关联日益增强。由政府主办的土著居民代表大会的定期会议引发了这些联系，由于他们的要求具有了革命的性质，先进分子随之遭到排挤，一些伪代表加入进来，土著居民代表大会的性质也就发生变化。土著主义思潮推动着官方行动。政府第一次被迫接受并宣布赞成土著主义的观点，并采取一些不触及酋长利益的措施。正因如此，这些措施都是没有什么实效的。在统治阶级的修辞学中，土著居民问题曾是讳而不语的问题，现在它在他们的社会和经济术语中第一次被提出来，并被视为与土地问题同等重要。越来越多的证据日益凸显着这样一种信念：土著居民问题无法在人道主义方案中找到解决办法。土著居民问题也不可能通过一次慈善运动得以解决。土著首领和虚情假意的律师的赞助是一种嘲弄。昔日的亲土著居民协会这类联盟呼吁只是提供了在荒野中叫嚷的话语权。亲土著居民协会还没有成为一种运动。它们的行动逐渐变成佩德罗·苏伦和多拉·马耶尔慷慨的、无私的、高尚的和个人的行为。亲土著居民协会是一次失败的尝试，它有助于对比和衡量一代人和一个时代的道德冷漠。①

　　印第安人问题必须借助社会对策来化解，它必须由印第安人自己来解决。这一理念使我们把土著居民代表大会看作一个历史事实。近年来，因官僚主义倾向而误入歧途的土著居民代表大会还没有制定一个纲领，但它们的最初几次会议为不同地区的印第安人指明了道路。印第安人缺少一个全国性的组织，他们的抗议一直是地区性的。这一点在很大程度上导致他们的失败。400万民众如果意识到他们人多势众的话，就不会对未来感到绝望。然而，只要这400万人还是一个无组织和分散的人群，就无法决定他们的历史进程。

---

　　① 亲土著居民协会是一个较为温和的秘鲁协会，它致力于推进土著人拥有权利，在20世纪上半叶发挥着作用。

§. 土著居民问题的方方面面*

多拉·马耶尔·德苏伦（Dora Mayer de Zulen）的才智和品行尚未被人赏识和仰慕，我们可以用诚实和克制将她与别人区分来开。多拉·马耶尔·德苏伦最近对这个在亲土著居民协会中达至顶峰的有趣且有价值的试验做出评价。[①] 与佩德罗·苏伦有着合作关系且巧妙地支持他的慷慨精神及其先行者的任何人都能够充分证明试验的有用性，这些人是试验的英勇而顽固的领导。在有关酋长统治制下的大庄园制（gamonalismo）的进程的关键论述，以及在确定并说明它们重大的且免于处罚的责任中，亲土著居民协会是很有用的。在秘鲁沿海地区，亲土著居民协会推进了一种亲土著居民的趋势，这种趋势领先于后人的态度。最重要的是，亲土著居民协会在安第斯黑暗中点燃了希望，激发了潜在的土著意识。

但是，正如多拉·马耶尔承认其一贯的坦率那样，这个试验或多或少地已经完成。它将自身可以带来的收益赋予所有人或者几乎所有人。这个试验表明，在一种纯粹的慈善运动中，土著居民问题无法在一个抽象的人道主义方案中找到解决办法。从这个角度来看，正如笔者说过的那样，亲土著居民协会在某种意义上是一个败笔，因为它的主要结果是记录或验证过去几代人的道德冷漠。

这个试验永久性地终止了希望或乌托邦，即借助一个与酋长统治制下的大庄园制相关联的阶级，将有可能解决土著居民问题。作为试验贫瘠化存在的一种证明，由国家确立的种族赞助（Patronato de la Raza）就

---

* Source：José Carlos Mariátegui, "Aspectos del problema indígena," in *Peruanicemos al Perú*, in *Obras Completas*, 11th ed., Lima: Biblioteca Amauta, No. 11, 1988, pp. 145 – 148.

① Dora Mayer de Zulen's article, "Lo que ha significado la pro-indígena" was published in *Amauta* 1/1, September 1926, p. 20.

在那里。

印第安人问题必须借助社会对策来化解，它必须由印第安人自己来解决。例如，这一理念使我们把土著居民代表大会看作一个历史事实。近年来，因官僚主义倾向而误入歧途的土著居民代表大会还没有制定一个纲领，但它们的最初几次会议为不同地区的印第安人指明了道路。印第安人缺少一个全国性的组织，他们的抗议一直是地区性的。这一点在很大程度上导致他们的失败。400 万民众如果意识到他们人多势众的话，就不会对未来感到绝望。虽然他们只不过是一个无组织和分散的人群，但是，这同样的 400 万人却无法决定其历史进程。

用支支吾吾和令人困惑的主张来概括土著居民问题的这种评价，这些主张每次都比土著种族声称的主张更为广泛和更加具体。当多拉·马耶尔著述以下内容时，她实质上与笔者达成一致："现在该是种族自行辩护的时候了，如果它不能为了自己的救赎而采取行动的话，那它就永远不会得救。"在多拉·马耶尔评估亲土著居民协会的价值时，当她说道，"在具体的实践信息的基础之上，亲土著居民协会对历史学家而言意味着马里亚特吉所设想的内容：通过一个免费的外部防护体和法律手段，一个拯救落后的且被奴役的土著种族的试验，它一直试图充当土著种族要求国家权力的支持者"，她也就接受了笔者的主要观点。

笔者不再认为现在该是再度尝试被如此界定的方法的时候了。其他的路径是必要的。这不只是能够证实概念，还能确认那些现在需要我们考虑的事件。直到两年前，土著居民要求和土著居民运动才有一个杰出的领袖伊齐基尔·于维约拉（Ezekiel Urviola），他以一种忧郁的印第安人的形式抗拒人道主义和慈善的方案。瓦尔卡塞尔写道："亲土著或赞助总是源自庄园主为了奴隶利益的一种操控，总是以那些已经主导五个世纪的人们的形式而存在的不切实际的保护者：从来没有正义的严厉操控，也没有正义之词，更没有正派人的刚健有力的话语，没有圣经义愤填膺的怒吼。即使是在秘鲁大地上出生的少数几个使徒，他们也没有鼓吹重生的神圣话语。在同情和怜悯贫穷的受压迫的印第安人的女性潮流中，重生的神圣话语使得生命和世世代代得以延续下去。没有拼命宣扬一个可靠的印第安人救世主的阳刚之气的灵魂。这一次所有土著的哭泣文学都一劳永逸地终结了。安第斯山脉的农民鄙视安慰的话语。"

因此，与几年前一样，如今不能再用同样的标准来对待土著居民问题。在这片土地上，和世界其他地方一样，历史似乎在我们国家中迅速地历经了十年。许多美好和正当的想法在今天几乎一文不值。土著居民问题以全新的方式被提出来，从它喧闹的那一天起，就已经在辩论中要求荣登榜首。

——《世界》，利马，1926 年 12 月 17 日

ℐ 民族进步和人力资本*

随意而简单地将秘鲁的进步归结为黄金资本、理性和运行的问题的那些人，就好像在辩论中不存在有权优先的人力资本问题一样，他们忽视或忘记了：在历史上，人类超越金钱。这一进程的概念化目标是成为实质上的北美洲人和实证主义者。但是准确地说，没有比美国北方人更好的一无所知的例子了。

美国巨大的物质发展并不能证明黄金的力量，而是证明人类的力量。美国的财富并不在其银行或市场中，而是在民众之中。历史告诉我们，北美现象的根源、精神冲动与生理冲动完全是在其生物材料中发现的。历史还告诉我们，在这种材料中，数字没有质量那么重要。美国的力量一直是它的清教徒、犹太人和神秘主义。这些人是移民、流亡者和受迫害的欧洲人。从这些人的意识形态神秘主义降至主要的北美工业和金融巨头所公认的行动神秘主义，从根本上而言，北美现象不仅表现为定量，而且表现为定性。

但这是另外一个问题。除了谴责唯物主义的不真实的虚假开端之外，笔者现在对任何事情都不感兴趣。尽管这是一种原始的和乌托邦式的唯物主义，但它似乎设想金钱已经创造了一种文明，这种唯物主义却无法理解文明创造了金钱。这场危机和当代的衰落恰恰是在文明开始完全依赖金钱并将其精神和意向隶属于金钱的时候开始的。

秘鲁进步的先知及其程序的错误和罪恶总是存在于他们抵抗或无法理解生物因素的首要地位之中；人类因素是最重要的，比所有其他非人

* Source：José Carlos Mariátegui，"El progreso nacional y el capital humano"，in *Peruanicemos al Perú*，in *Obras Completas*，11th ed.，Lima：Biblioteca Amauta，No. 11，1988，pp. 91 - 96.

为的和次要的因素都重要。此外，这是所有民族主义中普遍存在的一个缺陷，即除了寡头和保守派的利益，它们没法沟通或代表任何东西。这种民族主义具有法西斯主义的性质，它把国家设想为一种抽象的现实。这种抽象的现实看起来更胜一筹，且与公民具体的和活生生的现实截然不同。因此，他们总是愿意为了神话而牺牲人类。

相比于界定民族的西方民族主义，在秘鲁，我们有一个更无知的民族主义，它比西方的民族主义更加原始和本能。但是它的实践和理论是相同的。秘鲁政治——沿岸的资产阶级和山区的封建制度——的显著特征就是对人力资本价值的一无所知。这个领域和其他所有领域一样，秘鲁政治的整改从一种新的意识形态的同化开始。新一代秘鲁人觉察到并认为，五分之四的秘鲁民众是土著居民和农民。如果秘鲁的进步没有为秘鲁民众带来福祉，秘鲁的进步将是虚构的，或者至少不会是秘鲁人的。

医疗—社会方面是人力资本问题的一个实质性方面。在撰写有关这个主题的几件事情中，我们必须关注一本有趣的书。这本书叫《秘鲁的病理学和医学地理学的研究》（*Studies on the Pathology and Medical Geography of Peru*）①。该书的作者是塞巴斯蒂安·洛伦特（Sebastián Lorente）和劳尔·弗洛雷斯·科尔多瓦（Raul Flores Córdova），两位是聪慧而勤劳的医生，也是卫生官员。这本书有超过 600 页的深奥难懂的资料和数据，为秘鲁的医学和社会现实提供了一种翔实的研究基础。

当然，塞巴斯蒂安·洛伦特和劳尔·弗洛雷斯·科尔多瓦对他们的努力与希望抱有一种乐观、积极的心态。但是，他们的积极态度并没有提供基于自己研究的假象。我们健康状况的真相以一种精确而绝对的方式呈现在这本书中。秘鲁的死亡率和发病率过高，人力资本几乎是平稳的。在沿海，有疟疾和肺结核；在山区，有斑疹伤寒和天花；在丛林里，所有的热带和沼泽问题侵蚀了共和国稀少的人口。我们没有确切的人口数据。人们普遍接受的 500 万的数据足以看到我们人口增长的疲软和缓慢。婴儿死亡率是增长方面最可怕和最悲惨的制约因素之一。在利马和卡亚俄（Callao），四分之一的儿童在一岁之前就死了。在沿海的小村庄，

---

① Sebastián Lorente and Raúl Flores Córdova, *Estudios sobre geografía médica y patología del Perú*, Lima: Impr. Americana, 1925.

婴儿死亡率更高。从 1923 年上半年帕蒂维尔卡区（Pativilca district）的人口统计数据来看，死亡率比出生率还要高。

在这本书的序言中，洛伦特和弗洛雷斯·科尔多瓦写道："在我们的健康问题中，医疗和社会景象呈现出了它的全貌和严重性。"无论如何，他们的研究并没有夸大事实，相反，可能还低估了问题的严重性。我们希望，阅读这本书的时候，蒙蔽心灵的东西不是一向很谦逊的作者所做的试验，而是不加渲染的事实、客观的观察和未失真的结果。这些东西将由那些在国家问题的等级或层次上容易被误导的人所掌控。

笔者并没有论述《秘鲁的病理学和医学地理学的研究》的理论价值或科学价值。这种分析只适合于专业人士和当局。但是，在不侵犯其他人批判的情况下，作为一份关于秘鲁"深刻现实"的当前和权威的文件，这本书有其有用性和重要性。而且，能清楚地看到洛伦特和弗洛雷斯·科尔多瓦医生撰写了一份全面而谨慎的研究报告。在我们这样的环境中，学者很难参与到这种规模的思考中去，因此，这份研究报告是非常有价值的。

洛伦特和弗洛雷斯·科尔多瓦的这本书并非只为专业人士所设计。对所有的学者而言，这本书都是很有趣的。他们的著作是一次穿越不那么风景如画的秘鲁的旅程，却比其他描述或伪装我们的书籍更为真实。

而且，洛伦特和弗洛雷斯·科尔多瓦医生并不满足于收集、比较和分类宝贵的数据，他们正式且紧迫地要求给予人力资本问题更多的关注。他们写道，"秘鲁问题最迫切需要的是一个有组织的和有效的解决方案"，"这个问题就是卫生问题。这不仅是因为公共卫生宣传的概念日益普遍起来，作为每个现代国家的一项主要责任，卫生问题根植于今天的良知，主要还是因为没有其他的词能更准确地反映秘鲁国情紧迫的和明显的要求"。

这是事实，但还不够完整。我们不能单独考虑健康问题。健康问题与秘鲁其他深层次的问题关联并掺杂在一起。这些深层次的问题是社会学家和政治家的独特领域。山脉和沿海居民的患病率主要是因为贫穷和无知。正如所研究的那样，健康问题已经成为一个经济、社会和政治问题。可是，作为杰出的卫生工作者，洛伦特和弗洛雷斯·科尔多瓦并没有论及这种分析的类型，他们诊断的缺陷是仅仅作为医生的必然结果。

——《世界》，利马，1923 年 10 月 9 日

5. 秘鲁的阶级行动*

秘鲁革命意识形态宣传的第一个表现是在这个世纪初由冈萨雷斯·普拉达的激进思想所引发的。① 冈萨雷斯·普拉达明确地将自己从当时的政治形势中分离出来。加之，激进政党实验失败，此后不久，第一批自由主义团体就出现了。一些对这些想法感兴趣的工人开始接触冈萨雷斯·普拉达，工人们对政治斗争的幻灭感使冈萨雷斯·普拉达成为一个无政府主义者。当时，工人们创建了一些小型自由主义团体，这些团体仅限于在不提出任何其他行动的情况下宣传冈萨雷斯·普拉达的想法。冈萨雷斯·普拉达以假名或不署名的方式合作。在合作中，他将成为无政府主义的宣传者：放逐者（Los Parias）、饥饿的人（EL Hambriento）。作为冈萨雷斯·普拉达朋友的一些激进分子和共济会会员，他们赞同这种宣传，但并没有立即全力以赴投入宣传。其他转瞬即逝的宣传者也出现了：红色种子（Simiente Roja）等。唯一有持久性的就是抗议（La Protesta），这个词被用来为第一个持久的无政府主义组织命名。

面包工人联合会的"秘鲁之星"（Star of Peru）是受革命思想影响的第一个行会。冈萨雷斯·普拉达借助面包师采取行动，他在 1905 年 5 月 1 日发表了关于知识分子和无产阶级的演讲。这个演讲重印在《劳动》的第 8 期上。

---

* 这篇论文提交给了 1929 年 5 月在蒙得维的亚召开的拉美劳工联合会的立宪会议。它也被刊载在里卡多·马丁内斯·德拉托雷（Ricardo Martinez de la Torre）编辑的《对马克思主义历史的诠释》（*Apuntes para una Interpretación Marxista de Historia*）中（第 2 期，第 404—409 页）。

Source：José Carlos Mariátegui，"Antecedentes y desarrollo de la acción clasista"，in *Ideología y política*，in *Obras Completas*，19th ed.，Lima：Biblioteca Amauta，No. 13，1990，pp. 96 - 104.

① 曼努埃尔·冈萨雷斯·普拉达（1844 年 1 月 6 日—1918 年 7 月 22 日），秘鲁政治家、无政府主义者、文学评论家和秘鲁国家图书馆的馆长。

在这些最初的意识形态的小冲突中，毕林赫斯特运动（the Billinghu-rist movement）① 从一些参与者那里获得成员资格，最重要的成员之一是曾经的自由意志主义者卡洛斯·德尔·巴佐（Carlos del Barzo）。他后来加入试图组织一个社会主义政党的行列，也曾是利马附近地区的一名工人候选人。在当时，毕林赫斯特也站在港口罢工的领导者费尔南多·维拉（Fernando Vera）旁边，但是他却投降了，从而成为一个"背叛者"。在毕林赫斯特政府的领导下，在所有政府部门的服务中，黄色的互助论者（yellow mutualism）对智利工人表现出热情的态度。政府赞助这些工人团体委员会访问智利。在那里，他们与其他无产阶级的虚假代表就和解和友谊这些字眼进行交流。当时正在努力为秘鲁工人地方联合会工作的秘鲁无政府主义组织被派送到智利，这个无政府主义组织缺乏毕林赫斯特所支持的官方代表团的意识，南部国家的同一联盟的工人接见了工人奥塔苏（Otazu）。可以说，秘鲁国际主义的第一次表达可追溯到这个时候。起初，我们必须考虑到声明的性质，这些声明与外交部的政策有关。外交部在智利与其同行打交道，以便应对塔克纳（Tacna）和阿里卡（Arica）问题。

当毕林赫斯特被推翻之后，冈萨雷斯·普拉达发行了一份反对贝纳维德斯（Benavides）军事政府的周报《斗争》（*La Lucha*）。卡洛斯·德尔·巴佐发行了《叛乱》（*El Motín*）。但这两份报纸只代表对军事政权的抗议，以及对军事政权弊端的纠正性反驳。由于意识形态的关系，报纸的领导人仍然与社会运动保持着联系。德尔·巴佐被监禁并被驱逐出境；冈萨雷斯·普拉达在媒体上被审讯。

在帕尔多（Pardo）政府的领导下，欧洲战争对经济形势的作用也影响着社会动荡和意识形态取向。劳动群体支配着为民众工作的无政府主义者。巴佐指挥着一些鞋匠罢工，并在首都的这个行业中组织工人工会。无政府工团主义者（anarcho-syndicalist）的宣传渗透到瓦乔镇，引发被帕

---

① 吉列尔莫·恩里克·毕林赫斯特·安古洛（Guillermo Enrique Billinghurst Angulo），生于1851年7月27日，死于1915年6月28日，在1912—1914年当选为秘鲁总统之前，是一位百万富翁商人和利马的民粹主义市长。他实施改革立法，例如在被军事政变推翻之前，每天工作8小时。

尔多政府血腥镇压的动乱。1918 年为 8 小时工作日的斗争包括无政府工团主义者频繁地对民众进行宣传。纺织工会是这场斗争的领导者，在阶级行动中发挥着重要作用。已经有几个学生与先进的工人团体取得联系。面对 8 小时工作日的斗争，学生联合会发表了一份官方声明，用来支持工人的诉求。学生群体对这些诉求的范围没有明确的想法，他们还认为大学生的作用就是指引和管理工人。

此时，反对派的日报《时代报》（*EL Tiempo*）开始发行。当时它很受欢迎，试图为一群社会主义者的宣传和集合服务。《时代报》的发展方向与反对派政治团体密不可分，与为一群社会主义者的宣传和集合而努力的行动无关，它只代表了一些年轻的和非政治性的作家的社会主义倾向。这些作家倾向于为报纸宣传赋予一个社会角色。这些作家包括塞萨尔·法尔孔、何塞·卡洛斯·马里亚特吉、汉伯托·德尔·阿奎拉（Humberto del Aguila）以及其他年轻的知识分子。1918 年，他们发行了一个好斗的期刊《我们的时代》。马里亚特吉的一篇反武器的文章引发军官的强烈抗议。这些军官蜂拥而至马里亚特吉工作的地方即《时代报》的编辑部，对他进行言语上的攻击。《我们的时代》没有社会主义的议程，但就这方面而言，它似乎是一个意识形态和宣传的工作。《我们的时代》发行两期之后就停刊了，它被报业弃用了，而该期刊的主要作家已经为它提供了服务。这些作家继续努力创建一个社会主义宣传委员会。他们与《时代报》的另一个编辑路易斯·乌洛亚（Luis Ulloa）联手。路易斯·乌洛亚来自老激进党，在其刊物反对"那些让人们保持饥饿的人"的活动期间，他与工会取得了联系。社会主义宣传委员会由德尔·巴佐及一些与他走得近的工人组成，还包括两组参加了劳动暴乱的学生（一些学生已经是专业人士）。该组织倾向于吸收所有敢于声称社会主义的元素，它不排斥那些来自冈萨雷斯·普拉达激进组织的人们，这些激进组织远离政治党派。由路易斯·乌洛亚领导的组织成员提议立即将该组织转变为一个政党。另一些组织包括那些声称他们应该维持社会主义宣传和组织委员会的创始人与发起者在内，却没有扎根民众之中。对社会主义组织来说，时机还未成熟。委员会的一些成员编辑了一份报纸《萌芽》（*Germinal*），它拥护莱吉亚运动。1919 年 5 月 1 日，马里亚特吉、法尔孔以及他们的同伴最终离开这个同意它作为一个政党公开露面的组织。

与此同时，诚如这些努力一样，一些与毕林赫斯特有关联的人们以及为了共和国总统而代表前民主党提名候选人的其他人强制创建一个工党。他们向社会主义委员会提议合并这两个组织，但是社会主义者反对这个想法。工党的开幕式定于1918年5月1日。工党的创办人在首都的一家剧院召集了一次人民议会会议。在这次会议上，工会演说家古塔拉（Gutarra）谴责了他们努力尝试的幕后选举政治活动，并将人群引向街头，参加以阶级为基础的示威游行。

1919年5月1日示威游行之后，同一个月的大罢工①［参见里卡多·马丁内斯·德拉托雷的《1919年的工人运动》（*El Movimiento Obrero en 1919*）］紧跟其后，社会党的尝试失败了。在大罢工中，那个组织的领导阶层避免任何行动并放弃民众，还采取一种与其革命行动相反的态度。随着路易斯·乌洛亚离开这个国家以及卡洛斯·德尔·巴佐的去世，社会党的委员会在没有留下关于工人良知的活动痕迹的情况下就解散了。

与其他拉美国家一样，高校与学生的改革运动以同样的方式把学生的先进分子带给无产阶级。成立于1919年的库斯科的第一个学生代表大会同意创建人民大学。1921年，来自这次学生代表大会的先锋组织以阿亚·德拉托雷为首，在利马和维塔尔特（Vitarte）成立了冈萨雷斯·普拉达人民大学。利马的工人大会赞同通过投票来加入这些大学的民众文化工程。但是，工人对学生的毅力并没有抱多大的信心。为了不引起人们的怀疑，这些人民大学避免为无产阶级开展任何形式的思想倾向工作。而且，人民大学的大多数学生缺乏这种倾向。就社会问题而言，他们将要准备学习，而不是为了与无产阶级并肩作战开展教学。变革开始于5月23日的行动，在有组织的劳工的帮助下，人民大学指引和领导了这次行动。马里亚特吉当时刚从欧洲回来，他的目的在于组织一个阶级党派。5月23日，处于鼎盛时期的人民大学为马里亚特吉提供了讲坛，马里亚特吉接受了这份工作。马里亚特吉做了一系列关于世界危机的演讲。在这些演讲中，他诠释了这场危机的革命性。无政府主义者对这种宣传表现出敌意，他们在某种程度上反对俄国革命，因此尤其敌视对俄国革命

---

① Ricardo Martínez de la Torre, *El movimiento obrero en 1919: apuntes para una interpretacion marxista de historia social del Peru*, Lima: Ediciones "Amauta", 1928.

的辩护。但是，马里亚特吉获得了人民大学和工人组织最热心的支持者的拥护。《光明》（*Claridad*）是一个自由青年的机构，但更确切地说，它是人民大学的一个机构，于 1923 年 4 月开始发行。《光明》的取向是"明晰"（clartista）。最重要的是，《光明》符合学生动荡的精神。阿亚·德拉托雷被驱逐出境，唐·格马尼·莱吉亚（Don Germán Leguía）的支持者发现了一场阴谋，这场阴谋作为惩罚其 5 月 23 日行动的一个借口，错误地指控这次行动与旧政权的政客有关系。在他们为《光明》第 4 期组稿的日子里，马里亚特吉承担起领导责任。第 5 期展示了一个坦率的教条主义者取向的原则。在这种取向中，《光明》放弃了学生风格。在这一期之后，《光明》成为当地工人联合会的一个机构。在警察的追逐下，有组织的无产阶级想要用形式化的团结来保护它。马里亚特吉开始为杂志的出版组织一个工人编辑协会，目的在于发行一份报纸，但就在这个时候，马里亚特吉病重了，他以右腿被截肢的代价逃脱了死亡。

从 1924 年年末到 1925 年年初，对学生先锋的镇压不断增强。人民大学和学生联合会最活跃的成员都被驱逐出境，如布斯塔曼特（Bustamante）、拉维内斯（Rabines）、赫维茨（Hurwitz）、特雷洛斯（Terreros）、莱卡罗斯（Lecaros）、希奥亚尼（Seoane）、海森（Heysen）、科尔内霍（Cornejo）、佩维提（Pavietich）等。阿舍尔地方总工会（the Local Federation of Arcelles）的秘书和土著组织的两名领导人也被驱逐出境。然而，这所人民大学的活动却由一个充满活力和不屈不挠的组织维持着。当时，按照发起人阿亚·德拉托雷的要求，讨论从创立美洲人民革命联盟开始，来自欧洲的阿亚·德拉托雷引领着秘鲁先锋。这些力量原则上接受美洲人民革命联盟，即使在其标题中，它也是扮演着一个联盟或一种统一战线的角色。①

1926 年 9 月，《阿毛塔》成为这场运动的一个机构和"意识形态界定"的一个论坛。地方工人总工会召开了第二次劳工代表大会。《阿毛塔》的主管人马里亚特吉致信给这个缺乏认真准备工作的劳工代表大会，警告教条主义趋势讨论的不合时宜性。他提议用一种"无产阶级联合"的方案来组织工人，创建一个基于"阶级斗争"原则之上的中央劳工总

---

① 维克托·劳尔·阿亚·德拉托雷于 1924 年创立了美洲人民革命联盟。

工会。然而，发展趋势把他们的观点带到代表大会，导致一场有关有组织的无产阶级应该恪守哪种阶级学说的无序讨论。此时此刻，政府的现任部长关注的是提升其政治重要性和圈子里的竞争对手施加的威胁，他大张旗鼓地选择开展大规模的镇压活动。6 月 5 日晚上，在一份报纸中被称为正规的会议上，工人的社会出版物《光明》是令人惊讶的。当晚，工人组织中最有名、最活跃的武装分子和一些知识分子及大学生被扣押在他们家中。所有的报纸上都刊登了一个官方通告，宣布逮捕这次会议中的这些人员，声称他们从事秘密行动。政府部长曼切戈·穆尼奥斯（Manchego Muñoz）毫无羞耻地说，他们发现的只不过是一个共产主义的阴谋。平民出版物《商报》（El Comercio）自莱吉亚政府成立之初就陷入沉寂，它以与旧政权的富豪统治集团存有关联而得名，以编辑身份批准这次镇压并采取了以下做法：查封《阿毛塔》、关闭作者—编辑印刷材料的密涅瓦商店和拘留何塞·卡洛斯·马里亚特吉。考虑到马里亚特吉的健康状况，便把他带到圣巴多罗梅军事医院（San Bartolomé Military Hospital）。大约有 50 个武装分子被带到圣洛伦佐岛（San Lorenzo）。更多的人被暂时拘留在警察的牢房中，其他被追捕的人不得不躲藏起来。警察通报了那些仍逍遥法外的人，宣称应该考虑解散工人的地方总工会、纺织总工会以及其他类似性质的组织，严厉禁止任何工会活动。他们没有错过为这些做法喝彩的机会，正如《商报》所做的那样，他们毫不犹豫地对打压《阿毛塔》的行径表达喜悦之情。黄色的互助论者也采取类似的行动，他们无条件地执行所有政府和一个假定全新的"工党"的命令。在一些工匠的配合下，由一些被停职和自助的雇员创办了这个工党。但是在变幻莫测和角色方面，它是如此的不相称，以致试图记录下"破坏社会秩序的共产主义阴谋"。尽管如此，它仍慢慢地使所有报纸失去获取公正信息的机会。那些在初始时刻被创办的出版物消失了。在媒体上能看到的就是马里亚特吉从军队医院寄出的一封简短的信。在这封信中，马里亚特吉严厉而明确地否认了警方虚构的所有内容。

人民大学的两位教授卡洛斯·M. 卡科斯（Carlos M. Coxy）和曼纽尔·瓦斯凯·迪亚兹（Manuel Vásquez Díaz）被驱逐到北部。玛格达·波塔尔和塞拉芬·德尔玛（Serafín Delmar）曾被派遣到那里。四个月后，这个问题不再受到公众的关注，也没有任何关于阴谋的迹象，圣洛伦佐监狱的囚犯就被释放出来了。1927 年 12 月,《阿毛塔》再次露面,否则它将会在布宜诺斯艾利斯复刊。

6 月份的镇压行动还带来了其他的一些影响,它推进了对方法和概念的审查,加速了摧毁社会运动中那些软弱无能和迷茫的人们的进程。一方面,镇压行动凸显了秘鲁的组织倾向,在无政府主义和工团主义的残余势力范围之外整肃"颠覆性的波希米亚人"(subversive bohemians);另一方面,美洲人民革命联盟的转向也清晰地呈现出来。在墨西哥,一群被驱逐出境的秘鲁人主张建立一个民族主义的解放党;阿亚把美洲人民革命联盟视为拉美的国民党。有一种讨论即教条主义的社会主义倾向明确地表明,它厌恶任何形式蛊惑人心的和不确定的民粹主义,包括个人主义的军事独裁者在内。附加文件展示了这场辩论的细节和结果,从此秘鲁左派运动进入一个有着确定方向的阶段。在《阿毛塔》的第 17 期中,在其两周年纪念日到来之际,《阿毛塔》已经完成"意识形态界定"的过程,并明确地证实它的马克思主义性质。1928 年 11 月,《劳动》作为《阿毛塔》作品的一种报刊延伸,逐渐转变为工会重组的一个机构。

第三部分

马克思主义和社会主义

马里亚特吉的马克思主义思想是当时最有独创性的思想。正如秘鲁思想家所说的那样，自马里亚特吉从意大利归来后，"我和一个女人结婚了，并有了一些想法"。马里亚特吉坚持社会主义的立场，对于他（马克思主义者）而言："社会主义是一种方法和学说，也是一种思想体系和一种实践。"去欧洲之前，马里亚特吉对社会主义有了更多的乌托邦式的想法，但在1923年返回欧洲时，他却是一位"社会主义的坚信者"。马里亚特吉的马克思主义的社会主义理论博采众家之长，他不仅吸收了马克思和列宁的思想，还吸纳了各种各样的思想以及其他思想家的观点，包括从罗莎·卢森堡到安东尼奥·葛兰西，再到本土美国人在印加帝国的残余者中所实行的村社社会主义（communal socialism）。马里亚特吉的马克思主义的社会主义理论建立在事实而非思辨的基础之上，通过它的方法，我们可以把问题集中到突出的焦点上。它不是教条的或狭隘的，正如马里亚特吉在《周年和总结》中所说的那样，"我们当然不希望拉美的社会主义成为一个复制品或仿造品。它应该是一种英雄的创造。我们必须用我们自己的语言和现实为印第安美洲社会主义注入活力"。实际上，正如《文选》第三部分第二节所表明的那样，"马克思主义是一种方法和学说，是阐述思想的一种方式，也是一种实践的政治行动类型"。更进一步说，"马克思主义是改进马克思主义的唯一方法"。

　　这一部分的大多内容由马里亚特吉著作中有关马克思主义的重要章节所组成，这些内容在《捍卫马克思主义》的按语中有过探讨。

1. 对路易斯·阿尔伯特·桑切斯的回复*

路易斯·阿尔伯特·桑切斯①声称，看到笔者进入辩论之中，他感到很欣慰，除了其他方面，"我的独白变得有点平淡"。但是，如果这个独白是前两年在这本杂志（《阿毛塔》）和其他杂志所写的内容，我们就必须把它称为一种辩论式的独白。因此，我们可以说，坚持新思想就必须面对和反对旧观念，也就是说，围绕旧观念进行争辩以便揭示它们的缺点和谬误。当学习或创作一篇有关某个问题或某个国家主题的研究报告时，笔者必然会与过去几代人的观点或措辞进行辩论。这不是为了辩论所带来的快乐，而是因为每个问题或主题都是根据不同的原则来推动笔者得出不同的结论，避免成为一位礼节上的革新者和内容上的保守主义者，这是合乎逻辑的。尽管很少与个人及很多想法进行辩论，但自己的平常态度极具争议性。

路易斯·阿尔伯特·桑切斯作为旁观者的身份马上被批准，但是从你自己的话来推测，你会接受这种倒霉的处境。你说自己没有其他选择了，"而马埃塞·佩德罗（Maese Pedro）在研讨会上移动了他的牵线木偶（marionettes）"。当这些消失时，桑切斯承诺，或许在笔者的旗帜下，也就是说，在秘鲁社会主义的旗帜下，他会"重返战士和奋斗者的征途"。必须明白，直到昨天为止，笔者都正当地认为从路易斯·阿尔伯特·桑

* Source：José Carlos Mariátegui, "Réplica a Luis Alberto Sánchez", in *Ideología y Política*, in *Obras Completas*, 19th ed., Lima：Biblioteca Amauta, No. 13, 1990, pp. 219 – 223.

① 路易斯·阿尔伯特·桑切斯（1900 年 10 月 12 日—1994 年 2 月 6 日），秘鲁作家、律师、法学家、哲学家、历史学家、政治家和阿普拉党的领袖。在马里亚特吉和桑切斯这两位秘鲁当时最有成就的知识分子之间的争论中，桑切斯越来越倾向于采取民族主义的立场，并试图把马里亚特吉对马克思主义分析家或马克思主义理论的任何阐释都描绘成一种外来的和欧洲的影响。

切斯的战壕里射来的那些飞镖是友好的，这是他作为一名义不容辞的旁观者的黑色幽默的一种效应。他不断地压制自己想要与右翼斗争的欲望，右翼使他处于把这种欲望消耗在左翼身上的处境之中。左翼当然是他觉得最亲近的那些人。

在书目逸事的道路上，笔者不会跟随同事超越教条的辩论术，他缩减了文章的第一部分。现在还不是公众对《对转》（*parallel lives*，译者注：又称《希腊罗马名人传》）感兴趣的时候。桑切斯指出，尽管在其他时候笔者走的是异国情调和具有欧洲风味的路线，但他并没有偏离秘鲁和民族主义的路线。这些对路易斯·阿尔伯特·桑切斯来说是微小细节，他进一步说道："必须试着开始一段对话来讨论一些私人问题，这是不值得的。"

这里不会反驳你对《阿毛塔》的评判，因为尽管《世界》为笔者的创作提供了真诚友善的接待，但这种反弹的场所恰恰在笔者管理的杂志之中，路易斯·阿尔伯特·桑切斯只是偶尔和概括地做出评判。因为《阿毛塔》可能产生错误，笔者只会顺便纠正《阿毛塔》中的概念，这些概念大多是笔者的概念。与在其他任何杂志中所写的东西一样，笔者在《阿毛塔》这本杂志里所写的东西同样也是自己的思想。相比于为公众创作和为自己创作，没有双重性（no duality）更令人不愉快。出于感激，笔者没有把那些与选集不一致的主题带到《世界》这本杂志中来。《世界》的承办人一直希望将笔者有关国家主题的研究和笔记安排在这个选集中。笔者更不会把一个煽动者的长篇大论或一个盘问者的布道带给这本杂志；但这并不意味着，在这里削减自己的思想，而是尊重《世界》允许自己创作的这种热情接待的限度，这种谨慎也绝不会允许自己妄用这种殷勤接待。

这不是笔者的错，著作中清楚地表明了自己的社会主义立场。然而，任何人却无法同等轻易地从路易斯·阿尔伯特·桑切斯的著作中推断出同样的立场。桑切斯最后把自己定义为一个"旁观者"。作为民族主题的学生，桑切斯的劳动功绩——与讨论的主题无关——不足以在对立的学说和利益中确定一个职位。作为"民族主义者"，因为类型片研究不需要同样的政治态度，在同样有限的或具体的意义上，外国民族主义者已界定了这一术语。桑切斯与笔者一样恰恰否定了这种民族主义，这种民族主义隐藏或掩盖一种简单的保守主义，并用民族传统的装饰品来修饰它。

此时此刻，想要指出的是，路易斯·阿尔伯特·桑切斯从未在笔者多年以来的社会主义理论中发现关联的另一方面——笔者青年时代的所有那些社会主义理论，没有理由觉得要为笔者青春期的文字片段和"最近的民族主义"负责。欧洲国家的民族主义——在这些国家中，民族主义和保守主义被识别，它们是同质的——提出帝国主义终结了。欧洲国家的民族主义是反动的，也是反社会主义的。但是，殖民地种族的民族主义——正是经济上的殖民主义居民，尽管他们吹嘘其政治自主性——有着完全不同的起源和推动力。在这些殖民地种族中，民族主义是革命的，因此以社会主义告终。在这些种族中，国家的理念尚未按照其轨迹运行，也没有耗尽它的历史使命。这不是理论。如果路易斯·阿尔伯特·桑切斯对理论没有信心的话，他将对经验表现出十足的信心，如果经验处于作为学者的桑切斯的审视之下则会更少。笔者将满足于建议桑切斯将目光投向中国，国民党的民族主义运动从中国的社会主义中获得了最强劲的推动力。

在文章的结尾处，路易斯·阿尔伯特·桑切斯问笔者——在演说中，他的思想穿越这次对话主题的边界，而不去触及问题的症结——我们这些激进分子如何在改革的旗帜下提出解决土著居民问题的建议。最重要的是，笔者要用自己的立场来回应他。社会主义是一种方法和学说，也是一种思想体系和实践。笔者邀请桑切斯认真地研究它们，不仅在书本和行动中认真地研究它们，也在使它们有生机并生成它们的精神中认真地研究它们。

桑切斯在笔者之前提出的调查问卷——允许笔者这样说——是非常有独创性的。如果把所有的秘鲁问题都归结为沿海和山区之间的对抗，桑切斯会怎么问笔者呢？需要注意的是在征服中诞生的双重性肯定了解决秘鲁问题的历史必然性。笔者的理想不是一个殖民的秘鲁或印加秘鲁，而是一个完整的秘鲁。正如笔者就创建一本教条的和辩论的杂志这一问题所写的那样，在这里，我们是期待在新世界中创建一个新秘鲁的人们。如果没有召唤欧洲人与印第安人的混血儿（cholo）运动，桑切斯会怎么问笔者呢？如果这不能成为一种彻底的和非排他性的辩护运动，笔者有权相信桑切斯不仅没有考虑笔者的社会主义理论，在他还没有理解笔者的情况下，他还评判和反驳笔者。

我们支持的是对著作的辩护。在没有区分沿海和山区以及印第安人或混血儿的情况下，辩护是工人阶级的辩护。如果在辩论中——换句话说，在理论中——区分印第安人问题，那是因为在实践和事实中这一问题是截然不同的。城市工人是无产者，印第安农民仍然是农奴。第一种辩护——在欧洲，为工人和农民的斗争仍未停止——代表了反对资产阶级的斗争，第二种辩护则代表了反对封建主义的斗争，这种斗争相互关联的表现形式有两种：大庄园（latifundium）和奴役。如果我们没有认识到印第安人问题的优先性，指责我们没有与秘鲁国情联系在一起则是正确的。从理论上讲，这些都太过简单了。笔者并不是要指责秘鲁中的印第安人问题——在显而易见的意识形态的争论中——但是仍然有必要对大庄园和奴役做出解释。

现在要结束这个争辩性的插曲。笔者将继续进行辩论，但和以前一样，将用更多的想法而不是人们来开展辩论。当辩论真正地致力于澄清理论和事实时，它是有用的。当辩论带来的是清晰的想法和动机时，它也是有用的。

——《世界》，利马，1927 年 3 月 11 日以及《阿毛塔》第 7 期（1927 年 3 月），第 38—39 页

2 当代法国文学的进程[*]

这是有关社会主义和马克思主义教条的节选，它是马里亚特吉对修正主义作家和议会社会主义者如比利时的亨利·德曼及其作品《超越马克思主义》的回应的一部分。这个节选有助于为出自《捍卫马克思主义》的其他章节奠定基础。

在完成达达主义和超现实主义的试验之后，一群伟大的艺术家意识到，在社会和政治层面上，马克思主义无可争议地代表着革命，没有人争论这群伟大的艺术家的绝对的审美现代性。安德烈·布雷顿（André Breton）发现，抱怨历史唯物主义的准则是徒劳的，他宣称，"任何不同于马克思的社会解释的计划"是错误的。

教条在这里被理解为一种历史变化学说。因此，当变化发生时，只有当教条没有被归档或成为一种过去的意识形态法则时，它才会发生；没有什么能像教条那样确保创造性的自由和思想的萌芽功能。知识分子需要接受一种信念和一个原则，这一原则使他成为历史上和发展中的一个重要因素。当萧伯纳（Bernard Shaw）说道，"卡尔·马克思造就了我。社会主义造就了我"，他凭直觉知道了这一点。在其鼎盛时期，教条并没有妨碍但丁（Dante）成为最伟大的诗人之一；如果那是你想称为教条的东西，那么教条扩大了术语的使用范围；它并不妨碍列宁成为最伟大的革命者和最伟大的政治家之一。在成就和思想中，像马克思或恩格斯这样的教条主义者比任何伟大的异教徒或虚无主义者更有影响力。仅仅这一事实就应该消除所有忧虑和与教条的限度相关的所有恐惧。对于当代

---

　* Source：*Defensa del Marxismo*，in *Obras Completas*，3rd ed.，Lima：Editorial Amauta，1967，chap. 15，5，pp. 103 – 105.

的非乌托邦式的知识分子而言，马克思主义的立场是唯一能够提供一种自由和发展路径的立场。教条允许一门课程和一张地图：在前进的错觉下，教条是不将同一块土地覆盖两次的唯一保障，并且不会因为信息的错误而陷入一种僵局。极端自由的思想者通常被谴责为最狭隘的奴役：他的猜测以疯狂的速度旋转，但没有任何固定的点。教条不是一条旅行的路线，而是旅程的一个指南针。要想自由思考，第一个条件就是放弃对绝对自由的专注。思想对方向和目标有着严格的要求。在很大程度上，善于思考是一个方向或轨道的问题。作为一种对阶级斗争的原始情绪的回归，作为一种对议会和平主义的抗议，索雷尔主义是一种被纳入教条的异端邪说。在索雷尔那里，我们承认一个违反党纪却忠于一条阶级和方法的优良纪律的知识分子效忠于革命理想。索雷尔成功地实现马克思主义的一种原始的延续，因为他首先接受了马克思主义的所有前提，并没有像亨利·德曼在其自负的冒险中那样否定马克思主义总体而言是先验的（a priori en bloc）。列宁用一场革命的、无可辩驳的证据向我们证明了马克思主义是追随并超越马克思的唯一途径。

9. 发往工人代表大会的信息[*]

利马的第一届工人代表大会借助其可利用的资源实现了它的基本目标，即致力于为地方劳工联合会服务。这一地方劳工联合会为秘鲁工人阶级提供基层组织、活动中心和纽带。它的自然程序看起来十分适中，被简化到这一步。这五年来，地方劳工联合会事业的发展表明，在这个集会中，利马的先锋工人们通过不确定的尝试知道最终如何找到他们的出路。

第二届工人代表大会的时间已经到来。它的筹办花费了一些时间，但把这归咎于组织者是不公平的。从逻辑上说，这届工人代表大会有着新的和自己的目标。现在它所关注的是采取另一个步骤，你必须知道如何决然和成功地完成它。

我们应该研究和利用工会在利马的五年工作经验。1922 年的提议和辩论将会是不成熟和不适当的，可以借助这个斗争期中有争议的、精确的智慧元素来拓宽这些提议和辩论。实践或取向的扩散从来不会像它仅仅依赖于抽象概念时那样毫无生机。世界危机最后几年的历史为无产阶级孕育了反思和教训，它需要来自其领导人的现实标准。你必须从根本上摆脱陈旧的教条、不可信的偏见和过时的迷信。

马克思主义是一种基本的辩证方法，所有人都谈论某些细节，但知道尤其是理解这些细节的人却很少。这是一种完全根植于现实和事实的方法。不像某些人错误地认为的那样，马克思主义并不是一种对所有历

---

* 发表在利马第二次工人代表大会上，刊载在《阿毛塔》（2/5，1927 年 1 月）的第 35—36 页上。

Source：José Carlos Mariátegui，"Mensaje al congreso obrero"，in *Ideología y Política*，in *Obras Completas*，19th ed.，Lima：Biblioteca Amauta，No. 13，1990，pp. 111–116.

史气候和所有社会维度都一样的方法，它不是一些稳定的结果的规则实体。马克思从历史的精髓中提炼出他的方法。在每个国家和种族中，马克思主义对环境和媒介发挥着作用，它并不忽视任何形态。正因如此，经过半个多世纪的斗争，马克思主义的力量呈现出不断壮大的趋势。俄国共产党、英国工党、德国社会主义者等都同样地需要马克思。这一事实足以抵消所有对马克思主义方法有效性的异议。

革命工团主义（revolutionary syndicalism）最伟大的导师是乔治·索雷尔——相比于乔治·索雷尔之仿效的和平庸的复制者、爱用浮华辞藻和弄虚作假的人，我们的工人对这一点知之甚少——绝对没有否认马克思主义的传统。相反，工团主义完成并扩展了马克思主义的传统。在其推动力、本质和煽动中，革命的工会主义（revolutionary unionism）恰恰相当于革命精神的重生。也就是说，马克思主义者是社会主义政党的议会制和改革派的堕落所造就的（社会主义政党的马克思主义者，不是社会主义的马克思主义者）。乔治·索雷尔认为，来自被驯服的议会的社会主义者与来自零星叛乱和暴乱的热情的无政府主义者一样久远。

这场战争所引发的革命危机从根本上改变了意识形态辩论的术语。社会主义和工会主义之间的对立现在已不复存在。在同一个国家，旧的革命工会主义寻求更纯粹和更忠实的索雷尔主义——法国——旧的革命工会主义已经衰败并退化，不如过去的议会社会主义，反对索雷尔所反抗和反叛的东西。

这种社会主义的一部分现在有着如此的改良主义倾向，犹如右翼社会主义那样资产阶级化，并与之温和地开展合作。没有人忽视这一事实，即战后的危机把总工会（CGT, Confédération général du travail）分成两派，其中一派支持社会党的工作，另一派支持共产党的工作。以前的工会领袖直到最近的言语中才充满佩洛蒂埃（Pelloutier）和索雷尔这些名字，现在他们与大多数驯化的改革派社会主义政治家开展合作。

新形势带来一个新突破，或者一种更好的新分裂。革命精神不是由其战前的那些代表所体现着。辩论的术语已经完全改变了。临终前，乔治·索雷尔有时间向称为新时代的开端的俄国革命致敬。他最后的作品就是《为列宁辩护》（*Defense of Lenin*）。

在一种本质上截然不同的情形下，重申战前工会主义的老生常谈是坚持一种已经被超越的态度。它以过去几年历史进程的加速和动乱进程的绝对先知的方式行事。最重要的是，被重复的老生常谈不是真正的索雷尔工会主义的老生常谈，而是糟糕的西班牙或加泰罗尼亚语翻译的老生常谈（如果说可以从巴塞罗那无政府主义的工团主义中吸取什么教训，那无疑就是其失败的教训）。

我们中的程序性辩论没有任何理由迷失在理论的偏差中。工会组织需要的不是礼仪而是精神。在《阿毛塔》中，笔者早已说过，这是一个有标签的国家，在这里重复一遍。无产阶级的原则如此柔弱地扎根于他们之中，迷失在就有关无产阶级的原则所开展的枯燥无味的辩论中，也就没法为工人做点什么。特别是当问题恰好关涉到组织工人时，反倒会瓦解他们。

代表大会的座右铭应该是无产阶级的团结。

理论上的分歧不会妨碍在行动纲领上达成一致意见。工人统一战线是我们的目标。在建构这一战线的事业中，先锋工人有义务树立榜样。在今天要做的工作中，没有什么能把我们分开：一切都把我们联合在一起。

工会除了要求其联盟会员接受古典主义原则之外，不应该再要求他们做别的什么。在工会中，对于一些改革派社会主义流亡人士如工会会员、共产主义者和自由主义者而言，尚有余地可言。从根本上说，工会是一个阶级机构。实践和策略取决于工会内部中占主导地位的趋势。没有理由不相信大多数人的直觉。民众总是追随创造性的、现实的、确信的和崇高的精神。当民众真正懂得如何才能做到尽善尽美时，最好的精神才会普遍盛行。

因此，理解工人组织的事业并没有实际的困难。所有关于远程目标的拜占庭式的争论都是不需要的。在此之前，先锋无产阶级在国家工人阶级组织、与土著要求一致的阶级团结、大众文化制度的保卫和策划、与日常劳动者和大庄园中的佃农的合作、研发工人阶级出版社等方面都有着具体问题。

这应该是一些主要关涉到我们的问题。有些人以抽象原则的名义煽动分裂主义和持不同政见者，他们对这些具体问题的研究和解决没有任何帮助。这些人有意或无意地背叛了无产阶级的事业。

为工人总工会奠定基础的任务落到工人代表大会身上。工会代表大会把所有共和国的工会和工人协会联合起来，这些工会和工人协会都拥护有着阶级偏见的方案。第一届代表大会的目标是地方组织；第二届代表大会的目标应该是且尽可能是国家组织。

创建一种阶级意识是很有必要的。组织者很清楚，大多数工人有合作和互助精神。这种精神应该被发挥与培育起来，直到它成为一种阶级精神。首先，必须克服和战胜的是无政府主义的、个人主义的和自我中心的精神，除了极度的反社会之外，这种精神毫无意义，它使旧的资产阶级自由主义趋于恶化和退化。必须攻克的第二件事就是社团主义、贸易和工作类别的精神。

阶级意识并不能转化为一种腐坏且失去内涵的高谈阔论。例如，听到极端的和疯狂的国际主义对一个有着随心所欲的革命主义的规定的人提出抗议，这是非常滑稽的。在这种人的行为和实际愿景中，他有时并没有从教堂钟楼或村庄的情感和动机中解脱出来。

阶级意识可以转化为与工人阶级所有基本要求一致的团结。它还能转化成纪律。没有纪律就没有团结。没有工会，一个伟大的人类工程也就不可能完成。工会甚至会导致那些组织它的人牺牲生命。

在总结这些台词之前，笔者想告诉你们，连同一种现实主义的历史感，我们很有必要赋予先锋无产阶级一种为了创造和履行的英雄意志。对改善和对幸福的渴望是远远不够的。欧洲无产阶级的挫败源于平庸的实证主义，借助这种实证主义，胆小的工会官僚和冷漠的议会团队却在民众中培养了一种桑丘·潘沙（Sancho Panza）（《唐·吉诃德》小说中的人物，唐·吉诃德的侍者）的心态和懒惰精神。如果没有更大程度上减少工作时间和加薪，无产阶级将永远无法完成伟大的历史事业。正如有必要超越一种震撼心灵的和怪诞的实证主义一样，你也必须超越消极的和破坏性的虚无主义者的利益。革命精神是一种建构性的精神。与资产阶级一样，无产阶级有其溶解性和腐蚀性的元素，这些元素在不知不觉中为本阶级的解体而工作。

笔者不会详细讨论代表大会的计划。这些致敬的台词不是一种指导方针，而是一种意见。它是一位知识分子同志的意见，这位同志不轻易地蛊惑人心，而是试图履行职责，有着一种神圣的责任感和缜密的方式。

4 捍卫马克思主义*

何塞·卡洛斯·马里亚特吉在其一生中准备出版三本书，《捍卫马克思主义》是其中一本（《当代舞台》和《关于秘鲁国情的七篇论文》是另外两本）。不同于前两本书，关于意识形态与政治主题的第三个手稿曾被送往西班牙，但却丢失了。在马里亚特吉去世之后，1934 年《捍卫马克思主义》以智利版发行，并于 1967 年以其最初形态作为《全集》的一部分由《阿毛塔》社论发行。尽管《捍卫马克思主义》没有包括马里亚特吉关于马克思主义的著作的全部，但至少包括绝大部分。这本书很清楚地阐明了马里亚特吉通往学说的革命性但非教条式的方法。

乔治·法尔孔（Jorge Falcón）是马里亚特吉的老朋友，也是他早期的奋斗伙伴及在欧洲流亡期间的同伴。在这本著作的介绍中，乔治·法尔孔提供了关于马里亚特吉的马克思主义理论的最佳描述。马里亚特吉家族连同《阿毛塔》社论在《全集》中出版了这本著作。法尔孔指出，在马里亚特吉写《捍卫马克思主义》之前，他早已远离左翼宗派主义和右翼修正主义。法尔孔继续提醒读者，正如在德曼的《超越马克思主义》（*Beyond Marxism*，该书于 1926 年在耶拿出版，1927 年被翻译成法文）中所发现的那样，《捍卫马克思主义》被比利时修正主义作家和议员亨利·德曼这样的人写成是对革命的马克思主义批判的一种直接反驳。他提示读者，马里亚特吉明确指出："马克思主义——在它已经证明自己是革命的情况之下——也就是说，在已是马克思主义的地方——从来没有遵循

* Source：*Defensa del marxismo*, in *Obras Completas*, 3rd ed., Lima：Editorial Amauta, No. 5, 1967, chap. 1, pp. 15 – 19.

过消极的和僵化的决定论。"而且，"社会主义不可能是一个破产企业的一种自然结果；它必须是扬升的一种顽强的和重复劳动的结果"。通过引用马里亚特吉的话语，法尔孔进一步提醒读者应该记住，"已经出现在社会控制中的阶级总是把他们的物质动机伪装成神话，这个神话对他们行为的理想主义充满信心"。德曼最后指出，这种方法将对社会的客观现实做出正确的阐释，并定位其历史进程的路线。正如马里亚特吉所说的那样，这种方法使实践和理论成为一体。

下面的选段（字母 a 到 j 所表示的部分）包含《捍卫马克思主义》的大多数章节，但并没有包括所有的 16 个章节。这些选段允许马里亚特吉充分展示他的论点。第 2 章是"超越马克思主义的尝试性修正主义"，第 5 章是"比利时社会主义的特征和精神"，第 11 章是"英国社会主义的地位"，第 14 章是"新一代的神话"，第 15 章是"当代法国文学的进程"，这些章节与马里亚特吉有关马克思主义的主要论点似乎并没有密切关系，因此，这里并没有把它们包括进来。不过，在第三部分的第二节中，我们确实将有关教条的第 15 章包括在内，这一做法为讨论捍卫马克思主义奠定了基础。

4.a　亨利·德曼与马克思主义的危机①

正如斯宾格勒（Spengler）所写的《西方的没落》（*The Decline of the West*）一样，这本书或许试图努力达到同样的反响和扩散。亨利·德曼超越爱德华·伯恩斯坦四分之一个世纪以前的努力，他不仅"修正"了马克思主义，也"清算"了马克思主义……

但是，伯恩斯坦及其学派的其他"修正主义者"都不能摧毁马克思主义的堡垒。伯恩斯坦并没有试图维持一种分离主义的潮流，而是要重新考虑马克思始料未及的情形。伯恩斯坦在德国社会民主体制之内进行操作，相比于《资本论》作者的革命思想对德国社会民主的影响，拉萨

---

① 马克思主义危机的提法来自亨利·德曼关于马克思主义的评论性作品，特别是《超越马克思主义》（*Au delà du marxism*）［巴黎：菲利克斯·阿尔坎（F. Alcan），1929］和《社会主义危机》（*La crisis del Socialismo*）（马德里：没有出版社，1929）。

尔（Lasalle）的改革精神更容易影响到它。

列举其他微不足道的冒犯是不值得的……

从马克思著作的完善和延续的意义上而言，在理论和实践层面，另一类革命知识分子如乔治·索雷尔已经完成了对马克思主义的真正修订，具体体现在将马克思思想中那些基本的和实质性的东西与那些形式的和偶然的东西区别开来的研究中。在 20 世纪的头 20 年里，索雷尔代表的不只是工会有阶级偏见的观点对社会主义的议会制和进化论的蜕变的反应，他还代表马克思动力观和革命观的回归。他嵌入了新思潮和不可分割的现实之中。借助索雷尔，马克思主义从马克思之后的哲学思潮中汲取了大量元素和有价值的东西……列宁在我们这个时代似乎无可争议地成为马克思主义思想中最具活力和最有影响力的修复者，不管《超越马克思主义》的这位醒悟的作者被什么疑惑所困扰着。无论改革派是否接受，俄国的发展都是当代社会主义的主要成就。这是一种无法衡量历史意义的成就，我们必须寻找马克思主义的新阶段……

如今活跃的和现存的马克思主义与亨利·德曼所提供的荒凉的证据几乎没有什么关系。

4.b　自由主义和社会主义的经济学[①]

在做所有事情之前，除非它努力成为马克思主义经济的一种独创的且档案化的修正，否则就没法设想马克思主义的修正，更不用说马克思主义的清算了。然而，亨利·德曼在这个领域中感到很满足，他用类似"为什么马克思没有从地质或宇宙进化中推导出社会进化"的笑话，最终使其依赖于经济原因。德曼既没有为我们提供一种对当代经济的批判，也没有为我们提供任何有关当代经济的概念……

亨利·德曼就马克思有关机械化发展会淘汰熟练工人的预言的程度开玩笑，他通过开玩笑来自娱自乐。

---

① Source：*Defensa del marxismo*，in *Obras Completas*，3rd ed.，Lima：Editorial Amauta，1967，No. 5，chap. 3，pp. 27 – 33.

德曼确信，泰勒主义（Taylorism）① 将会受到质疑，因为事实证明，"它会造成不利于生产的心理影响，以致无法通过劳动和薪水的经济利益来补偿这些心理影响，这在理论上是可能的"。此外，在这个及其他思考中，德曼的推理建立在心理学而不是经济学的基础之上。如今，工业更多地遵从福特的推理，而不是比利时社会主义者的推理。理性组织的资本主义方法从根本上忽视了亨利·德曼。它的目标是通过雇用机器和非熟练工来降低成本……

新修正主义局限于一些肤浅的经验观察，这些经验观察无法理解经济发展过程或解释战后危机感。马克思主义最重要的预测——资本集中——已经实现……

但德曼认为，资本主义与其说是一种经济类型，不如说是一种精神力（a mentality）。他指责伯恩斯坦修正主义的蓄意的限度，这种修正主义不但没有讨论马克思主义所源自的哲学假设，而且致力于运用马克思主义的方法并延续马克思主义的研究。因此，人们必须从别处寻找他的动机。

4. c　现代哲学与马克思主义②

1919 年，诗人保罗·瓦莱里（Paul Valéry）使用《圣经》的语言，以这样的方式表达了一种承继关系："正是康德造就了黑格尔，造就了马克思，造就了……"③ 尽管俄国革命已经取得进展，但在讨论马克思的继承者时，谨慎地满足于这些省略号还为时过早。但在 1925 年，C. 阿基林（C. Achelin）用列宁的名字取代了他们。很有可能保罗·瓦莱里自己也不会觉得这是完成其思想的过于冒失的方式。

历史唯物主义的三大理论来源是德国古典哲学、英国政治经济学和

---

① 泰勒主义是一种科学管理理论，由弗雷德里克·泰勒（Frederick Taylor，1856—1915）首创用于分析和综合工业工作流程，以便提高经济效率和劳动生产率。泰勒主义为将劳动程序化为简单的和重复的任务提供了基本的理论基础。

② Source：*Defensa del marxismo*, in *Obras Completas*, 3rd ed.，Lima：Editorial Amauta，No. 13，1967，chap. 4，pp. 35 – 42.

③ 保罗·瓦莱里是 20 世纪上半叶著名的法国诗人、作家和哲学家。

法国社会主义。这正是列宁的理念。就像资本主义先于社会主义并滋生社会主义那样，康德和黑格尔先于马克思，并造就了马克思，之后则是列宁（我们现在增加的）。对于这些唯心主义哲学的引人注目的代表如意大利人克罗齐和金蒂勒（Gentile）而言，他们致力于马克思思想的哲学背景，与历史唯物主义的这种明显的联系当然不是异质的。康德的先验辩证法是近代思想史上马克思主义辩证法的一个前奏。

但是，这种联系并不意味着马克思主义屈从黑格尔或黑格尔哲学。根据经典的说法，马克思在违背作者意图的情形下改变了立场。马克思从未提出过把历史解释的哲学体系的详细阐述作为实现他的政治和革命思想的一种工具。马克思的著作在某种程度上是哲学著作，确切地说，因为这种思辨类型不能简化为系统。在系统中，正如贝内德托·克罗齐告诫的那样，即使有时一个人只会接触到外在表现，任何人的具有哲学特性的思想都是一种哲学。作为黑格尔唯心主义概念的对立面，马克思的唯物主义概念辩证地诞生了。对克罗齐这样睿智的评论家来说，这种关系看起来也不太清楚。克罗齐说道，"马克思的唯物主义概念和黑格尔的唯心主义概念之间的关系"，"对我来说，比其他任何东西都更像心理关系，因为黑格尔主义是青年马克思主义的前文化（pre-culture），每个人都将新思想作为旧思想的发展、修正和对立面，从而将两者联系起来，这是很自然的事情"①。

诚如亨利·德曼一样，那些人将马克思主义视为 19 世纪理性主义的简单产物，他们的努力可能不会过于草率或反复无常。历史唯物主义不是形而上学或哲学的唯物主义，也不是科学进步遗留的一种历史哲学。除了创造现代社会的历史解释的方法之外，马克思没有理由创造任何东西。克罗齐驳斥了斯塔穆勒（Stammler）教授的观点，他认为，"社会主义的前提不是一种历史哲学，而是由社会现状及其呈现的方式所决定的一种历史观念"②。马克思主义的批判理论对资本主义社会进行了具体的

---

① Benedetto Croce, *Historical Materialism and the Economics of Karl Marx*, London: George Allen & Unwin, 1922, chap. 1; originally published in Italian in 1900.

② 鲁道夫·斯塔穆勒（Rudolph Stammler）是莱比锡哈雷大学的教授。这句话出自克罗齐《历史唯物主义与卡尔·马克思的经济学》（*Historical Materialism and the Economics of Karl Marx*）第二章的前几页。

研究。只要资本主义已经发生彻底的改变，马克思的原则就仍然有效。社会主义或者从资本主义到集体主义的社会秩序的转型斗争，使这种批判活跃着并不断地持续下去，还不断地证实和修正它。将马克思主义的批判归类为简单的科学理论的任何尝试都是徒劳的，因为它在历史上作为大众运动的福音和方法发挥着作用。克罗齐接着说，"历史唯物主义起因于意识到一种特定的社会配置的需要，而不是作为研究历史存在因素的一个研究计划而出现的；历史唯物主义是在政治领导人和革命分子的思想中发展起来的，而不是在那些冷淡的和单调乏味的图书馆博学者的思想中发展起来的"①。

被马克思的学说所激励的无数群众积极投身争取实现社会主义的解放斗争中，马克思就生活在这种遍及全世界的斗争之中。马克思运用的科学或哲学理论的命运不以任何方式迁就其思想的有效性和相关性，这些理论胜过并超越作为马克思理论著作的元素。马克思运用的科学或哲学理论与伴随或先于它们的科学和哲学思想的无常命运截然不同。

亨利·德曼用下面的方式阐述了他的批判："马克思主义是 19 世纪的产物。马克思主义的起源可以追溯到起始于人本主义和宗教改革的智力知识统治的时代，它在理性主义的方法中达到了顶峰。这种方法将其信仰从精确的自然科学中分离出来，并将其归功于生产技术和通信的进步；它包括将机械因果关系的原理传送给心理行为的解释，这个原理在技术中显现它自身。这一方法预测，在理性思考中，现代心理学只在它作为灵魂的组织者和抑制者、作为人类所有欲望和所有社会发展的主宰者的功能中认可它。"亨利·德曼立即补充说，"马克思对他那个时代的哲学思想做了一种心理综述"（并同意以下这些观点，即哲学思想"在社会学领域之中是如此异常的新颖和充满活力，以致怀疑其绝妙的创意是不正当的"），"在马克思的理论中被表达的不是思想运动，自他去世后，思想运动仅起因于工人阶级生活和社会实践的深度；它是达尔文的因果

---

① 鲁道夫·斯塔穆勒（Rudolph Stammler）是莱比锡哈雷大学的教授。这句话出自克罗齐《历史唯物主义与卡尔·马克思的经济学》（*Historical Materialism and the Economics of Karl Marx*）第二章的前几页。

关系唯物主义和黑格尔的目的论的唯心主义"。①

　　未来主义表达的反对马克思主义的社会主义的不可改变的看法截然不同于托马斯主义所表达的看法。马里内蒂将马克思、达尔文、斯宾塞和孔德混为一谈，并快速和无法和解地判处他们，没有考虑到可能将他们同样是19世纪的人分离开来的距离，因此很容易就能摆脱这些想法。来自另一极端的新托马斯主义者——中世纪反对现代性的辩护——在社会主义中找到宗教改革的逻辑结论和所有新教徒的、自由主义的与个人主义的异端邪说。因此，在"愚昧的"19世纪的最特殊的心理过程中，德曼在为马克思主义编目分类的完美的反动企图中缺乏独创性的价值。

　　我们没有必要为这个世纪反对其批判者做作的和肤浅的谩骂，从而来反驳《超越马克思主义》的作者。② 我们也没有必要表明，如同斯宾塞和孔德一样，达尔文在任何情况下以不同的方式与资本主义的思想方法相一致；如同黑格尔一样，从黑格尔传承的人物那里——用马克思和恩格斯的同样明显的革命理性主义——有着历史学家的保守理性主义。这些历史学家把"存在即合理"（Everything that is rational is real）的公式作为专制和富豪统治集团的一个辩护理由。如果马克思不能把其政治规划或历史理论建立在德·弗里斯（De Vries）的生物学或弗洛伊德的心理学或爱因斯坦的物理学之上，那么，正是康德在阐述他的哲学时不得不使自己满足于牛顿的物理学和他那个时代的科学。马克思主义在以后的发展中——或者更确切地说，它的知识分子——并不是不能够持续地吸收后黑格尔主义或后理性主义的最具实质意义和相关性的哲学思辨与历史考究。乔治·索雷尔在列宁的思想形成中有着如此的影响力，阐明了革命社会主义运动——他有着亨利·德曼肯定不会忽略的一种才能，按照柏格森的哲学，尽管他的书没有提及《反思暴力》（Reflection on Violence）的作者索雷尔，但延续了马克思的著作。马克思早在50年前就根据黑格尔、费希特和费尔巴哈的哲学阐明了这一点。正如德曼所愿，革命文学

① 鲁道夫·斯塔穆勒（Rudolph Stammler）是莱比锡哈雷大学的教授。这句话出自克罗齐《历史唯物主义与卡尔·马克思的经济学》（Historical Materialism and the Economics of Karl Marx）第二章的前几页。

② 《超越马克思主义》的作者是亨利·德曼。

在心理学、形而上学、美学等学术刊物上并不是大量存在的，因为它必须关注纷乱和批判的具体目标。但是在官方媒体之外，人们会发现，哲学思想在巴黎的《光明》和《阶级斗争》（*La Lutte des Classes*）以及柏林的《在马克思主义的旗帜之下》（*Unter den Banner des Marxismus*）等刊物中的表达，比德曼的修正主义尝试中的表达要严肃得多。

对马克思主义思想运动而言，活力论、激进主义、实用主义和相对主义，这些哲学洪流在它们给革命带来了什么的限度内一直是微乎其微的。威廉·詹姆斯（William James）对索雷尔的社会主义神话理论并不陌生，索雷尔的社会主义神话理论是如此明显地受到维尔弗雷多·帕累托（Vilfredo Pareto）的影响。① 俄国革命在列宁、托洛茨基和其他人中造就了一个深思熟虑和积极的人，对某些卑贱的哲学家而言，这值得仔细考虑一下。这些卑贱的哲学家充满所有理性主义者的偏见和迷信。在这些偏见和迷信中，他们想象自己是被净化和不受影响的。

马克思孕育了这类行动者和思考者。但是，这位理论家—行动者在俄国革命领导人中有着更清晰的形象。列宁、托洛茨基、布哈林和鲁纳查斯基（Lunacharsky）在理论和实践中开展哲学探讨。连同其有关阶级斗争策略的著作，列宁留下了《唯物主义和经验批判主义》（*Materialism and Emperiocriticism*）。在内战和党内讨论的困境之中，托洛茨基腾出时间来思考《文学和革命》（*Literature and Revolution*）。罗莎·卢森堡不是一直都是一名斗士和艺术家吗？在亨利·德曼如此敬仰的教授中，有谁认可更有完整性和力度的思想与创造力呢？尽管那些自命不凡的学者现在垄断了文化的官方代表，但是当一个了不起的女人写了如此奇妙的信件的时候，一个时代将会到来。从监狱到路易莎·考茨基（Luisa Kautsky）会激发同样的忠诚，并发现一种等同于德里萨·德·阿维拉（Theresa de Avila）的认可。与忽视她的迂腐的人相比，一种活跃、沉思且更有哲理和现代感的精神，使她一生的悲剧性的诗充满英勇、美丽、痛苦和快乐，这些都是在没有派系的知识中传授的。

与其指责马克思主义的落后或无视现代哲学，不如指责现代哲学对阶级斗争和社会主义的刻意与畏惧的不理解。自由主义哲学家如贝内德

---

① 维尔弗雷多·帕累托（1848—1923），意大利著名的经济学和社会学思想家。

托·克罗齐——一个真正的哲学家和自由主义者——已经在另一个哲学家乔瓦尼·詹蒂莱（Giovanni Gentile）之前用无懈可击的合理方式公开了这个问题。乔瓦尼·詹蒂莱是一个理想主义者和自由主义者，也是黑格尔思想的继承者和解释者。他在法西斯主义的队形中以及在新托马斯主义者和最热情的反知识分子（马里内蒂及其侦察队）的混杂陪伴中接受了一个立场。

实证主义和作为一种哲学的科学主义的破产绝对不会向马克思主义的立场妥协。马克思的理论和政治总是形成科学而不是科学主义。正如邦达（Benda）评述的那样，所有的政治方案现在都希望将自身建立在科学的基础之上，即使是最反动和反历史的方案也是如此。如今，正如邦达评论的那样，所有的政治方案——包括最保守和反历史的方案——都想依赖科学。宣称科学破产的布伦蒂埃尔（Brunetière）难道不希望与天主教和实证主义相结合吗？马勒拉斯不也声称自己是科学思想之子吗？正如沃尔多·弗兰克认为的那样，如果一种信仰必须提升为真正的宗教，未来的宗教就会依赖科学。

4.d　伦理学和社会主义①

马克思主义因其被假定的反道德主义、变动的唯物主义以及马克思和恩格斯在其辩论页中对资产阶级道德的讽刺而备受指责，这并不是什么新鲜事。在这一方面，新修正主义的批判者并没有说乌托邦主义者和所有的措辞制造者还没有说过的话。但是，贝内德托·克罗齐已从伦理的角度为马克思做了辩护。他是唯心主义哲学最权威的代表之一，他的格言似乎比任何耶稣会谴责小资产阶级智慧的格言更有决定性。在其第一篇关于历史唯物主义的文章中，贝内德托·克罗齐并不赞成有关马克思主义的反伦理命题。他写道：

> 这个趋势一直主要由必要性所决定，在这种必要性之中，马克

---

① Source：*Defensa del marxismo*, in *Obras Completas*, 3rd ed., Lima: Editorial Amauta, No. 5, 1967, chap. 6, pp. 47 – 54.

思和恩格斯发现他们自己面对着多种类型的空想主义者，声称所谓的社会问题并不是一个道德问题（也就是说，诚如已解释的那样，这不是通过布道和可以被称之为道德手段的东西来解决的），他们尖刻地批判阶级意识形态和伪善。在我看来，后来这得益于马克思和恩格斯思想的黑格尔式的起源。众所周知，黑格尔哲学和伦理学失去了康德所能给予的和赫伯特所保存的刚性。最后，"唯物主义"的命名并不缺乏有效性，因为它立即使人联想到被充分理解的利益和对快乐的计算。但很明显的是，从这些话的哲学意义上而言，道德的唯心和绝对是社会主义的一种必需动机。就像人们想说的那样，难道不是一种道德利益或社会利益促使我们构建了一个剩余价值的概念吗？鉴于无产阶级在目前社会中的处境，无论如何无产阶级不会出卖他们的劳动力吗？如果没有这样的动机，连同马克思的政治行动，那又怎么解释《资本论》的每一页中被人注意到的暴力的愤怒或尖锐的讽刺语气？［《历史唯物主义与马克思主义经济学》（*Materialismo Storico ed Economía Marxísta*）］①

诉诸克罗齐所做的这一评判的责任落在笔者的身上。就《基督教的苦难》中一些有关乌纳穆诺的话语而言，克罗齐写到，事实上，马克思并不是一位教授，而是一位先知。

克罗齐已经不止一次认可这些被引用的话语。他对这一问题的重要结论之一恰恰是"否定了马克思主义内在的非道德性或内在的反伦理主义"②。在同一著作中，他惊奇地发现，没有人"会想到把马克思称之为无产阶级的马基雅维利（Machiavelli），作为一种荣誉称号"。一个人必须在克罗齐为《君主论》（*The Prince*）的作者做辩护的过程中找到其概念

① 马里亚特吉非常了解贝内德托·克罗齐的作品，他有克罗齐的四本书，包括《历史唯物主义与马克思主义经济学》（*Materialismo Storico ed Economia Marxista*）的第四版，并对这些主题进行详细的讨论。参见《历史唯物主义》（*Historical Materialism*）的前两章；哈利·E. 瓦登的《马里亚特吉对其意识形态形成的影响》（*Marategui，Influence Encias en su Formacion Idelogica*）［Lima：Editorial Amauta，1975］、《拉丁美洲民族化的马克思主义》（*National Marxism in Latin America*）以及《何塞·卡洛斯·马里亚特吉的思想与政治》（*José Carlos Mariátegui's Thought and Politics*）［Boulder，CO：Lynne Rienner，1986］。

② 参见《历史唯物主义》的前两章。

的充分而明确的解释，也因他的后代的反对而受到迫害。就马基雅维利而言，克罗齐写道，"他发现了超越善和道德邪恶的政治学的必要性和自主性，政治学有其规章，反对这些规章是徒劳的，用圣水并不能把一个人从世界中驱除出来或拖曳出来"①。克罗齐认为，马基雅维利被"有关政治学的思想和想法所分割，在政治学中，马基雅维利已经发现了自主性，对他而言，如今自主性是必须通过放手与野蛮种族一搏从而贬损某人权力的一种心酸的必需品，也是创建和维护极其重要的机构即国家的一种崇高艺术"②。克罗齐从以下这些方面明确地指出这两种情况之间的相似性：

> 对马基雅维利的传统批判在某些方面类似于关于马克思伦理学的讨论：这种批判被德·圣蒂斯（De Sanctis）超越［在其著作《德拉托雷文学史》（*Storia della letteratura*）的有关马基雅维利的章节中］，但是，在维拉利（Villari）教授的著作中，这种批判不断地再现，维拉利教授发现了马基雅维利的缺陷：在于他没有考虑道德问题。我总想问问自己，通过什么样的义务和什么样的协议，马基雅维利应该探讨各种各样的问题，包括那些他不感兴趣的问题和那些他无话可说的问题。对于那些从事化学研究的人来说，他们不会回到对真实事物的原则的一般性形而上学研究中去，因此，责备他们中的某个人也就没有什么不同。

社会主义的伦理功能——至于它努力诱导一些马克思主义者如拉法格（Lafargue）草率和简单的无节制行为——不应该在大言不惭的十诫中寻求这一功能，也不应该在哲学思辨寻求它。哲学思辨绝不是构成马克思主义理论化的一种必需品，而是要在为了反对资本主义斗争的进程而进行的建立生产者的道德中寻求社会主义的伦理功能。考茨基说："用道德布道来激励英国工人应该有一种更崇高的生活观念——高尚努力的情操，这是徒劳的。无产阶级的道德观源自他们的革命愿望；正是革命愿

---

① 参见《历史唯物主义》的前两章。

② Benedetto Croce, *Elimenti di politica*, Bari: G. Laterza & figli, 1925.

望赋予了无产阶级力量和崇高。正是革命这一理念使无产阶级一次又一次从强烈的压迫中被解救出来。"索雷尔补充说，对考茨基而言，道德总是服从于崇高的理念，虽然与那些用极端的矛盾和讥讽来粉饰道德家的正式的马克思主义者不一致。这些马克思主义者一致认为，"马克思主义者有理由怀疑一切与伦理学有关的东西"；参加宴会的宣称者、空想主义者和民主党人如此滥用正义，以致他们有权把依据这些原则的所有论文视为修辞学中的一种练习或诡辩术，这种练习或诡辩术注定要误导那些关心工人运动的人们。

我们把有关社会主义的这种伦理功能的辩护归功于爱德华·伯斯（Eduard Berth）索雷尔式的社会主义思想。丹尼尔·哈维（Daniel Harvey）主张，伯斯似乎认为，"生产者的提升应该会损害人的提升；他把一种热衷于工业文明的彻底的美国式热情归咎于我。绝对不是这样的；自由精神的生命对我来说就像对他一样珍贵，我也不相信世界上没有比生产更重要的东西。最后，马克思主义者总是被指责为道德层面和形而上学层面的唯物主义者。没有什么比这更虚假了；历史唯物主义并不妨碍黑格尔所说的自由或绝对精神的最新发展；相反，历史唯物主义是黑格尔所说的自由或绝对精神的最新发展的先决条件。准确地说，我们的希望是立基于一个适当的经济基础之上的社会组成一个工作坊联合会，在这个联合会这里，自由工人将被一种为了艺术、宗教和哲学生产的振奋的热情所激励着，这种热情可以吸纳一种巨大的推动力和同样激烈而又狂热的节奏，自由工人还将会把它们传送到一定的高度"[①]。

这一观点并不能免受吕克·杜兰特（Luc Durtain）纯粹的法国式反讽的影响，它支撑着马克思主义这种狂热的虔诚。在第一个国家中，有一部与其原则相一致的宪法。从历史上看，通过西方社会主义的斗争，人们已经了解到无产阶级的崇高不是一种理智的乌托邦或宣传的假设。

在社会主义中重申道德内容时，亨利·德曼强迫自己试图表明，阶级利益本身并不是一个充分的原动力，它绝对不能"超越马克思主义"，也不会修复那些没有被革命批判所预见的东西。德曼的修正主义抨击着

---

① 法国社会主义作家爱德华·伯斯因《知识分子的恶行》（*Les Méfaits des intellectuels/The Misdeeds of the Intellectuals*）而闻名。这部作品于 1914 年在巴黎出版，由乔治·索雷尔作序。

改革主义的工团主义。在这种改革主义的工团主义中，阶级利益安于满足有限的物质愿望。正如索雷尔和考茨基所设想的那样，一个生产者的道德不会机械地来自经济利益：它在阶级斗争中形成——借助充满激情的意志的英雄气概释放出来。在资产阶级化的联盟中寻找社会主义的道德情操是荒谬的——在这种联盟中，一个被驯化的官僚机构有着脆弱的阶级意识——或者在议会组织中，通过他们投身到演讲和运动的斗争中，从而在精神上被敌人同化。当亨利·德曼声称"阶级利益并不能解释一切。阶级利益也不能创造道德动机"① 时，他说了一些全然没用的话语。这些主张肯定能给那些对阶级斗争的历史视而不见的 19 世纪的知识分子留下深刻印象。与亨利·德曼一样，这些知识分子超越了马克思及其学派的限度。社会主义的伦理是在阶级斗争中形成的。为了使无产阶级履行其在道德进步方面的历史使命，必须假定无产阶级现有的阶级利益，尽管阶级利益本身是不充分的。早在亨利·德曼之前，马克思主义者就已经意识到并理解了这一点。正是从这时开始，他们开始对肤浅的改良主义提出尖锐的批判。列宁提出，"没有革命的理论，就没有革命的行动"，暗指人们只关注目前形势而忘记革命最终结局的黄色趋势。

社会主义的斗争把工人提升到禁欲主义的高度，他们以饱满的热情和绝对的信念参与到斗争中来，以一种理论家和哲学家的道德观的名义来指责禁欲主义的唯物主义信条是极其荒谬的。吕克·杜兰特在参观了一所苏联的学校后，他询问自己是否在俄国找不到一所世俗的学校，因为马克思主义教义似乎是宗教教义。如果唯物主义者相信并虔诚地服务于其信仰，即使只是为了语言上的约定，唯物主义者与唯心主义者也是相互对立的，并与之截然不同。当乌纳穆诺论道，"对我们而言，唯物主义只不过是一种理念，唯物主义也是一种唯心主义"，他已经触及了唯心主义与唯物主义对立面的另一方面。

工人对阶级斗争漠不关心，他满足于其生活的要旨和物质福利，能够达到一种平庸的资产阶级道德，但却永远无法将自己提升到一种社会主义道德的高度。假装马克思想把工人从其工作中分离出来，并剥夺精神上将工人与其工作联系起来的东西，这是错误的，以致阶级斗争的恶

---

① 源自西班牙思想家和作家米格尔·德·乌纳穆诺。

魔能够更好地控制工人。对像拉法格这样的为懒惰的权利而辩护的人们而言，他们追随马克思主义的思辨，因此，这种推测是可想而知的。

商店或工厂在心理和精神上影响着工人。工会或阶级斗争延续并完成在那里开始的工作。戈贝蒂指出：

> 工厂为社会利益的共存提供了精确的愿景：工作团结。个人被视为生产过程的一部分，也是同样的生产方式的不可或缺的一部分。在这里，你拥有支持自豪和谦恭的最完美的学校。我将永远铭记当我参观菲亚特工厂时对工人们的印象，这个工厂是少数几个在意大利存在的盎格鲁－撒克逊式的现代的资本主义机构之一。我觉得工人们有一种支配欲的态度和一种不装腔作势的安全感，他们对所有类型的业余爱好都不屑一顾。任何在工厂生活的人都有工作的尊严，有牺牲和疲劳的习惯。生活的节奏必须建立在宽容和相互依赖的精神之上，这种宽容和相互依赖的精神使一个人习惯于守时、苛刻和持续性。一种几乎毫无新意的禁欲主义抵制资本主义的这些优点；但是，另一方面，恼怒、斗争的勇气和政治防卫的本能滋生着这样的苦楚。盎格鲁－撒克逊人的成熟、相信精确的意识形态的能力、通过使他们脱颖而出从而直面危险的能力以及用尊严坚持不懈地进行政治斗争的能力都是在这次见习中孕育而生的，这次见习标志着继基督教之后的最伟大的革命的到来。①

在这种坚持不懈的、努力的和顽强的严峻氛围之下，欧洲社会主义的力量已经有所缓和，即使是在议会社会主义凌驾于大众的国家之中，它也为印裔美国人提供了一个令人钦佩的连续性和持续的范例。在这些国家中，社会主义政党和工会群众已经遭受一百次的失败。然而，新的一年都将会发现日益增长的和顽固的选举、抗议以及普通或不同寻常的动员。勒南（Renan）认识到这种社会信仰中的宗教和神秘的成分。拉布里奥拉（Labriola）中肯地赞扬德国社会主义："真正全新的例子是按照社会教育学来实施的，也就是说，在众多工人和小资产阶级中，一种新

---

① 源自皮耶罗·戈贝蒂。

的良知形成了，这种新的良知就是经济形势的占支配地位的气氛，它诱发阶级斗争，并与社会主义宣传不谋而合，被理解为目标和到达点。"①如果社会主义不应该作为一种社会秩序来实现，它就足以作为一项教育和提升工作，从历史上而言，这是合乎情理的。德曼说到，尽管出于不同的原因，"社会主义的本质是为它而奋斗"。德曼认同这一概念，但这句话却让我们想起伯恩斯坦建议社会主义者要担心的是运动而不是运动的目标。根据索雷尔的说法，德曼正在谈论的问题比修正主义领导人所设想的东西更富有哲理性。

尽管德曼的经历可能是平庸的社会民主，但他并没有忽视工会主义和工厂的精神功能与教育层面。他注意到，"工会组织有助于加固把工人与其工作联系起来的纽带，而且，远远胜过绝大多数工人和几乎所有老板所设想的程度。工会组织几乎在不知情的情况下就得到了这个结果，它们通过代表制和部门制等，试图维持一种专业能力，开发工业教学，组织工人有权检测工作纪律并使之民主化。在寻找工人和车间环境之间的所有精神关系的消失的补救措施之前，工会组织以这种方式给工人提供了一种更少问题的服务，它们把工人视为未来城市的一个公民"。虽然德曼有着唯心主义的自吹自擂，但是在他的物质福利中，在使其成为一个庸俗之辈的程度上，这位比利时的新修正主义者在工人日益发展的鼎盛时期发现了这一点的优势和价值——小资产阶级的唯心主义的悖论！

4. e　马克思主义的决定论②

有些知识分子通过诋毁马克思主义的参考书目来自娱自乐，这些知识分子的另一种常见的态度就是出于私利的考虑从而夸大马克思及其学派的决定论，目的在于把它们宣称为 19 世纪机械思维的一种产物。这与自战争以来现代世界一直倾向的英雄的和唯意志的生活概念是不相符的。

---

① 源自安东尼奥·拉博里奥拉（Antonio Labriola，1843—1904），一位意大利马克思主义思想家，对贝内德托·克罗齐和安东尼奥·葛兰西有着较大的影响。

② Source：*Defensa del marxismo*，in *Obras Completas*，3rd ed.，Lima：Editorial Amauta，No. 5，1967，chap. 7，pp. 55 - 58.

这些指责不符合对理性主义和乌托邦的迷信的批判，也不符合社会主义运动的神秘基础。但是，亨利·德曼却不能错过支持这个观点的机会。这个观点在20世纪的知识分子中造成严重影响，这些知识分子被反对"愚昧的19世纪"的反动势力所诱导着。在这方面，比利时修正主义者亨利·德曼注意到了应有某种程度的审慎。德曼宣称，"我们必须指出的是，马克思不值得被频繁地攻击，即指责他是一个宿命论者，从某种意义上说，他可能否认人类意志在历史发展中的影响力；事实上，马克思认为这种意志是被预先设定的"。他补充道，"马克思的门徒保护他们的老师以免马克思被指控为倡导这种宿命论类型，这些门徒的做法是正确的"。但所有这一切并没有阻碍德曼指责马克思的门徒信仰"另一种宿命论，即有着绝对的和必然的目的的宿命论"，因为"根据马克思主义的观点，有着一种受法律约束的社会意志，这种社会意志通过阶级斗争来实现，它是经济发展的一个必然结果，这种经济发展又创设了相互对立的利益"。①

本质上说，新修正主义采用重新确认意志和精神的行动的唯心主义的批判，尽管带有一些谨慎的修正。但是，这一批判只适用于社会民主的正统学说，正如我们已经确定的那样，社会民主的正统学说不是也不算是马克思主义的学说，而是拉萨尔派的学说。如今，"回到拉萨尔"的标语在德国社会民主中传播着，这个标语的活力证明了这个事实。要使这种批判成为有效的，必须首先证明马克思主义是社会民主，这是亨利·德曼试图避免尝试的一种努力。相反，德曼承认第三国际是国际工人协会的继承者，在其代表大会中，任何人可以流露一种与地下墓穴的基督教相当接近的神秘主义。德曼在其书中证实了这种明确的判断："共产主义的庸俗马克思主义者是马克思主义传统的真正的用益权使用者。就马克思那个年代而言，这并不是说共产主义的庸俗马克思主义者更了解马克思，而是因为他们更有效地利用马克思来完成他们自己时代的任务和实现他们的目标。考茨基提供给我们的马克思形象比列宁在他的门徒中普及的形象更像原型。但是，考茨基对马克思从未影响过的政治学发表过评论，然而，在马克思逝世后，列宁从马克思那里继承了作为其

---

① Henri de Man, *Au delà du marxisme*, Paris: Alcan, 1929; repr., Paris: Éd. du Seuil, 1974.

圣徒和标志的言辞，这些正是他的政治学，他们继续创设新的现实。"

乌纳穆诺在《基督教的苦难》中赞扬了归功于列宁的一句话："现实情况更糟！"然而，对于主张列宁的努力违背了现实的人而言，这句话是站不住脚的。马克思主义在它已经证明自身是革命理论的地方——也就是说，已是马克思主义理论的地方——它从来没有服从过一种消极而死板的决定论。战后时期，在最基本的经济决定论的理由的煽动下，改革派抵制革命——从本质上讲，这些理由代表着保守的资产阶级，并谴责了这种决定论的绝对资产阶级和非社会主义的性质。对它的大多数批判人士而言，俄国革命似乎是乌托邦狂热分子的一种理性主义者的、浪漫的和反历史的努力。所有改革派的口径主要是谴责革命者推动历史的趋势，并指责第三国际政党的策略是"布朗基派"（Blanquist）和"反叛者"（putschist）。

马克思唯一能设想或提出的就是现实的政治，因此他将其例证发挥到极致，即资本主义经济的进程会导致社会主义的出现，从而充分和积极地实现社会主义。但马克思把无产阶级通过阶级斗争创造一种新秩序的精神能力和智力作为一个必要条件。在马克思之前，现代世界已经达到任何政治和社会的信条都不能与历史和科学相矛盾的时刻。宗教的衰落明显根植于其日益与历史和科学经验疏离。如果像质问社会主义一样来质问一种政治理念，那将是荒谬的。这种政治理念在所有方面都是如此的现代化，它全然不考虑这种秩序。正如邦达在著作《知识分子的背叛》中指出的那样，所有当代的政治运动，从最反动的政治运动开始，都以它们将自己归结为与历史进程有一种严格的对应关系的努力为特征。对于法兰西行动派的反动派而言，他们实际上比任何革命者都更加积极，而自由革命开创的整个时期则充满浪漫和反历史的色彩。一段时间以来，马克思主义决定论的局限性和功能已经得到修复。与任何党派标准不相容的批判者，如阿德里亚诺·蒂尔格尔（Adriano Tilgher）则认同如下解释：

　　社会主义策略要想取得成功，一定要考虑到它们必须在其中发挥作用的历史情境，就社会主义的设施而言，仍然存在着太不成熟的地方，社会主义策略也必须小心谨慎，不要使自身被束缚。但另一方面，在事件的过程中，它们不必寂静地（quietistically）① 放弃，而是要使自己加入到流程中去，在社会主义的意义上调适这些事件，从而使这些事件为最终的转变做好准备。就像马克思主义理论本身一样，马克思主义的策略是充满活力的和辩证的。社会主义者不会在真空中进行煽动，他们也不会忽视已经存在的形势，他们更不会欺骗他们自己，认为他们可以用呼唤人类更好的情感来改变事物，但他们坚定地拥护历史事实，没有被动地把他们自己托付给历史事实。相反，带着从经济上和精神上强化工人阶级并凸显其与资产阶级相冲突的意识的目的，社会主义者总是积极对抗历史现实，直至愤怒的极限，随着资产阶级已经达到了资本主义政权的权力的终结，它成为了生产力的一个障碍，我们可以有效地推翻资本主义政权，并用有利于每个人的社会主义政权取而代之 [《世界危机史》（*La Crisi Mondial*）、《对马克思主义的批判》（*Saggi critics di Marxismo*）和《社会主义》（*Socialismo*）]。

事实上，社会主义唯意志论的特征并不那么明显——即使社会主义的批判者不太理解它——相比于它的决定论的基础。然而，为了赋予社会主义真正的价值，从马克思和恩格斯自第一国际伊始在伦敦的行动到现在，足以追随无产阶级运动的发展，一个社会主义国家即苏维埃社会主义共和国联盟（USSR）的初次体验主导着无产阶级运动的发展。在这个过程中，每个字或每个马克思主义的行为都充满信仰、意志以及崇高和创造性的信念。在一种平庸和消极的决定论的情感中寻求它们的推动力，这是极其荒谬的。

4. f　社会主义崇高的和创造性的意识②

像亨利·德曼一样，所有那些鼓吹并宣扬基于人道主义原则的伦理

---

① 指的是寂静派（Quietism），尤指一种专注于被动的冥想的宗教神秘主义。

② Source：*Defensa del marxismo*, in *Obras Completas*, 3rd ed. , Lima：Editorial Amauta, No. 5, 1967, chap. 8, pp. 59 – 62.

社会主义的人们，在某种程度上不是为无产阶级的道德提升做贡献，相反不自觉地且自相矛盾地极力反对伦理社会主义的主张，并将其作为一种创造性和崇高的力量。也就是说，他们极力反对伦理社会主义的教化作用。通过"伦理的"社会主义及其反唯物主义的对话，我们只能设法重新陷入最贫瘠和最悲哀的人道主义的浪漫主义、最颓废且"像贱民一样的"护教学（"pariah-like" apologetics）以及关于"心灵贫穷"（poor in spirit）的福音派警句的最伤感和最无用的剽窃之中。很大程度上，当通过这个贵族的情感和漫谈来培育社会主义要求的时候，这就相当于社会主义重返其浪漫的乌托邦式的时期。这个贵族通过装扮成牧羊人和牧羊女以及被转换成《百科全书》（Encyclopédie）和自由主义，以一种田园诗般的、18 世纪的方式自娱自乐之后，他们不可思议地梦想着能够华丽地领导一场赤膊上阵的革命。遵从升华一个人的情感的趋势，这种类型的社会主义者——没有人想着否认他们的功劳。在他们之中，一些非同寻常和令人钦佩的精神上升到一定的高度——他们从下层阶级（sansculottes）时代情感的陈词滥调和蛊惑人心的观念中解放出来，以便开创一个遍及世界各地的天堂似的卢梭时代。然而，众所周知，这绝对不是通往社会主义革命的道路。马克思意识到并教导我们，必须从理解资本主义阶段的必要性尤其是价值入手。从马克思开始，社会主义呈现为一个新阶级、一种理论和运动的构思，这种构思与那些否认资本主义工作是令人深恶痛绝的事情的人们的浪漫主义毫无共同之处。无产阶级在文明的进程中接替了资产阶级，而且，承担着这一使命，他们意识到自身的责任和能力——在革命活动和资本主义工厂中得益——当资产阶级已经实现了其目标，它就不再是一种进步和文化的力量。

出于这个原因，马克思的著作不经意地采取赞赏资本主义著作的态度。《资本论》为社会主义的科学奠定了基础，它是资本主义时代的最好历史（看似没有摆脱亨利·德曼观点的那些东西，但在其更深层次的意义上却摆脱了德曼的观点）。

伦理的、伪基督教的和人道主义的社会主义，不合时宜地试图反对马克思主义的社会主义。这种社会主义可能是疲软而颓废的资产阶级的一种抒情和无伤大雅的运动。它不是一种已经成熟的阶级理论，能够攻克资产阶级的最大目标。马克思主义与这些平庸的、无私的和博爱的思辨完全无关，也是背道而驰的。马克思主义者并不相信，创造一种比资本主义秩序优越的新社会秩序的工作会落在一个无组织的受压迫的流放者身上，这个流放者被善的福音传教士指引着。社会主义的革命精神并不是由怜悯或嫉妒滋养着。在阶级斗争中，社会主义进步的高尚的和崇高的元素在于，无产阶级必须将自己提升到一种"生产者道德"（producers'morality）的高度。"生产者道德"与"奴隶道德"（slave morality）相去甚远且截然不同。就奴隶道德而言，其不必要的道德教员被它的唯物主义所震惊，过分殷勤地试图提供这种道德。一种新文明不可能从苦不堪言的希洛特（helots）的悲惨的和被羞辱的世界中诞生，相比于他们的奴性和痛苦，希洛特没有更大的价值或能力。无产阶级只是在政治层面被载入史册，作为一个社会阶层。当时无产阶级意识到自己的使命是用人类努力收集的道德或非道德的、公正或不公正的元素来建构一种更高级的社会秩序。无产阶级并没有奇迹般地获得这种能力。它通过将自己稳固地置身经济与生产领域从而赢得了胜利。无产阶级的阶级士气取决于它在这一领域所运作的精神和英雄主义，以及它理解和掌控资产阶级经济的强度。

德曼有时也会触及这一事实，但他一般都不愿采纳。他这样写到："社会主义的本质部分就是为之奋斗。根据一个德国社会主义青年代表的准则，我们存在的目的不是天堂般的意义，而是英雄般的意义"。但这并不是恰好激发比利时修正主义者思想的观念。这些修正主义者在之前的寥寥几页文字中承认，"相比于极端主义者的实践，我感觉更接近改革主义者的实践，在一个工人阶级的街区或工人房子前的花园中，我评价的是一个新的下水道，而不是一种新的阶级斗争理论"。在德曼著作的第一部分，他批判把无产阶级理想化的倾向，就像农民、原始人或普通人在卢梭时代被理想化了一样。这表明，德曼的思考和做法几乎完全建立在知识分子人道主义的社会主义之上。

毫无疑问，到目前为止，这种人道主义的社会主义已经在劳动群众中传播开来。革命的赞美诗《国际歌》（*Internationale*）在第一首诗中提到了"地球上的贫民"，这句话显然让人回想起《福音书》。如果你记得这些诗句的作者是一个放荡不羁且有着浪漫气息并备受瞩目的法国诗人的话，那么，他的灵感的脉络就会变得清晰起来。另一个法国人即伟大的亨利·巴布斯的作品也充满同样的情感：民众的理想化——永恒的和不朽的民众、女像柱般的民众（the caryatidic masses）——基于此，英雄的荣耀和文化的重负，沉重地施加着影响。但这个种族的民众并不是现代的无产阶级，民众的一般要求并不是革命和社会主义的要求。

从这个意义上讲，马克思的非凡功绩在于他发现了无产阶级。正如阿德里亚诺·蒂尔格尔所写的那样，作为工人阶级的发现者，马克思站在历史的潮头，我们几乎可以说马克思是工人阶级的创造者（inventor）。实际上，马克思不仅规定了无产阶级运动的性质、合法性和历史必然性，还规定了无产阶级运动的内在规律及其迈进的最终目标，以这种方式，马克思因此给工人阶级灌输了一种前所未有的意识；可以说，马克思已经创造了无产阶级这个概念，无产阶级是一个本质上与资产阶级对立的阶级，也是现代工业社会中革命精神的真正而唯一的承载者。

4. g 自由经济和社会主义经济[①]

马克思没有预见经济过程的这些阶段——有必要停止查阅马克思倡导其解释方法的这些评论选和书卷，好像这些评论选和书卷是预言家的回忆录一样——但这至少没有影响马克思主义经济学的基本原理。正是19世纪整顿资本主义实践的那些日益严重和深远的事件，在符合特定的情形之下，这些事件催生了对自由贸易的保护主义和对自由放任政策的干预，但是它们并没有挑战为资本主义秩序提供理论基础的自由经济的基本原理。如今，在世界范围内服务和企业日益标准化的时代，共和党领袖和美国总统当选人声称，这些个人主义原则对这个国家的繁荣和发展是至关重要的。这是由于反对党倾向于用商业职能来奖励国家，并将其作为它对美国北方人经济最活跃和最有生机的力量的攻击的一部分。不论共和党政权如何在其经典的经济路线上经营美国北部各州，还是为私营企业、信托政策以及垄断行为储备业务和生产，这些都代表了美国总统胡佛（Hoover）大力宣扬的那些旧原则的减损。但是，如果这些原

---

① Source：*Defensa del marxismo*, in *Obras Completas*, 3rd ed.，Lima：Editorial Amauta, No. 5，1967，chap. 9，pp. 63 – 66.

则在最后的分析中被归结为私有财产的原则，资本主义将不会保留任何可以在意识形态上反对社会主义的东西。在某些情况下，尽管事实限制并取消原则的有效性——与为其使命服务的经济相对应——但是这些进展并不能否定构成自由经济之实质的这些原则。其政治家或政客同样不能否定这些原则……

索雷尔说道：

> 自由的政治经济是可以被引用的乌托邦的最好例子之一。他们设想了一个这样的社会，在这个社会里，一切都可以被归结为最完整的自由放任法则之下的商业模式。如今这个社会与柏拉图的理想国一样难以实现。但是，伟大的现代部长们已经把他们的荣耀归功于他们在工业立法中为引进这种商业自由所做的努力。

克罗齐并没有解释在哪个标题之下，自由主义经济学家指责社会主义是乌托邦式的社会形态：

> 如果社会主义者像现在这样而不是几年前那样研究自由主义，那时马克思提出了他的批判，那么，社会主义者可以把同样的谴责归咎于自由主义。自由主义把它的训词指向一个至少现在不存在的实体：一个社会的民族利益或一般利益；因为现在的社会分为对立的群体，它了解每一个群体的利益，但不是一般利益，或只是弱的一般利益。[1]

此外，这并不意味着，作为一种实践的马克思主义当前依赖有关马克思经济研究的数据和观点，根据现实问题，所有有关马克思经济研究的论文和辩论只是经济和政治问题的不断补充。就这一方面而言，苏联人可以调用各种各样的丰富经验。在最后的欧洲经济会议上，他们支持有社会主义经济的国家与有资本主义经济的国家的合法共存。对于历史

---

[1] Benedetto Croce, *Materialismo Storico ed Economía Marxista*, 4th ed., Bari: Guiseppe Laterza, 1921, p. 96.

上已确定的这种共存，如今它作为一种事实，苏联人把这种共存作为一项权利，以便实现他们法律和经济组织的目标。在这个主题中，第一个社会主义国家表现得比形式上的自由主义国家要自由得多。当自由主义思想家坚持认为自由主义的历史功能和哲学功能已经传递给社会主义，自由主义如今作为一个不断进化和进步的原则比这个名称的旧党派更不自由时，这恰恰证实了自由主义思想家得出的结论。

4. h 弗洛伊德主义和马克思主义①

马克斯·伊士曼（Max Eastman）出版的《革命的科学》（*The Science of Revolution*）与亨利·德曼的观点不谋而合，都倾向于从新心理学的角度用数据来研究马克思主义。但是，伊士曼怨恨布尔什维克党，他无法摆脱修正主义的动机。与比利时作家相比，伊士曼持有不同的观点，他以不同的方式给马克思主义的批判带来更具独创性的贡献。亨利·德曼是一个来自改良主义或社会民主主义的异教徒，马克斯·伊士曼则是一个来自革命的异教徒。马克斯·伊士曼的超级托洛茨基分子（super-Trotskyite）的学术批判使他与苏联人尤其是斯大林毫无瓜葛，他在《列宁死后》（*After Lenin's Death*）这本书中展开了猛烈的抨击。②

马克斯·伊士曼根本不相信当代心理学，特别是弗洛伊德的心理学，他削弱了马克思主义作为一门实用的革命科学的有效性。③ 恰恰相反，他坚持认为马克思主义强化了这种有效性，并指出马克思的基本发现和弗洛伊德的发现之间有着有趣的亲缘关系。类似地，在官方科学中，由两

---

① Source：*Defensa del marxismo*, in *Obras Completas*, 3rd ed., Lima：Editorial Amauta, No. 5, 1967, chap. 10, pp. 67 – 70.

② 《马克思和列宁：革命的科学》（*Marx and Lenin：The Science of Revolution*）的英文原标题是《列宁死后》，它于 1926 年首次出版。马里亚特吉援引的是《列宁死后》的法文版（*Depuis la mort de Lénine*, Paris：Librairie Gallimard, 1925）。就这篇写于 1929 年的论文而言，马里亚特吉使用的显然是《马克思和列宁：革命的科学》的西班牙文译本。参见 La ciencia de La revolution（Barcelona：Librería Catalonia, 1928）。

③ 马克斯·伊士曼（1883—1969），美国最多产的左翼作家之一，也是《大众》（*Masses*）杂志的出色编辑，直到政府审查将这一杂志封杀为止。马克斯·伊士曼在苏联待了一年，与列夫·托洛茨基（Leon Trotsky）成为好友之后，他逐渐倾向于批判斯大林，进而批判苏联共产主义。

者所激发的反应也存有密切关联。马克斯·伊士曼指出，上层社会（the classes）使他们的动机和意识形态背后的东西理想化并掩盖起来，也就是说，在上层社会的政治、哲学或宗教原则中，他们的利益和经济需要正在发挥作用。在开始采用每一种革命理论时都会有严谨性和绝对主义来阐释这一论断，出于好辩的理由，这种严谨性和绝对主义在与反驳它的那些人的辩论中更加突出。这一论断彻底地损害了知识分子的理想主义，直到现在，他们都不愿意承认任何科学概念。科学概念意味着思想的自主性或威严的否定或缩减，或者更确切地说，它意味着思想的专业人士或工作人员的否定或缩减。

在弗洛伊德和马克思的信徒中，虽然还没有人能够最大限度地倾向于理解并关注科学概念，但是弗洛伊德学说和马克思主义在它们各自的领地是相互关联的，不仅仅因为它们的"服从"（submission）理论。正如弗洛伊德说的那样，由于人性的唯心主义概念化，加之用于面对所考虑问题的方法，"为了治愈个体的剧变"，马克斯·伊士曼提到，"精神分析学家特别关注被压抑的性动机所产生的良知的形变。那些试图治愈社会动荡的马克思主义者特别关注由饥饿和利己主义所引起的形变"。马克思的术语"意识形态"仅仅是一个名称，它用来指明被压抑的动机所产生的社会思想和政治思想的形变。当弗洛伊德学派谈到合理化、替换、移情、置换和升华时，意识形态这一术语解释了他们的观点。历史的经济学解释仅仅是对社会精神和政治精神的一种广义的精神分析。从这种精神分析中，我们有一个间歇性和不合理的抵抗病人的样本。马克思主义的诊断与其说是一种科学的回答，不如被视为一种愤怒。它没有被一种真正全面的批判精神所接受，而是陷入最暴力和最幼稚的角色的合理化与"防御反应"之中。①

弗洛伊德研究精神分析的阻力，他已经描述了这些反应，无论是内科医生还是哲学家都没有将这些反应归因于适当的科学或哲学缘由。精神分析遭到反对，因为它比任何东西更加抵触并激起一种深层次的情感和迷信。精神分析对潜意识的肯定尤其是对力比多（libido）的肯定使人

---

① Max Eastman, *Marx and Lenin: The Science of Revolution*, London: G. Allen & Unwin, 1926.

类蒙羞，这种蒙羞与达尔文理论和哥白尼发现让人所感受的蒙羞一样严重。弗洛伊德可能为生物学和宇宙学的蒙羞增加了第三个先例：由经济史观造成的蒙羞，就像唯心主义哲学处于鼎盛时期一样。

弗洛伊德的理论遭遇的泛性论的指责与马克思主义学说仍然面对的泛经济主义的指责是相当的。除了马克思的经济概念与弗洛伊德的力比多的概念一样广泛和深刻之外，所有马克思主义的概念都建基于辩证原则之上，这个辩证原则拒绝将历史进程还原为纯粹的机械经济学。按照弗洛伊德运用的同样逻辑，马克思主义者可以反驳和摧毁泛经济主义的指控。为了捍卫其精神分析理论，弗洛伊德声称："马克思主义者责备他的泛性论，即使本能的精神分析研究可能一直是严格的二元论者，就性欲而言，本能的精神分析研究也许总能认同其他抵制性本能的强烈动机。"① 同样地，在有关精神分析的抨击中，对马克思主义抵制的影响并没有反犹太情绪的影响大。依据马克思主义时常遭受的那些嘲弄，精神分析在法国遭受的许多冷嘲似乎是令人惊讶的，因为它来自一个德国人，他的含混不清与拉丁文明和法国文明没有什么关系。在这个国家的反社会主义者中，这是一个问题。在这个国家中，无意识的民族主义使一些人习惯性地倾向于把马克思的思想视为一个模糊的形而上学的德国人（Boche）的思想。② 对意大利人而言，他们没有吝惜相同的绰号，根据具体情况，拉丁人的唯心主义和实证主义反对马克思的德国唯物主义或抽象概念，意大利人也没有那么过激和害怕。

就那些建立在阶级和知识教育之上的动机而言，它们推动了对马克思主义方法的抵抗，正如马克斯·伊士曼所言，弗洛伊德的门徒倾向于把革命的态度视为一种简单的神经症状。在科学人员中，他们并没有设法把自己排除在外。阶级本能决定了这种根本上的反动的评价。

马克斯·伊士曼著作的科学和逻辑的价值——读完《革命的科学》并回忆《列宁死后》中前辈们以及他被俄国共产主义者驱逐出教会之后，我们会得出奇怪结论——是相对的，如果有人对必然激发它的情绪做一

① Max Eastman, *Marx and Lenin: The Science of Revolution*, London: G. Allen & Unwin, 1926.

② Ibid. .

些研究的话。从这个角度来看，作为马克思主义批判的一部分，精神分析对马克斯·伊士曼而言可能失之偏颇。对于《革命的科学》一书的作者马克斯·伊士曼而言，在他的异端立场尤其是对布尔什维克主义的看法中，要想证明他的新修正主义的个人推理不可能被他的个人怨恨所影响，这是不可能的。情感经常被强加在这位作家的推理上，他如此热情地试图将自己置身于客观和科学的基础之上。

4.i 唯物主义者的唯心主义[①]

笔者非常赏识的一位朋友和伙伴写信说，在他的评价中，亨利·德曼著作的价值在于，它是使马克思主义精神化的一种尝试。在他作为知识分子和学者的双重角色中，这位朋友应该已经不止一次地被正统质问者的过分简单和基本的唯物主义所震惊。笔者知道很多这样的案例，在对革命现象的早期调查中，自己也有过这样的经历。但是，即使没有实际地推进这一调查，也足以研究这些材料的性质。根据这些材料，这种判断满足于让自身领会到它的无用性。笔者的朋友将会发现，在一个教区牧师的布道中，声称理解和评价天主教会的这个借口是极其荒谬的。在这样的批判中，他会对经院主义和神秘主义采用一种严肃而深刻的处理方式。任何诚实的调查人员都会加入他的行列中来。他会同意第一个哲学学生的观点吗？这个学生刚刚从其教授有关这种理论的精神化需求的一个短语中，毫不费力地学会对马克思主义抱有一种反感和蔑视的态度，正如它被知名的普及者所理解和传播的那样，这一理论对于学术鉴赏来说太粗糙了吗？

最重要的是，我们需要什么样的精神化？资本主义文明在衰落中很多方面都类似于罗马文明。如果资本主义文明放弃自己的哲学思想和科学确定性来寻求类药性（drug-like）的东方神秘主义和亚洲的形而上学，那么，作为一种新文明之来源的社会主义的兴旺和力量的最好标志，无疑就是它对这些唯心论者的欣喜若狂的抵抗。在其形成之初，神话并没

---

① Source：*Defensa del marxismo*, in *Obras Completas*, 3rd ed., Lima：Editorial Amauta, No.5, 1950, chap.13, pp. 83－90.

有使资产阶级感到烦恼，与颓废和受到威胁的资产阶级回归神话相比，对无产阶级创造力最坚实的肯定，将是其彻底地抵抗并微笑地弃用更年期的唯心论的痛苦和噩梦。

反对感伤的——非宗教的狂热——一个阶级的另一种世俗的乡愁，这个阶级感觉到它的使命已成定论，相比于一个新的统治阶级的革命哲学的唯物主义原则的认可而言，这个新的统治阶级不再拥有更有效的防御。如果这个新的统治阶级分享所有其隐藏的偏好，那么，什么东西将会把社会主义思想与最陈旧和最腐朽的资本主义思想区分开来？没有，没有什么比设想一个教授或银行家更倾向于尊崇克里希那穆提（Krishnamurti）更虚伪，或者至少表明他自己能够理解他的信息，这是高人一等的表现。他的客户中没有一个人问同一个银行家，他的听众中也没有一个人问同一个教授，他们表现出同样能够理解列宁的思想。

什么人能够以批判性的洞察力来顺应现代思想的发展，同时又不会注意到，回归到唯心论者的思想或亚洲人的天堂显然有颓废的原因和起源？作为哲学反思的马克思主义，它在资本主义思想放弃其进步行程并开始撤退的地方发现了资本主义思想作品。资本主义思想在其极端的后果之前发生动摇，在经济和政治层面，这是一种与自由资产阶级制度的危机相对应的波动。马克思主义的使命是继续这项工作。像亨利·德曼一样的修正主义者根据范德威尔德（Vandervelde）的话语为马克思主义"剔骨"（de-bone），他们唯恐出现与一种明显的反动冲动的哲学态度相关的倒退，试图为一种背信的整顿做准备。在这种整顿中，为了使它本身适应世俗的琐碎目的，社会主义将会削弱其唯物主义的前提，直到唯心论者和神学家能够接受这些前提。

在这种冥想（meditation）中，第一个错误的立场是假设宇宙的唯物主义概念不适合产生伟大的精神价值。神学的——不是哲学的——偏见作为思想中的残渣，这些神学的偏见设想摆脱了被征服的教条主义。这种教条主义使得它们把一种不被驯服的存在附加给了唯物主义哲学。历史通过无数的历史证明来反驳这一武断的观点。马克思、索雷尔、列宁以及其他社会主义的倡导者的传记中并没有找到什么可作为道德美和精神力量之充分肯定的东西而令人羡慕。在这些伟人和苦修者的传记中，从这些字句的传统意义上讲，他们此前顺应一种精神或宗教的观念。苏维埃社会主义共和国联盟用最极端的唯物主义武器来反对资产阶级意识形态。然而，如果理性主义和唯心论的目标是改善生活并使之升华的话，苏维埃社会主义共和国联盟的工作却检测了理性主义和唯心论的宣言与目标中的当前限度。正是那些渴望马克思主义精神化的人们认为，创新精神在那些争取一种新世界秩序的人们的行动中比纽约放贷者和实业家的行动中更缺少呈现和缺乏活力。纽约放贷者和实业家标志着资本主义枯竭的时刻，否认有影响力的尼采伦理学——资本主义的升华道德——不认真对待苦行者和术士吗？如同笔者在其他场合所申明的那样，正如基督教的形而上学没能使西方阻止伟大的物质成就一样，马克思主义的唯物主义包含了我们时代的道德、精神和哲学提升的所有可能性。

皮耶罗·戈贝蒂是克罗齐唯心主义的信徒和继承者，他借鉴了教义纯洁和积极的取向，以令人钦佩的方式来思考这个问题。戈贝蒂写道：

> 基督教教义已深入我们内心的真理世界，在精神的亲密关系中，基督教教义为人类指明了一种责任、使命和救赎。但是，抛弃基督教的教条，我们发现了更丰富、更有意识和更可行的精神价值。我们的问题是道德和政治问题：我们的哲学使实践的价值神圣化。一切都被归结为人类责任的一项标准；如果世俗的斗争是唯一的现实，那么，每个人在他们工作的范围内都是有价值的，我们所有人都创造自己的历史。因为更丰富的新经历充分展现出来了，这是一种进步。这不是通过苦行而达到一种目标或否认自己的问题；这是一个永远更强烈和更自觉地成为自己的问题，这是在反复的超乎平常人的努力中克服我们劣根性的问题。真理的新标准是胜任每个人的责任的行为。我们处于斗争的王国之中（人与人、阶级与阶级、国家与国家之间的斗争），因为只有通过斗争，能力才能得到锻炼，那些毫不妥协地捍卫他们立场的所有人才能在已超越了希腊禁欲主义和客观主义之死的至关重要的过程中开展合作。

一个拉丁人无法找到比这更经典的公式："我们的哲学将实践的价值神圣化。"

那些已经成功统治社会的阶级总是用一种赞颂其行为的唯心主义的

神话来掩盖他们的物质利益。社会主义与它的哲学前提是一致的，既然社会主义放弃了这种不合时宜的装束，那么，所有的唯心主义的迷信就会反对它。在一次国际法利赛主义（Pharisaism）的秘密会议中，胆怯的知识分子和天真的学者感觉有必要考虑的是谁的神圣的决定。

但是，由于资产阶级哲学思想已经失去其安全性和禁欲主义，借助这种安全性和禁欲主义，资产阶级哲学思想希望在积极的和革命的时代被描述出来，社会主义应该模仿资产阶级哲学思想，撤回到托马斯学派修道院或朝拜活佛宝塔，进而遵循让·科克托（Jean Cocteau）的巴黎行程或保罗·莫朗（Paul Morand）的旅游路线吗？在更深层和更抽象的意义上，谁是更唯心的人呢？是资产阶级秩序的唯心主义者，还是社会主义革命的唯物主义者？如果"唯心主义"这个词被其服务的系统所损害和连累，这个系统意味着所有的旧阶级利益和特权，那么，社会主义披上保护伞又有什么历史需要呢？从历史上看，唯心主义哲学是自由社会和资产阶级秩序的哲学。我们知道，自从资产阶级变得保守以来，已从理论和实际上确定了结果。对每一个贝内德托·克罗齐而言，他忠诚地发展这种唯心主义哲学并谴责学术界反对社会主义的令人不悦的阴谋。作为源于自由主义发展的一个想法，这是没法识别的。多少乔瓦尼·贞提利斯（Giovanni Gentilis）① 效忠于这样一个政党？该政党的理论家是中世纪精神复辟的宗派支持者，这些支持者全然否定现代性吗？在公式"存在即合理"足以反对平等主义者的理性主义和乌托邦主义的时代，历史主义和进化论的资产阶级武断而又强行地应对几乎所有的"唯心主义者"。既然历史和进化的神话不再用于抵制社会主义，那它们就能够成为反历史主义的，能够与所有宗教和迷信和解，倾向于回归超越性和神学，并采取反动派的原则。当这些反动派处于革命和自由的状态时，他们激烈地对抗社会主义，试图再次找寻所有布道的热心提供者。这些布道有助于"样样都干的"（bonne à tout faire）唯心主义哲学队伍和领导圈子中最古老神话的复兴（新康德主义者、新实用主义者等），花花公子和勇士是否会喜欢凯塞林伯爵（Keyserling）呢？檄文执笔者和粗野的人是否会仿照莱昂·布洛瓦（Léon Bloy）的风格从而喜欢多梅尼科·朱利奥蒂

---

① 乔瓦尼·贞提利斯（Giovanni Gentilis, 1875—1944），意大利新黑格尔唯心主义哲学家。

（Domenico Giulliotti）呢？

大学的那些马克思和列宁尤其是饶勒斯（Jaures）和麦克唐纳（Macdonald）的含糊支持者会认为，缺乏一种狂热的唯心社会主义理论或缺乏来自凯泽林（Keyserling）、舍勒（Scheller）、斯塔穆勒（Stammler）甚至施泰纳（Steiner）和克里希那穆提（Krishnamurti）的大量引文的文学。①亨利·德曼的修正主义学派和有着较小差别的其他人会在对马克思主义时常缺乏任何了解的这些人群中找到门徒和仰慕者，这是合乎逻辑的。他们中很少有人会不厌其烦地探究《超越马克思主义》的思想是否是原创的，或者是否如范德威尔德证明的那样，这些思想没有给陈旧的修正主义批判添加任何意义。亨利·德曼和马克斯·伊士曼从唯物史观的批判中找到最好的论据。这种唯物史观数年前由勃兰登贝里（Brandenberg）教授按照以下方式加以阐释："唯物史观希望人类集体生活的所有变更（variations）以发生在生产力领域中的变化为基础，但它无法解释为什么后者必须不断地改变，为什么必定会朝社会主义方向发生这种变化。"布哈林在《历史唯物主义》的附录中回应了这种批判。但是，相比于研究亨利·德曼的理论来源和了解布哈林与勃兰登贝里教授的论点而言，使自己满足于理解亨利·德曼显得更加容易，也更加方便。

此外，对于亨利·德曼试图使社会主义精神化的做法，下面的命题是独特和独有的，即"生活价值高于物质价值，在生活价值中，最高级别的是精神价值。从幸福论的角度而言（eudemonistically），它可以被表述为：在平等的条件下，最令人期待的满足是，当反省什么是自我的现实性以及围绕它的媒介中最持久的东西时，一个人在其意识中所感受到的那些满足"。那些伪社会主义者期待拥有一个相当于新托马斯学派的准则即"精神之上"，相比于满足这些伪社会主义者，这种武断的价值观分类没有其他目的。亨利·德曼无法令人满意地解释生命价值与物质价值的不同之处。要想区分物质价值和精神价值，需要依赖最古老的二元论。

布哈林在《历史唯物主义》的附录中评判了一种倾向，我们可以把德曼置于这种倾向之中：

---

① 吉达·克里希那穆提（Jiddu Krishnamurti, 1895—1986），一位出生于印度的作家，也是哲学和精神问题的演说家。

按照马克思的观点，生产关系是社会的物质基础。然而，在众多的马克思主义者（或者伪马克思主义者）的群体中，有一种不可抗拒的倾向，试图将这种物质基础精神化。在资产阶级社会学中，心理学派和心理学方法的进步仍可以"影响"（contaminate）马克思主义者和半马克思主义者的环境。这一现象与唯心主义学院哲学的日益增长的影响相伴而行。奥地利学派［柏姆·巴维克（Bohm-Bawerk）、L. 沃德（L. Word）及其他所有人］开始重塑马克思的建构，将"理想的"心理基础引入到社会的物质基础中。这项任务的主动权落到了处于衰退之中的奥地利马克思主义学派身上。他们开始在匹克威克俱乐部（Pickwick Club）的精神中探讨物质基础。经济和生产方式变成了不如心理反应范畴的范畴。物质的这种坚实的黏质从社会大厦中消失了。

让凯塞林和斯宾格勒那些颓废的塞壬继续保持在马克思主义思想的边缘。当前阶段，对学术评论家而言，不够理智和精神的恐惧对社会主义更有害，也更会引起恐慌。索雷尔在《反思暴力》的引言中写道：

那些已接受过初等教育的人们普遍对受教育的世界有一定的崇敬之情，他们把天才归功于那些任何程度上都能引起文学世界的注意的人们；这些人认为，他们必须从那些经常在报纸上被提及的作家那里学到很多东西；他们对这些文学奖项得主所呈现的评论致以崇高的敬意。反对这些偏见是不容易的，但这是非常有用的工作；我们把这项任务视为绝对的首要任务，我们可以把它带到一个有利可图的结论中，而不是试图指导工人阶级的运动。无产阶级必须从征服罗马帝国的德国人的经验中寻求庇护；后者为自己是野蛮人而感到羞愧，并以拉丁人颓废的修辞者的身份去上学；他们没有理由为期待成为文明人而祝贺自己。①

---

① Georges Sorel, *Reflections on Violence*, Trans. T. E. Hulme and J. Roth, Glencoe, IL: Free Press, 1950, pp. 61 - 62.

这一警告来自那些将社会主义视为柏格森（Bergson）学说的最好部分的思想家和学术家，它从未像在资本主义稳定的过渡时期那样有意义。

4.j 《革命的科学》[①]

马克斯·伊士曼的《革命的科学》几乎可以归结为这样一个主张，即马克思从来没有从黑格尔的思想中解放出来。如果这种无法修正的黑格尔主义只存在于马克思和恩格斯之中，那么，《革命的科学》的作者就不会太担心了。但是，正如马克思主义理论中所发现的那样，那些继续坚持马克思主义理论的人们被俄国革命的思想家坚定地笃信着。马克斯·伊士曼认为，谴责和反对黑格尔主义是非常紧迫和必要的。我们必须把马克斯·伊士曼对马克思的完善作为对马克思主义的修复。

但是，《革命的科学》论证的不是马克思从黑格尔那里解放出来的不可能性，而是马克斯·伊士曼无法从威廉·詹姆斯那里解放出来。伊士曼在反黑格尔主义中表现出他特别忠诚于威廉·詹姆斯。威廉·詹姆斯承认黑格尔是少数几个提出全面解决辩证法问题的思想家之一，但又迫使他自己加上这样的观点，即黑格尔"写得太糟糕了，以致我无法理解他"[②]。马克斯·伊士曼不再强迫自己去理解黑格尔。在马克斯·伊士曼对辩证法的攻击中，他所有的北美抗性开始发挥作用——一种灵活且个人主义实用性的倾向，渗透着实用主义的想法——反对德国的泛逻各斯主义（panlogism）[③]，反对一种功利主义和辩证法的思想。乍一看，马克斯·伊士曼论点的"亲美主义"就是他坚信革命不需要一种哲学，只需要一门科学和一种技术。然而，本质上，在盎格鲁－撒克逊人反对所有思想建构的倾向中确有其事，以纯粹"好感"的名义进行的这种反对倾向，使马克斯·伊士曼的实用主义教育摇摆不定。

---

① Source：*Defensa del marxismo*, in *Obras Completas*, 3rd ed.，Lima：Editorial Amauta，1967，No. 5，chap. 16，pp. 107 –111.

② William James, *Some Problems of Philosophy*：*A Beginning of an Introduction to Philosophy*, New York：Longmans，Green，1911，p. 92.

③ 在哲学中，泛逻各斯主义就是一种黑格尔学说，这种学说认为宇宙是逻各斯的行为或实现。

马克斯·伊士曼抨击马克思没有把自己从黑格尔那解放出来，实际上就是批判马克思通常情况下没有把他自己从所有的形而上学和哲学中解放出来。马克斯·伊士曼没有考虑到，如果马克思具备一位德国专家的沉闷特性，他仅仅提出并完成革命问题的科学阐释，就像这些问题在他那个时代被经验主义地提出来那样，马克思就不会得出他最有影响力和最有价值的科学结论。而且，马克思也不会将社会主义提升到一种思想政治学科和政治组织的层面，从而将社会主义转化为一种新社会秩序的建设性力量。在革命问题上，马克思可以像列宁一样成为一位专家，因为他并没有抨击一些完全可验证方法的详细阐述。如果马克思曾经拒绝或者害怕面对这一"体系"创造的"困难"，以便后来不会反感马克斯·伊士曼的不可化约的多元主义，那么，在历史超越中，马克思的理论工作将不会比蒲鲁东和克鲁泡特金（Kropotkin）① 的理论工作好到哪里去。

马克斯·伊士曼也没有注意到，没有历史唯物主义的理论，社会主义就不会超越哲学唯物主义的低点，而在不可避免的老化中，由于它对确定进化和运动规则的必要性缺乏了解，社会主义将更容易受到所有反动"唯心主义诸流派"衍生物的影响。对于马克斯·伊士曼来说，黑格尔主义是一个必须被迫退出马克思主义躯体的恶魔，而且要以科学的名义来驱除它。支持马克斯·伊士曼论点即马克思的著作一直与最形而上和日耳曼人的黑格尔主义有分歧的原因是什么呢？事实上，相比于那些以前相信在人的身体中存在必须被驱除的恶魔的信徒，马克斯·伊士曼并没有更多的证据证明这一信念。他对马克思做了如下的诊断：

> 一旦愉快地宣称，没有这样的想法，也没有占据宇宙中心的任何此类的经验秩序，最终的现实不是精神而是唯物主义，马克思就放下了所有的伤感情绪，在一种似乎完全现实主义的性情中，马克思使自己著述了无产阶级革命的科学。但是，尽管马克思经历了如此深刻的情感转变，马克思的著作仍然具有一种形而上学的和本质上泛灵论（animist）的特征。马克思没有像工匠检查他的材料那样

① 蒲鲁东和克鲁泡特金都是无政府主义思想家。

审视这个物质世界，以便能从中得到最好的东西。马克思以牧师审视理想世界一样的方式审视物质世界，希望在其中找到他自己的创造性抱负，而在相反的情况下，则寻求如何将他们移植进去。在马克思的知识体系中，马克思主义并不代表空想社会主义通往科学社会主义的通道；马克思主义并不代表通过一个切实可行的计划，用一种不切实际的福音教化来代替一个更美好的世界，这个切实可行的计划从现实社会的研究中获取帮助，而且它还预示了用一个更美好的社会取而代之的方法。马克思主义构建了空想社会主义通往社会主义宗教的通道，这一计划注定要让信徒们相信，宇宙本身会自动产生一个更美好的社会，信徒们除了信奉那个宇宙之外，他们不需要做任何事。①

在《革命的科学》中，伊士曼从《关于费尔巴哈的提纲》（*Thesis on Feuerbach*）中所复制的那些命题，对他来说，没法作为完全崭新和革命的意识的一种保证，运用辩证法时，在马克思那里就可以发现这种意识。伊士曼在任何时候都不记得马克思的这个明确的主张："辩证法不仅与黑格尔的本质截然不同，而且完全相反。对黑格尔来说，他以理念的名义把思维过程转换为一个独立的主体，思维过程是现实的造物主（demiurge），最后不会超出其外在表现。对我来说，恰恰相反，理念是由人类大脑表达和改造的物质世界。"② 毫无疑问，马克斯·伊士曼试图主张，他的批判并不关注历史唯物主义的理论阐述，关注的是一种精神和理性的黑格尔主义——在某些心智中，与形而上学的教授相一致——在他的评判中，马克思从不知道如何起步，尽管任何人都必须在马克思思考和说教的主要基调中找寻历史唯物主义的迹象。在这里，我们谈到了伊士曼的基本错误：他对哲学本身的否定，他的神秘信念即一切都可以归结为科学，社会主义革命不需要哲学家，只需要技术专家。尽管伊曼纽尔·伯尔（Emmanue Berl）没有把这种倾向与革命思想的真实表达区分开来，但是他明确地嘲讽这一倾向，如同司空见惯一样（as is de rigueur）。伯

---

① Max Eastman, *Marx*, *Lenin and the Science of Revolution*, London: G. Allen & Unwin, 1926.

② Ibid. .

尔写道：

> 同样的革命风潮作为一种可以在中心学校传授的特殊技术而告
> 终。我们可以从先进的马克思主义研究的例子中得出结论，从革命
> 史与或多或少真正参与到任何时候都能出现的不同运动中，我们能
> 够提取那些不能被自动地运用到革命曾经可能出现的地方的抽象公
> 式。在橡胶委员和宣传委员旁边，两者都是多才多艺的技术专家。

马克斯·伊士曼的科学主义也没有严格意义上的独创性。在实证主
义者仍在大发议论的时代，恩里科·费里（Enrico Ferri）[①] 赋予了"科学
社会主义"这个词一种严格和字面的公认意义。恩里科·费里还认为，
某种类似于革命的科学的东西是可能的。索雷尔对此感到非常高兴，以
博学的意大利人为代价，德国社会主义领导人从未认真对待他们对社会
主义的推断所做的贡献。与以前相比较，如今的时代更不利于再次尝试
它，不是从实证主义学派的角度出发，而是从美国人的实用性角度出发。
此外，马克斯·伊士曼并不代表革命的科学的任何原则。就这一点而言，
在其负面性中，伊士曼的《革命的科学》这一著作的目的与亨利·德曼
的意图不谋而合。该著作的目的从来没有超出标题。

---

① 恩里科·费里（1856 年 2 月 25 日—1929 年 4 月 12 日），意大利社会主义者，也是社会
主义日报《阿凡提》（*Avanti*）的编辑。

5 秘鲁社会党的纲领*

　　1928 年 10 月，秘鲁社会党的组织委员会任命何塞·卡洛斯·马里亚特吉负责起草该计划纲要。

　　这个纲要应该是一份教义申明，它主张：

　　1. 当代经济的国际性质不允许任何国家逃避由当前生产条件所引起的变化。

　　2. 革命无产阶级运动的国际性质。社会党使其实践不断地适应国家的具体情境，但它接受一种宽泛的阶级观点，即让国家服从世界历史的节奏。一个多世纪前的独立革命是一场团结所有被西班牙征服的种族的运动。社会主义革命是所有受资本主义压迫的种族的运动。如果在本质上是民族主义的自由革命无法实现南美洲国家之间的密切联盟的话，那么就很容易理解，在一个各民族之间的联系和相互依赖更加明显的时代，历史规律要求本质上是国际主义的社会革命，以无产阶级政党的一种更加有纪律和更加紧密的协调来运作。马克思和恩格斯的《共产党宣言》将无产阶级革命的首要原则浓缩在具有历史意义的格言之中："全世界无产者联合起来！"

　　3. 资本主义经济矛盾的尖锐化。资本主义出现在我们这样的半封建背景中，处于与自由竞争阶段相对应的垄断和帝国主义的自由主义意识形态阶段，而自由竞争已不再有效。帝国主义不允许这些半殖民地的种族实行国有化和工业化的经济计划，它把这些种族作为资本和商品的市

---

　　* 转载自：Ricardo Martínez de la Torre, *Apuntes para una Interpretación Marxista de Historia Social del Perú*, Lima：Empresa Editora Peruana SA, No. 2, 1948, pp. 398 – 402.

　　Source："Principios programáticos del Partido Socialista", *Ideología y política*, in *Obras Completas*, 19th ed., Lima：Biblioteca Amauta, No. 5, 1990, pp. 159 – 64.

场以及原材料的来源。这个过程需要专门化和单一产品生产制（秘鲁的石油、铜、糖、棉花）。危机源于世界资本主义市场力量施加给国家生产的这种刚性规定。

4. 资本主义正处于帝国主义阶段。它是垄断的资本主义、金融资本的资本主义和帝国主义战争的资本主义，目的在于抢夺市场和原材料产地。这一时期，马克思主义的社会主义的实践是马列主义的实践。马列主义是帝国主义和垄断阶段的革命方法。秘鲁社会党把马列主义作为斗争的方法。

5. 由于缺乏一个强有力的资产阶级和国家条件及国际条件，从而导致国家在资本主义道路上缓慢发展。在一个依附于帝国主义利益的资产阶级政权之下，共和国时期秘鲁的前资本主义经济不可能获得解放。它与酋长制和受教会强大影响的封建制勾结起来，并受到殖民封建主义的缺陷和残余势力的影响。

国家的殖民地命运决定了它的进程。只有通过支持全球反帝斗争的无产阶级的群众行动，国家经济的解放才有可能实现。只有无产阶级的行动才能激励并实现资产阶级政权无力开展和完成的民主—资产阶级革命的任务。

6. 社会主义在村社的民生问题中找到解决土地问题的方法，就像在大型农业企业中一样。在佃农分成制或小地产制存在的地区需要保持个人管理，解决方案将是由小农户来开发土地。同时，在这种类型剥削盛行的地区，推进农业的集体管理。如同对土著种族的再起和武装力量与本土精神的创造性表现给予激励一样，这并不意味着重建或恢复印加社会主义的一种浪漫和反历史的倾向。印加社会主义符合的历史条件已经完全过时，它仍然只是作为完美的科学生产技术中的一个有利因素而存在，即作为土著农民的合作习惯和社会主义而存在。社会主义预设了技术、科学和资本主义阶段。在实现现代文明的成就中，社会主义不容许任何挫败，恰恰相反，它必须有条不紊地加快将这些成果融入国民生活。

7. 只有社会主义才能解决真正民主和平等教育的问题。在社会主义社会，所有社会成员都接受教育，这是他们的权利。只有社会主义教育制度能够全面且系统地贯彻实施学校制度、劳动学校、学校社团的原则以及更加广泛地贯彻当代革命教育的所有理念。这与资本主义学校的特权是不相容的，后者让穷人处于文化低下地位，使高等教育成为富人的一种专利。

8. 完成革命的资产阶级—民主阶段。在其目标和宗旨中，革命成为一种无产阶级革命。无产阶级政党在权力的争夺中训练有素并发展自己的计划。在这一阶段，他们履行组织和维护社会秩序的职能。

9. 秘鲁社会党是无产阶级的先锋队。在争取实现阶级理想的奋斗过程中，它是担负着引领无产阶级重任的政治力量。

迫切的要求

- 承认工人结社、集会和新闻自由。
- 承认所有工人有罢工的权利。
- 废除道路工程征兵制度。
- 根据国家采用的《刑法法典》草案中明确规定的有关懒惰问题的条款来取代《懒惰法》，唯一例外的就是那些与专门法律的精神和刑事标准不相容的条款。
- 建立国家资助的社会保险和社会救助制度。
- 在农业劳动中，遵守工伤事故、保护劳动妇女和未成年人的权利及保护8小时工作制的法律。
- 在沿海的山谷中，把疟疾列为职业病等级，由土地所有者承担随之产生的救助责任。
- 在矿山和那些不健康的、危险的且有害于工人健康的劳动中设立7小时工作制。
- 要求采矿公司和石油公司永久地且充分地承认法律赋予他们的工人的权利。
- 按照生活成本和工人达到一种更高生活水平的权利，提高工业、农业、采矿、海洋和陆地运输的工资以及鸟粪岛屿上的工资水平。
- 彻底废除所有的强制劳动或无偿劳动。废除或惩罚东部森林地区的半奴隶制。
- 将大庄园的土地授权给村社，并将它们按比例分配给社员，以便满足他们的需要。

- 无偿没收所有属于修道院和宗教团体的土地，将它们捐赠给农村村社。

- 为在一块土地上连续耕种三年以上的佃农、租户等人争取合法权益。他们有权通过支付不超过当前租金标准60%年金的方法，继续使用其小块土地。对那些仍是租户的人，至少要将租金降低50%。

- 将灌溉工程占用的土地奖励给农业生产的合作社和贫困农民。

- 维护法律赋予雇员的所有权利。以平等委员会的方式管理养老金权利，这不会使法律规定的权利有丝毫的减损。

- 推行薪酬和最低工资。

- 起码在宪法条款范围内认可宗教信仰自由和宗教教育自由，并随之废止反对非天主教学校的最近法令。

- 在各个层面实行免费教育。

我们将立即为社会党的这些主要要求而奋斗。所有这些权利要求都是群众对物质解放和精神解放的迫切要求。所有要求都必须得到无产阶级和中产阶级的觉悟者的积极支持。这一团体在公共场所的行为对政党在宪法下依法且公开地行动提出自由权的要求，并要求确保公民在不受限制的情况下获得新闻自由和举行会议与辩论的权利。通过一种义务和具有历史意义的责任，与他们密切相关的组织不惜任何代价，如今通过这一声明坚决地承担起保护和传播其原则以及维护和加强其组织的使命。在政治斗争中，我们代表着城市、农村和采矿营地的劳动群众以及土著农民的利益和愿望，他们将拥护这些权利要求和学说，坚持不懈且积极地为之奋斗。通过每一次斗争，他们会发现通往社会主义最后胜利的道路。

6. 秘鲁社会的特征

这一部分由马里亚特吉在安第斯杂志《拉塞拉》（*La Sierra*）（1929年第 29 期）中对一份问卷调查的回应所组成，论及马里亚特吉对秘鲁及其封建主义和资本主义发展所做的最深入的分析。因此，它明确说明马里亚特吉对马克思主义应用的独创性，以及他坚持利用杂志来深入剖析国家问题的实质，以便使变化条件的可能性最大化。马里亚特吉所提及的手稿显然已经失传，而且从未被出版过，但大部分手稿最终都被收录在《意识形态与政治》中。这个译本是从《秘鲁社会的特征》（*Acerca del Carácter de la Sociedad Peruana*）中摘录出来的，由何塞·卡洛斯·马里亚特吉所写（利马：社论，1973 年），著名的秘鲁左翼记者和马里亚特吉学者塞萨尔·莱瓦诺（Cesar Levano）写了序言。①

在《关于秘鲁国情的七篇论文》中，笔者对这些问题做出回应，把纯粹的政治问题放在现在正在研究的《新事物》（*Historia Nueva*）中，这本书几个月后将在马德里出版。除非提出具体的、精确的数据和基于事实的研究，否则这类调查问卷并不是真正有用的。无论综合的研究能力有多大，也不可能在寥寥几页文字中有效地涵盖一般的主题。笔者试图把自己限定在一些概要的命题中，"秘鲁文化研讨会"将会发现这些命题在其他研究中得到更加充分的发展。

（1）封建制度得以苟延至今的具体表现是什么？

我们当然不应该在政治或司法制度以及封建秩序存留的结构中寻找封建制度的残余。从形式上看，秘鲁是一个共和的和民主的资产阶级国

---

① 在《意识形态与政治》的各种版本中，在《全集》第 3 版（Lima：Biblioteca Amauta，1971）第 13 卷的第 263—274 页中，也发现了这种访谈的一个版本，但实际问题并未纳入文本。

家。封建制度或半封建制度在我们的农业经济结构中幸存下来。由于秘鲁主要是一个农业国家，秘鲁农业经济的条件明确地体现在政治实践和制度之中。在秘鲁农业经济中，仍然可以发现殖民地的承袭机制。如果工业、商业和大都市比农业更强大，它肯定不会出现这种情况。大庄园制并不是农业封建制度或半封建制度的唯一证据。我们对塞拉（Sierra）①典型的经济表现形式有着明确的证据：奴役。在生产和工作的关系中，一种带薪的工资意味着向资本主义的过渡。严格来说，资本主义制度不会存在于没有工资制度的地方。资本主义的集中化也产生了大庄园制，伴随着大企业对小资产的兼并。但资本主义的大庄园是根据生产原则而不是盈利能力进行开发的，它需要有薪水的劳动。这一事实明确地将其与一种封建的大庄园区分开来。在关于奴役的形式和变种的研究与分类中，我们可以为一项可能和实际的调查找到相关材料。大种植园的价值仅仅依赖其人口和自身的劳动力。大庄园拥有土地，所以它有农民群众。资本的工具是病态的。那些获得一片贫瘠土地的领日薪的工人，在没有任何额外报酬的情况下，他们有义务为庄园主的土地工作，这种工人就是农奴。奴役是不是存在于臣服的印第安雇工（pongazo）的原始和特有形式中？当然，没有法律授权给奴役。但奴役是存在的，显然几乎是未改变的。免费服务已经被废除了很多次，但是它仍然存在，因为还没有从经济上废除封建制度。赛诺·路易斯·卡兰萨（Señor Luis Carranza）提出了一种资本主义的方法，这种方法被严格地应用，它将会破坏封建的酋长制：为山区的种植园确定一天 1 索尔的最低工资。大庄园不可能接受这一措施。如果国家要实施这一措施，大庄园就会反抗并要求其绝对的财产权。没有土地的印第安人会预见到他们在饥饿的威胁下被迫使用武力占领大庄园。我们将会有自己的土地革命。所有这些仅仅是假设，因为在这段历史中，共和党世纪以来的哪个政府会有足够强大的力量来如此坚决地破坏酋长制呢？

在沿海的大种植园中盛行着有偿劳动。生产技术和劳动制度表明，

---

① 马里亚特吉将秘鲁分为三个区域：西海岸、安第斯山脉的高地山区即塞拉地区和安第斯山脉东部的秘鲁森林。塞拉地区的土著民族和风俗习惯最为牢固，这个地区的大庄园也是最强大和最传统的。

我们的糖和棉花种植园是资本主义的企业。但庄园主（hacendado/land-owner）在他的领域里感觉并不是绝对的。在其封地里，庄园主评判、控制和管理商业，支配着集体生活。大庄园的人们缺乏公民权利。就社会层面而言，大庄园并不构成一个城镇或村社，而是构成种植园的所有苦力劳工。遵从国家的法律和权威就是完全服从庄园主的意愿。工人没有在公社或市镇中组织公民的权利，更不用说他们有权组织无产阶级工会。国家权力机关几乎不能影响到大庄园。大庄园保留着委托监护主的精神。委托监护主保护农民群众不受教条或无产阶级辩护的影响，以他自己的方式关注农民群众心灵的健康，并借助卖方和承包商在规定中的授权关心农民群众的身体健康。佃农制和挂钩制也在沿海的种植园中保持着某种封建复古的特征。

（2）从历史上看，一种形式的资本主义的建立可能吗？

一种形式的资本主义已经建立起来。尽管封建制度的清算还没有实现，我们早期平庸的资产阶级已经表现出无法实现这一任务的能力，但秘鲁正处于资本主义发展时期。

秘鲁在政治上从西班牙统治中解放出来后，它是一个拥有农业和封建经济的国家。秘鲁的采矿业因其惊人的财富而闻名于世，它发现自身陷入危机之中。西班牙人致力于开发矿山，但是他们无法以确保发展的方式从技术和经济上将这些矿山组织起来。由于地理原因，西班牙人允许废除那些最不容易开发和最不利于开发的生产中心。遥远的距离将秘鲁与欧洲市场分离开来，使得这个古老大陆难以开采其他秘鲁产品。毫无疑问，英国已经迈出商业和金融的第一步。在伦敦，首次向共和国发放小额贷款。秘鲁的共和党开始处于财政紧张之中。在南部沿海，对海鸟粪和盐田的开发迅速开启一个世纪中叶的丰饶时代。国家开始享有丰富的资源。但是，秘鲁不知道如何谨慎地管理财政：它觉得自己富有且破坏了信用，在没有选择的情况下只好使用政府贷款，这就浪费了它的资源，结果造成了混乱。海鸟粪和盐田的开发使许多投机者和承包人富有起来，其中一部分投机者和承包人来自旧的殖民种姓。通过一些新贵的加入，这一群体转变成资本主义的资产阶级。在太平洋战争中，秘鲁失去智利的硝石的领土，这次战争给无法承受有关公共债务服务的国家带来惊喜。它曾试图通过与法国德来弗斯（Dreyfus）公司的一个合同来实施规划，公共财政发现自身陷入严重的危机。

随着战争的爆发，秘鲁的经济完全衰退。财政资源缩减为关税和消费税所产生的很少的收益率。与公众债务有关的服务无法得以处理；破产导致国家信贷的损失。外债在很大程度上落入英国债权人的手中，他们开始与政府谈判以便达成协议。在这些谈判之后，制定了格雷斯合同（the Grace Contract），将国家铁路公司和鸟粪岛屿的管理移交给一家持有国家债务的公司即秘鲁公司。就其本身而言，财政部同意用镀硬币（plated coins）启动有关国家债务的服务。镀硬币的价值后来被固定为8万英镑。

在这一时期，糖的种植开始在炎热的沿海山谷中获得重要地位，它在战前容易受到发展的影响。秘鲁为智利和玻利维亚的糖生产提供了市场，并且对英格兰来说有着极为有利的地位。

秘鲁公司履行了合同义务，首先在市中心完成铁路干线，之后又在南方完成铁路建设，前者更倾向于支持在胡宁（Junín）开采矿山。一家名为塞罗德帕斯科矿业公司（Cerro de Pasco Mining Company）的美国公司，后来改名为塞罗德帕斯科铜业公司，它成立于塞罗德帕斯科（Cerro de Pasco）和莫罗科哈（Morococha）（胡宁的两个主要采矿中心）。随着该公司和石油公司的建立，开始给予标准石油和秘鲁北部尼格里托（Negritos）油田所有者补贴，美国资本主义的大规模渗透开始了。美国资本主义最初与英国资本主义的活动密切相关，通过秘鲁公司和主要的进出口商业机构，它在秘鲁经济中占据主导地位。

在20世纪初，秘鲁的主要注册出口产品是糖和棉花（由于沿海种植园的高价格刺激，糖和棉花的种植扩大了范围）、铜和其他矿物以及石油和羊毛。在英国人在他们的殖民地种植橡胶树之前，橡胶在20世纪初就有了繁荣时期。从难以接近的森林地区提取出来的秘鲁橡胶很快被英国殖民地的种植园的橡胶视为一个不切实际的竞争对手。此外，石油以上升的趋势继续开发。国际石油公司是标准石油公司的后代，作为主要生产商，它与这个国家发生冲突，原因是布雷亚（Brea）和帕纳斯（Pariñas）的油田缴纳了税款。在一段时间内，这个石油公司在远低于实际价值时被错误地记录在册。这个企业应该付给财政部一笔更多的钱，但由于终止工作的威胁和政府官员与立法者的合作，公司操控了一笔有助于他们利益的交易。

欧洲战争使秘鲁资本主义从发行钞票的延期偿付期走向一个投资期和超额利润期。源于国库券利率的不愉快记忆，秘鲁资本主义面临着一些阻力。国家资产阶级构成贵族的基础，倾向于无所事事且被偏见所支配，他们一直缺乏真正的资本主义精神。国家资产阶级对利用意想不到的资源来确保一种更独立的局面和更安全、更稳定的立场的机会不屑一顾。面对放贷者和外国专家以及出口产品的最终价格下跌时，国家资产阶级也就这样做了。人们认为，超额利润不会结束，棉花和糖的价格将会无限期地保持在高水平。可耕种的沿海土地的价值增值了；农场主无忧无虑地将土地开垦为耕地；奢侈和浪费消耗了部分超额利润。当棉花和糖的价格在战后迅速下跌时，沿海的农场主发现他们处于面临贷款的难堪情境，无法累计贷款来扩充他们的作物，这使得他们的开支翻了4倍。大量沿海的种植园最终落入他们债权人的手中。这些出口公司为我们的沿海农业提供资金且赋予沿海农业一种典型的殖民地面貌，根据欧洲和北美市场规范着生产。许多沿海的种植园已经成为出口公司如格雷斯（Grace）、邓肯（Duncan）、福克斯（Fox）等的财产；不少大庄园最终沦落为这些种植园中的管理者或受托人的条件。在奇卡马谷地（Chicama Valley），强大的德国土地所有者兼并了特鲁希略市（Trujillo）的国家农业企业甚至商业。卡萨格兰德（Casa Grande）制糖加工厂在特鲁希略市发展起来。该公司有自己的港口即奇卡马港口，在这一港口，他们装载和卸载那些搬运进出口产品的船只。

铜矿、银矿、其他矿产和石油矿藏的开采也有了较大的发展。石油已成为秘鲁的主要出口产品。在胡宁省，一个大型的美国企业已经宣布成立。塞罗德帕斯科铜业公司在拉奥罗亚（La Oroya）、塞罗德帕斯科、莫罗科哈、戈伊拉里斯奎斯加（Goyllarisquisga）矿山中拥有处理中心。因为铜价高，该公司发现自己处在如此兴旺的状态，以致它最近允诺增加10%的工资和薪金。只要纽约市场中的价格居高不下，这种涨幅就将持续下去。来自铜和石油的利润增加了外国公司的利润，但除了财政税收之外，这些外国公司什么也没有留下。在塔拉拉（Talara），国际石油公司拥有自己的港口和船只。该公司从美国为在石油地区工作的人员进口包括食品在内的必要消费品。该地区所有的经济生活都处于公司的掌控之中，因此它并没有带动周边农业地区的发展。

秘鲁的工业规模仍然非常小。工业发展的可能性受制于国家经济的条件、结构和特征，但更受制于经济生活对外国资本主义利益的依赖。许多情况下，进口公司是国家工厂的所有者或股东。从逻辑上讲，他们只对工业的存在感兴趣，因为关税、原始资源或劳动力成本通常会使秘鲁成为外国制造商或原材料生产国的消费市场。

政府贷款政策允许国家减轻这种情况对整个经济的影响。政府的贷款用于完成一些公共工程，以避免严重的失业状况，维持一个庞大的官僚机构以及平衡预算。公共工程使得大量的投机商变得富足起来，这些投机商对国家资产阶级进行补偿，为糖和棉花大庄园承担失败的风险。借助这个过程，我们的资本主义的轴心开始成为商业资产阶级。拥有土地的贵族历经了一种明显的置换。

秘鲁公司最近从政府那里获得了一份合同，这份合同为秘鲁公司提供了正在处理的运货列车。同时，秘鲁财政部已经被证明是无罪的，每年它必须负责支付 80000 英镑，且恢复了对海鸟粪贸易（在此过程中，因为争执而获得了小额赔偿）的控制，但却放弃了价值 18000000 英镑的铁路财产。在与美国资本主义的关系和共识不断增强的时代，这对英国资本主义已经是一个重要的让步。

（3）沿海经济是否允许建立社会主义经济形式呢？

就沿海经济是资本主义经济而言，沿海经济为社会主义生产创造了条件。糖和棉花大庄园不能被划分成小块，从而为小型所有权让路——这是农业问题的一个自由的和资本主义的解决方案——不能对收益及其建立在农业产业化基础之上的盈利能力产生负面影响。然而，这些企业的集体国家管理是完全可能的。没有人会对我们正在处理的一个农业问题提出异议，这种农业在私人方案和管理下蓬勃发展。它把短暂的繁荣归功于战争储备时期（the fat times）。制糖业承认它几乎倒闭了，认为在没有国家补贴的情况下，它无力应对危机。

如今由于迫切的需要，这一生产部门的社会化或国有化问题已提上议程。秘鲁制糖业的生产者在他们对秘鲁制糖业的私人管理上已经宣告失败。最大的制糖公司现在已不是那些国有公司。

（4）既然沿海的经济结构不允许有着阶级偏见倾向的无产阶级的形成，那么，自由主义经济阶段的复苏可能吗？

我们无法在理论中解决这些问题，它们只能在实际中才能得以解决。自由主义阶段可能会出现什么样的问题呢？如果把自由主义阶段理解成资本主义阶段，我们就已经参与到自由主义阶段的发展之中。不要指望研究人员的协议。资本主义政策是灌溉政策，因为它与大量的公民制糖业土地所有者的利益相冲突。萨顿以他哗众取宠和大胆的姿态代表资本主义的进步。在秘鲁的历史中，萨顿的重要性有可能类似于梅格斯（Meiggs）①。如果自由主义政策被理解为确保资本和劳动力之间关系的规范化，国家权力机关现在处于一种确保劳动群众的联合权利和文化权利的封建情境之下。很明显，这一政策通常会导致一个有着阶级偏见倾向的无产阶级的形成。一旦政治和管理上没有引进自由主义的资本主义，这种无产阶级也就无法得以形成。就像目前的情况一样，城市无产阶级、工业无产阶级以及交通运输业的无产阶级等都必须意识到其与大庄园的农民团结一致的义务。这是迄今为止所发生的事情，尽管有很多束缚，但仍有穿透力。这种束缚比以往更容易突破，因为汽车运输在大庄园和城市之间开辟了一种联系方式。大庄园的无产阶级之前很多次没有努力实现其经济需求吗？奇卡马的罢工是秘鲁阶级斗争中最重要的表现之一，牢记奇卡马的罢工从而确信农民无产阶级即使没有阶级倾向，仍在之前参与了斗争，这还不够吗？

（5）资本主义政权应该奠定在哪些基础之上？资本主义政权应该被植入哪些社会主义因素？

（6）哪些特征将会区分资本主义运动？

之前的回应已经对第五个和第六个问题做出了回复。

（7）在历史上，一旦达到自由主义经济阶段，社会主义的到来就是注定的吗？

根据一般的计划，社会主义政治因素的出现并不预示着自由主义经

---

① 亨利·梅格斯（Herry Meiggs），臭名昭著的美国资本家，他在开发秘鲁铁路方面发挥了重要作用。

济阶段的完美或确切的实现。笔者在其他地方说过，秘鲁的社会主义的命运在某种程度上可能会完成那些与指引我们的历史节奏相一致的任务，从理论上说，这些任务是资本主义的任务。

第四部分

帝国主义

马里亚特吉阅读了列宁和马克思的著作，并在《阿毛塔》中刊载了列宁《帝国主义》的部分内容，帝国主义是资本主义的最高阶段。马里亚特吉意识到，帝国势力在秘鲁和拉美的存在，以及他在反帝国主义的篇章中的注释："只要帝国主义政策能够操控这些国家的国家主权的情绪和形式，而不是被迫诉诸武装干预和军事占领，那么，它们完全可以依靠资产阶级的合作。尽管这些国家被帝国主义经济主导着，但这些国家或者说它们的资产阶级将会把他们自己看作自己命运的主人，就像罗马尼亚、保加利亚、波兰和欧洲其他'附属的'国家一样。"马里亚特吉在《民族主义与国际主义》（*Nationalism and Internationalism*）中进一步指出："民族主义与国际主义之间的界限还没有得到很好的澄清，尽管这两种观点已经存有很长时间了。"在马里亚特吉有关《美帝国主义在尼加拉瓜》中，他不仅详细地记录了美帝针对尼加拉瓜的策划，而且还提到民族资产阶级与帝国主义占领军之间的合作。他也看到了泛美主义的帝国性质及其如何在拉美对进步势力施加不利影响。在关于《海地的戒严令》这一篇简短的文章中，马里亚特吉预言了许多类似美帝在加勒比海和中美洲的行动："美国在殖民地美洲的方法并没有改变。它们也不能改变。在美国人的监管之下，他们并未在这些国家使用暴力，这纯属偶然。过去五年中发生的三件事：在巴拿马对罢工施行干预、对尼加拉瓜的占领以及最近在海地宣布的戒严令，它们凸显了美国政策在这些国家中日益增强的军事倾向。在这些事件面前，善意的言辞是毫无意义的。"即使像马里亚特吉这样的知识分子谴责帝国主义，美国在欧洲大陆仍然有着很大的影响力，但也种下了拉美日益强劲的反抗的种子。

1. 民族主义与国际主义[*]

民族主义与国际主义之间的界限还没有得到很好的澄清，尽管这两种观点已经存有很长时间了。民族主义者直截了当地谴责国际主义者的倾向。但在实践中，他们有时隐性或显性地做出一些让步。例如，法西斯主义与国家联盟（League of Nations）开展合作。至少法西斯主义还没有脱离这个建立在和平主义和威尔逊自由主义之上的联盟。

事实上，无论是民族主义还是国际主义，都不会以一种正统或不妥协的方式继续下去。我们也不能准确地指出，民族主义在何处终结和国际主义在何处开始。平行的元素有时与其他元素相互交织。

在理论和实践中，之所以民族主义与国际主义之间的界限如此模糊不清，原因是非常清楚的。当代历史不断地告诉我们，民族（nation）不是一种抽象物，也不是一个神话。文明和人性也都是如此。证据表明，各国国情不一定与国际现实相冲突。无法理解和认可第二个现实与更高层次的现实是一种纯粹的目光短浅，也是一个功能限制。被运用于以前的民族视角中的陈旧且机械的智能形式（forms of intelligence）无法理解新的、广阔的和复杂的国际视野。它们拒绝并否认这一点，因为无法适应这种国际视野。这种态度的机械性与以一种自动和先验的方式来拒绝爱因斯坦物理学的方式是一样的。

除了一些极端右翼分子和古怪而无害的浪漫主义者之外，国际主义者以一种较少让步的方式行事。类似于伽利略物理学之前的相对论者，国际主义者并没有抛弃整个民族主义理论。他们认识到与现实相符的东

* Source："Nacionalismo e internacionalismo"，in *El alma matinal y otras estaciones del hombre de hoy*，in *Obras Completas*，10th ed.，Lima：Biblioteca Amauta，No. 3，1987，pp. 59 – 63.

西，但只是在它的第一个近似物（approximation）中认识到这点。民族主义者理解部分现实，但也仅仅只是部分而言。现实更加宽泛，也就有着更少的限度。简而言之，作为一个要求而不是一种否定，民族主义是有效的。当前的历史背景与以往一样有着乡土主义和地域主义的价值。民族主义是一种新的地方主义风格。

在我们的时代，为什么这种感觉如此强烈和过度亢奋，以致它早就应该变得更消极和不那么热情？答案很简单。民族主义是一个殊相，也是一种极其反动的现象的一个方面。反动先后或同时被称为沙文主义、法西斯主义和帝国主义等。法兰西行动派的君主主义者同时是咄咄逼人的，具有进攻性和带有军国主义色彩的，这绝非偶然。以一种相互支持的方式，他们目前正在国家和自身利益的一个复杂的调整和适应过程中发挥着作用。在没有满足来自离心激情（centrifugal passions）和分裂主义者利益的极端阻力的情况下，这一过程是不可能的。希望赐予人们一种国际纪律的欲望，导致民族主义情绪愤怒的兴起，这种民族主义情绪不切实际且不合时宜地与世界其他国家的利益分离开来，而且截然不同。

这类反应的帮凶就是把国际主义评价为一种乌托邦。但显然，国际主义者比看起来要更加现实，也不那么浪漫。国际主义不仅仅只是一种想法或情绪。最重要的是，它是一个历史性事件。西方文明已经国际化，且与大多数人的生活相一致。思想和情感迅速、通畅和普遍地传播开来。

思想和文化之流日益迅速地传播开来。文明赋予世界一个新的神经系统。任何人类情感借助电缆、电磁波、报纸等形式在世界范围内迅速传播。地区习惯逐渐衰退，生活趋向于一致和统一。它在所有主要的城市中心都有着同样的风格。布宜诺斯艾利斯、魁北克（Quebec）和利马都模仿巴黎的时尚。它们的裁缝和造型师模仿来自巴黎的模特。这种一致和统一并不完全是西方的。欧洲文明逐渐吸引所有民族和种族进入其轨道和风俗。它是一种有影响力的文明，不能容忍任何一种共同或敌对的文明的存在。欧洲文明的主要特点之一就是其扩张的力量。没有一种文明能够征服如此无边无际的地球。英国人在非洲的一个角落配置了电话、汽车和马球。西方的思想和情感随着机器和商品而变化。各个民族的历史和思想如此关联在一起，这显得很奇怪，也出乎意料。

所有这些现象是全新的，一如既往地全新。它们都属于我们的文明。

从这个角度来看，我们的文明并不像任何早期的文明那样。这些事件与其他事物是相互协调的。欧洲国家在伦敦的一次会议上意识到并承认，在没有相互援助协定的情况下，它们无法恢复其经济和生产能力。由于这些国家经济上的相互依赖，人们不能像以前那样毫无顾忌地随意启动和停止。胜利者不是出于感情用事，而是出于自身利益的考虑，他们必须放弃牺牲被击败的人的喜悦。

国际主义并不是一种全新的潮流。大约一个世纪以来，在欧洲文明中，人们发现了发展一个国际性的人类组织的倾向。国际主义也不一定是一种革命潮流。存有一种社会主义的国际主义和资产阶级的国际主义，这并不荒谬，也不是自相矛盾的。当国际主义寻找其历史渊源时，国际主义是自由主义思想扩散的产物。国际有机组织的第一个主要培育者是曼彻斯特学派（Manchester School）。自由国家把工业和贸易从封建和专制的壁垒中解放出来。资本主义利益独立于国家的发展而发展。最后，国家再也不能在其边界内牵制资本主义利益了。资本被私有化；工业开始攻克国外市场；货物不知道边界，并努力在所有国家自由流动。资产阶级倾向于支持自由贸易。作为一种理念和实践的自由贸易向国际主义迈进了一步。在国际主义中，无产阶级将认识到它所欲求的目标和理想。经济壁垒被削弱了。这一事件强化了政治壁垒不复存在的这一天将会到来的希望。

英国是唯一一个充分认识到自由民主思想是资产阶级思想的国家，它把自由民主思想完全理解并归类为资产阶级思想，已经实现了自由贸易。由于生产不受法律制约，它陷入严重危机，引发了人们对自由贸易措施的强烈抵制。各国再次开始关闭外资生产的大门，以便保护自己的生产，随之出现了一个贸易保护主义时期。在此期间，在一个新的基础之上重新组织生产。市场和原材料的争端具有了一种难以接受的民族主义特征。但是，新经济的国际角色再度寻求其突出表现。新经济在金融资本即国际金融的巨大层面上开发了新的资本形式。它的银行和财团将不同国家的储蓄合并起来以便用于国际投资。世界大战一定程度上摧毁了经济利益的结构，战后的危机展示了国家之间经济稳固、文明道德和组织的统一。

自由主义的资产阶级一如既往地努力使其政策适应人类现实的新形

式。国家联盟尽力解决国际经济和资产阶级社会的民族主义政治之间的矛盾，当然这种努力是徒劳无功的。文明不甘心在这场碰撞或冲突中凋零。因此，它每天都在创设传播机构和国际合作。除了两个工人国际组织之外，还有各种各样其他类型的国际组织。瑞士主办了超过 80 个国际协会参加的"核心"会议。不久前，巴黎成为国际舞蹈教师代表大会的总部。舞者用多种语言详细地讨论他们的问题，他们跨越了边境，通过狐步舞和探戈的国际化团结在一起。

——《世界》，利马，1924 年 10 月 10 日

2. 反帝观点[*]

马里亚特吉于 1929 年 6 月在布宜诺斯艾利斯举行的第一次拉美共产党会议上提交了这篇论文。这篇论文由《南美通信》（*La Correspondencia Sudamericana*）编辑，转载自《拉美革命运动》（*the El Movimiento Revolutionario Latino Americano*）。它也被刊载在里卡多·马丁内斯·德拉托雷编辑的《对马克思主义历史的诠释》中（利马：秘鲁编辑公司，1948 年）。胡里奥·波托卡雷罗在大会上宣读了这篇论文，将其作为"反帝国主义斗争和拉美共产党问题的策略"这一讨论话题的一部分。秘鲁代表阅读了这份文件后，说道："同志们：当阐释何塞·卡洛斯·马里亚特吉关于反帝国主义的论文并分析秘鲁的经济与社会地位时，于是想到如此著述他。"（《全集》，编辑的注解）

在何种程度上，共和国的情况类似于其他半殖民地国家的情况？这些共和国经济状况无疑是半殖民地。随着这些共和国资本主义的发展和帝国主义的渗透，它们的经济特征变得更加明显。但是，民族资产阶级把与帝国主义的合作视为利润的最佳来源。他们认为，只要掌控政治权力，就不必太过于担心国家主权。除了巴拿马之外，这些南美洲的资产阶级还没有经历过美国的军事占领，他们并不倾向于接受为第二次独立而战的需要，就像阿普拉党的宣传天真地设想的那样。^① 国家或统治阶级并不认为有必要取得更大程度或更稳固的民族自治。独立革命相对来说近在咫尺，它们的神话和象征符号在资产阶级和小资产阶级的意识中仍然很活跃。国家主权的幻想并没有改变。假设这一社会阶层保留着一种

---

* Source："Punto de vista anti-imperialista", in *Ideología y política*, in *Obras Completas*, 19th ed., Lima：Biblioteca Amauta, No. 13, 1990, pp. 87 – 95.

① 维克托·劳尔·阿亚·德拉托雷于 1924 年创立了美洲人民革命联盟。

革命民族主义意识，这将是一个严重的错误。在其他条件下，革命民族主义意识将代表半殖民地国家反帝国主义的斗争的一个因素，就像在亚洲，这些半殖民地国家近几十年来被帝国主义彻底制服了。

一年前，在与美洲人民革命联盟领导人的讨论中，我们拒绝了他们创建一个拉美国民党的渴望。作为避免欧洲模仿和使革命行动适应我们现实的一种准确评估欲望的一部分，我们提出以下论点：

在中国的反帝国主义的斗争中，与资产阶级甚至许多封建势力的合作都可以用种族和民族文明的理由来解释，而这些理由对我们来说是不存在的。中国的资产阶级或贵族们强烈地意识到自己是中国人。他们对白人做出回应，蔑视白人的阶层化的和腐朽的文化，却为他们的古老传统感到自豪。因此，中国的反帝国主义依赖于情感和民族主义因素。这些情况与印美的情况不一样。克里奥尔贵族和资产阶级并没有通过共同的历史和文化纽带对人们表示同情。在秘鲁，白人贵族和资产阶级鄙视大众的和民族的元素。最重要的是，他们是白人。小资产阶级的混血儿仿效这个例子。在乡村俱乐部、网球俱乐部和大街上，利马的资产阶级亲近美国资本家，甚至是他们的雇员。美国人可以娶一个没有种族或宗教不便的精英女孩。反过来，这个精英女孩也不会有民族主义或文化上的疑虑，更倾向于与入侵种族的个人结婚。一个中产阶级的女孩也不会有这样的顾虑。"华绍塔"（huachauita）或中底阶级的女孩可以在格蕾丝公司或洛克菲勒基金会找到一名美国员工，这样她就能提升自己的社会地位。你们之中没有人可以逃避这些客观原因，在我们的情境中，民族主义因素在反帝主义斗争中并不是决定性的，也不是至关重要的。只有在阿根廷这样的国家里，反帝国主义（也许）能够轻易渗透到资产阶级之中，阿根廷有着一个庞大而富有的资产阶级，这个资产阶级为他们国家的财富和权力感到骄傲，在阿根廷，这些原因的民族性格比在更落后的国家中具有更清晰和更精确的特征。但这是由于扩张和资本主义发展，并不像我们的情形一样，源于社会公正和社会主义学说。

中国资产阶级的背叛和国民党失败的整个维度都是不为人知的。对资本主义的认知，不仅仅是出于社会公正和教义，也证明了即使在中国，一个人对资产阶级的革命民族主义情绪的信任是多么微乎其微。

只要帝国主义政策能够处理这些国家的国家主权的情绪和形式，尽管这些国家无须诉诸武力干预和军事占领，但是它们绝对可以依靠资产阶级的合作。尽管这些国家被帝国主义经济主导着，这些国家或者它们的资产阶级将会把他们看作自己命运的主人，就像罗马尼亚、保加利亚、波兰和欧洲其他"附属的"国家一样。

在评估拉美反帝国主义行动的潜力时，我们不能忽视这一政治心理学因素。忽视或忘记这个因素，是美洲人民革命联盟理论的一个特征。

在秘鲁，原则上接受美洲人民革命联盟的群体——作为一种统一战线规划的美洲人民革命联盟，它从未作为一个政党或有效的组织而存在——与秘鲁之外的群体之间的根本区别在于：前者仍然忠于反帝国主义革命的和社会经济的定义，后者解释了他们的立场。秘鲁之外的群体将美洲人民革命联盟定义为拉美的国民党，他们说道："我们是左派（或社会主义者），因为我们是反帝国主义者。"因此，反帝国主义被提升为一种纲领、一种政治立场和一场自给自足的运动，自发地由一些未知的社会主义和社会革命的进程引领着。这一概念导致对反帝国主义运动的扭曲的过高评价，夸大了争取"第二次独立"战争的神话，还使我们已经生活在新解放时代的日子浪漫化了。其结果就是倾向于用一个政治组织取代反帝联盟。自从美洲人民革命联盟最初被设想为一种统一战线、一个大众联盟和受压迫阶级的支柱以来，它就被定义为拉美的国民党。

对我们来说，反帝国主义并不构成或通过自身也不可能构成一个政治纲领和一种能够征服权力的大规模运动。即使反帝国主义可以将民族主义和小资产阶级动员到工人和农民群众这边（我们已经不相信这种可能性），它也没有消除阶级之间的对立，也不会压制不同阶级的利益。

当权的资产阶级和小资产阶级都不能奉行反帝国主义政策。我们已经有了墨西哥的经验。在墨西哥，小资产阶级已经与美帝国主义达成协议。在他们与美国的关系中，一个"民族主义"政府可能会使用一种不同于秘鲁莱吉亚政府的语言。这个政府是毫无保留、不受限制的泛美主义者和门罗主义者（Monroeist）。但是，任何其他资产阶级政府在贷款和让步方面几乎都是一样的。在秘鲁，外国资本的投资与该国的经济发展、自然财富的开发、领土的人口以及通信线路的改善，有着密切的直接关联。最蛊惑人心的小资产阶级如何反对资本主义的渗透呢？除了用言语之外，别无他物。除了暂时的民族主义修复之外，别无他物。反帝国主义利用权力作为煽动民粹主义运动，如果有可能，这将永远不能代表为了无产阶级群众或社会主义而夺取政权。社会主义革命将会发现其最凶猛和最危险的敌人——说它危险，是因为它思想混乱，蛊惑人心——在小资产阶级中，借助秩序的声音（the voices of order）掌控权力。

没有消除任何形式的反帝国主义的煽动，也没有借助动员最终促成这场斗争的社会部门的形成，我们的使命是向民众解释和证明，只有社会主义革命才能永久和真正地反对帝国主义的发展。

这些因素将南美洲国家与中美洲国家的情况区别开来，在中美洲国家，美帝国主义在没有丝毫犹豫的情况下诉诸武力干预，从而引发一场爱国反应。这种爱国反应可以轻易地赢得一部分资产阶级和小资产阶级去反帝国主义。由阿亚·德拉托雷亲自领导的美洲人民革命联盟的宣传在这里赢得的效果比美国任何地方都要好。阿亚·德拉托雷令人困惑的和弥赛亚的布道宣称建立在经济斗争基础之上，实际上却诉诸种族和情感因素，从而满足了给小资产阶级知识分子留下深刻印象的必要条件。在这些国家中，阶级政党和有着明确阶级意识的强大工会的形成，并不像在南美洲一样是直接发展起来的。在我们的国家，阶级是最具决定性的因素，也是最强大的因素。没有理由去诉诸模糊的民粹主义规则，反动倾向只能在这种规则背后得以繁衍。目前，作为宣传的美洲人民革命联盟仅限于中美洲。在南美洲，由于民粹主义、独裁者和小资产阶级的转向，美洲人民革命联盟被定义为拉美的国民党，它正处于全面清算的过程中。无论巴黎的下一次反帝国主义会议解决什么问题，它的决断必须决定反帝国主义组织的统一，并在反帝国主义的平台和纷乱与工人阶级政党和工会组织能力范围内的任务之间做出区分。在这个问题上，反帝国主义会议将拥有最终决定权。

在我们的国家，帝国主义的资本主义利益必须且不可避免地与封建和半封建地主阶级的利益相一致吗？反封建主义的斗争不可避免且完全地认同反帝国主义的斗争吗？当然，帝国主义的资本主义利用封建阶级的力量，因为它把封建阶级视为政治上占统治地位的阶级。事实上，它们的经济利益并不一样。如果小资产阶级在实践中准备减弱其更加强烈的民族主义冲动，小资产阶级即使是最蛊惑人心的小资产阶级，也可以与帝国主义的资本主义建立起同样的亲密联盟。如果权力掌控在一个更加庞大的社会阶层手中，那将会使金融资本更加安全。这个更加庞大的社会阶层会满足某些需求，扭曲民众的阶级取向。相比于那些老旧和充满敌意的封建阶级，这个社会阶层能够更好地维护资本主义利益，从而成为资本主义利益的托管人和管家。就直觉而言，小地产制的产生、大庄园的征用以及封建特权的清算，并不会违背帝国主义的利益。相反，帝国主义的投资和技术，推动着封建制度残余与资本主义经济发展相吻合的程度，也促使这种封建主义的清算活动与资本主义的发展要求相吻合。大庄园的消失相反构成一种农业经济，这种农业经济建立在资产阶级煽动家称为土地所有权的"民主化"的基础之上。旧贵族被一个更强大和更有影响力的资产阶级与小资产阶级所取代——因此，他们能够更好地确保社会和平——所有的这一切与帝国主义的利益并不冲突。当秘鲁的莱吉亚政权面对很大程度上支持它的土地所有者和酋长的利益时，它在实践中是怯懦的。但是，在诉诸煽动来要求反对封建主义及其特权、猛烈攻击旧的寡头政治以及促进土地分配方面，莱吉亚政权是不成问题的，土地分配将使每个农场劳动者成为一个小土地所有者。莱吉亚政权恰恰从这种煽动中汲取了最强大的动力，它不敢触碰大土地所有者。然而，资本主义发展的自然运动——灌溉工程、开发新矿藏等——反对封建利益和特权。随着耕地面积的增加和新的工作来源的出现，大地主失去他们最大的优势：对劳动力的绝对和无条件的控制。在兰巴耶克（Lambayeque），灌溉工程目前正在进行之中，技术委员会的资本主义活动引发了这个问题。而在这个问题上，一位北美专家和工程师萨顿担任会议主席，他已经与大封建土地所有者的利益发生冲突。这些大封建土地所有者大多种植蔗糖，他们将失去对土地和水的垄断以及控制劳动力的手段。这种威胁令这些大地主感到愤怒，并驱使他们转向颠覆性或反政府的立场，尽管政府与他们密切相关。萨顿具有北美资本主义的特征。他的思想和工作与土地所有者的封建精神相冲突。例如，萨顿已经建立了一个水资源分配制度，这个分配制度建立在水资源的所有权属于国家的原则之上。大地主认为，水权是他们土地权的一部分。根据这个观点，水资源是他们的；水资源是他们财产的排他性所有权。

小资产阶级在反对帝国主义的斗争中扮演的角色往往被高估了。诚如所言，出于经济剥削，小资产阶级必然反对帝国主义的渗透吗？小资产阶级无疑是对民族主义神话的威望最敏感的社会阶层。但主导问题的经济因素是：在具有西班牙风格的贫困国家中，小资产阶级有其庄重的、根深蒂固的偏见，他们反对无产阶级化；因为小资产阶级工资低，他们没有经济实力将自己转变为工人阶级；在这些国家中，盛行"雇佣热"（employment-mania），即寻找一份小政府的工作、"可观的"工资和合适的职位。建立大公司通常很受中产阶级的欢迎，尽管大公司尽可能利用其国家工作人员，但是，对中产阶级而言，这些大公司总是代表一份报酬更高的工作。美国公司意味着更好的报酬、晋升的可能性以及从国家的就业狂热中解放出来。在美国公司中，只有投机商才有前途可言。这一现实对小资产阶级寻找或已找到一份工作的意识起着决定性的作用。我们重申一次，在这些具有西班牙风格的贫困国家中，中产阶级的情况与经历了自由竞争时期和资本主义发展的国家中的阶级的情况是不一样的。自由竞争与资本主义发展有助于个人的首创精神和成功以及大型垄断的镇压。

总而言之，我们是反帝国主义者，是马克思主义者，是革命者，因为我们将社会主义作为对立的体制来抵制资本主义，社会主义最终能战胜资本主义。在反对外国帝国主义的斗争中，我们正在履行与欧洲革命群众团结一致的职责。

——利马，1929 年 5 月 21 日

ℐ. 美帝国主义在尼加拉瓜[*]

　　即使是那些忽视中美洲的美国政策事件和精神的人们也可以考虑这些理由，即凯洛格（Kellogg）[①] 先生为美国军队入侵尼加拉瓜领土辩护的理由。但是，那些在过去 20 年或 25 年里还记得这一政策发展的人们无疑会意识到，对尼加拉瓜国内事件和其扩张主义目的的这种武装干预的绝对一致性。

　　多年来，美国一直关注尼加拉瓜。在类似的托词之下，美国有很多机会控制尼加拉瓜的形式自治权。

　　当塞拉亚（Zelaya）[②] 总统统治尼加拉瓜时，罗斯福（Roosevelt）这位"王牌猎人"注意到，美国试图把三元河（San Yuan River）改造为大洋之间的运河，并在丰塞卡湾（Gulf of Fonseca）建立海军基地。但是，这个计划有其公开宣布的帝国主义意图，自然在尼加拉瓜遭遇了积极的抵抗。塞拉亚总统在这方面无法向美国政府做出任何让步。美国没有从尼加拉瓜的政治领袖那里获得任何东西，但却获得了一个友好条约。后来，美国特工开始了组织暴乱的任务，旨在美国人枪炮的保护下创建一个服从美帝的政府。

　　这一目标与阿道夫·迪亚兹（Adolfo Díaz）政府的形成最终得以实现。阿道夫·迪亚兹政府是美国资本主义的无条件的仆人。[③] 就像现在一

---

　　* Source："El imperialismo yanqui en Nicaragua"，in *Temas de nuestra América*，in *Obras Completas*，9th ed.，Lima：Biblioteca Amauta，No. 12，1986，pp. 144 – 147.

　　① 弗兰克·凯洛格（Frank Kellogg，1856 年 12 月 22 日—1937 年 12 月 21 日），美国国务卿。

　　② 何塞·桑托斯·塞拉亚（José Santos Zelaya，1853 年 11 月 1 日—1919 年 5 月 17 日），自1893 年起担任尼加拉瓜总统，直到 1909 年以美国为后盾的政变使他下台为止。

　　③ 阿道夫·迪亚兹（1875—1964），塞拉亚下台之后的尼加拉瓜总统。

样，美国军队卷入了这一政权的辩护之中。这一政权遭到公众情绪的极力抵制，以致严重威胁着该政权的稳定性。迪亚兹政府给予了美国如此迫切希望的条约。

签署该条约的外交部长查莫罗（Chamorro）继承了权力。[①] 在尼加拉瓜，美国利益多年来一直是根深蒂固的。但民众情感仍持续发酵，最终抛弃了美帝的代理人。此后，美国或其政府已经感到有必要再次干预尼加拉瓜。北美枪支现正试图对阿道夫·迪亚兹执政期内的这些人施加影响。因为萨卡萨（Sacasa）总统的辞职，法定的副总统代表宪法和尼加拉瓜选举。[②]

在永恒革命的躁动中，美国媒体很容易描述中美洲人民。从世界观的角度来看，确实难得隐瞒美国人是这场动乱中的主要参与者。美国热衷于维持一个分裂和冲突的中美洲。中美洲小共和国的必要联盟在美国发现了其最强劲的敌人。美国人的机制负责破坏 6 年前试图创建一个联邦的尝试。在那个时候，尼加拉瓜的政府完全屈从于美国的政策，它是帝国主义反对中美洲国家自由联盟的军事演习的核心。

此刻强调美国的扩张主义是完全可以理解的。欧洲正处于资本主义的稳定时期，正处于重组其在非洲和亚洲等国家毁灭帝国的过程中。而且，由于美国工业和金融发展的自然动力，美国正在推进它对市场、道路和原材料中心的控制。如果北美资本主义不能扩张它的势力范围，它将会不可避免地陷入危机时期。美国已经承受了黄金过剩和工农业生产过剩的后果。美国的银行业和其他行业迫切需要找到更大的市场。道德沦陷多年之后，觉醒的中国强烈地反抗外国的统治，威胁着美帝逐渐尽力驱逐英国和日本帝国主义的那些地区。美国比以往任何时候更需要转向拉美大陆。在拉美大陆，第一次世界大战有助于破坏英国以前无所不能的影响力。

由于这些因素，拉美人并没有把尼加拉瓜的冲突看作一场与其利益

---

① 埃米利亚诺·查莫罗（Emiliano Chamorro，1871—1966），一位保守的政治家，曾任尼加拉瓜驻美国部长。1914 年通过谈判达成了《布良斯克—查莫罗条约》（Bryansan - Chamorro Treaty），这一条约赋予美国在全国范围内修建一条运河的权利。

② 胡安·鲍蒂斯塔·萨卡萨（Juan Bautista Sacasa，1874—1946），一位自由主义政治家，1932 年美国海军陆战队撤退后，他便成为尼加拉瓜总统。

毫不相干的冲突。因此，诚如立宪的萨卡萨政府所描述和辩护的那样，与尼加拉瓜的团结一致被毫无保留地表达出来。

比美帝的暴行影响更大的是大陆舆论所谴责的那些为美帝效劳的中美洲地头蛇（local bosses）的背叛行为。

——《万象》，利马，1928 年 11 月 10 日

4. 海地的戒严令[*]

美国在殖民地拉美的方法一直没有发生变化，它们也不能改变。在美国人的监管之下，他们并未在这些国家使用暴力，这纯属偶然。过去5年中发生的三件事：在巴拿马对罢工施行干预、对尼加拉瓜的占领以及最近在海地宣布的戒严令，它们凸显了美国政策在这些国家中日益增强的军事倾向。在这些事件面前，善意的言辞是毫无意义的。

正如在其他国家那样，海地的军事占领包括一群海地人在内，他们声称大多数人的法定代表权由帝国主义势力所授予。在海地，自由的敌对力量和他们独立的背叛者无疑最反感自由的拉美情绪。西属美洲长期以来都经历过这些类型的事情。西属美洲开始明白，拯救它的不是美帝的训诫，而是彻底和系统的防御工作。那些将会支持美国新生（进步的）力量的人们带着坚定和尊严，引领着这种防御工作。

——《万象》，利马，1929 年 12 月 13 日

---

* Source：“La ley marcial en Haití”, in *Temas de nuestra América*, in *Obras Completas*, 9th ed., Lima：Biblioteca Amauta, No. 12, 1986, pp. 161 – 162.

5. 伊美主义和泛美主义[*]

伊美主义偶尔会出现在西班牙和西班牙美洲的辩论中。伊美主义是语言知识分子之间不时地进行对话的一个理念或主题（我们不能把他们称为种族知识分子）。

但是，现在讨论的范围更加广泛，也更加激烈。在马德里的媒体中，伊美话题引发了人们浓厚的兴趣。我们美洲的一些作家团体管理和拥护着伊美智识力量的方法或协调，并赋予这些主题一种崭新和具体的价值。

这次讨论在某些情况下否定了伊美协议，在其他国家中则忽略了伊美主义。唐·阿方索（Don Alfonoso）的官方伊美主义体现在波旁皇族（Bourbon）和未成年人的修饰性的愚蠢之中，也体现在弗兰科斯·罗德里格斯（Francos Rodríguez）① 情妇的平庸之中。在自由知识分子的对话中，伊美主义被剥去所有的外交点缀。因此，伊美主义揭示了其作为印度—伊美的大多数智力和文化代表的一种理想的现实。

正因如此，泛美主义并没有得到知识分子的支持。这个抽象和非自然的范畴没有任何重要和主动的支持者。它只有一些潜在的支持者。泛美主义的存在纯粹是外交上的需要。最迟钝的头脑也能轻易地发现，泛美主义是一件遮蔽美帝的长袍，没有将自身表现为欧洲大陆的一种理想；相反，它被清楚地表达为美帝的一种自然的理想（正如这些范围内的辩护者想要归类它的那样，美国不是一种伟大的民主，而是一个伟大的帝

---

* Source："El ibero-americanismo y panamericanismo", in Temas de nuestra América, in Obras Completas, 9th ed., Lima：Biblioteca Amauta, No. 12, 1986, pp. 26－30.

① 阿方索十三世（Alfonso XIII, 1886—1941），生于波旁王朝，1886—1931 年在位。何塞·弗兰科斯·罗德里格斯（1862—1931），一名西班牙记者和政治家，因研究王室和君主制而闻名。

国）。尽管如此，或者更确切地说，正是因为这一切，泛美主义对印伊美洲有着巨大的影响。美国政策并不太在意把欧洲大陆的理想当作帝国的理想，它也没有因为缺乏智力共识而困惑。泛美主义在一个坚实的利益网上粉饰它的宣传。美国资本涌入印伊美洲。泛美贸易路线是这种扩张的途径。货币、技术、机器和美国商品在中南部国家的经济中越来越普遍。因此，北方帝国很可能愉悦地看待印度—西班牙美洲的智慧和精神的理论独立。经济和政治利益将逐渐确保大多数知识分子的支持或者最低限度的服从。与此同时，罗维（Rowe）先生泛美联盟的教授和工作人员足以动员泛美主义。

在伊美和泛美理想之间，没有什么比用柏拉图式的对抗来娱乐自己更无意义了。知识分子拥护者的数量和质量完全不服务于伊美主义，更不用说为它们的作者的雄辩服务。虽然伊美主义建立在情绪和传统之上，但泛美主义是基于商业利益之上的。相比于古老的西班牙国家的学派，伊美资产阶级从新美帝国的学派中能够学到更多的东西。美国模式或美国风格传遍印度—伊美，而西班牙遗产则被消耗掉了，而且被毁坏了。地主、银行家和西班牙美洲的食利者聚焦于纽约，而不是马德里。美元的兑换率比乌纳穆诺或奥特嘉·伊·加塞特的《西方评论》（*Review of the West*）的思想更能激发他们的兴趣。对于这些统治着中美洲和南美洲经济与政治的人们而言，伊美理想并不重要。在最好的情况下，他们准备加入泛美主义的理想。相比于官方伊美主义的旅行社代理人——那些学术的唱诗班歌手（chorister），泛美主义的旅行社代理人似乎更有效率。虽然不那么风景如画，但这是谨慎的资产阶级唯一可以认真对待的事情。

新一代的西班牙美洲人应该清楚而准确地界定其反对美国的意图。他们应该宣称，自己是道斯（Dawes）和摩根（Morgan）帝国的敌人，而不是美国的国民或个人。北美文化的历史为我们提供了许多思想独立和精神独立的高尚范例。罗斯福（Roosevelt）是帝国精神的托管人，梭罗（Thoreau）是人类精神的受托人。欧洲革命者现在尊崇着亨利·梭罗，他也值得我们美国革命者崇拜。相比于亨利·梭罗的思想，如果伊比利亚裔美国人更了解西奥多·罗斯福的思想，这是美国的错误吗？美国确实是皮尔庞特·摩根（Pierpont Morgan）和亨利·福特（Henry Ford）的家乡，但它也是拉尔夫·沃尔多·爱默生（Ralph Waldo Emerson）、威廉·

詹姆斯（William James）和沃尔特·惠特曼（Walt Whitman）的家乡。这个国家造就了最伟大的工业主义领袖，也造就了大陆理想主义最好的大师。如今，激发先锋派的关注点也激发着北美先驱。新一代西班牙美洲人的问题也是北美新一代的问题，不过有着地方差异和细微差别。沃尔多·弗兰克是北部的新生代之一。在其对美洲的研究中，沃尔多·弗兰克提到一些对他的美洲国民和我们自己而言都有效的事情。

印度—伊美新生代可以而且应该了解沃尔多·弗兰克的美洲的新一代人。新伊美人的工作能够并且应该在与新一代美国人的团结中得以表达。这两代人有着一些共性。他们有不同的语言和种族，但相互交流，并把同样的历史情感聚合起来。正如在我们的美洲一样，沃尔多·弗兰克的美洲是皮尔庞特·摩根帝国和石油帝国的对手。

相反，更接近这个革命的美洲的同样历史情感，将我们与波旁皇族和普里莫·德里维拉（Primo de Rivera）的反动西班牙势力分离开来。瓦斯奎兹·德梅拉（Vasquez de Mella）和毛拉（Maura）的西班牙人以及普拉德拉（Pradera）和弗兰科斯·罗德里格斯的西班牙人能够教会我们什么？他们什么也没有教会我们，更不要说伟大的工业和资本主义国家的方法。在马德里或巴塞罗那（Barcelona），权力文明没有根基，它的根基在纽约、伦敦和柏林。天主教君主的西班牙绝对没有激发我们的兴趣。让普拉德拉先生和弗兰科斯·罗德里格斯拥有她。

伊美主义需要更多的理想主义和现实主义它还没有与印度—伊美的新理念联合起来，还没有把自己嵌入这些种族的历史现实。泛美主义建立在资产阶级秩序的利益基础之上；伊美主义应该依赖那些努力创造一种新秩序的民众。官方的伊美主义将永远是一种学术的、官僚的和乏力的理想，它没有扎根现实。作为一个革新者核心的理想，官方的伊美主义将变成一种激进的、活跃的和大规模的理想。

——《世界》，利马，1925 年 5 月 8 日

6. 北美的命运*

道斯计划毫无疑问地描述了法国新托马斯主义者和德国种族主义者之间所有争论的毫无意义。这些争论关涉的是对西方文明的辩护是否属于拉丁精神和罗马精神或德国精神和新教精神。德国赔款和盟国债务的支付，使欧洲经济和政治的命运掌控在美国手中。没有美国北部各州的信贷，欧洲国家的经济复苏是不可能的。洛迦诺精神（the spirit of Locarno）①、安全协议等只是简单的名称，这些名称意味着美国资本在欧洲国家的公共财政和工业中的重要投资所需的担保。法西斯意大利如此傲慢地宣布恢复罗马的权力，却忘记了它对美国的承诺，美国将其货币置于债权人的摆布之下。

在欧洲，资本主义表现出对自身力量缺乏信心，但它对在北美的命运仍继续持有乐观态度。这种乐观建立在状况良好的基础之上。它就像年轻人的生物学意义上的乐观主义，注意到他极佳的胃口，却不担心之后动脉硬化会出现。北美资本主义仍有其发展前景。在欧洲，战争的破坏力无可挽回地损害了其发展前景。大英帝国仍然拥有强大的金融组织，但正如煤矿问题所彰显的那样，大英帝国的工业已经失去确保其首要地位的技能。战争使大英帝国从一个债权人变成美国的债务人。

所有这些事实都表明，在北美找到了资本主义社会的所在地、轴心和中心。美国北方各州的工业以较低的成本并做好最佳的准备进行大批量生产。银行业通过其资本确保工业产出的持续增长，并征服那些必须

---

　　* Source："El destino de Norteamérica", in *Defensa del marxismo：polémica revolucionaria*, in *Obras Completas*, 13th ed., Lima：Biblioteca Amauta, No. 5, 1987, pp. 145 – 150.

　　① 洛迦诺精神指的是布里奥（Briand）和施特雷泽曼（Stresseman）政府之下，法国和德国之间的协定。

吸收它们所制造产品的市场。银行业的金库促使黄金的流动，在战时和战后的商业中，美国掌控着黄金。如果不是现实的话，自由竞争的错觉仍然存在。国家、教育和法律符合个人主义民主的原则。在这种个人主义民主中，每个公民都可以自由地渴求拥有一亿美元。在欧洲，工人阶级和中产阶级越来越觉得自身被阶级的界限所束缚。美国国民认为，财富和权力对任何雄心勃勃想获得它们的人而言，仍旧是触手可及的。这是心理因素存在的度量。这些心理因素决定工人阶级和中产阶级在资本主义社会的发展。

此外，北美现象并非变幻莫测。北美从最初就显示了资本主义的最高成就是命中注定的。尽管资本主义在英格兰有着超凡的权力，但资本主义的发展并没有消除所有的封建残骸。贵族特权继续影响着英格兰的政治和经济。英国资产阶级热衷于把其精力集中在商业和工业上，却没有为了土地而费尽心思挑战贵族。对土地的支配应该建立在地基开发的基础之上。但英国资产阶级并不想牺牲他们的土地主，这些土地主注定要保持一种微妙和装饰性的血统。那就是为什么资产阶级现在才发现土地问题。随着工业的衰落，在陆地上，资产阶级现在错过一个富饶而繁荣的农业系统，贵族在陆地上拥有他们的狩猎保护区。与此同时，北美资本主义无须支付任何金钱或精神上的封建会费。相反，北美资本主义自由而有力地从资本主义革命的第一颗知识和道德的种子中脱离出来。因为宗教反叛，新英国殖民者是被从欧洲驱逐出来的清教徒，这次宗教反叛是资产阶级主张的率先行动。因此，美国成为新教改革的一种表现形式，新教改革被视为资产阶级即资本主义最纯粹和最原始的精神表现。美国共和国的成立在当时意味着这一事实及其后果的最终神圣化。沃尔多·弗兰克写到："东沿海第一个永久的殖民地基于财富的有意识的目的之上。这些殖民地1775年反对英格兰的革命是资产阶级的资本主义与旧封建制度之间的第一次明确的斗争。殖民地的胜利孕育了美国，标志着资本主义国家的胜利。从那时到现在，美国就没有工业革命之外的传统和精心构思，工业革命使之得以形成。"① 弗兰克也回忆起查尔斯·A. 比尔德（Charles A. Beard）有关1789年宪法的著名而简明的判断："基本的

---

① Waldo Frank，*Our America*，New York：Boni and Liveright，1919，p. 14.

财产权是先于政府的且在道德上超越了大众的范围，宪法基于这一观念之上，宪法本质上是一份经济文件。"①

没有物质或道德的障碍影响着北美资本充满活力和自由的繁荣。举世无双，所有的历史因素对于一个完美的资产阶级国家而言，在其诞生时就在场了，没有君主制和贵族传统的障碍。在美国的处女地上，抹去土著的痕迹，盎格鲁－撒克逊定居者为资本主义秩序奠定了基础。

美国内战也构成一个必要的资本主义主张，从而把美国北部各州的经济从起步阶段的唯一缺陷中解放出来：奴隶制。随着奴隶制的废除，资本主义现象找到了其绝对清晰的路径。诚如维尔纳·桑巴特（Werner Sombarts）所言，犹太人之所以与资本主义的发展相关联，不仅是为了扩张的和帝国主义的个人主义的自发的实际应用，也是为了彻底排除任何"贵族的"活动。在中世纪，犹太人被排除在这些贵族活动之外，在构建最强大的工业国家即资产阶级民主的业务中加入了清教徒的行列。

拉米罗·德·马叶兹度（Ramiro de Maeztu）承认纽约是莫斯科的真正对立面，并赋予美国维护和延续作为一种资本主义文明的西方文明的角色。他比法国和意大利的反动的新托马斯主义哲学家有着更坚定的思想立场。一般而言，在资产阶级护教学的语境中，马叶兹度清楚地了解北美财富和权力的道德元素。但他把这些道德元素几乎完全归结为清教徒和新教徒的元素。清教徒道德使财富神圣化，并把财富视为神恩的标志。事实上，清教徒道德是一种犹太人的道德，清教徒通过《旧约》吸收犹太人道德的原则。长期以来，它确立了清教主义与犹太教的教义关系，盎格鲁－撒克逊与资本主义的经历只会确认这种教义关系。就马叶兹度坚持怀恨世界的所有"民族主义的"和反动的运动而言，这些运动质疑与其普世主义的共同社会理想的精神并行的犹太精神，正如马叶兹度尽可能地遵从福特先生一样，因为他反对"犹太人国际化的"禁令。作为工业"福特主义"的狂热赞颂者，马叶兹度必须摆脱束缚。

诚如罗马或莫斯科把美国的角色阐释为欧洲资本主义稳定的雇主一样，无论是法西斯主义还是议会的困境，罗马或莫斯科的困境将成为纽

---

① Charles A. Beard, *An Economic Interpretation of the Constitution of the United States*, New York: Macmillan, 1921, p. 324.

约或莫斯科的困境。当代历史的两极是俄国和北美：资本主义和共产主义，虽然它们存有差异，也是独特的，但都是普世性的。俄国和美国在教义和政治方面是截然相反的两个种族，与此同时，却是两个最亲密的种族，它们是西方行动主义和活力的最高与终极的表达。几年前，伯特兰·罗素（Bertrand Russell）强调了美国工业巨头与俄国马克思主义经济的官员之间奇异的相似之处。那个悲剧的斯拉夫诗人亚历山大·布洛克（Alexander Blok）用以下话语来迎接俄国革命的曙光："且看新美国之星。"

——《万象》，利马，1927 年 12 月 17 日

第五部分

政治、组织、农民、工人和种族

何塞·卡洛斯·马里亚特吉不仅是一位思想家和作家，还是一位马克思主义激进分子和政治组织者。马里亚特吉非常信奉实践（praxis）这一概念，正因如此，他在秘鲁工人运动中非常活跃。事实上，独裁者莱吉亚把马里亚特吉流放到欧洲的原因之一就是他积极支持利马的工人运动。一方面，马里亚特吉利用那些受马克思主义启发的有关秘鲁具体情况的认识来加强他的写作；另一方面，他又把这些认识用于指导其政治和学术活动。因此，马里亚特吉研究了农民和土著种族的经济状况、工人运动与劳动条件的复杂性以及种族和种族思想对秘鲁社会主义与革命的可能性的影响。

在这一部分，马里亚特吉解释了秘鲁的无产阶级在世界危机的地位、拉美的种族问题、土著居民起义的历史、瓦乔的农民斗争（马里亚特吉在那里度过了他的部分童年时光）和秘鲁社会党（一个马列主义政党，后来改名为共产主义的政党）的重要组织会议的取向。马里亚特吉是社会党的理论家和主要组织者，1930年去世之前，他一直引领着社会党的教义立场、组织方向和意识形态导向。诚如《五一节和统一战线》和"给秘鲁工人阶级的《秘鲁工人总联合会宣言》"所示的那样，马里亚特吉还积极加入工会组织。

1 世界危机与秘鲁无产阶级[*]

以下是马里亚特吉 1923 年和 1924 年在利马的冈萨雷斯·普拉达人民大学发表的一系列演讲的一部分。在这些演讲中，他为秘鲁无产阶级贡献了其在欧洲居住期间所学到的东西。

在这次会议上——我们称为一次对话，而不只是一次会议——笔者将限制自己只解释课程的主题，同时也为向无产阶级传播世界危机知识的必要性提供一些思考。遗憾的是，秘鲁缺乏利用情报和意识形态联系来密切关注这一重大危机发展的教育媒体。秘鲁同样缺乏像何塞·因赫涅罗斯（Jose Ingenieros）① 这样的大学教授，他们有能力对那些正在改变世界的创新观念充满激情，并热衷于使世界从资产阶级文化和教育的影响与偏见中解放出来。此外，秘鲁缺乏社会主义的组织和工会组织，即他们自己的大众文化工具的拥有者和使人们对危机研究感兴趣的资质。一种具有革命精神的大众教育课程是在人民大学里开发起来的。我们的任务是超越适度的初步工作计划；为人们介绍当前现实以及解释他们生活在一个历史上最伟大和最超验的时代，并用现在触动着世界其他文明种族的一种深层的担忧来影响他们。

在这场伟大的当代危机中，无产阶级不是旁观者而是参与者。世界的命运掌控在无产阶级手中。根据所有的可能性，来自无产阶级的将是无产阶级文明和社会主义文明。这种文明注定要承继停滞不前的个人主义和资产阶级的资本主义文明。现在，无产阶级比以往任何时候都需要

---

* Source：*Historia de la Crisis Mundial*，in *Obras Completas*，3rd ed. ，Lima：Editorial Amauta，No. 8，1971，pp. 15 – 25.

① 何塞·因赫涅罗斯（José Ingenieros），著名的阿根廷社会主义思想家、作家、知识分子和大学教授。

了解世界正在发生什么。而且，无产阶级也无法通过日常新闻的零散的、不定期的和顺势疗法的信息来了解这一点——这些信息翻译不当，内容相当贫乏。信息总是来自那些反动的新闻机构，这些新闻机构被指控为败坏革命政党、组织和人员的名声，使世界无产阶级气馁并迷失方向。

世界上所有工人的命运都在欧洲危机中上演着。危机的发展应该对秘鲁的工人和远东的工人有着同等的利益。这场危机把欧洲作为主要舞台，但欧洲机构的危机是西方文明机构的危机。像美洲的其他国家一样，秘鲁在这种文明的轨道内绕转，不仅因为这些涉及的国家是政治上独立的国家，也因为它们通过与英国、美国和法国资本主义的联系在经济上沦为殖民地，还因为我们的文化和机构类型都是欧洲式的。正是由于这些民主制度和我们从欧洲复制过来的文化，这种文化来自一个现在正处于决定性甚至是全面危机时期的地方。最重要的是，资本主义文明使人类生活国际化；它创造了所有民族之间的物质联系，这些物质联系在他们之间建立了一种必然发生的团结。国际主义不仅是一种理念，更是一种历史现实。进步使利益、思想、风俗、民族的政权统一和融合起来。与美洲其他民族一样，秘鲁并不是置身危机之外的国家，而是处于危机之中。世界危机已经对这些民族产生影响。当然，世界危机会继续影响这些民族。欧洲的保守反应期也将是美洲的反应期。欧洲的革命时期也将是美洲的革命时期。一个多世纪前，当如今的通信媒体还不存在时，当国家还没有今天所拥有的这种直接和持续的联系时，人类的生活并没有像今天这样紧密联系在一起。当我们还没有媒体时，当我们仍然是欧洲事件遥远的旁观者时，法国大革命为独立战争和所有这些共和国的建立提供了源泉。记住这一点就足以让我们认识到，社会转型的快速性是如何体现在拉美社会中的。那些声称秘鲁和拉美基本上如此远离欧洲革命的人们不了解当代生活，他们甚至不了解历史。这些人对欧洲最先进的想法会传到秘鲁感到非常惊讶；对飞机、横跨大西洋的班轮、无线电报和无线电广播设备却并不感到惊讶。总之，他们对所有欧洲最先进的物质进步的体现并不感到惊讶。同样一种无视社会主义运动的想法，将不得不忽略爱因斯坦的相对论。我们最反动的知识分子没有想到这种情况——几乎所有人都是被激发的反动派——应该禁止研究和推广新物理学，爱因斯坦是新物理学最伟大和最杰出的代表。

无产阶级一般需要弄清楚世界危机的重要维度。这种需求甚至更加超乎寻常，因为无产阶级的社会主义的、工党的、工团主义的或自由主义的部分构成先锋队。那部分无产阶级是最好斗和最有觉悟的，他们更倾向于斗争且做好了准备。那部分无产阶级负责引领伟大的无产阶级行动的方向。他们的历史作用是代表目前情况下的秘鲁无产阶级。无论其特定的信条是什么，正是那部分无产阶级拥有阶级意识（class conscience）和革命意识（revolutionary conscience）。最重要的是，笔者把论文献给秘鲁无产阶级的先锋队。笔者不是企图到这所自由大学的自由讲坛上给你们讲授这次世界危机的历史，而是要和你们一起探讨这次世界危机。同志们，在这个讲坛上，笔者不会为你们讲授世界危机的历史，而是和你们一起研究世界危机的历史。在这项研究中，笔者没有什么特别的贡献，只是想把自己三年半的时间里对欧洲人生活进行的个人观察分享给大家。也就是说，这三年半笔者渐渐转向危机和当代欧洲思想的反响研究。

出于种种原因，笔者特别邀请无产阶级的先锋队一起研究这次危机。第一个原因是无产阶级先锋的革命准备、革命文化和革命取向是在战前的社会主义、工团主义和无政府主义文献的基础上形成的，或者至少是在危机结束之前形成的。社会主义、工团主义和自由论者的书籍与旧数据通常在我们中间传播着。这里少量的有关社会主义和工团主义的古典文献被熟知，新的革命文献也不为人所知。革命文化是一种经典文化，同志们，你们很清楚，革命文化是非常稚嫩、无关联、无组织和不完整的。现在，所有有关社会主义和工团主义的文献都处于修订之中。这次修订并不是由理论学家的任性所强加的，而是由事件的力量所决定的。因此，如果不是出于库存的需要，这种文献如今就不能再被使用。自然而然，这并不意味着，社会主义和工团主义的文献在原则、基础以及一切外在和理想的所有方面都是不准确的；更确切地说，在其战术灵感、历史因素以及表示斗争的行动、程序和手段的所有方面，这种文献已经不再准确。工人们的目标仍然是一样的；因为最近的历史事件，或者如果你愿意的话，选择可以接近这个元理想（meta-ideal）的道路已经发生变化。此时，这一历史事件及其超越性的研究，对于激进工人和有阶级偏见的组织来说，是不可或缺的。

同志们，你们知道，欧洲无产阶级的武装力量发现他们自己已分裂成两大派系：改革派和革命派。其中，一个为改革主义者的、合作的和发展的工人国际委员会，另一个为规模最大的、反对合作和革命的工人国际委员会。在这两个工人国际委员会之间，一个中介的国际委员会已经尝试崭露头角，但却以与第一个国际委员会携手反对第二个国际委员会而告终。在一个派系或另一派系中，呈现出不同的风貌，但是无疑只有这两个派系。也就是说，那些想通过政治上与资产阶级合作从而实现社会主义的团体，以及那些想通过为无产阶级夺取所有政治权力从而实现社会主义的团体。如今这两个派系的存在，源自当前历史时刻的两个不同的对立的和正相反的概念。一部分无产阶级认为，这一时刻不是革命性的，资产阶级还没有完成它的历史使命，相反资产阶级仍然强大到足以维持政治权力——总之，社会革命的时刻还没有到来。另一部分无产阶级则认为，当前的历史时刻是革命性的时刻；资产阶级不能重构被战争所摧毁的社会财富，也不能用和平的方式解决问题，始于危机的战争的解决方案正是社会主义的方案，俄国革命始于社会革命。

因此，存在两支无产阶级的军队，究其原因在于，在无产阶级中，对历史时刻存有两种对立的观念，对世界危机也有两种不同的解释。一支无产阶级军队或另一支无产阶级军队的数值力量取决于所发生的事情看起来如何证实各自的历史观。正因如此，一支无产阶级军队或另一支无产阶级军队的理论家、思想家和学者，促使他们自己深化危机意识，理解危机的性质并发现它的意义。

战前两种倾向即社会主义倾向和工团主义倾向区分了无产阶级的主导地位。社会主义倾向主要是改革主义的、社会民主的和合作的。社会主义者认为，社会革命的时代遥不可及，通过政府或立法合作，他们借助法律行动争取一种渐进式的胜利。在一些国家，这种政治行动过于削弱社会主义的意志和革命精神。社会主义成为显著的资产阶级。作为抗拒越来越资产阶级化的一种回应，我们有了工团主义。工团主义反对与辛迪加的直接行动一起的社会主义政党的政治行动。① 无产阶级最革命和最顽固的精神在工团主义中寻求庇护。然而，在本质上，工团主义是改

① 在这里，辛迪加指无政府工团主义传统中的激进的工团主义工人组织。

革派和合作主义。此外，没有真正的革命心理的联合政府主导着工团主义。在如同意大利这样的一些国家中，工团主义和社会主义或多或少是一致的，并且结合在一起。社会党并没有参与到政府中来，而是仍然忠于其他形式的独立原则。无论如何，根据不同国家的情况，好战的和相似的倾向大致有两种：工团主义者和社会主义者。这一斗争时期的革命文学，几乎都影响着无产阶级领导人的思想。

战后情况却发生了变化。正如前面所指出的那样，无产阶级阵营现在并没有分裂为社会主义者和工团主义者，而是分为改革派和革命派。一部分社会主义已经肯定了其社会民主和合作的取向；另一部分则遵循一种反合作和革命的取向，并采用共产主义的名称，将自身与第一个派别明确地区别开来。工会运动中再现了这种区分。一部分工会支持社会民主主义者，另一部分则支持共产主义者。因此，欧洲社会斗争的面貌发生根本变化。我们看到许多顽固的战前联盟积极分子走向改革主义，也看到另一些人追随共产主义。正如福肯（Fonkén）① 同志提醒我们的那样，在另一些人中，最伟大和最杰出的工团主义理论家正是法国人乔治·索雷尔。索雷尔全力支持俄国革命和发动革命的人们，对法国的无产阶级和知识分子而言，索雷尔的去世是一种惨痛的损失。

就像在欧洲一样，在这里，无产阶级不必分化为联合主义者和社会主义者——这是一种过时的分类——而是要分成合作者和那些不与改革者和多数派成员合作的人。但要清晰而连贯地做到这一点，无产阶级认识并理解伟大的当代危机的概况是必不可少的。如果采取其他方式，混乱是不可避免的。

那些相信人类的人们生活在一个革命时期，社会民主的论点、所有的改革论点和进化论点即将消亡。

在战前，这些论点是可以理解的，因为它们符合不同的历史条件。资本主义正处于巅峰时期，生产处于过剩状态，它有能力对无产阶级做出连续的让步。资本主义的边际效用使得一个庞大的中产阶级和一个享有方便舒适生活的小资产阶级的形成成为可能。在英格兰和

---

① 阿达尔贝托·福肯（Adalberto Fonkén），亚洲移民工人的后代，无政府工团主义的劳工领袖。

德国的一些国家中，欧洲工人能够填饱肚子，他获得了足够的资源来满足一些精神需求。当时，革命的环境是不存在的。战后，欧洲的社会财富大部分被耗竭。对战争负有责任的资本主义需要以无产阶级为代价来重创这些财富。因此，这意味着，虽然在通往社会主义成就的道路上不能取得什么进展，但社会主义者必须与政府开展合作，以便强化民主制度。在此之前，社会党人开展合作，逐步改善了工人的生活条件。现在，他们展开合作来否认所有无产阶级的胜利。为了重建欧洲，资产阶级需要无产阶级同意生产更多东西并减少消费。无产阶级抗拒一件事或另一件事，并告诉自己，巩固一个对战争负有罪责且不可避免地注定要把人类引向一场更血腥的战争的社会阶级的权力是不值得的。允许资产阶级和无产阶级之间合作的条件，使得合作主义逐渐且必定丧失其典型的劝教风格。

资本主义不必对社会主义做出让步。为了重建欧洲国家，它们需要一种严格的财政经济体制来增加工作时间和减少工资。简言之，经济概念和方法的重建与无产阶级的欲望背道而驰。从逻辑上讲，无产阶级不会同意这种倒退。因此，所有重建资本主义经济的可能性都被消除了。这是当今欧洲的悲剧。在欧洲国家，反动分子取消了对社会主义的经济让步。但是，一方面，这种反动的政策无法足够有力或有效地重建被耗尽的公共财富；另一方面，无产阶级统一战线正在组建之中。由于惧怕革命，反动势力不仅因此抹杀了民众的经济成就，而且还企图挫败他们的政治胜利。这就是我们达成意大利法西斯独裁统治的方式。但正是资产阶级背叛、破坏并致命地损坏了民主制度，资产阶级削弱了其所有的道德力量和思想影响力。

在国际关系领域的其他地方，反动势力把外交政策置于民族主义和反民主的少数派手中。这些民族主义少数派使外交政策充斥着沙文主义。而且，通过他们的帝国主义的远见和欧洲霸权的斗争，这些民族主义少数派阻碍了欧洲团结氛围的重建。然而，这种团结氛围能够促使各国开始理解合作和工作的计划。在对鲁尔区（Ruhr）的占领中，我们目睹了这种民族主义和反动的产物。

那么，世界危机就是一场经济危机和政治危机。最重要的是，它是一场意识形态的危机。资产阶级社会肯定的和实证主义的哲学已经被一种怀疑论和相对论所侵蚀。理性主义、历史主义和实证主义正在无可挽救地衰退。毫无疑问，这是这场危机最深刻和最严重的症状。这不仅是资产阶级社会经济的最权威和最深刻的标志，也是危机中整个资本主义文明、西方文明和欧洲文明的最权威和最深刻的标志。

然而，这一切都很好。社会主义革命的理论家马克思（Marx）、巴枯宁（Bakunin）、恩格斯（Engels）和克鲁波克（Kropotk）都生活在资本主义文明和实证主义历史哲学的巅峰时代。因此，他们无法预见到，无产阶级的崛起将是西方文明的衰落造成的。无产阶级注定要创造一种新文明和新文化。资产阶级的经济毁灭与此同时也是资产阶级文明的毁灭。社会主义将会发现，它不是处在一个富饶的、富足的和充裕的时代，而是处于一个贫穷的、穷困的和稀缺性的时代来开展治理。改革派社会主义者接受了这一观点，即社会主义政权更像是一种分配制度，而不是一种生产制度。他们认为，资产阶级的历史使命尚未完成，而实现社会主义的时机还不成熟。在《纪事报》（La Crónica）的一篇文章中，笔者转述过强调欧洲悲剧的那句话：资本主义不复存在，社会主义还没有实现。这句话用一种改革主义的方式有效地描绘了欧洲悲剧的色彩，它充满进化论的论调，并饱含一种缓慢的、渐进的和圣洁的步调的思想，没有社会动乱，没有震惊，这种思想从个人主义社会迁移到集体主义社会。从逻辑上讲，在社会主义的产生和资本主义的灭亡之间，总会有一个中期危机时期。

我们需要一个社会的瓦解和痛苦，这个社会是不充足、衰落和损毁的。但与此同时，我们需要一个新社会的孕育、形成以及缓慢而渴望的细化。所有拥有一种真实意识形态关系的人们，应该把我们的目光锁定在人类历史上这一超越的、不安的和紧张的时期。这种真实的意识形态关系把我们与这个新社会联系起来，也把我们与旧社会隔离开来。

2. 拉美的种族问题[*]

1929 年 6 月，马里亚特吉为在布宜诺斯艾利斯举办的第一次拉美共产党会议准备了以下报告用于讨论。马里亚特吉因健康原因没有去阿根廷参加会议，他委托乌戈·佩塞担任他的个人代表出席会议，并以秘鲁社会主义团体的名义发言。在提交报告时，佩塞用下列话语展开讨论。

同志们：这是共产党国际代表大会第一次以如此广泛而具体的方式来关注拉美的种族问题。就这点所涉及的问题而言，我们会议的任务是客观地研究事实，运用马克思主义方法来关注它所蕴含的问题，以便通过一个明确而有效的策略来实现其革命性的解决方案。在这种特殊情况下，它确立了与共产国际总路线一致的解决方案。

通过种族问题的方方面面，我们了解到现实的那些因素主要具有一种历史和统计的特性。对这两种特性的研究不够充分，所有时期的资产阶级批判和极其愚蠢地漠视资本主义政府的行为有意地掺杂在这两种特性之中。

只有在最近几年，我们才目睹了勤奋和公正的研究迹象，这些研究揭示了构成我们种族问题要素的真正本质。近年来，马克思主义批判的重要著作已经面世，这些著作对这些国家的现实情况进行了深入研究，分析了经济、政治、历史和民族的进程，却忽视了学者和学术的模式，并在涉及基本事实和阶级斗争的方面提出问题。但这项工作最近才开始，而且只涉及某些国家。对于大多数拉美国家来说，各党派的代表发现了不充足或伪造的材料。这就解释了为什么这次会议的报告在关于种族问

---

  * Source："El problema de las razas en América Latina"，in *Ideología y política*，in *Obras Completas*，19th ed.，Lima：Biblioteca Amauta，No. 13，1990，pp. 21 – 86.

题的取向上必然呈现出一个微弱的特性，在某些情况下，甚至是一种令人困惑的特性。

这个报告旨在为代表大会的讨论提供指导和材料，来自所有代表团的同事所提供的信息资源已经拓展了这个报告。因此，这个报告将在不同程度上反映与每个拉美国家的组织相称的认定的获得和差距。

思考种族问题

在资产阶级的智力沉思中，除了其他方面，拉美的种族问题有助于掩盖或忽视欧洲大陆的真正问题。马克思主义批判有着一个至关重要的任务，即以实际的方式来确立种族问题，并消除这个问题的任何诡辩或迂腐的歪曲。种族问题在经济、社会和政治层面与土地问题一样，它基本上是封建主义的清算问题。

自西班牙征服以来，由于强加给土著种族的奴役，拉美的土著种族正处于一种落后和无知的轰动状态。在各种各样的伪装下，剥削阶级的利益总是倾向于以他们的自卑感或原始主义来解释土著种族的状况，首先是西班牙人，后来是克里奥尔人。通过运用这种方式，在关于种族问题的国民辩论中，就对待和照顾殖民地人们的问题而言，剥削阶级只是重现了白人种族的推理。

社会学家维尔弗雷多·帕累托将种族问题归结为决定社会发展形态的几个因素之一。在下面的表述中，帕累托谴责了白人种族的帝国主义政策和奴役政策中的种族观念的伪善：

在《政治学》（Politics）［1、2、3—23（拉克姆 Rackham，第15—31 页）］中，亚里士多德的自然奴役的理论是现代文明人提出的用以证明他们所征服的那些被他们称之为"劣等的"并受他们操控的种族的理论。亚里士多德声称，有些人是天生的奴隶，有些人则是主人，前者注定要服从，后者注定要统治，这是适当的，对所有有关各方而言，这是公正的，也是有益的。那些用"文明"来掩饰自己的现代人也这样认为。他们断言，有一些人——他们自己，当然——他们生来要统治，其他人——那些希望剥削的人们——他们生来并不打算服从，对于每个人都关心他们统治和其他人服从的人而言，这是公正的、合适的和有利的。如果一个英国人、德国人、法国人、比利时人和意大利人为其国家而战斗献身，他就是一个英雄；但是，如果一个非洲人胆敢为他的祖国抵抗任何一个国家，他就是一个卑鄙的叛逆者和叛徒。因此，欧洲人在消灭非洲人的过程中履行着神圣不可侵犯的职责，努力教他们成为文明人。而且总有很多人欣赏这样"和平、进步和文明"的工作，张着大嘴！有了一种真正令人钦佩的伪善，这些神佑的文明人声称，在压迫和消灭臣服的种族的过程中，他们代表这些种族的善；他们非常爱这些臣服的种族，以致可以用武力使这些臣服的种族得到"自由"。因此，英国人把印度人从王公们（rajahs）的"暴政"中解放出来。德国人将非洲人从他们的黑大王的暴政中解放出来。意大利人把阿拉伯人从土耳其人的压迫中解放出来。法国解放了马达加斯加人——使他们更自由——杀死了他们中的一些人，并迫使剩余的人处于一种有实无名的奴役之中。这样的谈话煞有其事，甚至有人相信它。猫抓住了老鼠并吃掉它；但猫并没有妄称为了老鼠的利益而这么做。猫并没有宣告所有的动物都是平等的，也没有伪善地把它的目光投向天堂，从而崇拜我们的神父。[①]

在拉美，以服务于受压迫种族的文化和道德救赎为借口，对土著居民的剥削被证明是正当的。

同时，很容易证明的是，白人种族对拉美的殖民化只对土著种族的生活产生一种阻碍和压抑的影响。这些居民的自然进化已经被白人和混血儿侮辱性的压迫所遏制。像盖丘亚族人和阿兹特克人（Aztecs）这样的种族已经有了更先进的社会组织，在殖民统治下，这种社会组织倒退到分散的农业部落的状态。最重要的是，残存于秘鲁土著村社中的文明要素正是古老的土著组织中所存在的那些要素。在封建农业制度下，白人文明并没有创造出城市生活的空间，更谈不上工业化和机械化。在高山

---

① Vilfredo Pareto, *The Mind and Society: A Treatise on General Sociology*, New York: Harcourt Brace, 1935, pp. 626 – 627.

地区，除了某些牛牧场之外，白人统治在技术上并不代表土著文化的进步。

我们所说的土著居民问题指的是大土地所有制中土著居民的封建剥削。在90%的情况下，印第安人不是无产阶级，而是农奴。作为一个经济和政治体系，资本主义在拉美无法建立起一种没有封建负担的经济。土著种族属于劣等种族的看法允许对这个种族的工人施行最大限度的剥削，从中受益的那些人不愿放弃这种优势。在农业方面，工资的确立和机器的采用并不能消除大土地所有制的封建特性。它们只是完善了土地和农民群众的剥削制度。我们的绝大部分资产阶级和酋长极其拥护印第安人属于劣等种族的观点。这样看来，土著居民问题是一个种族问题，其解决办法取决于使土著种族与优越的外来种族交叉。然而，基于封建制度的经济的持续存在横亘在不可调和的冲突中，移民运动足以通过混血产生这样的转变。沿海和高山地区的工资收入（当工资制度被后者采用之后）消除了农业中雇用欧洲移民的可能性。迁入的农民永远不会同意在印第安人所面对的条件下工作，他们只会被那些使得他们成为小土地所有者的工作所吸引。黑人奴隶或中国苦力已经取代沿海农业农场中的印第安人。目前，欧洲移民的殖民计划只考虑到被称为"蒙塔尼亚"（montaña）的东部森林地区。我们没有必要讨论土著居民问题是一个民族问题的论点。但值得注意的是，提出的解决方案与资产阶级和酋长统治制下的大庄园制的利益与能力相冲突的程度，在它们之中，任何人可以发现它的追随者。

对于美帝国主义或英帝国主义而言，如果加上这些土地上的自然资源，这些土地的经济价值就会少很多。因为在国家资产阶级的帮助下，它并不掌控落后和悲惨的土著居民，剥削到极致是有可能的。秘鲁制糖业现在正处于危机之中，它的历史表明，其利润主要依靠廉价的劳动力，也就是劳工的痛苦。从技术上讲，这个产业在任何时候都不能与世界市场中的其他国家竞争。由于企业与消费市场的距离，高昂的运费使其出口遭受损失。但是，廉价的劳动力在很大程度上补偿了所有的这些不利条件。被奴役的农民群众的工作受制于辛苦的工作日，这些人住在简陋的棚屋中，他们被剥夺了所有的自由和权利，使得秘鲁蔗糖种植园主能够与其他国家的种植园主相抗衡。这些种植园主较好地培育他们的土地，或者被保护性关税所庇护，或者从地域的角度而言，他们处于更好的位置。外国资本利用封建阶级剥削这些农民群众，从而为自己谋取利益。有时这些土地所有者（带着他们承袭而来的偏见、傲慢和中世纪的恣意）无法胜任资本主义企业的领导的地位，以致企业不得不掌管大土地所有制和糖厂的管理权。在制糖业中，这种情况尤其明显，一家英国和德国的公司几乎完全垄断奇卡马山谷。

最重要的是，种族对帝国主义问题而言具有重要意义。但种族也有阻止拉美国家争取民族独立斗争的作用。在拉美国家中，绝大部分是土著居民，这类似于亚洲或非洲的同一问题。正如白人帝国主义者那样，我们国家的封建势力和资产阶级也蔑视印第安人、黑人和混血儿。统治阶级的种族主义情绪以一种完全有利于帝国主义渗透的方式行事。当地的领主或资产阶级与他们的有色兵卒毫无共同之处。阶级团结被添加到种族团结或偏见中，成为美帝国主义或英帝国主义的国家资产阶级的温顺的工具。这种感觉延伸到中产阶级的大部分人之中。这些中产阶级效仿贵族和资产阶级鄙视有色人种，即使当他们来自混合的背景中时，这种鄙视行为也是很明显的。

黑人种族被殖民者从拉美引进来，用以增强他们对美洲土著种族的控制权。黑人种族被动地充当殖民者殖民政策之拥护者的角色。西班牙征服者通过残酷的剥削加强对土著种族的压迫。在殖民地城市中，尽管西班牙征服者动荡或不安的情绪爆发了，但他们与黑人较大程度上混合在一起，日益了解黑人，并与黑人生活在一起，从而使自己的角色转变为白人统治的一种辅助力量。黑人或混血儿充当着工匠或家庭佣工的角色，他们组成一个平民阶级，总是或多或少地、无条件地倾向于封建阶级。企业、工厂和工会把黑人从这种家庭生活中拯救出来。消除无产阶级之间的种族界限历来提升了黑人的道德水平。工会标志着与奴性习惯的决定性的决裂，否则，这些奴性习惯将会使黑人保持在工匠或仆人层面。

在融入进步和现代生产技术的过程中，印第安人绝不逊色于混血儿。相反，印第安人通常更有能力这样做。种族卑微的看法在这个时候是不太可信的，以致可以用一种驳斥向它表示敬意。在科学研究这个问题时，白人和克里奥尔人对印第安人的感观的卑微偏见并不是基于任何值得考虑的事实。土著种族的古柯毒瘾和酗酒被评论家夸大了，这些不良嗜好只不过是白人压迫的后果。酋长统治下的大庄园制滋生并利用这些恶习，在某种程度上，与被征服种族中尤为盛行的痛苦做斗争的需要滋养着这些恶习。古代的印第安人只喝"吉开酒"（chicha），即一种发酵的玉米酒，然而，在欧洲大陆上，正是白人引进了种植甘蔗和酒精饮料。甘蔗酒的生产是大土地所有者更加"健康"和更加安全的产业之一，他们也在温暖的山谷里种植古柯。

很久以前，日本人表现出这种安逸，凭借这种安逸，截然不同于欧洲传统和种族的民众开始接受西方科学，并适应了西方科学生产技术的运用。在秘鲁山区的矿山和工厂里，印第安农民证实了这一经历。

马克思主义社会学已经概括地驳斥了作为帝国主义精神产物的种族主义思想。布哈林在《历史唯物主义》（*Historical Materialism*）中写道：

> 首先，种族理论与事实相矛盾。"最劣等的"种族是黑人种族即黑人（Negroes），据说黑人种族生来是不会有任何发展的。但早已被证明的是这个黑人种族的古代代表即所谓的库施人（Kushites）在印度（印度教徒的日子之前）和埃及创建了一种非常高级的文明；黄种人在中国也创造了一种很高级的文明，黄种人如今欣赏并有点喜欢这种文明，这种文明远远优于白人当时现存的文明；与黄种人相比较而言，白人那时也是孩子。我们现在知道，古希腊人从亚述人—巴比伦人（Assyro-Babylonians）和埃及人那里借鉴了不少东西。这些为数不多的事实足以证明，"种族的"解释根本就不是解释。回答可能是：也许你是对的，但你将会说，普通黑人的能力与普通欧洲人的能力处于同样的水平吗？像某些自由主义的教授一样，带着仁慈的诡计来回答这样的问题是毫无意义的，按照康德的说法，所有人都是平等的，人性本身就是一个决定性的考虑因素，或基督教导我们没有古希腊人或犹太人等等［参见霍斯托夫（Khvostov）的《历史进程的理论》（*Theory of the Historicl Process*）的第247页："这是极其可能的……真理站在种族平等的倡导者的一边"］。追求种族之间的平等是一回事；承认他们的品质的相似性是另一回事。我们向往那些不存在的东西；否则我们正在试图强行打开已经敞开的门。

我们现在不关心这个问题：什么东西必须成为我们的目标？我们正在考虑的问题是白人和黑人的水平、文化和其他方面在总体上是否存在差异。确实有着这样的区别；"白"人目前处于一个更高的层次上，但这只是表明目前这些所谓的种族已经改变了立场。

　　这是对种族理论的一种彻底的驳斥。从根本上说，这个种族理论总是把它自己归结为种族的特性及其不朽的"品质"。如果是这样的话，这种"品质"在所有历史时期都会以同样的方式表现自己。显而易见的推论是种族的"自然"属性不断地随其存在的条件而变化。但这些条件都是由社会与自然即生产力的水平所决定的。换句话说，种族理论丝毫没有解释社会进化的条件。显然分析必须从生产力的运行开始。①

从土著种族卑微的偏见开始，我们开始走向相反的极端：创造一种新的美国文化，本质上将是土著种族力量的工作。同意这个论点的话，就会陷入最天真和最荒谬的神秘主义。反对那些蔑视印第安人的种族主义将会是愚蠢和危险的，因为他们相信白人种族的绝对优越感，印第安人作为美国文艺复兴时期的一个种族，这个种族主义高估了印第安人对他们使命的弥赛亚的信仰。

　　印第安人在物质和智力层面提升自身的机会取决于社会经济条件的变化。印第安人并不是由种族决定的，而是由经济和政治决定的。种族本身并未意识到也不会意识到解放理念的意蕴。最重要的是，种族永远不会获得强加并执行这种解放理念的权力。在这个问题上，确保解放的东西是经济和文化的活力，这种活力在其内部孕育着社会主义的种子。在征服战争中，印第安人并没有被种族或品质上优越的种族打败，而是被比土著种族优越的技术所击败。火药、铁和骑兵不是种族优势，而是技术优势。西班牙人拥有可以跨越海洋的航海工具，所以他们可以到达偏远地区。航运和贸易后来允许他们开发殖民地的自然资源。尽管西班牙的封建主义在某种程度上尊重了土著村社的结构，但它将自身融入土

---

① Nikolai Ivanovich Bukharin, *Historical Materialism: A System of Sociology*, New York: International Publishers, 1925, pp. 127-128.

著的唯农论。这种改编创设了一种静态秩序和经济系统，它们的停滞因素是土著奴役的最好保证。资本主义工业通过创造新的生产力和生产关系打破了这种平衡与停滞。无产阶级以工艺和奴役为代价逐渐发展起来。国家经济和社会发展进入了一个充满活力和矛盾的时期，在意识形态层面上，这个时期促使社会主义思想的出现和发展。

在所有这些因素中，相比于包括生产、技术、科学等在内的经济因素的影响，种族因素的影响显然是微不足道的。如果你愿意，可以简略说明一个社会主义国家的计划或意图吗？社会主义国家建立在土著民众的解放需求之上，没有创建现代工业或资本主义的物质因素。这种经济和政权的活力，使所有的这些关系变得不稳定，并使阶级和意识形态对立起来。这种活力无疑使土著复兴成为可能。经济、政治、文化和意识形态而不是种族的力量决定了这一现实。对共和国统治阶级最主要的指控就是它缺乏一种更自由、资产阶级和资本主义的使命感，从而没有加快从殖民经济到资本主义经济的经济转型过程。封建主义反对土著人民从停滞和惰性中解放出来，反对它们的觉醒。当民众提出要求的时候，资本主义的冲突及其剥削工具推动了民众的思想，迫使他们在物质和精神上接受新秩序。

种族问题在拉美所有国家并不常见，也未必呈现出相同的程度和特性。在所有拉美国家的社会和经济进程中，种族没有同等程度的影响力。但是在秘鲁、玻利维亚和厄瓜多尔这样的国家，大多数人口都是土著居民，印第安人的需求是主要的大众需求和社会需求。

在这些国家，阶级因素加剧了种族因素，革命政治必须考虑到这一点。盖丘亚人和艾马拉印第安人把混血儿和白人视为他们的压迫者。在这些混血儿中，只有阶级意识能够摧毁对印第安人的蔑视和抵触。在那些宣扬自己是革命的城市力量的人群中，他们寻求对印第安人的偏见或将这种偏见视为一种纯粹沿袭物或精神环境的污染物的阻力，这并不少见。

在印第安农民群众和革命工人的白人或混血儿的核心力量之间存有语言障碍。但是，因为那些已形成的需求的性质，通过印第安的宣传人员，社会主义学说很容易扎根于土著民众之中。迄今为止，这些宣传人员的系统化准备是远远不够的。受过教育的印第安人被城市冲昏了头脑，他们通常成为其种族掠夺者的附属品。但是，在城市和革命工人中，印第安人已经开始吸收和利用革命思想，并把革命思想的价值理解成他们种族解放的一种工具。他们的种族被工厂里剥削工人的同一阶级压迫着，土著工人发现这个阶级就是阶级兄弟。

在评估和利用事实方面，社会主义的政策是安全而准确的。就这些事实而言，它们必须在这些国家中发挥作用。这种社会主义政策的现实主义，能够并且应该把种族因素转变为革命因素。这些国家当前的国家结构建立在封建地主阶级和商业资产阶级联盟的基础之上。一旦这种拥有土地的封建组织被废除，城市资本主义将缺乏抵抗工人崛起的力量。平庸而懦弱的资产阶级代表着城市资本主义，它们由特权所组成，缺乏战斗和组织的精神。这个资产阶级日益丧失其压倒不断变化的知识阶层的优势。

秘鲁的社会主义批判针对土著居民问题已经开始运用一种新方法，坚决谴责和反对将种族视为一个行政、法律、道德、宗教或教育问题的资产阶级或慈善的倾向。① 在秘鲁，有关种族问题和无产阶级为解决这一问题而斗争的经济与政治术语的调查结果已经出来。在我们看来，在其他拥有大量土著居民的拉美国家中，照此推理，我们的观点如下。

（1）秘鲁土著居民的社会经济状况

最近的人口普查没有显示土著居民的确切规模。人们普遍认为，土著种族占总人口的五分之四，估计至少有500万人。这一评估并没有考虑严格意义上的种族，它关注的是构成这五分之四的民众的社会经济状况。在一些省份中，土著类型学呈现出广泛的混合状态。但是，在这些领域里，白人血统已经完全融入土著环境。这种融合产生的西班牙人与印第安人的混血儿的生活和印第安人的生活并没有什么不同。

不少于90%的土著居民从事农业生产。采矿业的发展导致采矿中土著劳动力的大量使用。但是，一些矿工仍然是农民。他们是"村社"印第安人，每年大部分时间都在矿井里度过，但又回到他们不足以维持生计的小块土地上。

---

① 马里亚特吉的这条注释表明，以上部分摘自《关于秘鲁国情的七篇论文》的第二部分即土著居民问题。

如今，半封建或封建的劳动制度仍残留在农业中。在高山庄园的雇佣劳动中，它是如此的稚嫩和畸形，以至于几乎无法改变封建制度的特征。印第安人通常只能得到他们劳动成果的一小部分（参见《关于秘鲁国情的七篇论文》中关于"土地问题"的章节，山区中采用不同的工作制度）。① 在这些大庄园中，几乎所有的土地都以原始的方式被开垦着。尽管那些庄园总是持有最好的土地，但在许多情况下，它们的收益却比村社的收益还低。在一些地区，土著村社保留了一部分土地，但这不足以满足他们的需要。因此，他们的成员被迫为大地主工作。这些土地所有者拥有大片未开垦的土地，在许多情况下，他们并没有脱离其传统财产的村社。因为如果一个村社依附于一个庄园的话，它就可以安全地依靠"自己的"劳动力供给。一个庄园的价值不仅与其拥有的土地有关，而且还与其土著居民相关。

当一个庄园没有这些土著居民时，庄园的所有者就与政府一致诉诸强制招聘那些收入微薄的雇农。包括儿童在内的印第安人，都被迫给所有者及其家属以及政府提供免费服务。在大庄园的房子中，包括在他们居住的城镇或城市中，男人、女人和孩子轮流为酋长和政府服务。免费服务的条款已经好几次被明令禁止，但这种做法至今仍然存在，原因在于，只要这种封建制度完好无损，没有法律可以反对封建秩序的机制。最近，《道路征兵法》凸显了山区的封建制度。这条法律要求所有人每6个月工作6天来修建或维护道路，或者缴纳相当于在每个地区固定工资的税收。许多情况下，印第安人被迫远离家园去外地工作，这迫使他们不得不牺牲更多的时间。对土著居民来说，道路征兵制具有古老的殖民地风格的赋役制的特点，赋役制为政府提供了无尽的虐待机会。

在矿井中盛行雇佣劳动。在胡宁和拉利伯塔德（La Libertad）两家大型矿业公司即塞罗德帕斯科铜矿公司和北方开采铜矿公司中，工人的工资为2.5—3索尔。这些工资肯定比高山庄园低得令人难以置信的工资（20或30美分）要高。但是，这些公司在土著种族的所有形式的落后条件中占上风。在矿山中，现有的社会保障立法几乎是不存在的，他们不

---

① 马里亚特吉的这条注释将我们的关注点引向《关于秘鲁国情的七篇论文》的第三部分即土地问题。

遵守工人的补偿制和 8 小时工作制，也不承认工人的组织权利。任何一个被指控试图组织工人的工人，如果只是出于文化或共同的目的，他就会立马被公司解雇。公司通常雇用"合约商"在廊道工作，这些合约商以尽可能低的成本开展业务为目标，作为对体力劳动者的一种剥削工具而运行。然而，"合约商"往往生活在严峻的环境中，他们深陷于偿还债务之中，这使得他们永远欠公司的债。当一场工伤事故发生时，公司利用他们的律师来逃避责任，滥用土著居民的痛楚和无知来剥夺他们的权利，支付给他们随意的和少得可怜的工资。莫罗科哈灾难（Morococha disaster）夺走了数十名工人的生命，导致人们谴责矿工的工作场所缺乏安全感。一些隧道和工作的糟糕状态几乎触及了池塘的底部，导致许多工人被掩埋。官方统计的受害者为 27 人，但有报道称实际被害人数更多。一些报纸的指控导致该公司比平常更重视受害者的居丧家属的法律赔偿。最后，为了避免进一步的动荡不安，在当前铜价格继续保持不变的情形下，塞罗德帕斯科铜矿公司给予员工和工人 10% 的工资涨幅。像科塔巴姆巴斯（Cotabambas）这样偏远省份的矿工处境更加落后和糟糕。该地区的酋长负责强迫招聘印第安人，工资苦不堪言。

工业几乎没有渗透到山区。山区的主要代表是生产优质羊毛的库兹科的纺织厂。除了经理和老板，这些工厂的员工都是土著居民。印第安人已完全被机械化所同化，他们是谨慎而冷静的操作员，资本家巧妙地利用他们。农业的封建氛围延伸到这些工厂，在这些工厂中存在着某种父权主义，利用所有者的门徒和守卫作为工具来压制他们的同事，阻碍阶级意识的形成。

近年来，在国外市场，秘鲁羊毛价格的上涨已经开创了南方农业区的工业化进程。一些土地所有者引进现代技术，引进外国公牛，从而提高产量和质量。这就动摇了商业中介人的枷锁，并在他们的牧场附近建立起工厂和其他小型工业厂房。除此之外，在山区，除了生产用于区域消费的糖、糖蜜和酒之外，没有其他工业工厂和农作物。

山区的土著劳工大多被派遣到沿海庄园工作，沿海庄园的人口远远不够。大型的糖和棉花农场利用劳动力招募者（enganchadores or labor recruiters）来为他们的农业活动提供必要的劳动力。这些工人的工资虽然总是很少，但却比山区封地中的工资高得多。然而，他们在温暖的气候中忍受着艰苦的工作、食物供应不足以及沿海山谷流行的疟疾。山区雇农很难避免疟疾，这迫使他们返回自己的地区，通常也会有不可治愈的肺结核病例。虽然这些庄园上的农业已工业化（庄园主用现代的方法和机器来耕作土地，他们在装备精良的制糖厂加工产品），但并不是资本主义和城市工业中雇佣劳动的环境。庄园主保留着他们的封建精神，并在对待工人的方式中进行实践。他们不承认劳工法规定的权利。在这些庄园中，唯一的法律就是所有者的法律。庄园主甚至不能容忍工人协会的一丁点痕迹。无论出于什么原因，管理者拒绝所有者或管理人不信任的个人进入庄园。在殖民时期，这些庄园利用非洲奴隶开展工作。奴隶制被废除后，他们就引进中国的苦力。传统土地所有者并没有丧失奴隶或封建领主的习惯。

在森林中，农业仍处于萌芽阶段。它和山区中的劳工使用同样的挂钩制，在某种程度上利用熟悉白人的野蛮部落的服务项目。但就劳工制度而言，蒙塔尼亚有着更加可怕的传统。当这种产品价格高时，最野蛮和最罪恶的奴役程序就被应用于橡胶的开发。普图马约（Putumayo）的罪行在外国媒体上遭到强烈谴责，构成橡胶工人历史上最黑暗的一页。据称在国外这些罪行被严重夸大和幻化，企图勒索是丑闻的起源，但来自秘鲁司法系统官员的调查和证词是事实的良好佐证。例如，瓦尔卡塞尔法官和检察官裴瑞兹（Paredes）证明了荒尾监督者（Araos overseers）的奴役和血腥的方法。作为土著种族之拥护者的杰出官员楚基胡安卡·阿玉洛（Chuquihuanca Ayulo）博士本身也是土著人，因谴责该地区最强大公司的近似奴隶（slave-like）的方法，他被免去在马德雷德迪奥斯（Madre de Dios）作为检察官的职责。

对秘鲁土著居民社会经济状况的简要描述证实了奴役制的存在。奴役制与少数几名赚取工资的矿工和仍在初期状态的农业工人阶级并存。在遥远的蒙塔尼亚地区，土著居民仍旧经常屈从于奴役制。

（2）土著居民对酋长统治制下的大庄园制的反抗

当谈论印第安人对他们的剥削者的态度时，印象通常是被贬低和受压迫的印第安人无法进行任何形式的斗争或抵抗。土著居民起义和暴动的长期历史以及由此产生的屠杀和镇压本身就足以消除这种印象。大多数情况下，印第安人叛乱源于一场暴力事件，这一事件迫使他们反抗权威或土地所有者。但其他案件并不具有当地兵变的这种性质。叛乱发生后，随之发生一些偶然的暴动，并扩散到或多或少广阔的地区。为了镇压起义，政府不得不诉诸强大的力量和真正的屠杀。成千上万的印第安叛军在一个或多个省份的酋长中发动恐怖袭击。太德米奥·古铁雷斯（Teodomiro Gutierrez）少将是一名有着土著血统的山区混血儿，他自称为鲁米马基（Rumimaqui），自认为是种族的救世主，他领导了最近的一场非同寻常的起义。毕林赫斯特政府把古铁雷斯少校送到普诺（Puno）部门。在那里，酋长统治制下的大庄园制施行极其残酷的剥削，调查土著居民的指控并将其反馈给政府。古铁雷斯与印第安人有着亲密接触。当毕林赫斯特政府被推翻时，古铁雷斯认为任何法律赔偿的可能性都消失了，从而引发一场叛乱。有几千名印第安人跟随他，但在军队面前，他们总是手无寸铁和毫无防备。这些印第安人被判死刑或被疏散。这次起义之后，1923 年拉玛尔（La Mar）和万卡内（Huancané）和其他一些较小的地方爆发了起义，但都被血腥镇压了。

1921 年，来自各村社团体的代表团参加了政府举办的土著大会。大会的目的是明确地表达土著种族的要求。在盖丘亚族，代表们强烈指控酋长、当局和牧师。他们创建了一个印加帝国原住民权利委员会（Tawantinsuyu Indigenous Rights Committee）。直到 1924 年当政府迫害革命的土著居民、恐吓代表团并歪曲大会的精神和目的时，代表团才没有举办年度大会。1923 年，大会投票支持的结论扰乱了酋长统治制下的大庄园制。例如，要求政教分离和废除道路服务征兵制，揭露了会议的危险性。在会议中，来自不同地区的土著村社不断接触并协调它们的行动。同年，印第安人成立了区域原住民工人联合会（Regional Indigenous Workers Federation），旨在将无政府工团主义的原则和方法应用到其组织之中。这不是命中注定的，但它却代表了土著居民先锋队的一种革命方向。随着这一运动的两名印第安人领导人被驱逐和其他人受到威胁，区域原住民工人联合会很快名存实亡。1927 年，政府以印加帝国原住民权利委员会的领导人只不过是他们试图保卫的种族的剥削者为由，解散了该委员会。这个委员会参加了土著居民代表大会，它由一些缺乏意识形态和个人勇气的成员所组成，在很多情况下，都是在坚持政府政策的情况下进行抗议，自认为他们是支持印第安人的。但是，对于一些酋长来说，印加帝国原住民权利委员会仍然是一种煽动工具，也是土著代表大会的残余。此外，政府将其政策指向支持印第安人的声明、重新分配土地的承诺等。这是一种通过革命团体或容易受到革命影响的团体在印第安人之中反抗任何煽动的坚决行动。

尽管发生了这样的变迁，但社会主义思想的渗透和土著居民革命主张的表达仍在继续。1927 年，一个名为复兴小组（Resurgence Group）的亲土著行动组织在库斯科成立。这个组织由几位知识分子和艺术家以及一些库斯科工人组成。这个组织发表了一份宣言，控诉酋长统治制下的大庄园制的罪行（参见《阿毛塔》第 6 期）。在其创办后不久，这个复兴小组的主要领导人之一路易斯·E. 瓦尔卡塞尔博士在阿雷基帕（Arequipa）被捕。瓦尔卡塞尔被监禁了几天，与此同时，复兴小组被库斯科当局彻底解散。

（3）关于土著居民问题及相关工作的结论

土著居民问题与土地问题有关。我们重申的是，土著居民的无知、落后和痛苦是他们奴役的结果。封建庄园通过土地所有者保持对土著民众的剥削和绝对支配。印第安人反对酋长的斗争总是展现在保卫他们的土地不被兼并和剥夺的斗争中。因此，土著居民有一种本能和深层次的需求，即对土地的需求。为他们的需求赋予一种有组织的、系统的和清晰的特性，这是我们有责任执行的一项任务。

在最严酷的压迫条件下，村社表现出真正惊人的持久性和抵抗力。在秘鲁，它们表征着土地社会化的一种自然因素。印第安人有一种根深蒂固的合作习惯。即使当村社财产转到个人所有制时，他们也会保持合作并分担繁重的工作。在山区中是如此，在反对土著风俗更大程度的混合行为的沿海也是如此。通过最小的努力，村社可以成为一个合作组织。将大片土地授予村社是解决山区农业问题的办法。在沿海地区，大地主是万能的，但公共所有权已经消失，不可避免的趋势是土地所有权的个体化。在他们与土地所有者的斗争中，那些被称为佃农的被粗暴剥削的承租人应该得到支持。这些佃农的自然需求就是拥有他们可耕作的土地。在大庄园中，斗争是截然不同的，所有者直接利用雇农劳动，他们在山区中雇用了一些与土地没有直接关联的劳工。佃农们必须为之结社自由、废除挂钩制、提高工资、实行 8 小时工作制以及实施保护劳工的法律而奋斗。只有庄园中的劳工的这些要求得到满足，他们才会踏上最终解放的道路。

来自工会的信息很难渗透到庄园中。在沿海和山区，每个庄园都是一个封地。在庄园中，除了体育或娱乐协会之外，不接受所有者和管理人员的资助与保护的协会是不容存在的。但是，汽车交通的发展正在缓慢地打破之前封闭庄园对外界影响的壁垒。这一点说明组织和积极动员秘鲁阶级运动中运输工人的重要性。

当这些庄园中的劳工知道他们有工会的兄弟般的团结并理解他们的价值时，他们就会有一种战斗的意愿。如今，这种斗争意愿已不复存在，一旦这些劳工证明这种意愿的存在，它将会很容易被唤起。在庄园中逐渐形成的工会成员的核心，将有着为民众解释权利和维护他们利益的功能，实际上代表民众的任何需求。在条件允许的情况下，工会成员的核心会利用第一次机会来形塑他们的组织。

就土著民众进步的意识形态教育而言，工人的先锋已经掌控了印第安种族的激进分子，他们在矿山特别是在城市中心与工会和政治运动有着广泛接触。这些激进分子吸纳工会的原则且接受训练，从而在种族解放中发挥着作用。来自土著环境的工人经常暂时或永久地返回他们的村社。工人们的语言能力使他们能够作为其种族和阶级兄弟的指导者执行一项有效的任务。印第安农民只会理解说自己语言的个人，他们总是不信任白人和混血儿。反过来，白人和混血儿也很难开展为土著环境带来阶级宣传的艰难工作。

土著民众成功完成他们教育使命的手段，是自学和定期阅读拉美劳工与革命运动的期刊和小册子，以及与城市中心同志通信。

我们所组织的运动中的土著成员，必须在各种有着双重目标的活动中发挥主要和关键的作用。这个双重目标就是为土著居民的阶级方向和教育指引一个庄重的方向，并避免令人误解的因素（无政府主义者、煽动者和改革者等）的影响。活动还包括区域内土著村社的协调、为那些遭受法庭或警察迫害的人提供援助（酋长起诉那些抵抗或希望利用土地共同犯罪的土著居民）、保护公共财产以及组织小型图书馆和研究中心。

在秘鲁，矿业无产阶级的组织和教育与农业无产阶级的教育是最紧迫的问题之一。其中，最大的矿业中心拉奥罗亚有望成为南美洲最大的加工中心，这些矿业中心都是阶级宣传可以有效运作的地方。除了在大量的无产阶级人群中表现出与工薪阶层相似的条件外，土著日薪工人与将阶级精神和原则带到这些中心的城市工业工人一起工作。矿上的土著居民仍然是农民，因此在土著居民中获胜的任何追随者，就是在农民阶级中获胜的那些人。

教育这一事业在所有方面都是困难重重的。它的进展将从根本上取决于实施该计划的活动人士的能力，以及他们对土著居民问题客观条件准确而具体的评估。这个问题不是种族问题，而是社会和经济问题。但是种族在社会和经济问题中发挥着作用，并有应对这一问题的方法。例如，因其智力和语言技能，只有来自本土环境的激进分子才能对他们的同伴产生有效而直接的影响。

一种革命性的本土意识也许需要时间来形成。一旦印第安人把社会主义理念变成自己的理念，就会转化为一种纪律、一种坚韧和一种力量为之服务，而来自其他国家的无产阶级几乎没有能力超越这一点。

接地气和精确的革命政策的现实，能够并且必须将种族因素转化为革命的因素。在这种革命政治中，人们在了解和利用形势的基础之上，必须在本国或黑人种族有着极大规模和作用的国家中采取行动。无论是农业工人还是工业工人，都有必要为土著居民或黑人无产阶级的运动提供作为阶级斗争的明确方向。一位巴西籍同志说道："必须给土著种族或被奴役的黑人种族赋予一种确定性，即只有工人和居住在领地内的所有种族的工人们的政府将会真正解放他们，因为只有那样的政府才将终止大庄园所有者和工业资本主义制度的规则，并把他们从帝国主义的压迫中明确地解放出来。"

3. 介绍《阿毛塔·阿土斯帕瑞亚》*

当代秘鲁史学最显著的新特征，当然是对过去被忽视或被忽略的社会历史事件的关注。秘鲁共和党历史几乎总是以这一术语的最狭隘和最克里奥尔人的形式被写成一部政治史。秘鲁共和党历史的概念和表现受到"法庭"（court）观念的限制。这是一种官僚资本的精神，它把政治历史转变成政府、公共行政以及那些最直接和最明显地影响着这些问题的危机与事件的变化的编年史。正如通常发生的那样，正是归因于外部力量，我们的社会历史已经开始被书写成一门科学的学科。因此，没有专门给职业历史学家预留任务，这也就不足为奇了。

埃内斯托·雷纳（Ernesto Reyna）是1885年土著居民起义这个编年史的作者，他不是历史学家，而是一位解说员和记者。《阿毛塔·阿土斯帕瑞亚》（*The Amauta Atusparia*）与其说是一篇历史随笔，倒不如说它更像是一个故事或新闻报道。① 雷纳是一个勤奋而富有激情的人，他严谨地记录了他的工作。这本小册子收集的信息反映了对信息的长期搜索。但在搜索国家图书馆的报纸文集之前，雷纳采访了起义的幸存者、土著恐怖主义的幸存者和反动的恐怖分子。雷纳四处旅行，寻找他们模糊和消失的足迹以及通往起义的道路，直到迷上了他们的困难场景，并能够理解他们的语言为止。简而言之，雷纳非常关注他的主题。在解释其方法论的小说的后记部分，雷纳用简短的几句话给出一个至关重要的解释。雷纳同情那些1925年抗议将他们招募到瓦拉斯（Huaraz）筑路的印第安

---

* Source："Prefacio a *El Amauta Atusparia*"，*Ideología y política*，in *Obras Completas*，19th ed.，Lima：Biblioteca Amauta，No. 5，1990，pp. 184－188.

① Ernesto Reyna，*El amauta Atusparia：la sublevacion indigena de Huaras en* 1885，Lima：Ediciones de Amauta，1930.

人：这一共和党的劳工草案将一种新的剥削方式置于土著居民身上，这和以前的"个人所得税"一样令人讨厌。由于缺乏经济和技术的洞察力，道路政策的重要性使得雷纳将其置于一个具有历史意义和感情色彩的环境之中。就像这些印第安人 1885 年反对共和国的行为和个人所得税一样，教会领袖的暴力行为引发反抗。对于雷纳来说，教会领袖马丁·米兰达（Martin Miranda）于 1925 年对煽动土著民众抗议的行为的批判与对 1885 年起义中被嘲弄的倡导者的鞭笞有相似之处。"我觉得给予马丁同志的严厉批判就犹如我所遭受的鞭笞一样。"笔者发现这句话反映了最深层次的人类精神的源泉！

我们需要认同雷纳的情感主题，因为他作为一个讲故事的人的天赋，更因为他倾向于把这一事件及其特性理想化和浪漫化。生活和情感围绕着这个故事。在欧洲文学的一个时代，没有任何文学或历史的关注，传记小说逐渐繁荣，雷纳发现小说化的故事是重振阿土斯帕瑞亚起义（Atusparia revolt）的最佳途径。那些将学识和数据拒之门外的戒备的哨兵会抱怨把虚构的元素引入历史领域。但在这种情况下，它确实给历史增添了一些东西。此外，这种解释读起来就像一本小说，倒不如说因为它的风格关涉主题的新颖性及其创造了秘鲁历史的精神意象的"戏剧人物形象"。阿土斯帕瑞亚？乌斯库·佩德罗（Ushcu Pedro）？穿透把我们与事件分开的迷雾，从这段距离看，他们看起来是多么与众不同，也像小说家。作为调解人和参考点，卡利尔戈斯（Callirgos）上校、莫斯克拉（Mosquera）律师以及《印加的太阳》（*The Sun of the Inca*）对于确保历史戏剧而言是必不可少的。

重申一遍，雷纳写了一篇关于阿土斯帕瑞亚起义的小说。也许，在书写我们社会历史的当前阶段，以不同的方式来重建事件是不可能的。随后将会出现一种批判性的历史研究，这种历史研究将会解释这一起义对秘鲁土著居民反抗他们的压迫者的斗争的意义。

印第安人很容易被指责为懦弱和屈服，但他们并没有停止反抗在共和国统治下继续压迫的半封建政权，就像殖民时期那样，半封建政权压抑着印第安人。秘鲁的社会历史记录了许多与 1885 年事件类似的事件。土著种族已经有很多阿土斯帕瑞亚和乌斯库·佩德罗。根据官方的说法，只有图帕克·阿马鲁被视为独立革命的先驱，这是另一阶级的工作和其他要求的胜利。这个长达几个世纪的斗争的编年史已经在书写中了。这些材料将会被发现和组织起来。

阿土斯帕瑞亚和乌斯库·佩德罗的战败是土著种族遭受的一次惨败。安卡什（Ancash）的印第安人奋起反抗白人，抗议共和国的工作要求和反对个人所得税。起义有着明显的经济动机和社会动机。在雷纳的故事开始之初，他的功绩丝毫没有强调这一点。但是，由于缺少步枪、一个计划和一种学说，当起义渴望成为一场革命时，它却无能为力了。记者蒙特斯特拉克（Montestruque）是一个浪漫的克里奥尔人和模仿者，他幻想通过回归乌托邦即重建印加帝国来解决这个问题。律师莫斯克拉是一个九尾灵狐般的人（Cacerist）、酒鬼和骗子，他的机会主义希望将瓦拉斯起义纳入卡塞雷斯（Caceres）起义的进程。[①] 运动的方向在由蒙特斯特拉克所释放的热情的幻想和莫斯克拉的实用的辖区之间。有了蒙特斯特拉克这样的理论家和莫斯克拉这样的非正式的（tinterillo/informal lawyer）律师，1885 年的土著居民暴动就不会有更好的运气。浪漫地回归印加帝国的计划如同用来击败共和国的武器一样不合时宜。这个运动的计划与其军事公园一样古老而无助。没有《印加的太阳》的议程，瓦拉斯起义是压制村社的顺从和耐心的众多土著起义之一。瓦拉斯的占领遍及这片广袤的领土，但不足以将瓦拉斯起义与其他本能和铤而走险的起义区分开来。作为一名令人恐惧的游击队员，乌斯库·佩德罗将会比阿土斯帕瑞亚更适合作为运动的代表。蒙特斯特拉克赋予阿土斯帕瑞亚领导权及其历史使命，发动了一系列贵族和种族主义的运动。这些运动将阿土斯帕瑞亚的领导权及其历史使命置于独立和图帕克·阿马鲁运动的背景之下。"库拉科斯"（Kurakas，土著领袖）是古代土著贵族的后裔，他们领导的起义没有用一个计划来引发大规模的运动。这个计划超越了一种不合时宜和不可能的试图恢复遥远的过去的尝试。一个负伤和被击败的阶级的幸存者与古老的印第安贵族的继承人，都无法成功地担负起革命事业。

---

① 安德烈斯·阿维利诺·卡塞雷斯（Andres Avelino Caceres）曾在 1879—1883 年于智利的太平洋战争期间担任秘鲁陆军指挥官。在秘鲁战败后，他继续发动了一场针对智利占领的游击战。从 1886 年到 1890 年，卡塞雷斯还担任过秘鲁总统，1894 年又短暂地担任过总统。

只要农民的需求仅仅呈现为"扎克雷起义"（jacqueries）①，他们的要求就不会成功地击败欧洲的封建主义。扎克雷起义战胜了自由资产阶级革命，把它们变成一个方案。在半封建的西班牙，资产阶级未能完成清算封建主义的任务。与西班牙移居者的后裔相抗争，他们不可能接受和表达农民群众的要求。这项工作关系到社会主义。社会主义是唯一可以赋予土著事业一个现代化和建设性方向的信条，并被提升至一种富有创意和现实的政策的层次。在社会主义真正的社会和经济领域中，这个唯一的信条解释了有着阶级意志和纪律的这项事业的表现。如今，这个阶级即无产阶级出现在我们的历史中。

---

① 扎克雷起义以法国 14 世纪百年战争期间农民起义的名字命名，它通常是指地方性和血腥的农民起义。

🖋 瓦乔农民保护他们的灌溉系统：一个值得重视的机构*

　　瓦乔附近的乡村的小业主和租户自他们土著祖先的时代以来就保留了共同的土地所有权，还保留了许多相互依存和公共实践的习惯。这些习惯展示了，即使是在沿海地区，本地农民的社会主义情绪依然存在。所有权和习俗的转变并没有破坏在种植和收获劳作中的相互帮助。每个村庄的农民都以团结精神而闻名。并不像一些人所想象的那样，农民的生存仅仅被解释为一种保守的冲动。相反，瓦乔周围的乡村始终呈现出进步和革新的趋势。该地区展示了一种有利于阶级理论的精神和氛围。无产阶级意识形态的第一个表现形式迅速地在瓦乔农民中找到宣传家和传教者。他们为 8 小时工作制而斗争，反对基本商品价格的不断上涨，这使得瓦乔的农民处于社会运动的最前列。

　　但是，现在的问题不是瓦乔农民的独特历史，而是要宣传和支持瓦乔农民的要求，他们有组织地增加瓦乔农村地区的水资源分布。瓦乔的农民通过灌溉委员会维护水源和渠道。由村社任命的 7 个理事会成员和 7 个治安官使系统平稳运行，他们这样做是没有任何报酬的。每周村社服务会议执行所有必要的任务，而无须花费村社的任何费用。到目前为止，政府一直重视这一灌溉系统，农民也如此小心翼翼地保卫着它。几年前，有一次帕尔多政府试图将控制权从农民协会转移到水务董事会，就像其他地方发生的那样。然而，农民协会抗议这项将改变这一灌溉系统的措施。因此，水务董事会在瓦乔成立了委员会来研究农民的公共管理系统

　　* Source："Lo campesinos de Huacho defienden su sistema de riegos：Una institución que debe ser respetada"，*Labor：Quincenario de información e ideas* 1/10，September 7，1929，p. 7.

该如何运作，并断定它运行得很好。因此，他们正式批准这一系统继续运作。

最近，一些行动改变了在瓦乔农村存续下来的特殊系统。农民惊讶地发现，从今以后，一个"技术专家"将行使农民通过他们的协会所拥有的权利。此外，农民每个干季必须缴纳300英镑的税。村社一致决定反对这个决定，并不惜一切代价来保卫自己的管理系统。不知道为什么农民建立、维护并继续运作的一个系统应该被另一个完全没有必要的系统所取代，也没有任何抱怨的理由，这个完全没有必要的系统将与农民的想法和利益相冲突。此外，这样的系统每年要花费农民几千索尔。农民看出这一举措背后的大地主的立场。那些土地所有者从未宽恕瓦乔农民的自豪、独立、精神、躁动以及阶级精神。

在为这些要求和无产阶级团结的警觉意识而奋斗的努力中，瓦乔农民的强大协会是胜利的一个可靠保证。

5. 海拉杜拉（Herradura）海滩会议[*]

这些来自马里亚特吉和马丁内斯·德拉托雷的笔记记录了马里亚特吉组织的两次会议的精髓。他们为后来发展成为秘鲁共产党的秘鲁社会党奠定了基础。第一次会议在利马附近的一个海滩上举行，第二次会议在靠近利马的一个度假小镇召开。

为了避免混乱，我们回忆下在海拉杜拉海滩上举行的一次会议。参加这次会议的同志是经过精挑细选的，他们有着一定的偿付能力和责任意识，能够为将努力创办的政党确立一个坚定的方向。

这次会议于 1928 年 9 月 16 日在通往海拉杜拉海滩的中途举行。目前共有 7 个人：4 名工人即胡里奥·波托卡雷罗、阿韦利诺·纳瓦罗、伊诺霍萨（Hinojosa）和博尔哈（Borja）；一个保险员里查德·马丁内斯·德拉托雷；一个街头小贩伯纳多·雷曼（Bernardo Regman）。何塞·卡洛斯·马里亚特吉无法参加，马丁内斯·德拉托雷介绍了他的观点。

决策如下：

（1）组成这个政党的初期小组将与第三国际组织联合在一起，并命名为秘鲁社会党，由有觉悟的马克思主义成员指导这个政党。

（2）帮助工党反对派小组，胡里奥·波托卡雷罗将其组织起来以便贯彻来自红色工会国际第五次代表大会的指令。

（3）社会党的执行委员会将由"七号秘密小组"组成。

（4）召开新的会议，其他人将被纳入会议。

---

[*] Source："La reunión en la playa de la Herradura；La reunión del Barranco"，in *Apuntes para una interpretación marxista de la historia social del Perú*，ed. Ricardo Martínez de la Torre，Lima：Empresa Editora Peruana，No. 2，1947，pp. 397–398.

巴兰科会议

第二次会议于 10 月 7 日在巴兰科（Barranco）的阿韦利诺·纳瓦罗家举行。何塞·卡洛斯·马里亚特吉、阿韦利诺·纳瓦罗、博尔拉斯（Borlas）、伊诺霍萨、波托卡雷罗、马丁内斯·德拉托雷、雷曼、卢西亚诺·卡斯蒂略（Luciano Castillo）和查韦斯·利昂（Chavez Leon）出席了会议。

达成的协议有：

（1）成立一个团体来组织秘鲁社会党。

（2）马里亚特吉任命为总书记；波托卡雷罗任工会书记；马丁内斯·德拉托雷任宣传部部长；伯纳多·雷曼任财务主管。纳瓦罗和伊诺霍萨加入工会秘书处。

（3）采用由马里亚特吉起草的如下议案。

签署人宣布他们已经组建了一个在广大工农群众中运行的委员会，这个委员会参照下列标准在工农群众中开展工作：

（1）工人和农民的阶级组织是我们努力与宣传的目标，也是反对外国帝国主义和民族资产阶级斗争的基础。

（2）为了维护城乡劳动者的经济利益，委员会将积极推动在工厂和大庄园等地区建立工会。工会将在企业层面组成联合会，并在全国范围内建立总工会。

（3）政治斗争要求建立一个以阶级为基础的政党，委员会将坚持不懈地努力，以便使其革命的阶级观点在党的组建和纲领中占据主导地位。根据秘鲁目前的情况，委员会将建立一个基于有组织的工农群众的社会党。

（4）为了防范压迫和迫害削弱士气的效应，工会和小农场主将会请求劳工部的认可。在委员会的章程中，工会的原则声明将仅限于维护其阶级特性及促成创建并维护总工会的职责。

（5）只要小资产阶级组织或团体能够切实代表一种有着具体而特定的目标和要求的群众运动，我们正在努力争取的工会组织和社会党将会不断地接受与小资产阶级组织或团体建立统一战线或联盟的策略。

（6）委员会应在共和国范围内承担起委员会的组织工作，并在所有工作场所中承担起那些有着严格纪律的小组的组织工作。

这正式地为秘鲁无产阶级革命运动铺设了第一块基石。从那时起，工厂和车间以及在乡村的其他地方都在努力筹划政治小组。

这项工作是在最困难的时候完成的。成员们不得不智胜警察的镇压，开始从事意识形态澄清的积极工作。他们不仅要与工人落后的政治做斗争，也要与反政府工团主义的领袖做斗争，还要与知识分子做斗争。更糟的是，他们要反对阿亚·德拉托雷的混乱工作。此外，为了完成这些任务，劳动力的分配被缩减到少数人，因为卢西亚诺·卡斯蒂略、查韦斯·利昂和太德米奥·桑切斯（Teodomiro Sánchez）首先限制他们参与委员会会议的活动，后来便脱离了这个政党，没有采取单一的行动来支持工人阶级的事业。

6. 五一节和统一战线[*]

五月一日是世界各地革命无产阶级团结的日子，这一天把所有有组织的工人团结在一个广大的国际统一战线之中。这一天，全体一致服从卡尔·马克思的名言："全世界无产者联合起来。"在这一天，把政治先锋区分为不同团体和不同学派的所有障碍都倒塌了。

五一国际劳动节不属于一个国际组织，它是所有国际组织的日期。今天，社会主义者、共产主义者和所有派别的无政府主义者融合在一起，并组成一支朝着最后斗争前进的军队。

总而言之，这个日子是一种肯定和答案，即联合的无产阶级战线是可能的，也是可行的，而且没有任何现有的利益或紧急状态会阻碍它的进程。

这个国际日引发许多人的思考。但是，对于秘鲁工人来说，最紧迫和最及时的思考涉及的是一个统一战线的需要和可能性。最近有一些分裂主义的尝试。要想阻止这些企图得逞并确保分裂主义者不会背叛和破坏秘鲁新兴的无产阶级先锋队，理解是至关重要的。

自从加入无产阶级这个先锋队，一直以来，笔者都是统一战线的坚定支持者和热情拥护者。在有关世界危机讲座的第一次会议中，笔者早已声明过自己的立场。

回应来自陈旧和等级森严的无政府主义者的反抗与忧惧的最初迹象，更担心的是教条的僵化，而不是行动的效力和结果。笔者在人民大学从演讲者的立场上说道："我们仍然人数太少，以致不能分裂我们自己。我

---

* Source："El Primero de May y el Frente Unico", in *Ideoloía y política*, in *Obras Completas*, 19th ed., Lima：Editorial Amauta, No. 5, 1990, pp. 107 – 110.

们不应该担心标签或标题。"

之后，笔者重复了这些话或类似的话，不厌其烦地重申它们。我们之间的阶级偏见的运动仍然处于初期状态，这种运动对于我们而言太有限了，所以我们无法想象细分和分割它。在一个部门不可避免的时刻到来之前，这就取决于我们完成许多共同的工作，分担大量的共同劳动。我们不得不开始长时间的一同工作。例如，在秘鲁无产阶级的大多数人中，这取决于我们成为阶级意识和阶级感情的起因。这一任务同样属于社会主义者和工团主义者、共产主义者和无政府主义者。我们有义务播撒革新的种子，传播阶级思想。我们有义务使无产阶级与黄色集会以及虚假的"代表机构"保持一定距离。我们必须反对反动的袭击和镇压，必须保卫演讲者的平台、媒体和无产阶级组织。我们有责任维护被奴役和为受压迫的土著种族辩护。在完成这些具有历史意义的任务时，我们可以确定，不论我们的最终目标是什么，这些基本义务即方式和道路将会合并在一起。

统一战线并不废除人格，也不废除任何组建它的人。统一战线并不意味着把所有学说混淆或合并成一种学说。这是一种偶然的、具体的和实际的行动。统一战线的计划只考虑眼前现实，它在任何抽象概念和乌托邦之外。因此，倡导统一战线并不是要倡导任何意识形态的混乱。在统一战线中，每个人都应该保留自己的立场和意识形态，都应该为自己的信条而工作。但是，所有人都应该通过阶级团结感觉是团结一致的，通过与共同的敌人做斗争而联系在一起，以及通过同样的革命意志和革新激情而束缚在一起。形成统一战线就是在一个具体问题和迫切需要之前先有一种团结的态度。统一战线并不是要放弃每个人所遵循的原则或每个人在先锋队中所占据的地位。在这个被称为无产阶级的庞大的人类军团中，趋势和意识形态色调的多样性是不可避免的。趋势和确定的团体的存在并不是什么坏事；相反，这是革命进程中一个先进时期的标志。重要的是，这些团体和趋势知道在一天的具体现实之前如何相互理解。他们并没有陷入错综复杂的相互告白和交流之中，没有通过追问毫无意义的抱怨使自己与革命群众保持距离。他们不使用武器，也不把时间浪费在伤害他人身上，而是与社会秩序、社会制度、社会不公和社会罪行做斗争。

　　我们试图去感受把先锋队中的我们与所有那些为这个进程注入活力的人团结在一起的历史纽带。每天从外面来到我们这里的例子不计其数，也是神奇的。最近和最动人的例证是杰梅因·伯恩斯（Germaine Berthon）。伯恩斯是一名无政府主义者，她准确地用左轮手枪击中了白人恐怖的一个组织者和领导人，以便替社会主义者让·朱亚雷斯（Jean Juarès）的被刺杀复仇。通过这种方式，革命所表现出的明显回升和真诚的精神超越了任何理论的障碍，这些精神察觉并尊重他们努力和行动的历史团结。这些精神属于基本的、无范围的和无翅的/世俗的精神，它们归属于教条的精神力，即想要把生活束缚和固化在不被理解和自我中心的宗派主义的死板公式中。

　　对我们来说，幸运的是，无产阶级统一战线是无产阶级的一个抉择和一种显而易见的渴望。群众呼吁团结，需要信仰。正因如此，群众的灵魂拒绝那些否认和怀疑这一统一战线的人们的侵蚀性、微弱和悲观的声音。他们寻求那些肯定和相信统一战线的人们的乐观、热情、有活力和富有成效的声音。

7. 给秘鲁工人阶级的《秘鲁工人总联合会宣言》*

秘鲁无产阶级中央联合会的成立宣告一系列工人阶级试图献身于一个工人组织的统一联盟的努力的告终。1913 年，海上和陆地联盟出现，它的总部设在卡亚俄，发动不同的斗争后，利马的小组委员会于 1915 年消亡。1918 年，在为 8 小时工作制而奋斗的日子里，"赞成 8 小时工作制" 委员会成立了，并把这次运动推向高潮。1919 年，"秘鲁地区联盟" 创立了 "赞成必需品降价"（Pro Price Reduction of Basics）委员会，该委员会于 1922 年 10 月召集了第一次职工代表大会。1922 年，这个联合会转化为 "利马地方劳工联合会"。这个组织尽管名称似乎指向利马的劳工，但它实际上关心的是很多省份的工人问题，正如其为万卡内和拉玛尔的土著居民的屠杀所做的那样，"利马地方劳工联合会" 计划为瓦乔的工人和伊卡（Ica）的农民提出抗议，关注帕可纳（Parcona）大屠杀。组织中盛行的无政府工团主义影响，使这个联合会的活动更有效率，正如它们为意识形态霸权组织严重的冲突一样，这些活动最终以 1926 年的当地劳工代表大会而告终。本次代表大会……批准了一项将当地联盟变成 "统一的秘鲁联盟" 的决议。这项决议……在工会运动中取得了巨大的进步，但不能付诸实践……它结束了当地劳工代表大会和地方联合会……马里特亚吉遵循伊卡、普诺和特鲁希略的斗争的描述，呼吁创建一个中央联合会。我们中央联合会的诞生不是偶然事件，而是秘鲁无产阶级为维护其辩护而遵循的整个过程的产物。4 月 30 日和 5 月 1 日在利马汽车司机的当地联盟中举行的人民大会通过了创建总

---

* Source："Manifesto de la Confederación de Trabajo del Perú", in *Ideología y política*, in *Obras Completas*, 19th ed．, Lima：Editorial Amauta, No. 13, 1990, pp. 137 –155.

联合会的以下决定：

（1）为建立一个统一的劳工战线而奋斗，就一个统一的无产阶级中央战线的政治倾向而言，不存在任何区别。

（2）为无产阶级出版社的创立和延续而奋斗。

（3）为结社、集会、新闻和演说者平台的自由而战。

（4）保护和确保那些涉及工人的法律是受人尊重的，保护和确保那些如今被反动的资本主义力量严重亵渎的法律也是受人尊重的。

到目前为止，激进分子只是从一般意义上谈论一个组织，没有工人意识到这样一个阶级组织会为维护他们的利益而运作。"秘鲁工人总联合会"涵盖了这个问题，它概要地设计了组织形式，联盟将会一直持续地为之奋斗。随着城市早期工业的发展以及沿海与山区封建大庄园制的发展，国家的整体形势迄今为止一直遏制着无产阶级的阶级偏见的发展。工匠已经加入互助协会，他们在唯一可能的劳工协会中看到自己。如今，当大量的无产阶级群众在矿山、港口、工厂、糖精炼厂、种植园等地工作时，与工匠阶段相对应的这种类型的互助协会组织就会衰落，它正在为工会制度让路。工会组织有什么优势呢？首先，工会组织允许在同一行业和工业内工作的所有工人集合在一起，不分种族、年龄、性别或信仰，目的在于为他们的经济利益而斗争，保卫他们的阶级利益。其次，工会组织摆脱了由互助制所确立的官僚主义制度。官僚主义制度把所有的经营方向都交给董事长，多数情况下，董事长不是工人。再次，工会组织让工人自己来管理他们的利益，培育和发展他们的阶级精神，将那些几乎总是成为政治机会主义者的仲裁者放逐出去。最后，作为经济防御的一个组织，工会解决了所有工人的经济问题，它十分仔细地监控共同基金、合作社等的创立。正如工人体育部门和文化部门那样，这些基金、合作社等只不过是工会的部门，也是团结、艺术、工会图书馆等的部门。这些都是工会组织最基本的（尽管不是所有的）的优势……

工会组织天生就是无产阶级本身的一种力量，它必须面对和解决多种阶级问题。

工业无产阶级的问题

合理组织

金融资本没有找到比持续地剥削工人阶级从而使自身兴旺发达的更有效的方法。当前的工业组织体系向我们展示了资产阶级如何组织其剥削制度。我们在大公司中（提到弗雷德·T. 列维及其公司）发现了这种剥削。这些大公司为了改善它们的发展，用零碎的工作和"承包商"制度来清除所有有利于工人的权利。这些仲裁者每天的工作都面临着"职业"能力的威胁，他们的工作就是让那些同意最低工资的工人每天工作 9 小时到 10 个小时……为了解决这一问题，除了在稳固的工会中组织被剥削的民众之外，没有别的事可做。

童工问题

直到现在，童工问题还没有引起我们的关注；而且，许多人并不重视童工问题。但是，如果我们花一分钟的时间研究童工问题，就会得出结论，童工问题是不容忽视的，青年组织将会给我们的斗争带来一种更积极的力量。我们必须考虑在车间、工厂等地方工作的年轻学徒，看看这些学徒从他们到来的那刻起是如何被雇主（patron/boss）剥削的……在最好的情形下，学徒一天的工作时间是 10 个小时，工人在一些工作场所中需要工作到晚上 10 点或 11 点，也就是说，他们每天的工作时间为 14 个小时。如果我们除掉那些工作却没有任何报酬的人，最初一天的薪水是 80 美分或索尔，在老板的眼中，直到学徒成为正式员工之前，日工资都不会发生改变。也就是说，当一个年轻人成为正式员工时，他可以替代操作员，并以 50% 或 60% 的工资标准与操作员竞争……

我们发现，相比于在车间或果园里工作的年轻人，在矿山和企业中工作的年轻人被剥削的程度是同样严重或更加糟糕。但是，在资产阶级的家中，对年轻人的剥削无疑达到新高度。年轻人在资产阶级的家庭中履行着信使、保姆、厨师和洗衣工的所有功能，即所有的"仆人"职责，他们得从早上 6 点开始工作，直到晚上 10 点或 11 点。有意识的工人即那些已经加入工会的工人不得不面对这个问题，因为年轻人的问题是所有被剥削的人的问题……

妇女问题

如果未成年人可以说是被残酷剥削的话，无产阶级妇女也遭受了同样或更为严重的剥削。直到最近，无产阶级妇女一直把她们的劳动局限于家庭活动。随着工业化进程的推进，女性开始进入工作场所，与工厂、车间和公司等部门的工人展开竞争，试图克服把女性囿于传统生活的偏见。然而，从民主—资产阶级的角度而言，女性在通往解放的道路上取得了一定的进展，这一行为提供了廉价的资本主义劳动力，这些女性劳工与男性工人展开较量。因此，在纺织厂、饼干厂、洗衣店、酒厂以及生产容器、纸箱和肥皂的工厂中，我们看到女性履行着与男性工人相同的职能，从处理机器到微不足道的职业，但她们的收入比男性工人少40%—60%……我们有资本家……他们不曾考虑过，如果一个女工即将成为一位母亲，那将是一种"罪行"。这种"罪行"引发她的被暴力解雇……如果不是在立即组织女性的基础上这样做，这些压在被剥削的妇女之上的"灾难"的积累就无法得到解决；就像工会必须创设它们的青年团体一样，工会也应该创设一些女性部门。在这些部门中，我们未来的激进分子将会接受相应的教育。

农业无产阶级的问题

广大农业工人的生活条件也值得我们关注。在实证处理中，农业工人的问题与农民问题混淆在一起，然而，农民问题必须区别对待，以免犯同样的错误。哪些人构成农业无产阶级？在大种植园、果园、小农场和种植园等场所卖力工作的广大工人构成农业劳动者，他们按天或按任务领取工资，生活在苦不堪言的场所中，工头、管家、监工和管理人员则行使着雇主的权威。这些从早晨4点钟开始工作的工人，必须符合要求，工作到太阳落山……妇女和青年的报酬是60美分，成人的工资为2.2索尔，但极少例外［圣克拉拉（Santa Clara）、纳兰哈（Naranjal）和彼德拉托雷桥（Puente Piedra）的大种植园］。这些工人一直没有关注他们阶级利益的组织。对农业工人来说，8小时工作日、工伤事故以及保护妇女和童工的法律好像根本不存在……

由农业工人构成的工会组织有必要孕育出大种植园委员会和"农业工人联盟"。

农民问题

因为农民问题所代表的任务，它与农业问题有一定的客观相似性；农民问题也与土著居民问题相关联，因为它也是一个值得认真对待的土地问题。在国家中，存在不同类型的农民：耕种土地并与雇主分享其产品和收成的佃农或同工；租赁土地的佃农（大多数农场主需要用棉花来支付）；从其祖先那继承小块土地的所有者，等等。不同类型的农民需要解决共同的问题。在我们周围的环境中，还有一些类似于"伊卡的农民联合会"和利马的"佃农总联合会"的农民组织，在沿海地区还存有一些小型灌溉者协会。但多数民众没有被组织起来，他们有很多问题需要解决。最突出和最直接的问题是，土地的产量下降，缺乏种植最好种子的自由，公平分配灌溉用水，土地的迅速贬值，以及用国家货币支付作物的权利。为了聚焦和解决这些问题，针对民众的阶级角色，有必要组织和培育他们，并把他们会聚到农民联盟和农民村社中。这些组织导致"农民联盟的国家联合会"（National Federation of Peasant Leagues）的创立。

土著居民问题

如果说土地问题和农民问题值得我们关注，那么土著居民问题也不能被抛在脑后。当我们深入研究土著居民问题时，会看到这个问题与农业、农民、采矿业和其他问题有着内在关联。因此，从工会的角度而言，我们只有在阶级组织和教育的基础上才能解决土著居民问题。土著居民问题与土地问题有关，如果不立足组织土著居民的基础之上，就不能推进土著居民问题的解决方案。山区的印第安人每年工作6—7个月，这些时间通常用于种植和收割产品。在剩下的几个月里，则致力于在山区的大庄园和矿山中工作，或者在海边的另一个大种植园工作，从而使自己成为一名农业劳动者。从工会的角度来看，这种季节性迁移的形式强化了必须关注这些问题的需要。农业和矿业无产阶级对这些土著居民的季节性流动所带来的任务负有重大责任，当阶级意识几乎不存在时，通过工会教育他们也将变得更加困难。在村社和艾柳等中，组织者应该尽力建立图书馆、扫盲的教育机构（可以说，文盲是土著种族的一种社会灾难）和运动部门等。这些活动应该由有准备的同志来组织，他们可以发挥积极的教导作用。这种教导作用允许工人充分理解他们的阶级角色，解释他们的剥削条件、权利及其辩护的手段。这样，印第安人就会成为工会运动中的激进分子，将成为为其阶级的社会解放而奋斗的战士。村社的目标将是充分实现他们的潜力，并将所有村社的联合会纳入单一的共同防御阵线。

移民问题

越来越多移民工人的涌入要求我们不能把移民问题搁置在工会组织中。工会组织不能被灌输错误的民族主义偏见，因为这些偏见完全支持资本主义；工会组织总是会在我们的移民兄弟中遇到一些温顺的成员，并利用他们对付那些"土生土长的"工人，使这些工人执行恶棍和罢工者的工作。我们在"全世界无产者联合起来"的原则下把自己聚集起来，应该着手在工会中为所有亚洲人、欧洲人、拉美人或非洲工人留出空间。这些人承认他们的剥削条件，在工会中看到他们代表和辩护的组织。工会有必要设置激进分子委员会，激进分子会觉察到他们与"外来"工人的共性，研究他们的生活条件和需求，并把他们引入工会。这些工会将捍卫这些兄弟姐妹的权利，把他们并入提交给公司的要求宣言中。

社会立法问题

到目前为止，秘鲁工人还没有得到有效的社会法律的保护。1919 年关于 8 小时工作日的法令、工伤事故法、妇女和儿童保护法都是这类立法疲软的尝试。首都无产阶级的团结力量导致 1919 年 8 小时法令的颁布。迄今为止，这个法令只在某些部门和一些工厂中发挥着作用。在这些部门或工厂中，工人的组织力量已经阻止了违规行为的发生。然而，后来所有雇主都忽略了 8 小时法令的规定，这种现象最初出现在利马的小工厂，比如生产瓶子、硬纸盒、鞋子、肥皂、洗衣店、衣服和面包的工厂等，后来转至最大的企业。随着工业组织的发展，这场闹剧也就没有发挥什么效能。最近，相关的电力企业采用合同制（不仅仅是这个公司，其他公司也在使用合同制），旨在为不同种类的工作确立一个价格范围，这个价格范围已经提供给了最熟练和任期最长的工人。这些工人正面临着接受这个价格范围或者立即终止他们工作的困境。接受这种价格的工人实际上变成合同工，失去他们的资历，同时也失去法规所提供的一些福利……《工伤事故法》（The Work Accident Law）并不违反《8 小时工作法》……

结　论

当概要地研究组织的基本问题时，提及我们所拥护和振兴的组织类型的合法性问题，这是很有帮助的。当工人进行组织时，盛行于秘鲁 9/10 的地区的剥削条件和半奴隶制度使他们想到这个问题。在工人组织中，资产阶级总是设想这个"幽灵"将会终结资产阶级的剥削制度，并在其周围随意造谣生事。作为《凡尔赛条约》（the Treaty of Versailles）的签署者，秘鲁政府承认工人组织成立工会的权利。此外，发展部已经设立了一个部门来负责机构的认可。"秘鲁工人总联合会"对这个原则提出异议，即对一个工会而言，合法存在的唯一必要条件是其成员的协议……联合会要求所有行业和劳动领域的劳工组织有合法存在的权利与必要的法律人格，以便代表和维护无产阶级的利益。对于其余的人来说，如果没有这样一个表达其必要性、研究我们社会制度的缺陷、阐述并支持秘鲁所有工人主张的组织或机构，则无法解决也无法知晓劳动群众的问题。除了历史理由之外，建立一个由秘鲁无产阶级组成的中央联盟的目标是我们国家被剥削阶级真正代表的目标。秘鲁无产阶级的中央联合会不是源于随意的反复无常，而是源于以往斗争中获得的经验，并作为被剥削的秘鲁民众的有机必需品……国家工人的代表遵循中央联合会的要求，也就是说，中央联合会自上而下由起源于工厂、作坊、矿山、海洋和土地企业的组织，以及农业工人和农民、被剥削的印第安人组成的大众所构成。依赖这些因素的中央联合会将是唯一一个有权以秘鲁工人的名义发表言论的机构，中央联合会孕育于国家的工会之中。在无产阶级群众的支持下，为了维护他们的利益，"秘鲁工人总联合会"履行了其所声明的职责，明确了它将为之奋斗的直接目标：

- 遵守城市、农村和煤矿中的工人实施每天工作 8 小时的规定。

- 18 岁以下的妇女和未成年人每周工作 40 小时。

- 工人有组织起来的权利。

- 出版、新闻、集会和工人演说的自由。

- 禁止工人或学徒无偿劳动。

- 在所有行业和企业中，不分国籍、种族或肤色，所有工人、成年人和青年一律平等地工作，享有平等待遇和工资。

- 在其创立过程和为之奋斗的目标中已经表明，秘鲁工人总联合会向所有工人和劳动组织的代表推荐接下来的几天里他们将接触这个中央联盟，为中央联盟提供他们的地址，解释需要解决的问题，同时还同意加入。秘鲁工人总联合会还建议在监管项目上进行讨论和投票（发表在《劳动》第 9 期）。

中央联盟的临时地址是利马的科塔班巴斯街（Calle de Cotabambas）389 号；2076 邮箱，利马。

城市和乡村工人的组织万岁！

组织、演讲者平台、新闻和集会权利万岁！

秘鲁工人的有效联盟万岁！

"秘鲁工人总联合会"万岁！

——执行委员会

第六部分

女　性

何塞·卡洛斯·马里亚特吉是一位女权主义者。马里亚特吉时代的进步思想家和活动家罗莎·卢森堡与俄国的女权主义者如亚历山德拉·库兰泰（Alexandra Kollantai）对他的观点产生较大影响，马里亚特吉在《阿毛塔》上发表过罗莎·卢森堡的作品。事实上，俄国革命的马克思主义者的平等主义有助于形塑马里亚特吉的女性观：

> 在俄国，女性投票支持政府机关并代表政府机关。根据宪法，不论性别、国籍或宗教，所有工人都享有平等的权利。共产主义国家没有按照性别或国籍来辨别或区分，它将社会分为两类：资产阶级和无产阶级。在其阶级专政中，无产阶级妇女可以行使任何公共职能。在俄国，无数女性在国家行政和公共行政部门中工作。女性也经常被称为正义法庭的一部分。

此外，在同一篇文章即《女性与政治》中，马里亚特吉补充道，"不仅仅在俄国，女权主义运动似乎与革命运动有着密切的联系。女权主义要求在所有国家中都得到左派的大力支持。在意大利，社会主义者一直拥护女性选举权。许多社会主义组织者和鼓动者来自选举权运动的队伍。一旦争取选举权的斗争取得胜利，西尔维娅·潘克赫斯特（Sylvia Pankhurst）等人就加入了英国无产阶级的极端左派"。他指望女权主义来帮助实现社会主义。

在"女权主义者的要求"中，马里亚特吉认为，女权主义的主题是宽泛的，"对时代的伟大情感敏感的男性而言，这一运动不应该也不会感到陌生或毫不相干。女性问题是人类问题的一部分。女性必须被作为人类解放运动的一部分而纳入其中"。

马里亚特吉颂扬了许多妇女作家、政治活动家和诗人。在

《阿毛塔》和《关于秘鲁国情的七篇论文》有关文学的这一章中，马里亚特吉特别推崇诗人玛格达·波塔尔，部分内容包括在《文选》第六部分的第三节中。马里亚特吉很快意识到，波塔尔是作为一位女性在写作，并严谨地把一些观点带到她的诗中："不仅发现了一位激昂而顽强地生活着的女性的同情心和温柔可人，而且还发现了这位女性的所有热情。她被爱和渴望所点燃，被真理和希望所折服。"波塔尔的诗如下：

来吻我吧！……你的嘴唇，
你的眼睛和你的双手……
然后……一切无影无踪。
你的灵魂呢？你的灵魂呢？

1. 女性与政治*

20 世纪取得的重大成就之一就是借助女性获得了男性的政治权利。我们逐渐实现男女的法律平等和政治平等。妇女进入政界、议会和政府。她们参与公共事务已不再是例外或非同寻常的事情。在拉姆齐·麦克唐纳（Ramsay MacDonald）的工党政府中，一个部长职务已经被分配给了一位名叫玛格丽特·邦德菲尔德（Margaret Bondfield）的女士，她在华盛顿和日内瓦的国际劳工会议上代表英格兰，经历勤奋踏实的政治生涯之后便进入政府部门工作。俄国已经将其在挪威的外交代表权授予给了亚历山德拉·库兰泰，库兰泰在苏联政府中担任民众党的前委员。

在这一时刻，邦德菲尔德小姐和库兰泰夫人两个当代人物登上世界舞台。最重要的是，亚历山德拉·库兰泰这个人物不仅是今天头条新闻的一部分，她也是多年来吸引欧洲人注意力和好奇心的重要人物。尽管玛格丽特·邦德菲尔德不是第一个操持国家事务部的女性，但亚历山德拉·库兰泰却是第一个担任公使馆领袖的女性。

亚历山德拉·库兰泰是俄国革命的一个领导者。当苏联政权开始时，她在布尔什维克早已是一个高层领导人。布尔什维克几乎立刻提升了亚历山德拉·库兰泰，使她成为民众党的一个代表。库兰泰也是卫生部门的一个委员，有一次，她被赋予一个外交政策的使命。在雅克·萨杜尔（Jacques Sadoul）上尉的俄国回忆录中，他富有情感地记录了 1917—1918 年的历史，称亚历山德拉·库兰泰为"革命的红色处女"①。

---

* Source：*Temas de Educación*，in *Obras Completas*，Lima：Editorial Amauta，No. 14，1970，pp. 123 – 128.

① Jacques Sadoul，*Notes sur la révolution bolchevique*，*Octobre* 1917 – *Janvier* 1919，Paris：Éditions de la Sir če，1919.

　　俄国革命的历史确实与女权主义成就的历史紧密相连。苏联宪法赋予妇女与男子一样的权利。在俄国，女性投票支持政府机关并代表政府机关。根据宪法，不论性别、国籍或宗教，所有工人都享有平等的权利。共产主义国家没有按照性别或国籍来辨别或区分，它将社会分为两类：资产阶级和无产阶级。在其阶级专政中，无产阶级妇女可以行使任何公共职能。在俄国，无数女性在国家行政和公共行政部门中工作。女性也经常被称为正义法庭的一部分。例如，数名女性如克虏斯卡娅（Krupskaya）和孟金斯卡娅（Menjinskaia）协助卢纳图斯基（Lunatcharsky）开展教育工作。另一些人如安吉莉卡·巴拉巴诺夫（Angelica Balabanoff）明显参与了共产党和第三国际的活动。

　　苏联人尊重并极其鼓励女性合作。实行这种女权主义政策的原因众所周知。共产主义发现女性中存有一种危险的阻力。俄国女性主要是农民妇女，这是一个对革命胡乱地充满敌意的群体。由于她们的宗教迷信，俄国女性认为，苏联政府的工作是不虔诚、荒谬和异端的。从一开始，苏联政府就明白，女性需要有一种聪慧的教育战略和革命性的适应。为了这个目的，苏联人动员他们所有的追随者和支持者，就像我们所看到的那样，其中有一些非常能干的女性。

　　不仅仅在俄国，女权主义运动似乎与革命运动有着密切的联系。女权主义要求在所有国家中都得到左派的大力支持。在意大利，社会主义者一直拥护女性选举权。许多社会主义组织者和鼓动者来自选举权运动的队伍。一旦争取选举权的斗争取得胜利，西尔维娅·潘克赫斯特等人就加入了英国无产阶级的极端左派。

　　在现实中，女权主义要求的胜利是资产阶级革命后期阶段的实现，也是自由意识形态的最后篇章。以前，妇女与政治是贵贱通婚的（morganatic）关系。在封建社会，女性只是异常地、无所顾忌地和间接地影响国家的进步。但至少有王室血统的女性可以登上王位。女性和男性可以继承统治的神圣权力。然而，法国大革命开创了一个政治平等的体系——只是对男性而言，而不是对女性而言。人权可能被称为男性的权利。在资产阶级内部，女性比在贵族阶层中更远离政治。资产阶级民主完全是男性的民主。然而，资产阶级民主的发展对女性的解放是非常有利的。资本主义文明赋予了女性提升能力和改善生活处境的手段。资产阶级民主使女性能够并准备要求拥有男性的政治权利和公民权利。如今，女性终于获得这些权利。无产阶级社会主义革命的先进的酝酿期推动了这一事实，但仍然是个人主义和雅各宾派革命的一种回响。在此之前，政治平等还没有完全实现，还不是完全意义上的平等。社会不仅被区分为不同阶级，也被区分为不同性别。性别赋予或剥夺政治权利。如今，这样的不平等消失了，以致民主的历史进程已经走到其轨迹的尽头。

男女政治平等的第一个结果就是一些女性进入政治领域并参与公共事务管理。但这次事件的革命性意义要大得多。对女性轻薄的行吟诗人和爱好者的担心是有道理的。一个世纪的资本主义改良所造就的那种女性注定要衰亡，而且也会被遗忘。意大利学者皮蒂格里利（Pitigrilli）把这类现代女性归类为一种"奢华的哺乳动物"。因此，这种"奢华的哺乳动物"将逐渐耗尽。犹如社会主义制度取代个人主义制度那样，女性的奢华和优雅将会衰退。帕奎因（Paquín）① 和社会主义是不相容的敌人。人类将会失去一些"奢华的哺乳动物"，但会增加很多女性。在未来，女性的衣服会更加便宜和奢华，但女性会更有尊严。女性生活的轴心将从个体转移到社会。时尚不再是由帕奎因所粉饰的蓬巴杜夫人（Pompadour）的效仿所构成。总而言之，女性的花费会更少，但会更有价值。

对女权主义怀有敌意的作家担心，女性的美丽和优雅会因为女权主义的胜利而受到影响。他们认为，政治、学术和法院将会把女性变成不友善的人，甚至使女性变得不友好。这种说法是没有根据的。库兰泰夫人的传记告诉我们，在俄国革命的戏剧性的日子里，杰出的俄国人有时间和精气神来恋爱与结婚。蜜月和成为民众党委员似乎并不是不相容或对立的。

我们已经感知到来自女性所接受的新教育的各种各样的好处。例如，诗歌被极大地丰富了。这些日子以来，女性文学有了一种前所未有的女性腔调。在过去，女性文学没有性别。一般来说，女性文学不是男性化或女性化的文学，它代表了大多数中立文学流派。如今，在库兰泰的女性文学和艺术中，女性开始作为一个女人来感觉、思考和说话。一种特殊和本质上的女性文学出现了，它将揭示未知的节奏和色彩。德·诺艾

---

① 珍妮·帕奎因（Jeanne Paquín，1869—1936），法国著名的时装设计师。

列斯（de Noailles）伯爵夫人、阿达·尼格里（Ada Negri）和胡安娜·德·伊巴布卢①有时不会说一种奇怪的语言，难道她们没有揭示一个新世界吗？

费利克斯·德尔·瓦莱（Félix del Valle）②在一篇文章中提出一个不适当却又新颖的观点，即女性取代了诗意的男性。女性在散文中取代了男性，而且似乎也快要取代诗歌中的男性。简而言之，诗歌已经开始成为女性的宣言。

这实际上只是一个诙谐的观点。我们并不能确定男子气概的诗歌是否已经被剔除，但是可以确定的是，这是我们第一次正在倾听一种明显女性化的诗歌。这使得女性化的诗歌暂时有了一个非常有利的发展前景。

——《万象》，1924 年 3 月 15 日，利马

---

① 在马里亚特吉那个时代，德·诺艾列斯伯爵夫人、阿达·尼格里和胡安娜·德·伊巴布卢分别是备受欢迎的法国诗人、意大利诗人和乌拉圭诗人。

② 费利克斯·德尔·瓦莱（1892—1950），秘鲁记者，与马里亚特吉和塞萨尔·法尔孔于1918 年共同创办了《我们的时代》。

2. 女权主义者的要求[*]

女权主义的第一个关注点正在秘鲁酝酿着，存有一些女权主义的小组和核心组织。民族主义和极端主义的支持者可能会认为：这是另一个独特的想法，一个被注入秘鲁人头脑中的诡异想法。

我们一点也不相信这些忧虑的人们，不能把女权主义看作一个独特和诡异的想法。我们必须把女权主义看作一个人类的想法。女权主义具有一种文明的特征，它是一个时代所特有的。因此，在秘鲁，就像在文明世界的任何其他阶层中一样，女权主义是一个拥有公民权利的想法。

在秘鲁，女权主义并没有人为或随意地出现。女权主义的出现是女性脑力劳动和体力劳动的新形式导致的结果。拥有真正的女权主义联盟的那些女性是从事工作和研究的女性。女权主义思想在从事脑力劳动和体力劳动的女性即大学教授和劳工中蓬勃发展。这些女性在大学课堂中发现了有利于女权主义发展的环境，大学课堂吸引了越来越多的秘鲁妇女，来自工厂的女性则不断加入工会并组织起来，享有与男性一样的权利和义务。除了这种自发的和有组织的女权主义之外，女权主义还吸引了来自不同类别的女性工作的追随者。就像在其他地方一样，这里有一种浅薄的女权主义，这种女权主义有点迂腐和世俗。这种范畴中的女权主义者将女权主义转变为一种简单的文学运动和纯粹的时尚运动。

并非所有的女性都团结在单一的女权运动中，对此我们不会大惊小怪。女权主义必然有不同的色调和趋势。我们可以区分女权主义的三个主要趋势和三种实质性的色调：资产阶级的女权主义、小资产阶级的女

---

[*] Source：*Temas de Educación*, in *Obras Completas*, Lima：Editorial Amauta, No. 14, 1970, pp. 129 – 133.

权主义和无产阶级的女权主义。每一种女权主义都以不同的方式表达了女性的要求。资产阶级的女性与保守阶级的利益相一致。无产阶级女性将女权主义与革命群众创造一个未来社会的信仰结合起来。构成历史事实而非理论主张的阶级斗争，体现在女权主义的术语中。与男性一样，女性是反动的、中立的或革命的。因此，她们不能在同一战场上一起作战。在当前的人类全景图中，阶级比性别更能区分个人。

但是，这种多元化的女权主义并不依赖理论本身。相反，它取决于其实际的变体。作为一个纯粹的理念，女权主义本质上是革命性的。因此，那些觉得同时是女权主义和保守主义的女性的思想与态度缺乏一种逻辑连贯性。保守主义致力于维护传统的社会组织。传统的社会组织否认女性想要获得的权利。资产阶级的女权主义者接受现有秩序的一切后果，反对女性要求的人相对较少。心照不宣，她们争辩这一荒谬的论点，即社会需要的唯一改革是一种女权主义的改革。这些女权主义者反对旧秩序的抗议具有排他性，以至于是无效的。

诚然，女权主义的历史根源在于自由主义精神。法国大革命孕育着女权运动的第一粒种子。它第一次以精确的术语提出女性解放问题。平等派密谋（the conspiracy of equals）的领导者巴贝夫（Babeuf）坚称女权主义的要求。① 巴贝夫对他的朋友滔滔不绝地说："不要对这种不值得鄙视的性别施加沉默。提升你自己最美丽的部分。如果你对你共和国中的女性而言是毫无价值的，你就会使这些女性成为君主的小情人。她们的影响将是这样的，即她们将复辟共和国。相反，如果你对女性而言是至关重要的，你就会让她变成科尼利厄斯（Cornelius）和卢克莱修斯（Lucretius）。她们会给予你残酷、优雅和阴毒。"在与反女权主义者的争论中，巴贝夫谈到"男人们一直想要消灭的性别的暴政，这种性别的暴政在革命中决不是毫无用处的"。但法国大革命并不想让女性想起雅可比（Jacobean）或平等主义所倡导的平等和自由。正如笔者所写的那样，人的权利可以被称为男性的权利。资产阶级民主是一种男性专有的民主。

诞生于自由主义精神之中的女权主义，在资本主义过程中是无法开

---

① 巴贝夫主张男女平等，被他的同胞即法国革命的领袖处死。巴贝夫被视为许多平等主义思想的创始人，这些思想后来影响了无政府主义者和共产主义思想。

始的。当民主的历史路径走向终结时，女性获得了男性的政治权利和法律权利。俄国革命明确而无条件地赋予女性平等和自由，这是一个世纪以来法国大革命、巴贝夫和平等主义倡导者一直呼吁的权利。

但是，如果资产阶级民主没有实现女权主义，它就在不知不觉中为实现女权主义的道德和物质前提创造了条件与设想。通过每天更广泛和更集中地利用女性工作，资产阶级民主已经被认定是一种生产要素和经济因素。工作从根本上改变了女性的心态和思想。女性借助工作获得一个全新的自我概念。以前，这个社会预定女人要结婚或非法同居。现在，女性注定首先是要工作。这一事实已经改变并提升了女性在生活中的地位。那些用情感或传统的观点来挑战女权主义及其进步的人们声称，女性应该只为家庭而接受教育。实际上，这意味着，女性应该只接受作为一位女性和母亲的性别角色的教育。对家庭诗歌的辩护，实际上是对女性奴役的辩护。家庭生活不仅不会让女性的角色变得更高贵和更有尊严，反而会削减它。像男人不仅仅是男性一样，女人也不仅仅是母亲和女性。

创造一种新文明的女性必须与塑造处于衰落中的文明的那些女性有着实质性的区别。在一篇关于女性与政治的文章中，笔者已经研究了这个主题的几个方面：

> 对女性轻薄的行吟诗人和爱好者的担心是有道理的。一个世纪的资本主义改良所造就的那种女性注定要衰亡，而且也会被遗忘。一个意大利学者皮蒂格里利把这类现代女性归类为一种"奢华的哺乳动物"。

> 因此，这种"奢华的哺乳动物"将逐渐耗尽。犹如社会主义制度取代个人主义制度那样，女性的奢华和优雅将会衰退。帕奎因和社会主义是不相容的敌人。人类将会失去一些"奢华的哺乳动物"，但会增加很多女性。在未来，女性的衣服会更加便宜和更加奢华，但女性会更有尊严。女性生活的轴心将从个体转移到社会。时尚不再是由帕奎因所粉饰的蓬巴杜夫人的效仿所构成。总而言之，女性的花费会更少，但会更有价值。

　　这个主题是相当宽泛的。这篇简短的文章仅仅是为了说明在秘鲁女权主义的第一个表现特征，并对全球女权运动的表现和精神给出简短而快速的解释。这一运动不应该也不可能让那些对时代的伟大情感十分敏感的男性感到陌生。女性问题是人类问题的一部分。此外，相比于假发，女权主义是一个更有趣和更具有历史意义的超然话题。虽然女权主义有着重要意义，但假发仅仅是一桩逸事。

——《世界》，利马，1924 年 12 月 19 日

𝒥. 玛格达·波塔尔*

　　玛格达·波塔尔是我们文学进程中另一个值得重视的人物。随着她的出现，秘鲁有了第一个女诗人。直到现在为止，我们只有女性学者，其中一两个女性有着一种艺术素养，或更具体地说，她们有着一定的文学素养，但我们还没有一个女诗人。

　　我们应该理解女诗人这个术语。从某种程度上说，在西方文明史中，女诗人是我们时代的一种现象。以前的时代只创作男人的诗歌。女人写的诗歌是一样的，她们满足于使诗歌成为同样的抒情题材或哲学主题的一种变体。没有表现出男子气概特征的诗歌，也不具有女性——贞女、成年女人和母亲——的特征。这是一种无性别的诗。在我们这个时代，女人终于把自己的肉体和精神嵌入诗歌。女诗人现在是创造女人诗歌的人。由于女人诗歌已经从男人诗歌中解放出来，并在精神上区别于男人诗歌，女诗人在文学作品中便享有很高的地位。从其开始与众不同的那一刻起，女人诗歌的存在就变得愈加清晰，且引发了人们的广泛关注。

　　在西班牙美洲的诗歌中，加布里埃尔·米斯特拉尔（Gabriel Mistral）①和胡安娜·德·伊巴布卢②这两位女性就比她们那个时代的任何其他诗人都更引人注目。德尔米拉·阿古斯蒂尼（Delmira Agustini）③在她的国家和拉美有着许多杰出的继承者。布兰卡·卢兹·布鲁姆（Blanca

---

　　* Source："El proceso de la literatura", in 7 *Ensayos de interpretación de la realidad Peruana*, in *Obras Completas*, 26th ed. , Lima：Editorial Amauta, No. 1, 1973, pp. 322 – 326.

　　① 加布里埃尔·米斯特拉尔（1889 年 4 月 7 日—1957 年 1 月 10 日），智利诗人、教育家、外交家和女权主义者。

　　② 胡安娜·德·伊巴布卢（1862—1979），乌拉圭诗人。

　　③ 德尔米拉·阿古斯蒂尼（1886 年 10 月 24 日—1914 年 7 月 6 日），乌拉圭诗人。

Luz Brum）把她的信息带给秘鲁。我们并不是在处理孤立的和特殊的情况。相反，我们正在处理一种更广泛的现象，这种现象在所有类型的文学中都是常见的。就那些在男诗人中逐渐衰老的诗歌而言，它们在女诗人中则是重生。

有着绝妙直觉的作者费利克斯·德尔·瓦莱有一天说，世界上各种各样的女诗人人才辈出，诗歌的权杖已经传递给了女人。他幽默风趣地说道："诗歌正在变成一种女性的职业。"毫无疑问，这是一个极端的论断；但可以肯定的是，诗歌在男诗人身上呈现为一种虚无主义、消遣和怀疑论的倾向。在女诗人中，它们却有着新鲜的根，开出洁白的花朵。诗歌的特点在女诗人的笔下呈现出更大的活力（élan vital）和更旺盛的生命力。

玛格达·波塔尔在秘鲁或西班牙美洲并不出名，她只出版了一部散文集即《杀人的权利》（*El Derecho de Mater/The Right to Kill*）［拉巴斯（La Paz），1926）］和一本诗集《希望与大海》（*Una Esperanza y el Mar/One Hope and the Sea*）（利马，1927）。《杀人的权利》展示了玛格达·波塔尔的一个侧面：一种桀骜不驯的精神和革命的救世意识。在我们这个时代，对于一位艺术家的历史敏感性而言，这种桀骜不驯的精神和革命的救世意识是一个无可辩驳的证据。除此之外，在玛格达·波塔尔的散文中，我们总能够发现她优美的抒情风格。这本散文集里的三首诗——《狱中诗》（*El Poema de la Cárcel*）、《基督的微笑》（*La sonrisa de Cristo*）和《紫罗兰花环》（*Círculos violent*）——都彰显了玛格达·波塔尔的慈善、热情和炙热的感情。玛格达的著作并没有被《杀人的权利》所框定，这本散文集的标题有着无政府主义和虚无主义的韵味，但并不能反映玛格达的秉性。

玛格达是一位热情奔放的女性，而且相当仁慈。就个性而言，她的同情心和瓦列霍①的同情心是相似的。这就是她在《全神贯注的灵魂》（*Anima absorta*）和《希望与大海》这两首诗中呈现给我们的方式。当然，这就是她的方式。玛格达并没有触及 19 世纪的颓废主义或怪诞风格。

---

① 塞萨尔·瓦列霍是秘鲁先锋派诗人。

在玛格达·波塔尔的早期诗篇中，她几乎一直是一位描写柔情的女诗人。就这一点而言，玛格达的人道精神在抒情诗中彰显无遗。没有妄自尊大的自我主义或浪漫的自恋情结，玛格达·波塔尔对我们说："我是微不足道的……"

在她的诗歌中，我们不仅发现了一位激昂而顽强地生活着的女性的同情心和温柔可人，而且还发现了这位女性的所有热情。她被爱和渴望所点燃，被真理和希望所折服。

玛格达·波塔尔在她的一本书的扉页上写了一些列奥纳多·达·芬奇（Leonardo da Vinci）的诗句："灵魂是生命的第一源泉，它反映在其所创造的一切之中。""真正的艺术作品犹如一面反映艺术家灵魂的镜子。"玛格达对这些创作原则的狂热拥护，是她艺术意识的一个不可缺少的组成部分。她的诗歌从来没有与这些创作原则背道而驰，而是一贯地遵循着它们。

在玛格达·波塔尔的诗歌中，最重要的一点就是，玛格达为我们呈现了一个清晰的自我形象。她从不掩饰自己，也没有把自己神秘化，更没有把自己理想化。她的诗歌就是她的真实写照。玛格达并没有给我们提供一个与她改头换面的灵魂完全一致的形象。我们可以毫不顾及和大胆地打开她的一本书。可以肯定的是，她的作品里没有任何刺激等着我们，我们也不会被愚弄。这种纯粹和完美的抒情诗艺术，把人工斧凿的成分降到最低限度——几乎看不到影踪——这种人工斧凿的成分对于作品成为艺术而言是必不可少的。

这就是玛格达最大价值的最好证明。在这个社会秩序没落的时代——其艺术也随之颓废——艺术家最迫切的责任就是反映现实。在这场危机中，唯一能够幸存下来的将是那些告解和见证的作品。

主宰世界的两个原则——生与死——它们之间的永恒的与令人捉摸不透的对立始终存在于玛格达的诗歌中。在玛格达的诗歌中，我们可以感受到一种期盼实现而又没法实现的极度痛苦的渴望，也可以体验到一种创造和生存的渴望。玛格达的心灵是痛苦不堪的。她的艺术将撕裂与鼓舞她的心灵的两股力量充分且彻底地展现出来，有时是生的原则获胜，有时则是死亡的原则占了上风。

在玛格达的诗歌中，这种冲突的戏剧性展现赋予它一种形而上学的深度，无需任何哲学的拐杖。通过抒情诗体的路径，借助精神就很容易达到这种深度。

这种冲突的戏剧性展现也为玛格达的作品赋予了一种心理深度，使得她的作品能够表达其与人对话、进行挣扎和感到极度痛苦时的所有矛盾的心声。

在下列这些绝妙的诗句中，女诗人用非凡的表现力表露了自己的想法：

> 吻我吧！……
> 邪恶的东西有什么关系呢？
> 邪恶的东西正在啮食着我的灵魂吗？
> 我是你的，你是我的……吻我吧！……
> 今天我不会哭泣，快乐让我窒息，
> 一种奇特的快乐，我不知道它来自何方。
> 你是我的……你是我的吗？……
> 冰门横亘在你和我之间：
> 那是你的想法！
> 那是进入你的大脑并折磨着你的东西，
> 它的锤击，
> 我不知道究竟是何物……
> 来吻我吧……这有什么关系？
> 心整晚在召唤着你，
> 如今你、你的肉体和你的灵魂来到了这里……
> 为什么我必须记住你昨天做的事？
> 又有何妨！
> 来吻我吧！……你的嘴唇，
> 你的眼睛和你的双手……
> 然后……一切无影无踪。
> 你的灵魂呢？你的灵魂呢？

我们应该向这位印第安美洲的最优秀的诗人致敬，这位女诗人玛格达并没有因袭伊巴布卢、阿古斯蒂尼，甚至也没有因袭米斯特拉尔。但是，由于玛格达和米斯特拉尔有着相似的特征，所以她更加接近米斯特拉尔。玛格达有着与众不同的性格，她的秘诀、口才和力量与生俱来，都汇聚于一身。

第七部分

神话和理想的乐观

何塞·卡洛斯·马里亚特吉是一个信徒。他坚信社会主义，将社会主义视为他那个时代的动力。俄国革命和其他的社会主义运动如罗莎·卢森堡的斯巴达克同盟鼓舞了他。马里亚特吉读过法国哲学家亨利·柏格森的书，他非常欣赏柏格森的生命力（élan vital）概念，生命力即至关重要的生命力量。马里亚特吉阅读并援引了乔治·索雷尔的《反思暴力》，他认为，索雷尔关于革命神话的概念与革命的工会主义和社会主义运动有关，有助于将革命的社会主义与进化的社会主义区分开来。马里亚特吉对思想、政治和马克思主义的肯定态度，至少在一定程度上是他母亲的养育和家庭教育的结果。马里亚特吉的母亲对天主教信仰有着近乎神秘的信奉。马里亚特吉似乎从他母亲那里获得了宗教和其他信仰体系的神秘概念。马里亚特吉在其一生中始终坚持这一点，他从不反对宗教，甚至把他神秘的宗教情感嵌入马克思主义和革命的观念。① 尽管一些正统的马克思主义者批判马里亚特吉，还有一些作家误解了他，但这使他的信仰体系充满激情，这种激情点燃了他的社会主义信念。正是这种类型的信念为秘鲁牧师和神学家古斯塔沃·古铁雷斯（Gustavo Gutiérrez）将马里亚特吉的马克思主义分析和社会主义的方方面面融入解放神学铺平了道路。②

下面的章节关注的是对马里亚特吉在这个领域中的取向的评价。正如他在《人类与神话》中所说的那样："正如哲学所定义的那样，人类是一种形而上的动物。没有一种形而上的生活观念，人类就不能有意义地生活。神话在历史上打动了人类。

---

① Harry E. Vanden, *ational Marxism in Latin America*, *José Carlos Mariátegui's Thought and Politics*, Boulder, CO: Lynne Rienner Publishers, 1986, p. 116.

② 参见 Gustavo Gutiérrez, *A Theology of Liberation*: *History, Politics, and Salvation* (Maryknoll, NY: Orbis Books, 1988)。马里亚特吉最小的儿子哈维尔和古铁雷斯是同学，他们经常谈论马里亚特吉这位前辈的想法。哈利·E. 瓦登于1994年4月在利马采访了哈维尔·马里亚特吉和古斯塔沃·古铁雷斯。

没有神话，人类的历史就没有历史感。历史是由拥有一种更高的信仰和一种超人的希望并受其启发的人们所创造的；而另一些则是戏剧的匿名合唱团。从资产阶级文明表现出其缺乏神话的那一刻，资产阶级文明的危机就显而易见了。"随后，马里亚特吉补充道，"社会主义的宗教的、神秘的和形而上的特征已经被确立一段时间了。20 世纪法国思想的最高代表乔治·索雷尔在他的《反思暴力》中写道，'在宗教和革命的社会主义之间已经发现了一种新的类比，其目标是个人的学徒生涯、筹划以及重建。这是一个庞大的任务。但是，柏格森已经告诉我们，不仅仅宗教在我们的精神生活中占据了重要地位；革命的神话与宗教也有着同样的地位'"。对马里亚特吉来说，这些唯意志论的人类行为观念是决定历史进程的关键。

这一部分的所有文章都来自马里亚特吉生前所出版的一个作品集，其标题《早晨的心灵》(*The Morning Soul/ El Alma Matinal*) 具有象征意义。这些文章代表了一种新的和革命的信仰体系，它将激励男人和女人发动社会主义革命。这种政治和政治行动的观点是秘鲁马克思主义的一种强大的动力。在《捍卫马克思主义》中，马里亚特吉回想起列宁对批判其革命性尝试的人的著名回应，因为他们违背了现实："现实情况更糟。"① 马里亚特吉信奉一个崭新的和更好的现实。

---

① *Defensa del marxismo*, in *Obras Completas*, 3rd ed. , Lima：Editorial Amauta, No. 5, 1967, p. 56. 马里亚特吉借鉴了米格尔·德·乌纳穆诺的《基督教的苦难》。

1. 人类与神话*

所有关于世界危机的现代学术研究都得出一个一致的结论：资产阶级文明因缺乏神话、信仰和希望而遭受损害。缺失是资产阶级文明实质性衰败的表现。理性主义的经验给人类带来一种自相矛盾的影响，使人类形成惨淡的信念，即理性无法引领前进的方向。理性主义只会败坏理性。墨索里尼说过，煽动者扼杀了自由的思想。毫无疑问，更准确地说是理性主义者扼杀了理性的概念。理性已经根除了来自资产阶级文明的灵魂的古老神话的残余。一段时间以来，西方人把理性和科学置于死神的祭坛之上。但是，理性和科学都不是神话，不能满足人类的无限需求。理性本身已经受到挑战，向人类展示了它是远远不够的。只有神话拥有满足其最真实的自我的宝贵品质。

理性和科学已经侵蚀并瓦解了古老宗教的威望。奥伊肯（Eucken）在关于生命的意义与价值的书中清楚而准确地解释了这种溶剂的机理。①科学的创造物已经授予人类一种力量感。以前被超自然力量所征服的人类突然发现一种反常的力量来利用并整顿自然。这种感觉消除了来自其灵魂的旧形而上学的根源。

正如哲学所定义的那样，人类是一种形而上的动物。没有一种形而上学的生活观念，人类就不能有意义地生活。神话在历史上打动了人类。没有神话，人类的历史就没有历史感。历史是由拥有一种更高的信仰和一种超人的希望并受其启发的人们所创造的；而另一些则是戏剧的匿名

---

* Source："El hombre y el mito"，*El alma matinal y otras estaciones del hombre de hoy*，in *Obras Completas*，10th ed.，Lima：Biblioteca Amauta，No. 3，1987，pp. 23 – 28.

① 鲁道夫·克里斯托夫·奥伊肯（Rudolf Christoph Eucken，1846 年 1 月 5 日—1926 年 9 月 15 日），德国哲学家和作家。

合唱团。从资产阶级文明表现出其缺乏神话的那一刻，资产阶级文明的危机就显而易见了。勒南曾以实证主义引以为傲，他忧心忡忡地强调宗教的衰落，并对欧洲文明的未来感到不安。他写道："宗教人士生活在阴影中。我们的子孙后代将会靠什么生活呢？"① 绝望的问题仍在等待着给予答复。

资产阶级文明已经陷入怀疑主义。战争似乎恢复了自由革命的神话：自由、民主与和平。但是，在凡尔赛会议上，资产阶级的盟友很快为了他们自身的利益和恩怨而舍弃了自由、民主和平等。然而，这些神话的复兴却有助于完成欧洲的自由革命。自由革命的愿景宣告破灭，封建主义和专制主义的残余仍然存活于中欧、俄国和土耳其。最重要的是，战争再次以形象且悲剧性的方式证明了神话的价值。能够赢得胜利的人们，都是那些有着巨大神话能力的人。

现代人觉得迫切需要神话。怀疑论是十分贫瘠的，人类并不满足于这种贫瘠。在战后的人们中，一种令人恼怒有时甚至是无能为力的"信仰意志"是如此的明显。这种信仰意志在战前的人们中已经很强烈，也很明确了。由亨利·弗兰克创作的《在方舟前跳舞》（*Dance in Front of the Ark*）这首诗是笔者手头保留的一篇关于战前文学氛围的文献。这首诗中有一种伟大而深沉的情感。为此，首先援引亨利·弗兰克的话。亨利·弗兰克为我们讲述了他的"信仰意志"。作为一个以色列人，亨利·弗兰克尝试用对以色列的上帝的信仰来阐释他的灵魂。这种尝试是徒劳无功的。那时，他的教父的神的圣言听起来很奇怪。诗人并不懂这些圣言。亨利·弗兰克声称自己对这些圣言的意思充耳不闻。作为一个现代人，来自西奈半岛（Sinai）的这个词并不能打动他。我们没法使一种僵死的信仰复兴。这种信仰深嵌于 20 世纪。"以色列因赐予世界一位神灵而死。"现代世界的声音提出其虚构和危险的神话：理性。但亨利·弗兰克却无法接受理性。他说："理性不是宇宙。"

---

① Ernest Renan, *Feuilles détachées faisant suite aux Souvenirs d'enfance et de jeunesse*, 2nd ed., Paris: Calmann Lévy, 1892, pp. 17 – 18.

无须上帝的理性就犹如不需要灯具的房间。①

为了寻找上帝，诗人离开了。他急于满足对无限和永恒的渴望。但朝圣之旅并不成功。朝圣者想要设法应付日常生活的幻觉。

啊！要懂得大胆地抓住每一刻：转瞬即逝的希望和实质。②

亨利·弗兰克最后认为："真理是没有希望的热情。"人类自己身上携带着真理。

如果方舟是空的，你希望在此发现规律，那么，除了你的舞蹈之外，没有什么是真实的。③

哲学家给了我们一种类似于诗人的真理的真理。当代哲学已经彻底消除了实证主义平庸的大厦，澄清并界定了理性的适度范围。它还明确地阐述了当前的神话和行动理论。根据这些理论，寻找一种绝对真理是毫无意义的。昔日的真理并非明天的真理。真理只在一段时间内才有效。我们应该满足于一种相对的真理。

对普通人来说，这种相对主义的语言是不可行或不可理解的。普通人并没有如此的富有洞察力。人类不愿意追随一种不相信绝对和至高无上的东西的真理。推崇信仰、神话和行动的优越性是徒劳的。我们必须提出一种信念、一个神话和行动。我们将在哪里找到一个神话，从而能够复兴不断衰落的秩序的精神呢？

这个问题惹恼了资产阶级文明在学术和精神上的无政府状态。一些活跃分子正在努力恢复中世纪和天主教的理想。其他核心人物则设法回

---

① "La raison sans Dieu c'est la chamebre sans lampe"．／ "Reason without god is a room without a lamp"．

② "Ah！sache franchement saisir de tout moment—la fuyante fumée et le sue éphémère"．／ "Ah！To know to boldly seize each moment-the fleeting hope and the ephemeral essence"．

③ "Si l'Arche est vide oÚ tu pensais trouver la loi，rien n'est rèel que ta danse"．／ "If the Ark is empty where you hoped to find the law，nothing is real but your dance"．

归文艺复兴和古典理想。用理论家的话来说，法西斯主义已经被赋予一种中世纪和天主教的思想。这些人认为，他们代表了反宗教改革的精神，但又声称体现了民族观念，即一种典型的自由主义理念。这种理论似乎很乐意虚构最受影响的诡辩术。但是，所有复兴神话的尝试注定要失败。每个时代都希望有它自己的世界意识。没有什么比试图唤醒一个死的神话更枯燥的了。在《欧洲》（Europe）日报上发表的一篇文章中，让·R. 布洛赫（Jean R. Bloch）写出关于这个话题的深刻真理的话语。在沙特尔大教堂，他感觉到遥远的中世纪的不可思议的忠实呼声。但是，布洛赫告诫我们，这种呼声与这个时代的关注点无关。他写道："认为同样的信念会重复同样的奇迹，那就太疯狂了。看看你周围的环境：有一种全新的和积极的神秘主义能够创造奇迹，能够让痛苦充满希望，还能够唤醒长期受苦的人，并用善和美德的承诺来改变世界。当你已经找到这种神秘主义时，锁定它和任命它，你将完全不会是同一个人。"

何塞·奥特嘉·伊·加塞特谈及"幻灭的灵魂"（disenchanted soul），罗曼·罗兰论及"被施魔法的灵魂"（enchanted soul）。在这两者之中，哪个是正确的呢？两种灵魂都是存在的。奥特嘉·伊·加塞特的灵魂是一种堕落的资产阶级文明的灵魂，罗曼·罗兰的"被施魔法的灵魂"是新文明的缔造者的灵魂。奥特嘉·伊·加塞特只看到日落、黄昏、夕阳（tramonto）和帝国的沉沦（der Untergang），罗曼·罗兰看到了日出、黎明和帝国的兴盛（der Aurgang）。在这个资产阶级和无产阶级的时代，神话最清晰和最明显地将"幻灭的灵魂"和"被施魔法的灵魂"区别开来。资产阶级不再有任何神话，它变得难以置信、怀疑和虚无。重生的自由主义神话已经过时。无产阶级有一个神话：社会革命。它以充满激情和积极的信念走向那个神话。资产阶级否认；无产阶级则确认。资产阶级的知识分子用理性主义的批判方法、理论和革命技术来娱乐自己。这是一个误会！革命者的力量并不在他们的科学之中，而在他们的信仰、激情和意志之中。它是一种宗教的、神秘的和精神的力量，这是神话的力量。正如笔者在一篇关于甘地的文章中所写的那样，革命激情是一种宗教情感。① 宗教动机已经从天国降到人间。他们不是神，而是社会人。

　　社会主义的宗教的、神秘的和形而上的特征已经被确立一段时间了。20 世纪法国思想的最高代表乔治·索雷尔在他的《反思暴力》中写道："在宗教和革命的社会主义之间已经发现了一种新的类比，其目标是个人的学徒生涯、筹划以及重建。这是一个庞大的任务。但是，柏格森已经告诉我们，不仅仅宗教在我们的精神生活中占据了重要地位；革命的神话与宗教也有着同样的地位。"正如索雷尔所回忆的那样，雷纳注意到了社会主义者的宗教信仰，表明他们对任何失望都有抵触："在每一次失败的实验之后，社会主义者重新开始他们的工作：还没有找到解决方案，但它将是解决方案。没有解决方案的想法从来没有发生在他们身上，其中展现了他们的力量。"②

　　这套哲学理念告诉了我们神话和信仰的必要性，但它通常无法理解现代的信仰和神话。引用马克思的话，这就是"哲学的贫穷"。专业知识分子找不到信仰的道路；群众将会找到它。这一任务将落到哲学家身上，他们会把从这一伟大成就中生长出来的思想编成法典。罗马颓废的哲学家能理解基督教的语言吗？资产阶级颓废的哲学没有更好的未来。

——《世界》，利马，1925 年 1 月 16 日

---

① José Carlos Mariátegui, "Gandhi", in *La escena contemporánea*, 14th ed., Lima: Biblioteca Amauta, 1987, pp. 193 – 199.

② Georges Sorel, *Reflections on Violence*, New York: Collier Books, 1950, p. 52.

2. 最后的斗争*

玛德琳·马克思（Madeleine Marx）是最不安分的学者之一，也是当代法国最具现代性的女性之一，她在《最后的斗争》（*C'est la lutte fina-le*）① 中收集了自己对俄国的印象……歌手尤金·波提尔（Eugene Potti-er）② 的判决成为一个历史性的重要事件。"这是最后的斗争！"

俄国的无产阶级革命迎接这种呼声——世界无产阶级的普世呼声。玛德琳·马克思在莫斯科街头听到大规模的战斗口号和期望，笔者在罗马、米兰、柏林、巴黎、维也纳和利马的街道上也听到这种口号和期望。它体现了一个时代所有激动人心的事件。革命群众相信参与最后的抗争是对的。

最后的斗争真正地在进行吗？那些对旧秩序持怀疑态度的人们认为，这次最后的斗争只是一种幻觉。对于新秩序的狂热战士来说，最后的斗争是一种现实。《混战之上》（*Au-dessus la Melée*）③ 是一种崭新的和开明的历史哲学，它提出了另一种观点：幻觉和现实。尤金·波提尔的最后一场斗争既是一种现实，又是一种幻觉。

实际上，我们正在进行一个时代和一个阶级的最后抗争。进步或人类进程是分阶段来完成的。因此，人类一直觉得有必要接近目标。今天

＊ Source：*"La lucha final"*, in *El alma matinal y otras estaciones del hombre de hoy*, in *Obras Completas*, 10th ed., Lima：Biblioteca Amauta, No. 3, 1987, pp. 29 – 33.

① English version：Magdeleine Marx，*"This Is the Final Fight"*, in *The Romance of New Russia*, New York：T. Seltzer, 1924.

② 尤金·波提尔是法国农民工诗人，也是著名的无产阶级歌曲《国际歌》的创作者。这首《国际歌》后来成为苏联的国歌。

③ Romain Rolland, *Au-dessus de la Mêlée*（Paris：Ollendorff, 1915），《混战之上》（*Above the Mêlée*）是一个反对第一次世界大战的和平主义宣言。

的目标肯定不是明天的目标。然而，对于人类进步的理论来说，这是最终的目标。弥赛亚的千年将永远不会到来，人们到达后又再次离开。然而，它不能打消人们相信新的一天就是最后一天的信念。任何革命都没法预见下一次革命，即使它孕育了下一次革命的种子。对人们来说，作为历史的主体，除了他们的个人现实之外，就什么都不存在了。他们对抽象的斗争不感兴趣，只对具体的斗争感兴趣。革命的无产阶级生活在最后的斗争的现实中。与此同时，从一个抽象的角度而言，人类生活在最后的斗争的幻觉中。

法国大革命对它特有的重要性有着同样的认识。它的部队也希望开创一个新时代。人们期望公约能够及时被销毁，从而成为共和党千年的开端。法国大革命的成员认为，基督纪元和罗马教皇格利高里的公历无法控制共和国。革命的赞歌欢呼迎接新的一天的到来："光荣的日子已经到来。"① 个人主义和雅各宾派的共和国似乎是人类的最重要的目标。革命感觉到它是最终和不可逾越的。这是最后的斗争，是争取自由、平等和友爱的最后斗争。

不到一个半世纪就足以使这个神话被废弃。《马赛曲》（*La Marseillaise*）不再是一首革命歌曲。"光荣日"已经失去其超自然的威望。由于议会和普选的存在，民主的煽动者不再抱有幻想。另一场革命正在世界中酝酿。集体主义的政权正在努力取代个人的政权。20 世纪的革命者即将对 18 世纪的革命者的工作进行概要的评判。

然而，无产阶级革命是资产阶级革命的一种产物。资产阶级创造了一个多世纪的快速的资本积累，创造了一种新秩序的精神条件与物质条件。第一种社会主义思潮嵌套在法国大革命之中。后来，工业化逐渐在它的工厂组织革命军队。无产阶级以前在同一平面上与资产阶级混淆在一起，后来提出了他们的阶级要求。资本主义福利的丰饶来源增强了社会主义。资产阶级的命运是它为反对其权力的革命提供思想和人员。

最后的斗争的幻觉既是一种非常古老的幻觉，也是一种极其现代的幻觉。每隔两三个世纪或更久，这个幻觉就会以不同的名字再现。就像现在一样，这一直是无数人类方阵的现实。最后的斗争的幻觉支配着人

---

① Le jour de gloire est arrivé. /The day of glory has arrived.

类来更新它。这种幻觉是所有进步的原动力。它是万物再生之星。当大幻觉衰退时，它已经创造了一种新的人类现实。人们随后依赖他们永恒的关注点。最后的斗争的幻觉终止了一个浪漫的循环，并开启了一个经典的循环。在经典的循环中，它使一种形式得以发展、程式化并退化，完全实现这种形式之后，它就不能控制新的生命力量。只有在人们的创造力被削弱的情况下，生命才会被困在一个僵硬的、陈旧的和过时的形式之中。但这些人或社会的狂喜并不是无限的。静悄悄的潟湖和沼泽地的寂静即将喷涌而出。然后，生命恢复了它的能量和动力。印度、中国和当代土耳其是这些轮回的鲜活的例子。革命的神话有潜力使这些崩溃中的人们变得动摇，并重新振作起来。

东方觉醒了，并准备采取行动，希望在古老的灵魂中获得重生。

怀疑主义满足于对比众多的人类幻想的不真实性。相对主义并不遵从同样的消极结果和贫瘠。它从通过告诫现实是一种幻觉开始，但却通过承认幻觉反过来又变成现实而告终。相对主义否认绝对真理的存在，但它意识到人们必须相信他们的相对真理，犹如相对真理是绝对真理那样。人们需要确定性。如果人们今天感觉到的确定性不是明天的确定性，那又有什么区别呢？没有神话的话，人们就不能卓有成效地活着。因此，相对论哲学提出要遵循神话的规律。

皮兰德罗（Pirandello）① 是一位相对主义者，他是拥护法西斯主义的范例。法西斯主义诱惑皮兰德罗，因为当民主变得不确定和虚无时，法西斯主义代表着对等级制度和国家的一种宗教的和狂热的信仰（皮兰德罗是一个小资产阶级西西里人，他缺乏理解和追随革命神话的精神状况）。被激怒的怀疑主义的作家并不喜欢政治疑虑。他喜欢暴力的、直言的、激情的和残暴的断言。比哲学家和相对论哲学家更多疑的人群无法摆脱一种神话，也不能摒弃一种信仰。我们不可能区分真实的过去或未来的微妙真相。所有那些为神话而存在的一切都是真理，绝对的、唯一的和永恒的真理。根据这一真理，他们的斗争是真正的最后抗争。

在哲学研究之前，人们对所有生活问题的回答都是至关重要的。文盲不会关心这个神话的相对性。对他们而言，甚至也不可能理解这个神

---

① 　罗吉·皮兰德罗（Luigi Pirandello），意大利剧作家、小说家和短篇小说作家。

话的相对性。但是，在寻找他们自己的方式方面，文盲通常比作家或哲学家做得更好。因为他们必须行动，所以采取了行动；因为他们必须相信，所以相信了；因为他们必须战斗，所以战斗了。

对于文盲在时空中努力的相对意义，我们一无所知。他们的本能是要摆脱枯燥的问题。相比于每个人都应有的抱负，文盲没有更多的追求：只是完成他们的工作，好好干。

——《世界》，利马，1925 年 3 月 20 日

𝒮. 现实的悲观与理想的乐观*

何塞·巴斯孔塞洛斯①已经发现一个关于悲观主义和乐观主义的公式。这个公式不仅解释了新一代伊比利美洲人面对当代危机的感觉，也对应于一个时代的真实的心理与情感。在这个时代中，尽管有着何塞·奥特嘉·伊·加塞特关于"幻灭的灵魂"和"革命的曙光"的论点，但是数百万人正在用神秘的勇气和宗教激情为创造一个新世界而努力。"现实的悲观与理想的乐观"，它是巴斯孔塞洛斯的公式。

巴斯孔塞洛斯写道，"不要顺从，永远超越这一时刻"，"拒绝现实，并为摧毁现实而斗争，不是因为缺乏信心，而是过分地信任人类的能力和坚定的信念，即邪恶既不是永久的，也不是合理的，弥补、净化和改善集体条件和个人良心总是可能的和可行的"。

那些试图调整现实的人们的态度肯定比悲观者更乐观。在他们的抗议和对当下的谴责中，这些人持悲观态度，对未来却充满希望。所有伟大的人类理想都始于一种否认，但它们也有一种肯定。一直以来，宗教都持久地代表着这个墨西哥作家正在向我们宣扬的现实的悲观主义与理想的乐观主义。

我们不会满足于平庸，更不要说满足于不公正。我们常常被描述为悲观的，但事实上，悲观主义远不及乐观主义更能支配我们的精神。我们认为，世界不应该是毁灭性的，它也不应该永远像现在这样。我们相

---

* Source："Pesimismo de la realidad y optimismo del ideal", in *El alma matinal y otras estaciones del hombre de hoy*, in *Obras Completas*, 10th ed., Lima：Biblioteca Amauta, No. 3, 1987, pp. 34 - 37.

① 何塞·巴斯孔塞洛斯（1882 年 2 月 28 日—1959 年 6 月 30 日），一位墨西哥的作家、哲学家和公共教育的部长。

信，世界可以而且应该更加美好。我们抵制的乐观主义是简单而怠惰的有着潘格洛斯特点的乐观主义（Panglossian optimism），那些过分乐观者认为我们生活在尽善尽美的所有可能世界中。

就像乐观主义者可以区分为两种类型一样，悲观主义者也有两种类型。绝对的消极悲观主义者只限于无助和绝望的姿态、事情的不幸以及努力的虚空。那种人是虚无主义和忧郁的，正在等待着最后的绝望。正如阿兹巴切夫（Artzibachev）所说的"极限值"。幸运的是，这种人并不常见。这种类型属于祛魅的知识分子的一个怪诞的阶层，他们也是衰落时期的一种产物或崩溃中的民族的一种产物。

在知识分子中，令人振奋的虚无主义是拒绝在任何重大的革新工作中开展合作的一个哲学借口，或解释他们对任何大规模工作不屑一顾的一种手段。但是，这种类型的知识分子的虚无主义并不是一种哲学态度。它被简化为对伟大的人类神话的一种隐性和人为的蔑视。这是一种未被认可的虚无主义，这种虚无主义不敢进入消极知识分子的工作或生活层面。消极知识分子把这种理论实践作为一种孤立的恶习。那些私下里是虚无主义者的知识分子可能会成为反酒精联盟或动物保护协会的公共成员。他们的虚无主义只是为了保护自身不受伟大激情的影响。在微不足道的理想面前，虚无主义者表现出最庸俗的唯心主义。

正是理想的乐观主义拒绝让我们混淆这种性质的悲观情绪和负面情绪。消极的态度当然是枯燥无味的。行动由否定和肯定构成。美国和世界各地的新一代是呼喊着它的信仰，并歌颂着它的希望的一代。

在当代西方哲学中，盛行着一种怀疑论的论调。诚如其批判者如此普遍地强调的那样，这种哲学态度是衰落中的文明所特有的色调。只有在颓废的世界里，一种看破红尘的生命意识才会蓬勃发展。即使是这种当代的怀疑主义或相对主义，也与这种无能者之廉价和虚构的虚无主义没有任何联系或亲缘关系，也不会与安德烈耶夫（Andreiev）和阿兹巴切夫自杀疯子的绝对的和病态的虚无主义有任何联系或亲缘关系。事实上，实用主义是一种相对主义和怀疑论的流派，它能有效地推动人们采取行动。《煞有其事的哲学》（*Philosophie der Als Ob*）的作者汉斯·费英格（Hans Vainhingher）被无可非议地归类为实用主义者。对于这位德国哲学家来说，世界上没有绝对真理。但是，存在一些控制人们生活的相对真理，它们似乎就是绝对真理。"道德原则犹如美学原则，法律标准就像科学运作的那些逻辑基础，它们都不是客观存在的。道德原则和法律标准只是作为我们行为的监管戒律的虚构结构，它们被执行着，犹如它们是真实的一样。"① 因此，意大利哲学家朱塞佩·伦西（Giuseppe Renssi）在《哲学怀疑论者的特征》（*Lineamientos de Filosofía escéptica*）中阐释了费英格哲学，正如笔者在何塞·奥特嘉·伊·加塞特的期刊的一篇参考书目中所看到的那样，费英格哲学在西班牙和西班牙美洲已经开始引发很多人的兴趣。

因此，费英格哲学并没有号召我们放弃行动，它只是设法否认绝对真理。但这种哲学承认，在人类历史中，相对真理和每个时代的暂存神话与绝对真理和永恒真理有着同样的价值和效力。它宣告并证实了神话的需要和信仰的有用性。尽管这样，在最后的分析中，它却蕴含着另一个观点，即所有的真理和虚构都是同等重要的。爱因斯坦是一个相对主义者，他在生活中表现为理想的乐观主义者。

新一代热衷于战胜怀疑论哲学。在当代混乱中，怀疑论哲学由新的神秘主义材料所构成。孕育中的世界不会把希望寄托在唯我独尊的宗教所安置的地方。巴斯孔塞洛斯说道，"为了预知天堂的有些工作"，"坚强地奋斗和斗争"，新一代想要变得坚强起来。

——《世界》，利马，1925 年 8 月 21 日

---

① Guiseppe Rensi, *Lineamenti di filosofia scettica*, 2nd ed. , Bologna：Nicola Zanichelli, 1921.

⒋ 想象与进展 *

路易斯·阿奎斯坦（Luis Araquistáin）写道："如果保守的精神不是一种天生的自私，而是出于对未知和不确定性的恐惧的话，那么，在其最公正的形式中，保守的精神最终表现出缺乏一种想象力。"① 从这个观点来看，成为革命者或改革家是或多或少富有想象力的结果。守旧者反对任何变革的理念，因为他们无力构思并接受它。当然，这也适用于纯粹的守旧者，因为务实的守旧者的态度无疑有着不同的渊源。这种类型的守旧者为了他们的有用性和舒适性而吸纳不同的观点。

传统主义和保守主义被界定为一种简单的精神局限。除了把生活想象为本来的样子之外，传统主义者缺乏能力。除了假想生活是怎么样的之外，保守者也缺乏能力。因此，尽管存在传统主义和保守主义，但却实现了人类的进步。

几年前，奥斯卡·王尔德（Oscar Wilde）在《社会主义下的人类灵魂》（*The Soul of Man under Socialism*）中说道："进步是乌托邦的实现。"② 路易斯·阿奎斯坦的想法类似于王尔德的主张，他补充道，"没有想象力，就没有任何进步"。事实上，如果人类的想象力突然衰竭，就不可能取得任何进展。

历史总是把权力赋予那些富有想象力的人们。例如，在南美洲，我们无非是回忆独立革命的组织者和领导人的生活与工作。这些人似乎是真正的天才。但是，成为天才的首要条件是什么？毫无疑问，就是一种

---

* Source："La imaginación y el progreso"，in *El alma matinal y otras estaciones del hombre de hoy*，in *Obras Completas*，10th ed.，Lima：Biblioteca Amauta，No. 3，1987，pp. 44 – 47.

① 路易斯·阿奎斯坦（1886—1959），一位西班牙社会主义者和政治领袖。在这里，马里亚特吉可能引用了他的《生命与复活》（*Vida y resurrección*，Madrid，1922 年）。

② Oscar Wilde，*The Soul of Man under Socialism*，Boston：John W. Luce，1910.

强大的想象力。解放者是伟大的，因为他们尤其富有想象力，是反对他们时代的有限现实和不完美现实的反叛分子。

解放者努力创造一种新的现实。玻利瓦尔有着未来的梦想。他想象着一个印度—西班牙国家联盟。没有这个理想的话，玻利瓦尔很可能不会为我们的独立而战。因此，秘鲁独立的命运很大程度上取决于解放者的想象力。事实上，庆祝阿亚库乔（Ayacucho）胜利的百年庆典就是庆祝想象力胜利的百年庆典。在独立革命时期，可感知的现实或明显的现实当然不是共和主义者或民族主义者。解放者的价值在于，意识到一种潜在的现实、一种更高层次的现实或一个虚拟世界。

这是所有伟大人类事件的故事。富有想象力的人们推动着人类进步。后代总是接受他们的工作。后来的保守主义从未有过比一些古怪的浪漫主义者更多的捍卫者和布道者。评价和研究法国大革命的人比评价和研究他们战败的那些君主与封建主义的人要多得多，这很少有例外。对许多人而言，路易十六（Louis XVI）和玛丽·安托瓦内特（Marie Antoinette）似乎都是不幸的，没有人认为他们是伟大的。

而且，想象通常不像人们所设想的那样自由和随意。穷人们被诽谤和曲解。有些人认为他们或多或少有些疯狂，其他人则认为他们是无限和无穷的。事实上，想象是相当有限的。就像所有人类事物一样，想象也有其局限性。从最聪明的人到最白痴的人，所有人都受到时空条件的制约。人类的精神对偶然的现实做出反应。当一个人对真理做出反应时，其实就是他愈加依赖真理的时候。人们努力改变他们所看到和所感觉到的东西，而不是所忽视的东西。后来，唯一有效的乌托邦就是那些可以被称为现实的乌托邦。那些乌托邦与现实一样来源于同一个地方。格奥尔格·齐美尔（Georg Simmel）[①]写道，集体主义社会正朝着个人主义的理想迈进，相反，个人主义社会正朝着社会主义理想迈进。黑格尔哲学解释了一种理念的创造性力量，同时也解释了它在现实中所发现的抵抗和冲动的创造性力量。我们可能会说，人们没有预见或想象出比这些已经萌芽且在历史的黑暗中成熟的东西更多的东西。

理想主义者必须依赖一个广泛而自觉的社会阶层的具体利益。如果

---

① 格奥尔格·齐美尔（1858年3月1日—1918年9月28日），一位德国先锋派社会学家。

没有体现广泛的利益，这个理想就不会成功。总之，理想需要具备有用和便利的特性。一个阶级有必要成为实现理想的工具。

在我们的时代和文明中，乌托邦从未过于冒险。现代人几乎总能预测进步。即使是小说家的幻想在短时间内也多次被现实超越。西方科学家尤勒斯·凡尔纳（Jules Verne）所设想的情况发展得更快。① 在政治方面，也同样如此。阿纳托尔·法朗士（Anatole France）预言了 20 世纪初的俄国革命，几年后，革命开启了世界历史的新篇章。②

阿纳托尔·法郎士在小说《白色石头》（*The White Stone*）中使用征兆预言了未来。③ 他展示了文化和智慧如何赋予想象无特权的力量。在罗马颓废时期，作为那个时代的一个有教养和有智慧的人，伽利恩（Galion）堪称典范。然而，伽利恩却完全没有意识到他所处时代的文明的衰落。在他看来，基督教是一个荒谬而愚蠢的教派。罗马文明不会沉沦，也不会消亡。伽利恩认为，未来仅仅是现在的一种延伸。由于这个原因，我们发现伽利恩的演讲非常悲伤，也缺乏灵感。伽利恩是一个机灵聪慧、学识渊博和非常文雅的人，但不幸的是，他不是一个有想象力的人。因此，他对生活的态度是平庸和守旧的。

这篇关于想象、保守主义和进步的论文可能会导致非常有趣和独创性的结论。例如，结论可能会促使我们没有把人们归类为革命者和保守派，而是把他们分类为富有想象力的人和缺乏想象力的人。以这种方式区分他们，可能意味着不公正地奉承革命者的虚荣心，并最终带着敬意冒犯一些守旧者的虚荣心。除了学术方面的才智和方法之外，新的分类看起来相当随意且非同寻常。但是，很明显的是，总是以同样的方式对人们进行分类和限定是不太合适的。最重要的是，如果人类还没有为保守派和革命者找到一个新名称，毫无疑问，这也是由于缺乏想象力。

——《世界》，利马，1924 年 12 月 12 日

---

① 尤勒斯·凡尔纳（1828 年 2 月 8 日—1905 年 3 月 24 日）以《海底两万里》（*Twenty Thousand Leagues under the Sea*，1869—1870）和《八十天环游世界》（*Around the World in Eighty Days*，1873）等小说开创了科幻小说的先河。

② 阿纳托尔·法朗士（1844—1924），一位法国诗人、记者和小说家。

③ Anatole France, *The White Stone*, London, New York: John Lane, 1910.

第八部分

美　学

何塞·卡洛斯·马里亚特吉并不是狭隘的、死板的或教条主义的，他的兴趣也不局限于人类努力的某个领域。马里亚特吉已经超越了他出生的那个小镇和他被抚养的所在地即安第斯山脉脚下的另一个城镇的限制，也超越了利马的传统主义和保守主义，他在利马这个城市长大成人。马里亚特吉从小就博览群书，在其一生中，他阅读了大量的西班牙语、意大利语和法语的作品与文章。当作为一名记者和激进分子，作为一位生活在欧洲的移民时，马里亚特吉通过文学、电影、戏剧和旅行的方式，与广大群众生活在一起，并与工人、革命者以及社会和政治精英并肩作战。他体验到了世界的丰富多彩。尽管马里亚特吉因其社会分析和经济分析而得名，但他对文学、艺术、电影甚至文学批判也颇有兴趣。马里亚特吉涉足思想的整个世界，其中美学占据重要的地位。在其著名的《阿毛塔》的"序言"中，马里亚特吉展示了其研究兴趣的广泛性："我们将研究政治、哲学、艺术、文学和科学革新的所有伟大运动。所有的一切属于人类，属于我们。"① 正如马里亚特吉在《关于秘鲁国情的七篇论文》的"对文学的审理"中所写的那样："人的精神是不可分割的，为了达到富足和和谐，它必须如此。我毫不犹豫地宣布，我把我所有的政治热情和政治主张都倾注到文学评析之中，鉴于政治这个词已被误用，我应该补充的是，我的政治就是哲学和宗教。"马里亚特吉论道："这并不意味着，我从超美学的视角来审视文学或艺术现象，在我的意识深处，我的审美观念与我的道德、政治和宗教观念是一致的，而且，在没有背离严格的审美观念的情况下，我不能独立进行操作或与它们有所不同。"的确，在那篇文章中，马里亚特吉早先建议读者，通过一个观点就能洞悉他的著作："我的批判不需要任何形式的

---

① "Presentación de *Amauta*", *Ideología y Política*, in *Obras Completas*, 18th ed., Lima: Editorial Amauta, No. 13, 1988, p. 239.

公正和不可知论的借口——如果真的有任何批判可以这样的话——我绝对不相信这些。所有的批判都是出于哲学、政治和道德方面的考虑。"①

就艺术的最纯粹的形式而言,马里亚特吉十分欣赏艺术。这体现在他对秘鲁何塞·玛丽亚·埃格伦的"纯粹诗歌"的赞美之辞中。埃格伦著述了任何政治、社会或阶级关系的清白无罪。②《阿毛塔》上刊载了埃格伦的很多诗,埃格伦在 1929 年的一篇介绍性文章中写道:"这一诗篇是情感和美丽:简单而矛盾的。当提升时,它会快乐,当旋转和向下倾斜时,它会痛苦。诗篇是包含灵魂的形式。"③ 马里亚特吉在重新审视其朋友埃格伦的一个特殊章节中写道:"为了他的创造天赋,埃格伦总是将诗意生活的纯洁统一起来。埃格伦从未从他的诗歌中获益;他并没有为诗歌要求官方或学术上的荣誉。在秘鲁,对一个职业和命运而言,如此的真实是很困难的。知道这一点,对我们而言,埃格伦似乎更具有代表性和独特性。"马里亚特吉进一步指出:"逃避现实使埃格伦保持纯洁。犹如一个孩子一般,埃格伦保持着他诗意般的纯真。"④

1929 年,《阿毛塔》的这一期及随后的发行物包括马里亚特吉关于《捍卫马克思主义》的一些文章、由列宁和马克思创作的一些论文(分别是关于康德和斯巴达克斯的批判性论文)以及由罗莎·卢森堡、秘鲁和世界艺术评论家创作的论文,甚至还包括来自秘鲁的巴拉圭茶(matés)、著名的手工雕刻和装饰的干葫芦的形象。对于理解马里亚特吉的美学,同样重要的不是他对与资产阶级的利益和品位有关的艺术与文学的批判,而且

---

① José Carlos Mariátegui, 7 *ensayos de interpretación de la realidad peruana*, Lima: Editorial Amauta, 1967, p. 182.

② 参见从《关于秘鲁国情的七篇论文》有关文学的文章可以看到,马里亚特吉对埃格伦做了广泛且非常有利的处理。

③ José María Eguren, "Linea. Forma. Creacionismo". *Amauta* 28, January 1930, p. 1.

④ José Carlos Mariátegui, "Poesía y verdad, preludio del renacimiento de José María Eguren", *Amauta*, February-March 1929, p. 11.

他懂得欣赏查理·卓别林（Charlie Chaplin）的低调的电影（self-effacing cinema）。像许多知识分子一样，在斯大林狭隘的美学视野限制马克思主义传统之前，马里亚特吉在马克思主义的传统中写作。在这里，我们不仅想起像罗莎·卢森堡或列夫·托洛茨基这样的杰出人物，还想到了一些社会主义和马列主义的思想家，如法国的亨利·巴布斯、匈牙利的格奥尔格·卢卡奇（Georg Lukcás）和安东尼奥·葛兰西。

⒈ 玛克西姆·高尔基和俄国[*]

高尔基是流浪汉、贱民和苦行者的小说家，他是最底层、生活苦不堪言和饥肠辘辘的小说家。高尔基的作品是这个世纪的劳动群众、第四产业和社会革命的一个特殊而自发的代表。许多当代艺术家从平民阶层和下层阶级中选取主题与人物形象。资产阶级的灵魂和激情有些过时了，它们是超负荷的。在无产阶级的灵魂和激情中，我们可以发现形形色色的新含义和不寻常的研究线索。

高尔基的小说和戏剧的平民并不是西方的平民。但是，高尔基确实是俄国平民。高尔基不仅是俄国传奇的叙述者，而且是其主角之一。他没有引发俄国革命，却知晓俄国革命。高尔基一直是俄国革命的批判者之一，也是俄国革命编年史家之一，还是俄国革命的参与者之一。

高尔基从来就不是一个布尔什维克。知识分子和艺术家习惯性地缺乏必要的信仰，从而使自己成为一个政党的派系的、有纪律的和宗派的成员。他们倾向于一种个人的、独有的和随意的生活态度。高尔基一直没有严格遵循任何计划或政治忏悔，他是曲折的、焦虑的和非正统的。在革命初期，他发行了一份革命的社会主义日报《新生活》（*Novaia Zhizn*）。这份报纸对苏维埃政权充满不信任和敌意。它指责布尔什维克人是理论家和乌托邦主义者。高尔基写道，布尔什维克人正在进行一项对人类有益的实验，但对俄国来说却是致命的。高尔基的反抗之源更加深奥、透彻和超自然。这是一种精神状态，对大多数知识分子而言，也是一种基本的反革命精神。革命警惕着这些知识分子，并把他们当作潜在

＊ Source："Maximo Gorki y Rusia", in *La escena contemporanea*, in *Obras Completas*, 4th ed., Lima：Editorial Amauta, No. 1, 1970, pp. 173 – 177.

的敌人。大多数知识分子变得易怒，革命是如此的狂暴、猛烈和极富争议，粗鲁地扰乱了他们的梦想、研究和话语。有些人坚持这种心态。另一些人则被革命信仰所感染和激怒。例如，高尔基并没有花很长时间来更加靠近革命。苏联人指控高尔基负责组织和领导知识分子之家。这一制度是为了保护俄国文化免受革命浪潮的影响。它借助研究和劳动的基本原理来保护、滋养和规定俄国人的科学与文化。高尔基献身于保护俄国的学者和艺术家，因此他成为卢纳察尔斯基（Lunacharsky）的主要合作者之一，也成为公众教育的政委。

伏尔加地区出现了干旱和资源匮乏。一次意想不到的歉收使得各省份穷困潦倒。由于长期的战争和封锁，这些省份早已十分贫瘠。在冬天，成千上万的人没有东西养家糊口。高尔基觉得他的职责就是促使并唤起人类关注这一巨大的灾难。高尔基寻求与阿纳托尔·法朗士、杰拉德·哈普特曼（Gerard Hauptmann）、乔治·萧伯纳（George Bernard Shaw）和其他伟大艺术家的合作，他离开了俄国。如今俄国比以往更加遥远和陌生，他直接讲述欧洲。但是，高尔基不再是早期的充满活力的流浪者和强壮的牧民。在途中，高尔基被肺结核病困扰着，这迫使他在德国稍作停留，并在疗养院寻求庇护。一位伟大的欧洲人、探险家和圣人南森（Nansen）在欧洲来回奔波，为饥荒的省份寻求帮助。南森在伦敦、巴黎和罗马发表过演讲。在其不容置疑且与政治无关的地位的保证之下，南森声明，这并不是共产主义的责任，而是一场祸害、灾难和一个悲剧。俄国被封锁和孤立了，它无法拯救所有饥饿的人们。没有时间去浪费，冬天就快到了。不立马帮助饥饿的人们，就等于立即宣告他们死亡。许多慷慨的神灵响应了这个号召。劳动群众拿出他们的硬币。但这一刻对慈善机构和慈善事业而言并不适合。西方的氛围对俄国充满敌意和愤怒。欧洲的主要媒体对南森的竞选做出一种公正的回应。欧洲国家对情感麻木不仁，没有被情感所破坏，它们对俄国的苦难并没有感到惊慌失措。给予的帮助并没有与其规模成比例。数百万人获救，但其他数百万人则死亡了。高尔基对这场悲剧感到失望，他诅咒欧洲的残忍，并预言欧洲文明的终结。他认为，世界刚刚目睹了欧洲道德敏感度的弱化，这种弱化是西方世界衰落和倒退的征兆。欧洲文明不仅因其技术和物质财富而备受推崇，而且也因其道德财富而得到全世界的称颂。这两者赋予欧文明先于东方的权威和威望。一旦衰落，任何东西都无法保护欧洲文明免受野蛮的攻击。

高尔基听到一种潜意识和内在的声音，那是在宣告欧洲的毁灭。同样的声音告诉高尔基，农民是俄国革命的一个不共戴天和致命的敌人。革命是城市工人阶级的工作，也是一项本质上是城市的社会主义意识形态的工作。农民支持革命，因为革命赋予了他们土地。但是对农民的思想和利益而言，革命计划的其他部分并不是同样清楚明白的。高尔基对自我主义和利欲熏心的农民心理无法融入城市工作者的意识形态感到十分绝望。城市是文明及其创造物的中心和发源地，城市本身就是文明。都市人的心理比乡下人的心理更无私和更公正，在农民群众和农民贵族中可看出这一点。与工业大庄园相比，农业大庄园的特点没有那么灵活、活跃而全面。农村的巨头总是处于极右的状态；金融和工业巨头倾向于中间立场，并倾向于与革命达成协议和妥协。城市使人类适应集体主义，农村野蛮地激发人类的个人主义。正因如此，个人主义和社会主义之间的最后对决可能会在城市和农村之间爆发。

许多欧洲政治家认同高尔基关注的当务之急。例如，卡耶劳克斯（Caillaux）① 带着不安和恐惧看待中欧农民，使他们摆脱城市工业化的趋势。在匈牙利，小规模的农村产业正在崛起。农民又开始纺他们的羊毛，锻造自己的工具。他们正在尝试复兴一种中世纪的、原始的经济。高尔基的直觉和远见与科学家的肯定和证实相一致。

1922 年 12 月，笔者在德国萨罗·奥斯特（Saarow Ost）的莱纳疗养院与高尔基谈到这个问题以及其他一些事情。高尔基将所有外来的和不速之客都拒之门外。但是，高尔基的妻子玛丽亚·菲多罗那（Maria Feodorowna）却为笔者敞开了大门。高尔基说只会说俄语，玛丽亚·菲多罗那会说德语、法语、英语和意大利语。

那时，高尔基正在写他的自传的第三卷，同时开始写一本关于俄国人的书。

"俄国的人们？"

---

① 约瑟夫·玛丽·奥古斯特·卡耶劳克斯（Joseph-Marie-Auguste Caillaux），当时法国重要的政治家，也是激进党的领袖。

"是的。我在俄国见到的人们，我认识的人们——不是名人，而是有趣的人。"

笔者询问了高尔基与布尔什维克主义的关系。一些报纸声称，高尔基正在远离其领导人。高尔基否认了这个新闻报道，他打算很快回到俄国。高尔基与布尔什维克的关系很好，也很正常。

高尔基犹如一位老流浪汉和老朝圣者：他锐利的眼睛、粗糙的双手、直不起腰来并有着鞑靼人的胡子。从身体上来说，高尔基并不是大都市人；相反，他是一个有代表性的农村人和农民。然而，与托尔斯泰（Tolstoy）不同的是，高尔基没有一种父权制和亚洲的灵魂。托尔斯泰宣扬一种农民和基督教的共产主义。高尔基赞赏、热爱并尊重西方的机器、技术和科学，所有这些都让托尔斯泰的神秘主义感到厌恶。这个斯拉夫人、流浪者是西方及其文明的一个秘密且潜意识的奉献者、支持者和爱好者。

在萨罗·奥斯特的菩提树下，无论是关于共产主义革命的谣言，还是法西斯主义反动的口号，它们都还没有问世。高尔基那病态和充满幻觉的眼睛，悲痛地看到即将来临的黄昏和一种伟大文明的毁灭。

2. 关于超现实主义的总结*

与表象所暗示的截然相反，西欧的先锋文学和艺术运动都没有超现实主义的意义或历史内容。其他运动局限于某些美学假设的主张，局限于一些艺术原则的实验。

毫无疑问，未来主义的意大利人是个例外。马里内蒂①及其追随者不仅试图从艺术上描绘一个新的意大利，而且要从政治和情感上描绘一个新的意大利。但当从远处眺望未来主义者时，他使我们朝其装腔作势的狂妄自大的一面会心微笑；也许远远超过任何其他情形，未来主义者已经进入"秩序"（order）和学院。法西斯主义毫不费力地吸纳了他，却没有赞颂黑衫党（Black Shirts）政权的同化力量，而是赞扬未来主义者的纯真。在某种程度上，未来主义有着坚持不懈的美德。但在这一方面，未来主义者是一种持续时间长的情形，而不是连续或发展的情形。在每一次递归中，人们都能认出旧的战前的未来主义。假发、化妆品和戏法并没有妨碍我们注意到粗哑的声音和机械化的手势。马里内蒂无法在意大利文学和历史中获得未来主义的一种持续且辩证的存在，从而使未来主义避免被人遗忘在嘈杂的回归（rentrées）中。最后，未来主义当然是有缺陷的，因为它与这一壮观且戏剧性的文学和历史有着如此意大利式的亲缘关系。也许这就是一种坦诚的批判性评论所认可的借口，未来主义谴责马里内蒂在一个引人入胜的、虚构的和令人不满的角色的舞台背后的生活。我们不能在没有使用戏剧术语的情况下谈论未来主义，这一

* Source："El Balance de Suprarealismo", in *El Artista y la Época*, in *Obras Completas*, 12th ed., Lima：Biblioteca Amauta, No.6, 1987, pp. 45 – 56.

① 菲利浦·托马索·埃米利奥·马里内蒂（Filippo Tommaso Emilio Marinetti, 1876 年 12 月 22 日—1944 年 12 月 2 日），意大利诗人、未来主义艺术风格的倡导者和法西斯主义活动家。

事实证实了未来主义者的显著特征。

　　超现实主义有着另一种生活类型。这确实是一种运动（movimiento）和经历（experiencia）。例如，当那些看着超现实主义的人希望它消失或被平息的时候，这不是两年前他们摆脱超现实主义的地方。想象用一个公式或某个阶段的定义来理解超现实主义的任何人，其实并不了解它。即使在其诞生之初，超现实主义也有别于其他趋势与艺术和文学的项目。超现实主义不是天生完美地在发明者的头脑中被组装和被完善，它一直是一个过程。达达主义（Dada）是超现实主义早期的名字。如果我们仔细地研究超现实主义的发展，可能会发现青春期危机。当接近成熟期时，超现实主义已经感觉到其政治义务和民事责任，并加入了一个政党。它已经加入一个信条。

　　在这个层面上，超现实主义与未来主义表现得截然不同。超现实主义并不是要启动一个政治的超现实主义的程序，而是接受并支持具体的和当前革命的特定计划：无产阶级革命的马克思主义纲领。超现实主义不可能将政治置于艺术规则和品位之下。就像在物理学领域一样，对科学数据没有任何异议；在政治和经济领域，尝试基于艺术数据的原始推测被认为是幼稚和荒谬的。除了在艺术中，超现实主义者并没有行使他们无意义和绝对的主观主义权利；在其他方面，超现实主义者的行为都是明智的，这是另一件使他们有别于文学史上浪漫和革命的先例的丑闻类型。

　　但是，超现实主义者并不排斥任何事物，就像他们自愿地将自己局限于纯粹的艺术冥思一样。这正是艺术的自主性，而不是艺术的终止。对他们来说，没有什么比为艺术而艺术的准则更让他们感到陌生的了。在任何时候，不承担塔迪欧先生（M. Tardieu）将一个警察（flic）① 扔进塞纳河的责任或打断布里奥（Briand）② 演讲的艺术家是一个可怜的魔鬼。超现实主义否定了依赖美学而不让人感到厌恶的权利，自齐亚比

----

① 警察的巴黎昵称。

② 阿里斯蒂德·布里奥（Aristide Briand，1862 年 3 月 28 日—1932 年 3 月 7 日），法国第三共和国时期的总理。

（Chiappe）先生的作品①或欧洲合众国和平主义的口头麻醉剂（the oral anesthetics）以来就开始憎恶超现实主义。一些持不同政见者，也有一些人背叛了人类和艺术家最初的统一观念。值得注意的是罗伯特·德斯诺（Robert Desnos）②的背离，他曾经对《超现实主义革命》（*La Révolution Surréaliste*）的日志管理做了许多贡献。安德烈·布雷顿说道："罗伯特·德斯诺认为他可以泰然地沉溺于一种最危险的活动和新闻工作之中，因而不需要对超现实主义发展时所面对的一些重要诉求做出回应：例如，马克思主义或反马克思主义。"③

对于那些在热带美洲的人来说，设想超现实主义放任自流地承认这一主张是艰难的，也是不可能的。这是一种艰难而又痛苦的修炼。我们可以用一个严谨的定义来调和、缓和并代替它：那是艰难而又痛苦地寻求修炼，但要绝对坚持罕见的品质——难以企及且禁忌的自命不凡和激励——超现实主义经历和作品的罕见品质。

《超现实主义革命》已经发行到第 12 期，已经是第 5 个年头了。安德烈·布雷顿将对这一杂志发行第 12 期的运筹评价称为《超现实主义第二宣言》（*Second Manifesto of Surrealism*）。

在评论这一宣言④之前，在一些段落中确立超现实主义的范围和价值，这是笔者一直以来关注的一次运动。它不止一次地也不是偶然地被反映在他的文章中。这种关注被同情和希望所滋养着，它确保了笔者所写东西的忠诚度，并与超现实主义的主题和意图进行辩论。就第 12 期而言，要补充说明的是，这一期的主题和色调确认了超现实主义经验的性

---

① 让·巴普蒂斯特·帕斯卡·尤金·齐亚比（Jean Baptiste Pascal Eugene Chiappe，1878 年 5 月 3 日—1940 年 11 月 27 日），一位保守派的法国公务员。

② 罗伯特·德斯诺（Robert Desnos，1900 年 7 月 4 日—1945 年 6 月 8 日），一位法国超现实主义诗人。

③ 参见 André Breton，*Manifestos of Surrealism*，trans. Richard Seaver and Helen R. Lane，Ann Arbor：University of Michigan Press，1969，p. 65。安德烈·布雷顿有着广泛的影响，通过雅克·拉康（Jacques Lacan）对精神分析和女权主义产生较大影响，通过赫伯特·马尔库塞（Herbert Marcuse）对政治产生较大影响，通过罗兰·巴特（Roland Barthes）对批判主义产生影响。

④ André Breton，"Second Surrealist Manifesto"，*La Révolution surréaliste* 12，December 15，1929. 马里亚特吉向《万象》的读者承诺，他针对《超现实主义第二宣言》和《1930 年简介》（*Introduction 1930*）发表了各种各样的评论。路易·阿拉贡（Louis Aragon）在同一期杂志上发表了这篇文章，但还没来得及发表他就去世了。

质，也确认了展示并翻译它的杂志的性质。《超现实主义革命》的每一期几乎总是对良心、新问题和冒险尝试的检测。每一期都谴责一种新的武装力量。从其功能或自身意义而言，直到这本杂志被安德烈·布雷顿接管之前，它的编辑已经发生好几次改变，布雷顿保证了这本杂志得以持续发展。这样的一本杂志在其出版物中不可能有确切的规律。所有的表达都必须忠实于研究和实验的那些困惑的、危险的和极具挑战性的原则……

在《超现实主义第二宣言》中，安德烈·布雷顿把参与这一运动的作家和艺术家置于审判之中，他们或多或少公开地背弃了诺言。在这方面，宣言是一种控诉，激烈的反应在来袭时并不迟缓，它们对作者及其同伴产生了不利影响。但是，在这种控告之中，有着个人的最小可能性。尤其是在这一辩论中，背叛和叛变的过程倾向于坚持超现实主义经验所带来的困难且勇敢的精神修炼和艺术修炼。布雷顿写道：

> 此外，值得注意的是，当这些作家和艺术家们依赖他们自身的装备而不是其他任何东西时，他们立即被迫求助于最悲惨的权宜之计，以便使他们自己迎合法律和秩序的辩护者和经由负责人整平的自豪的游击队员。这是因为对超现实主义承诺的不倦的忠诚以公正无私、蔑视风险且抗拒妥协为先决条件，从长期来看，其中极少的人能证明自己是有能力的。如果依然不是单一的人，那么从那些借助其标准首次估量他们的意义所需的机会和渴望真理的人中，超现实主义将会继续存续下去。[1]

在这一宣言中，布雷顿几乎没有提到臭名昭著和昔日的异议者，相反，他严格地审视了那些最近偏离超现实主义的人们的行为。布雷顿对皮埃尔·纳维尔（Pierre Naville）的个人攻击是极其偏激的，在清算《光明》及主张由《阶级斗争》（La Lutte des Classes）来取而代之的过程中，纳维尔坚定地挺身而出，拥护着马塞尔·弗莱耶（Marcel Fourrier）。纳维

---

[1] André Breton, "Second Surrealist Manifesto", *La Révolution surréaliste* 12, December 15, 1929, p. 129.

尔是一位百万富翁银行家的后起之秀，他渴望成名，从编辑超现实主义的杂志到《阶级斗争》《销售》（*La Venté*）和托洛茨基分子的在野党（Trotskyite opposition），野心的魔鬼指引着他。

在纳维尔那里，还有更为严重的问题。笔者不排除布雷顿与纳维尔和解的可能性——如果纳维尔符合自己的希望——他们有着同样的高尚品格。经过长时间的争论，布雷顿称赞特里斯坦·塔扎尔（Tristan Tzara）的不懈努力和艰辛工作。

同样的诚恳和顾虑使我们进入超现实主义的格局，说明：

> 最重要的是，超现实主义试图从理智和道德的角度出发，对良心发起攻击，这是一种最普遍的和最严重的攻击，这项工作的完成或未完成的程度可以单独决定其历史的成败。[1]

布雷顿认为：

> 从理智的角度而言，那时以及时至今日，超现实主义是一个经受任何手段考验的问题，也是不惜一切代价来证明的问题，假如陈旧的二律背反只是赋予人类一个由他自行支配的模糊想法，并在有意义的程度上挑战人类从而使其逃脱普遍的枷锁，那么，陈旧的二律背反的庸俗性质则是假惺惺地旨在防止人类的任何不寻常的动乱。[2]

因为接受了这个定义，在下列话语中，不可能理所当然地赞同将超现实主义指定为经验的：

> 每件事都让我们相信，存在着某种思想观点，在其中，生与死、真实与想象、过去与未来、可传递的和不可传递的以及高与低不再

---

[1] André Breton, "Second Surrealist Manifesto", *La Révolution surréaliste* 12, December 15, 1929, p. 123.

[2] Ibid. .

被认为是矛盾的。如今，就像一个人可能探索的那样，在超现实主义者的活动中，除了发现并解决这个问题的希望之外，人们永远不会发现任何其他的激励力量。①

超现实主义的精神和方案并没有表现在这些或其他极端主义者的雄心勃勃的短语和令人震惊的（epatante/astounding）意图中。也许宣言的最佳段落比浪漫主义—古典主义问题的博学者的平庸研究要清晰一千倍，它有着浪漫主义的历史意义。安德烈·布雷顿肯定了超现实主义革命的浪漫色彩：

> 但是，在历史上，当法国的官员正准备用公共仪式来庆祝浪漫主义的一百周年纪念日时，我们坚称，今天我们愿意把这种浪漫主义看做是一个尾巴，但只有那时它是一个了不起的卷尾，在这些官员和这些仪式的否定中，浪漫主义的本质仍是纯粹的，我们认为，对于浪漫主义而言，一百岁还处在青春妙龄，除了新生儿的第一声啼哭，被错误地称之为其英雄时代的那些东西不能再诚实地被认为是什么，初次啼哭声才刚刚开始使我们了解其愿望，如果一个人愿意承认，被视为"古典的"东西在其形成之前等同于好，初次啼哭声就不可否认地渴望乌有，这就是邪恶。②

宣言中，并不缺乏带有达达主义韵味的措辞。在一些段落中，例如，"我寻找超现实主义意义深远的且名副其实的隐蔽（occulation）""拒绝向世界妥协"等。鉴于经验和赋予运动历史意义的研究，一种幼稚的语调不再可能是一种开脱。

——《万象》，利马，1930 年 2 月 19 日和 3 月 5 日

---

① André Breton, "Second Surrealist Manifesto", *La Révolution surréaliste* 12, December 15, 1929, pp. 123 – 124.

② Ibid. , p. 153.

𝒮. 艺术、革命和颓废[*]

加速消除那些迷惑年轻艺术家的错误，这是很方便的。要想纠正某些草率的定义，我们应该确立的是，并非所有的新艺术都是革命性的，也并不是真的很新潮。在现代社会，革命精神和颓废精神两者并存。只有在革命精神出现的时候，才会赋予诗歌或绘画作为一种崭新艺术的价值。

我们不能接受任何只给我们带来新技术的新艺术。这将意味着，我们会用最荒谬的现代错觉来娱乐自我。任何美学都不能将艺术作品归结为一个技术问题。新技术也应该与新精神相对应。如果没有的话，唯一改变的是参数和装饰。一种艺术革命不会满足于形式的征服。

区分这两类同期的艺术家是极其不容易的。颓废与革命并存于同一世界，它们也同存于一些个人身上。艺术家的意识是这两种精神斗争的对抗循环。对这场斗争的理解，几乎总是能使艺术家逃脱出来，最终两种精神中的一种占据上风，另一种则会被扼杀在竞技场上。

资本主义文明的衰落反映在其艺术的原子化和消亡之中。最重要的是，艺术在这场危机中失去其基本的统一。艺术的每一个原则和要素都要求独立。分离是艺术最典型的结局。只有离心力在起作用，所以学派的数量呈现出成倍地增长。

但是在这种混论中，资产阶级艺术的精神濒临消亡，它被无可挽回地分割和分离。这种混论是一种新秩序的前奏和准备。这是从山那边的黑暗通往黎明的通道。在这场危机中，正在精心设计着未来艺术的要素。

---

[*] Source：*El Artista y la Epoca*，in *Obras Completas*，2nd ed.，Lima：Editorial Amauta，No. 6，1964，pp. 18 – 21.

当立体派、达达主义和表现主义等宣告危机时，它们也宣告一种重建。另外，每一种运动都不会带来一个方案，但它们一起为方案的构造做出贡献。每一种运动都带来一种元素、一种价值和一个原则。

这些当代学派或倾向的革新之处并不在于它们创造了一种新技术。革新之处也不是旧技术的毁灭，它是对资产阶级绝对主义的否定、消除和嘲弄。不管是有意还是无意，艺术总是被一个时代的绝对事物所滋养。大多数情况下，当代艺术家都有一个空虚的灵魂。颓废文学是一种没有绝对原则的文学。但是，艺术家只能用这种方法采取行动。没有信仰，人类就无法前行，因为缺乏信仰就是缺乏目标。没有信仰的前行，就是在原地滑冰。那些最迫切地认为自己是最多疑和最虚无主义的艺术家，通常是最迫切需要一种神话的人。

俄国的未来主义者与共产主义有着内在关联；意大利的未来主义者与法西斯主义相互关联。艺术家无法逃避政治牵绊，就此而言，还有什么更好的历史证明吗？马西莫·邦探佩里（Massimo Bontempelli）① 说道，在 1920 年，他觉得自己几乎是一个共产主义者；1923 年在罗马游行的那年，他感到自己几乎是一个法西斯主义者。如今，邦探佩里看起来就是法西斯主义者。许多人嘲笑邦探佩里的这个让步。笔者捍卫它，觉得这种让步是真诚的。可怜的邦探佩里的空寂的灵魂不得不采纳和接受墨索里尼放在圣坛之上的神话（意大利的先锋派认为，法西斯主义是革命）。

维森特·维多夫罗（Vicente Huidobro）声称，艺术独立于政治。② 如果认真考虑极端主义诗人有关政治、经济和宗教的论述，这个断言的推理和动机是如此的陈旧，而且缺乏理性和动机，以至于笔者无法想象一个极端主义的诗人也会持有这种断言。对维多夫罗而言，政治完全是波旁宫（Palais Bourbon）的政治。③ 很清楚的是，我们可以将维多夫罗所渴望的所有自主权赋予他的艺术。但是，正如乌纳穆诺所言，事实上对于那些将政治提升到宗教范畴的人来说，政治就是历史的情节。在古典时代或任何秩序的高度上，政治可以是行政管理和议会。在浪漫时代或危

---

① 马西莫·邦探佩里（1878—1960），意大利作家和诗人。
② 维森特·维多夫罗（1893 年 1 月 10 日—1948 年 1 月 2 日），智利诗人。
③ 波旁宫是众议院在法国开会的地方。

机时代，政治占据了生活的主要维度。

路易斯·阿拉贡（Louis Aragon）、安德烈·布雷顿以及他们在《超现实主义革命》杂志中的同伴——法国先锋队的最伟大精神——以他们向共产主义进军的行动宣扬这一点。在创作《法国的举措》（*Mesure de La France*）和《对未知的控诉》（*Plainte contre inconnu*）时，德里欧·拉·罗谢尔（Drieu La Rochelle）是如此接近这种情绪，以致他已经无法追随阿拉贡、布雷顿以及他们的同伴。但是，由于罗谢尔也无法逃脱政治的影响，因此，他宣称自己是一个含糊的法西斯主义者和真切的反动分子。

在西班牙语世界里，奥特嘉·伊·加塞特对这种新艺术的错误负有部分责任。他没有区分学派或倾向，至少在现代艺术中，他没有将革命元素和颓废元素区分开来。《艺术的非人化》（*The Dehumanization of Art*）的作者没有给我们一个新艺术的定义。但他坚持的特色之路典型地对应于革命与颓废特征。这使得他声称，"新的灵感总是浩瀚无边的，永恒的浩瀚无边"。他对症状的描述大体上是正确的，但诊断是不完整和错误的。

程序是远远不够的，技术也是如此。尽管保罗·莫朗富有创造力，且具有现代性，他却是颓废的产物。① 在保罗·莫朗的写作中，他流露出一种消亡的氛围。让·科克托在一段时间有过达达主义的想法，现在给我们留下了他的《呼吁秩序》（*Call to Order*）。② 我们应该把这个问题解释清楚，直到最后的歧义消失为止。这是一项艰巨的工作。它需要做大量的工作来理解多方面的观点。在先锋艺术中，颓废的形象时常出现，直到它设定了真正的革命目标，克服了有时削弱艺术的主观主义。伊达尔戈将列宁置于多面诗中，他说，"萨洛米乳房"（Salome breasts）和"男孩子气的头发"（boyish hair）是迈向女性社会化的第一步。这并不奇怪，有些诗人认为爵士乐队是革命的先驱。

幸运的是，还有一些像乔治·萧伯纳这样的艺术家能够理解，"当艺术已经不能为现存的宗教促进一种图腾研究时，艺术从来都不是伟大的，

---

① 保罗·莫朗（1888 年 3 月 13 日—1976 年 7 月 24 日），一位法国外交官、小说家、剧作家和诗人。

② 让·科克托（1889 年 7 月 5 日—1963 年 10 月 11 日），一位法国诗人。

而且，在宗教成为迷信之后，只有在模仿这种图腾时，艺术才是完全无助的"。后者似乎是许多新艺术家在法国和其他文学作品中所采用的方式。未来将会漠视一些不可理喻的愚蠢行为，他们那个时代的批判家根据这些行为，称他们为"新的"甚至是"革命的"艺术家。

——《阿毛塔》，1926 年 11 月

4. 《水泥》和无产阶级的现实主义*

　　曾多次听说，阅读费多·格拉德科夫（Fedor Gladkov）的小说《水泥》并不是教诲或鼓励那些在革命队伍之外寻找无产阶级革命形象的人。根据这一观点，格拉德科夫所描述的精神冒险和道德冲突并不倾向于满足那些迟疑和新奇的人们的幻想，这些人梦想着一场玫瑰革命。相比于这些同伴所能想象的一切，基于天国和应许之地的不可言传的祝福与神话之上的教会家庭教育的残余物在他们的潜意识中产生更大的反响。

　　我们应该注意到，《水泥》并不是一部宣传作品，它是一部现实主义的小说。格拉德科夫绝对没有提出那些接近或远离俄国的人们的诱惑，他们希望革命能展现出它的笑脸，让他们决定追随它。包括左拉（Zola）在内的资产阶级的伪现实主义让读者已经习惯了代表善和德性的角色的理想化。而且，文学中的资产阶级现实主义并没有放弃浪漫主义精神，它似乎像不可调和或对立的一样做出反应来对抗浪漫主义精神。文学中的资产阶级现实主义的创新是装饰和外观的程序创新。历史、哲学和政治中的资产阶级已经拒绝务实地坚持其理想化或掩盖其动机的习惯和原则，它在文学上不可能是现实主义的。当"现实主义"一词和它隐含的艺术范畴如此信誉扫地，以致迫切需要提出与之抗衡的"超现实主义""现实主义外"（infrarealists）等术语时，在文学批判的语言中，真正的现实主义伴随着无产阶级革命文学。如马克斯·伊士曼在《革命的科学》中所指出的那样，对马克思主义的否定与对弗洛伊德主义的否定在起源和过程上是相似的——在其他方面犯了如此愚蠢的错误——对资产阶级

　　* Source：*El Alma Matinal*，in *Obras Completas*，4th ed.，Lima：Editorial Amauta，No. 3，1970，pp. 165 – 173.

而言，这种否定是一种逻辑和本能的态度，从而不允许其文学自觉地摆脱人物、冲突和结果的理想化倾向。文学和电影系列遵循这样一种倾向，即努力维护小资产阶级和无产阶级的希望，通过放弃而不是斗争，在最终的幸福中获胜。美国电影把这种乐观和美好的小资产阶级教育方法带到它最极端和最强大的工业化进程之中。但是，唯物主义的历史观不得不抛弃和否定文学中这些令人苦恼的方法。犹如社会主义的政治、史学和哲学中的情形那样，无产阶级文学自然倾向于现实主义。

《水泥》属于这种新的文学作品。在俄国，托尔斯泰和高尔基是这种新文学作品的先驱者。格拉德科夫并没有从适合于报纸和杂志连续出版物的最中意的品位中解放出来，因为它能带来一幅关于革命的强有力的画面。另一个人则担心，由于宣传和理想化，会软化其色彩和线条。格拉德科夫小说的真实与力量——艺术的、美学的和人类的真理——正是在于它严格地努力打造一种索雷尔称为"高尚的无产阶级"的革命英雄的方式，没有漏掉任何失败、失望或精神上的眼泪，这种英雄主义借助这些得以盛行。革命不是文艺复兴时期的天使的一种田园诗般的神化，而是一个阶级创造新秩序的一种可怕而痛苦的战斗。没有悲剧的话就没有革命，基督教和宗教改革甚至资产阶级的革命也是不可能实现的。社会主义革命使人类在没有其他世俗承诺的情况下投入战斗，并敦促他们偏激地和无条件地承担义务。这种社会主义革命绝不是历史的必然规律的一个例外。这种缺失的天堂般的革命还没有被创造出来，除非经历一种艰难而痛苦的努力。在这种努力中，痛苦和快乐在强度上是相当的，否则声称人类永远无法到达他新发明的顶峰，就是不可或缺的。格里布（Gleb）是《水泥》中的工人，如果命运挽救了他，格里布就不会成为英雄。英雄总是实现了他的目标，只有以血腥和撕裂为代价，英雄才能达到英雄主义的境界。革命必须在偏激的格里布的灵魂、感官和本能中进行测试。一个充满乐趣的天堂，他的妻子、家、女儿、床以及干净的衣服不能等候他，使其抵御风暴。对于我们在《水泥》中认识的严肃的达莎（Dasha），她应该反过来战胜最可怕的考验。为了让革命彻底和残酷地控制她，只能让达莎成为一个勤奋而坚强的战士。在这个过程中，妻子、母亲和家庭主妇不得不屈服；一切都必须为革命做出牺牲。想要成为一位像达莎这样的女英雄，这是荒谬和幼稚的。人类把公正接受为一种革命之前，需要一个婚姻忠诚的证明。在内战的苛刻条件之下，达莎知道所有危险的世界和所有的痛苦程度。达莎看到她的同伴被鞭打、被折磨和被枪杀；她自己也只是意外逃脱了死亡。在两种情况下，她为自己的死刑做准备。在这场斗争的紧张氛围中，在格里布远离战场的时候，达莎暗中从事活动，她处于任何性道德准则之外：达莎只是一个激进分子，这样她应该承担责任。达莎的婚外恋没有罪恶的快感。达莎飞快和悲伤地爱上那个为她而战的士兵，这个士兵参加战斗去了，他可能不会回来，他需要爱人的爱抚，作为他严酷和冰冷的日常劳作中的乐趣和快乐。达莎总是抗拒巴登（Badyn），巴登是所有女人都会臣服的男人，但他却希望达莎与众不同。当达莎屈服于巴登时——一天之后，在哥萨克人的手下，达莎和巴登即将死亡，因为他们完成一个危险的任务，达莎的脖子上有一根绞索，已经从树上串在路上，因此她觉得窒息的痉挛——正是因为生与死在一瞬间结合起来，因而比他们自己更强大。

由费多·格拉德科夫创作的《水泥》和约翰·多斯·帕索斯（John Dos Passos）创作的《曼哈顿转移》（*Manhattan Transfer*）分别是俄国著作和美国著作。苏维埃社会主义共和国联盟中的生活与美国的生活形成鲜明的对比。《水泥》和《曼哈顿转移》出现在西班牙美洲人中的小资产阶级全景图的旁边，这些西班牙美洲人每天背诵先锋派信条，将新文学归结为一种西欧场景，还有一条由科克托、莫郎、戈麦斯·德·拉·塞尔纳（Gómez de la Serna）、邦探佩里等确立的不可逾越的界限。毫无疑问，这证实了他们来自现代世界的两极。

西班牙和西班牙美洲人并没有遵从小资产阶级先锋派的品位，其本能的偏好是新俄国文学的品位。从现在起，我们可以预测，《水泥》很快就会与托尔斯泰、陀思妥耶夫斯基（Dostoevsky）和高尔基的作品一样达到相同的发行量。

格拉德科夫的小说比那些先前的小说在翻译方面做得更好，因为它揭示了与众不同的革命本身。一些革命小说家在外面的世界里活动。这些革命小说家了解革命的反应，但不了解革命意识。皮尼亚克（Pilny-ak）、佐科宁科（Zotschenko）、列昂诺夫（Leonov）和费丁（Fedin）都从外部来描述革命，不涉及革命激情，也无视革命发展的势头。另一些人如伊万诺夫（Ivanov）和巴贝尔（Babel）发现了革命史诗的元素，但他们的故事与布尔什维克统治的俄国的好战和军事方面完全相反。红色骑兵和装甲列车属于运动编年史。你甚至可以说，在这些作品的绝大部分中，我们发现了那些遭受革命之苦的人们的戏剧，而不是那些引发革命的人们的戏剧。在《水泥》中，人物、场景和情感都具有革命性，需要从内部来感受和创作它们。在那些已被知晓的小说中，有一些与《水泥》相近的小说，但没有一部小说能结合得如此自然和完美，聚焦于个人戏剧的主要元素和布尔什维克的史诗巨作……①

因此，格拉德科夫不仅仅是俄国 1905—1917 年间完成的革命著作的见证人。在此期间，他的艺术在充满希望和英勇努力的氛围中也成熟起来。在十月的日子里，格拉德科夫被纳入革命的作者队伍。后来，布尔什维克私密的冒险活动都没有逃过他的眼睛。因此，在格拉德科夫那里，革命史诗不仅仅是通过武装斗争的情感来表现，而且是由经济重建的看法和由建设新生活的兴衰与艰辛来反映。

《水泥》的主角格里布在红军三年的战斗之后回到他的村庄。格里布最艰难和最可怕的战斗就是在他的村庄里等待他的战斗。在那里，多年的危险和战争使一切都变得混乱不堪。逃走之前，格里布发现了大型水泥厂，在这个水泥厂里——镇压已被挑选为一种牺牲品——他曾作为一名工人参与劳作。山羊、猪和野草入侵庭院。在这个工厂里，成千上万的工人曾经离开了，自从这个工厂里的运动中断以来，停滞不前的机器和缆车把石头从静卧的采石场上搬了下来。归功于一直在位的工人的照顾，只有柴油车还干得出色，并准备重新启动倒塌的反应堆。格里布不能认出他的家。在三年的时间里，他的妻子达莎已成为妇女部门的激进分子和啦啦队长，也是当地苏维埃最孜孜不倦的工人。三年的斗争，使达莎成为一位新女性。达莎首先被无情的镇压所困扰，后来她完全投身于革命。他们的女儿尼乌尔卡（Niurka）没有和达莎在一起。达莎只好把女儿放在儿童之家，她尽心尽力地为组织贡献力量。这个政党赢得了一个努力的、精力充沛和聪慧的激进分子，格里布却失去了他的妻子。在达莎的生活中，她的婚姻和母性的过去不再占有一席之地；她完全献身于革命。达莎有一种独立的存在和个性。她不再是格里布所拥有的东西，

---

① 这里省略了一小段关于格拉德科夫的传记。

也不可能再次成为格里布所拥有的东西。当格里布不在身边时，在命运的重压下，达莎也认识了其他男人。达莎仍然是一个非常可敬的人，但那个阴影却出现在她和格里布之间，这个害群之马折磨着好猜忌的男性本能。格里布遭受着痛苦，但反过来，他被革命牢牢束缚着，不能让他的个人戏剧独占他。格里布把复兴工厂作为他的职责。为了赢得这场战役，格里布必须克服技术专家的破坏、官僚主义的抵制以及死寂的反革命的激烈反应。有一刻，达莎似乎回到格里布的身边。但是，他们的命运仅仅是在一瞬间汇聚到一起，又分开了。尼乌尔卡死了。这打破了将达莎和格里布联系在一起的最后一个情感纽带。经过一场反映俄国重组整个过程的斗争，历经革命的所有重建工作，格里布使工厂振兴起来。对格里布和工人们来说，这是一个胜利的日子，但也是他感到遥远、陌生且永远失去达莎的日子，留给格里布的只有愤怒和野蛮的猜忌。

在《水泥》中，格里布和达莎之间的冲突与其他人相互交织并混淆在一起，处于极度紧张和极度痛苦的境地。格里布的戏剧只是俄国革命戏剧的一部分。革命的所有激情、冲动和痛苦都体现在这部小说中。形形色色的命运——包括最敌对的、最亲密的和最有分歧的类型——都是有道理的。以强劲而又坚毅之美、新生力量和创造力的形式，格拉德科夫成功地表达了最伟大的当代事件的人类财富。

5. 解释卓别林[*]

卓别林的主题对我们这个时代的任何解释都与劳埃德·乔治（Lloyd George）或拉姆齐·麦克唐纳（Ramsay MacDonald）的主题一样重要（如果一个人只在英国寻找等同物的话）。① 许多人赞同亨利·保尔拉（Henri Poulaille）的主张，即《淘金热》（*The Gold Rush*）是当代最好的小说，却总是把卓别林放置在他的国家里。无论如何，《淘金热》② 引发的人类共鸣在很大程度上超过赫伯特·乔治·威尔斯（H. G. Wells）的《世界史纲》（*The Outline of History*）和萧伯纳的戏剧。事实就是威尔斯和萧伯纳肯定是第一个认识到这一点的（萧伯纳用一种极端怪异的方式夸大了这一点，威尔斯则把一些忧郁的东西归因于中学教育的缺乏）。

卓别林的想象力揭示了其作品的重要性不亚于玛士撒拉（Methuselah）的回归或圣女贞德的辩护：黄金与马戏。卓别林更富有艺术地发展了他的思想：美学秩序之守护者受规则约束的知性主义会被这个命题所震惊。卓别林完美地诠释了亚历山大·杜马斯（Alexander Dumas）或尤金·苏（Eugene Sue）的成功，他们的思维模式也是如此。但是，对于邦探佩里，就有阴谋情节的小说或赞同他们对杜马斯的重新评价而言，他没有诉诸理由。一旦有人记起卓别林的艺术借助那些拥有博士学位的人、文盲、作家和拳击手而联系在一起，且有着同样的品位，那么，这个过

---

* Source：*El Alma Matinal*，in *Obras Completas*，4th ed.，Lima：Editorial Amauta，No.3，1970，pp. 55 – 62.

① 大卫·劳埃德·乔治（David Lloyd George，1863 年 1 月 17 日—1945 年 3 月 26 日），一位自由党领袖；拉姆齐·麦克唐纳（Ramsay MacDonald，1886 年 10 月 12 日—1937 年 11 月 9 日），于 1924 年成为英国第一位工党首相。

② 在这里，马里亚特吉补充说道："《寻找黄金》（*In Search of Gold*）或《黄金的幻想》（*The Chimera of Gold*）只是标题的近似译法。"

于简单的观点就会不攻自破。当任何人谈论卓别林的普遍性时，他并不是在呼吁知名度（popularity）。卓别林拥有所有的选票：多数和少数。卓别林的名声既是贵族式的，也是民主的。对于那些不愿忘却精英就意味着选举的人们而言，卓别林就是一个真正的精英。

寻找和夺取黄金即淘金热是浪漫主义的篇章，资本主义时代的波希米亚时期。当欧洲放弃黄金理论来寻找真正的黄金即实物黄金时，资本主义时代开始了。最重要的是，美洲的发现与它的历史密不可分（加拿大和加利福尼亚是其行程的主要站点）。毫无疑问，资本主义革命主要是一场技术革命：它的第一个伟大胜利是机器，最伟大的发明是金融资本。但资本主义从来没有成功地使其从黄金中解脱出来，尽管生产力的趋势将资本主义归结为一种象征。黄金一直在诱惑着它的身体和灵魂。然而，资产阶级文学几乎完全忽略了这个主题。在 19 世纪，只有瓦格纳（Wagner）用他宏大和讽喻的方式来表达这个主题。这部关于黄金的小说出现在我们的时代：布莱斯·桑德拉托雷尔（Blaise Cendrars）创作的《黄金》（*L'Or*）和克罗默林克（Crommelynk）创作的《杂碎黄金》（*Tripes d'or*）是这类文学的两个截然不同但却相关的范本。《淘金热》无可非议地属于这类文学。在这种情况下，卓别林的思想和展示这类文学的形象都源自一种伟大的当代直觉。对黄金的伟大讽刺的创作即将来临，它已经是可预期的。卓别林的作品把握住了世界的潜意识里引起轩然大波的那些东西。

卓别林化身电影中的波希米亚人。不管卓别林把自己伪装成什么，我们总能想象卓别林饰演的夏洛特（Charlot）这一流浪汉角色。为了触及最深刻和最赤裸裸的人性，并实现最纯洁和最神秘的戏剧效果，卓别林需要贫穷和饥饿、波希米亚主义、浪漫主义和小流浪汉（Little Tramp）的破产。其实，很难准确地定义波希米亚人。阿西尼的圣·弗朗西斯（Francis of Assisi）、提奥奇尼斯（Diogenes）和耶稣（Jesus）本人是这种精神类型的升华；纳瓦罗·蒙佐（Navarro Monzo）认为波西米亚人是资产阶级的对立面。[①] 这个小流浪汉是出类拔萃的反资产阶级的人物。他时刻准备着冒险、改变和出发。没有人能够想象他有一个储蓄账户。他是

---

① 胡里奥·纳瓦罗·蒙佐（Julio Navarro Monzo，1882－1943），一位阿根廷作家。

一个小唐·吉诃德、上帝的杂耍艺人、幽默家和乞丐。

　　这样一来，卓别林就会把自己的兴趣放在波西米亚和浪漫主义的资本主义企业，从而去寻找黄金。这个小流浪汉离开了阿拉斯加（Alaka），进入了贪婪而痛苦的人群。在崎岖多雪的山脉中，这群人准备用自己的双手寻找黄金。卓别林不能在商业、工业或股票市场上与资本主义的狡猾家伙待在一起。这是唯一能想象这个流浪汉变得富有的方法。《淘金热》的结局——有些人觉得它有点粗俗，因为他们更喜欢那个小流浪汉回到他一贫如洗的波西米亚——绝对是公正而精确的。这个结局甚至没有最低限度地遵从美国科技的基本原理。

　　整个作品被不可逾越地构造好了。多愁善感和情爱的元素妨碍着数学的精确度，具有严格的艺术和生物的必要性。吉姆·麦凯（Jim McKay）发现了这个小流浪汉，他那处于贫穷和流浪之中的老战友，正是在那一刻，在浪漫的紧张气氛中，小流浪汉决定在猛烈的能量释放中陪他寻找一座巨大的不复存在的金矿。卓别林这位作者知道，对于创造和发现而言，情欲被唤起是一种有利状态。像唐·吉诃德（Don Quixote）一样，流浪汉在尝试大胆的航程之前一定要坠入爱河。在爱情中，强烈而怪异地坠入爱河，对于流浪汉而言，他不可能找不到金矿。没有任何力量和意外能够阻止他。如果金矿不存在，那就无关紧要了。吉姆·麦凯误导了流浪汉，这并不重要。吉姆·麦凯的想法被一个使他失去记忆并使他迷失方向的打击弄得十分黯淡。这个小流浪汉一定能找到神奇的金矿。他的痛苦给予了他超现实的力量。雪崩和暴风雨也无法击败小流浪汉。在悬崖边上，他将拥有充沛的精力来抵抗死亡，并纵身而过。小流浪汉必须从这次旅途中归来，成为百万富翁。而且，考虑到他生命中的矛盾，谁会是他在这场胜利冒险中合乎逻辑的伙伴呢？除了吉姆·麦凯之外，还能有谁呢？这个凶残、残暴和专横的金矿商，他在山里饿得发疯，有一天想杀死流浪汉并吃掉他吗？对一个淘金者而言，麦凯有着严格而完美的规章制度。卓别林把贪婪和疯狂的残暴特性赋予了麦凯，这并不是夸大其词，也不是幻想。如果卓别林没有把麦凯描绘成一个在极端情形下已经决定吃掉同伴的人的话，麦凯就不可能是这个故事的完美英雄。一个淘金者的首要职责是生存。麦凯的逻辑是达尔文主义和无情的个人主义学说。

在这部作品中，卓别林不仅出色地把握了他那个时代的艺术思想，而且以严格的科学心理学术语表达了它。《淘金热》证实了弗洛伊德的说法。作为神话，它源自瓦格纳（Wagnerian）的四部曲。在艺术和精神层面，《淘金热》超越了皮兰德罗的戏剧和普鲁斯特（Proust）与乔伊斯（Joyce）的小说。

马戏团是波希米亚的奇观，波希米亚艺术是出类拔萃的。一方面，马戏团与卓别林有着基本和最深厚的关联；另一方面，马戏团和电影在它们的技术和基本自主性方面有着明显的联系。尽管它们有着不同的方式和风格，马戏团犹如电影一样是图像的运动。尽管努力使电影成为一种有声的，哑剧仍然是马戏艺术的来源，它是无声的。卓别林来自哑剧，或者更确切地说，他来自马戏团。电影院把戏剧作为资产阶级戏剧给扼杀掉了。戏剧无力来抗拒马戏团。马戏团的精神——所有现存的波西米亚的、浪漫的和游牧式的马戏团——已经使电影艺术家卓别林解放出来。邦探佩里早已草率地摒弃了旧的、文学的和冗长的资产阶级戏剧。然而，古老的马戏团依然生机勃勃，充满活力，且没有发生变化。剧院需要通过重返中世纪的"神秘"、可塑的奇观、竞技的或马戏团技术或有着活动舞台的合成作用的近似电影院来重塑自己，马戏团只需要存续下去。马戏团获得了所有对其发展和延续传统的必要元素。

卓别林的最新电影是潜意识地从情感上回归到马戏团和哑剧。从精神上看，它展示了许多好莱坞式的闪避。十分关键的是，这并没有扰乱反而有利于精巧的电影表现。在一份经验丰富的先锋刊物上，曾遇到过反对把《马戏团》（The Circus）作为一项艺术作品的异议。恰恰相反，如果电影描绘的是在电影中什么艺术高于一切，那么，卓别林已经在《马戏团》中前所未有地击中了目标。《马戏团》完全是电影作品。卓别林在这部作品中成功地展示了自己的形象。字幕减少到最低限度，或者可以完全去掉，而不会失去任何一种场面明示的喜剧力量。

根据卓别林自传的官方版本，卓别林来自一个小丑家庭，一个马戏团艺术之家。实际上，卓别林年轻时就是一个小丑。是什么力量把卓别林从这门艺术中引领出来，并与他的波希米亚灵魂如此和谐一致呢？对笔者来说，好莱坞电影的吸引力似乎既不是唯一也不是最具有决定性的原因。笔者更喜欢历史、经济和政治的解释理由，在这种情况下，尝试一种比幽默更严肃的方式是可能的。

英国小丑代表了小丑演进的最高程度。从那些非常恶毒的、过分的和尖锐的地中海小丑中，我们已经习惯了在马戏团的旅行中寻找发现，这是最遥远的可能。卓别林是一个优雅的、慎重的且具有数学头脑的哑剧演员，他以一种完美的圣公会（Anglican）的尊严来践行他的艺术。英国已经开始创造出这种人类类型，因为它是竞技或狩猎的良种——与一种严格的和达尔文式的选择原则相符合。小丑的笑声和面容是英国人生活的经典标志，也是帝国华丽机器中的一个齿轮。小丑的艺术是一种仪式，他的滑稽绝对是严肃的。在萧伯纳的国度里，形而上和信奉宗教的萧伯纳只不过是谁编的一个小丑。小丑不是一种类型，而是一种制度，像上议院一样受人尊敬。小丑的艺术象征着对放荡不羁的波西米亚人的野蛮和游牧的驯化，符合优雅的资本主义社会的品位和需求。英国也做了与小丑的笑声同样的事情，如同它与阿拉伯马（Arabian horse）所达成的那样：通过资本主义艺术和动物园技术来训练它，使其成为曼彻斯特和伦敦资产阶级的一种清教徒娱乐。小丑明显地说明了物种的进化。

在一个持久性和常规性的英国崛起的时代，没有小丑出现，即使是伟大的天才卓别林也不能抛弃他的艺术。传统规范与不受干扰和坚定不移的习俗机制都足以自动地抑制任何逃避的冲动。在英国发展的一个正常时期，刚性的和企业的英格兰精神足以维持对职业和贸易的忠诚，但是卓别林进入了一个资本主义的轴心正悄悄地从大不列颠转移到北美的历史时刻。卓别林超灵敏的精神将英国机器的不均衡记录了下来，表现在其离心的和分离主义的冲动上。卓别林的天赋感知到新资本主义大都市的吸引力。被美元击败的英镑、煤炭行业的危机、曼彻斯特织机的沉寂、殖民地中的自治风潮、尤金·陈（Eugene Chen）与汉口（Hankow）的通信——所有这些削弱英国权力的症状都被卓别林预期到了，他是时代最秘密信息的一个警报感受器。作为电影艺术家的这个小流浪汉诞生于小丑的内心平衡的破裂之中。在快速的资本主义发展过程中，美国的引力无法将卓别林从他原本就能作为一个小丑的命运中解放出来，在英国历史的高压潮流中，也没有出现一连串的失败。虽然电影和好莱坞已经点燃了它们的探照灯，但是卓别林的命运在维多利亚时代是多么的不同！

美国并没有在精神层面接纳卓别林。卓别林的悲剧和幽默在艺术家和北美之间的亲密冲突中获得了强烈的反响。北美的繁荣、活力和锐气使艺术家激动不已，但北美资产阶级的幼稚和傲慢自负的平凡却让波西米亚人感到厌恶，波西米亚人实际上很浪漫。反过来，北美也不喜欢卓别林。众所周知，好莱坞的老板认为卓别林具有颠覆性和敌对性。北美人觉得卓别林身上有某种可以逃脱他们的东西。在美国金融和工业的新贵格会教徒中，卓别林将总是与布尔什维克主义存有关联。

这种矛盾和反差孕育了最伟大和最纯粹的现代艺术现象。电影允许卓别林在人类反抗悲伤的斗争中援助人类，其广度和共时性是艺术家从未达到过的。这个悲剧性的滑稽的波西米亚人形象给五大洲带来快乐的日常生活。在卓别林那里，艺术达到其享乐和解放功能的最大值。卓别林用他痛苦的微笑和受伤的神情缓和了世界的悲伤。他比任何政治家、哲学家、实业家或艺术家更加有利于人类卑微的幸福。

——《万象》，1928 年 10 月 6 日和 13 日

第九部分

拉　美

像许多拉美思想家和知识分子一样，马里亚特吉从半球统一的角度来思考问题。正如他在这一部分的第一篇有关拉美统一的文章中所指出那样，"这些人不仅是口头上的兄弟，而且是历史上的兄弟。他们来自一个子宫。西班牙人的征服摧毁了土著文化和社群，并使西班牙美洲人的民族、政治和道德面貌同质化。西班牙人的殖民方法使其殖民地的命运成为一体"。马里亚特吉非常清楚这个地区的国家是如何随着时间的推进而发展起来的。

马里亚特吉密切关注着墨西哥和尼加拉瓜的事件，奥古斯托·塞萨尔·桑蒂诺（Augusto César Sandino）正在开展反对美国海军陆战队和与他们开展合作的精英主义的尼加拉瓜政客的人民游击战。① 墨西哥革命启发了整个拉美和世界上大部分地区的思想家、活动家和知识分子，因此，马里亚特吉运用他的聪明才智来理解和分析后革命时期的事件也就不足为奇。马里亚特吉有关"墨西哥与革命"的文章对革命进程做了一个简明扼要的概述。这一章节中的另外两篇文章即《波特斯·吉尔反对墨西哥地区工人联合会》② 和《从边缘看墨西哥政治的新历程》为发展后革命时期的墨西哥的政治学提供了一种冷静的分析，而且已被证明是非常有先见之明的："随着马德罗（Madero）的起义和波菲里奥·迪亚兹（Porfirio Díaz）的覆灭，在墨西哥进行的历史实验为观察者提供了一些精确而独特的证据，这些证

---

① 参见 Augusto César, "Mensaje de Sandino", *Amauta* 3/16 （July 1928）, p. 1; Augusto C. Sandino, "SandinoMensajes: Sandino y la libertad de los pueblos", *Amauta* 4/20 （January 1929）, p. 95; letter from Augusto César Sandino to José Carlos Mariátegui, May 20, 1928, in *José Carlos Mariátegui: Correspondencia* （Lima: Biblioteca Amauta, 1984）, No. 2, p. 380; and selection IV. 3 in this volume, "Yankee Imperialism in Nicaragua".

② 在当选总统阿尔瓦罗·奥布雷孔（Alvaro Obregón）遇刺身亡之后，1928 年 12 月 1 日至 1930 年 2 月 3 日期间，埃米利奥·波特斯·吉尔（Emilio Portes Gil, 1899 年 10 月 3 日—1978 年 12 月 10 日）曾担任墨西哥的临时总统。

据对资本主义和由小资产阶级领导的所有政治运动的资产阶级有着必然的吸引力，这个历史实验也为观察者提供了它所有特定的思想混乱。"马里亚特吉对墨西哥政治发展的密切关注表明了他对半球统一的重视。

1. 印度—西班牙美洲的统一[*]

西班牙语系美洲人有着同样的取向。他们历史命运的团结一致并不是拉美文学的一个幻觉。这些人不仅是口头上的兄弟，而且是历史上的兄弟。他们来自一个子宫。西班牙人的征服摧毁了土著文化和社群，并使西班牙美洲人的民族、政治和道德面貌同质化。西班牙人的殖民方法使其殖民地的命运成为一体。征服者把他们的宗教和封建主义强加给了土著居民。西班牙血统与印度血统混合起来了。因此，西班牙人造就了克里奥尔人的核心，这是未来民族的萌芽。此后，相同的思想和情感激起殖民地反对西班牙。简而言之，印度—西班牙裔民族的形成过程有着统一的轨迹。

解放者的一代强烈地感受到这种南美国家的统一。一个统一的大陆阵线反对西班牙。这些领导人并没有遵从一种民族主义的理想，他们服从的是拉美人的理想。这种态度符合历史的需要。此外，在没有民族的地方，可能就没有民族主义。革命并不是土著居民的一种运动，它是克里奥尔人的一种运动。法国大革命的反响在他们中间已经产生一种革命精神。

但是，后代并没有延续同样的方式。从西班牙解放出来的前殖民地仍然承担着国家形成所必需的任务的压力。优于偶然现实的拉美理想被遗弃了。独立革命是一个伟大的浪漫主义行为，它的领导人和激励者都是非同一般的人。这一行为的理想主义和这些男性让他们提升到一个无法通过不那么浪漫的行为和人们来达到的高度。荒谬的斗争和罪恶的战

---

    * Source："La unidad de la América Indo-Española"，*Temas de Nuestra América*，in *Obras Completas*，1st ed.，Lima：Editorial Amauta，No. 12，1960，pp. 13 – 17.

争撕裂了印度—西班牙美洲的统一。与此同时，一些前殖民地比其他殖民地更加牢固和迅速地发展起来。移民使离欧洲最近的那些殖民地受益。这些殖民地受益于与西方文明的更为广泛的接触。西班牙美洲人开始以这种方式将自己区分开来。

目前，虽然一些国家已经解决了它们的根本问题，但还有一些国家并没有在解决方案上取得多大的进展。有些国家已经有了一个正规的民主组织，但封建制度的深层次的残留物仍然存于其他国家之中。所有这些国家的发展进程都朝着同一方向行进，有些国家比另一些国家更快地完成这一进程。

事实上，使西班牙美洲人分裂并孤立起来的并不是他们政治时刻表上的这种多样性。未完全形成的国家可以同意并阐明一个国际体系或混合体，这是不可能的，其中大多数国家几乎没有被概述过。在历史上，公社（commune）先于国家（nation），国家先于任何国际社会（society of nations）。

西班牙美洲的经济关系的无足轻重似乎是这种散布的一个具体原因。这些国家之间几乎没有任何商业或交换关系。它们都是或多或少地生产原材料和食品的生产国，这些原材料和食品被运往欧洲和美国，以便能够交换机器、制成品等。这些国家有着一种类似的经济和贸易。它们是农业国家，并与工业国家开展贸易。西班牙美洲人之间没有合作；相反，有时会有竞争。他们彼此不需要对方，也不补足彼此，更不会互相追捧对方。在经济上，它们充当着欧洲和北美工业与金融的殖民地的功能。

尽管缺乏对历史唯物主义概念的认可，但我们不可能忽视经济关系是种族之间沟通和联系的主要媒介的事实。也许经济事实既不先于也不高于政治事实，但这些事实至少是同质的，而且是相辅相成的。现代历史的每一步都在教导这一点。德国统一通过《关税同盟》（Zollverein）获得了成功。[①] 这种关税制度消除了德国国家之间的边界，它是这种统一的推力。在战后时期，这种关税制度虽然失效了，但庞加莱主义者（Poin-

---

① 《关税同盟》（Customs Agreement）。

carists）的军事演习也无法削弱它。① 尽管奥地利—匈牙利种族构成存在异质性，但近年来奥地利—匈牙利也构成了一个经济有机体。奥地利—匈牙利民族和历史渊源有着明显的自主权，但来自分离奥匈帝国的《和平条约》的这些国家还是有点人为的作用。它们共同生活在奥匈帝国，这最终使它们在经济上融合在一起。《和平条约》赋予它们政治自主权，却未能给予他们经济自主权。这些国家不得不通过关税协定来寻求修复它们的统一职能。在欧洲，正在被试用的国际合作与援助的政纲从欧洲国家经济相互依存的现实中发展出来。这些政纲不是由抽象的和平主义理念来驱动，而是取决于具体的经济利益。和平带来的问题已经彰显了欧洲的经济统一。欧洲的道德统一和文化统一不明显，在说服欧洲从而安抚自己方面也不太有效。

的确，这些初期的国家形态发现自己分散在一个庞大的大陆上。但是，在我们这个时代，经济比空间更强大。它的纤维和神经能够抑制或破坏距离。印度—西班牙美洲人在沟通和运输方面的迫切需要是经济关系迫切需要的产物。铁路并不是用于满足精神或文化需要的。

出于实际考虑，西班牙语系美洲发现自己被分离、被分裂和被分割。然而，西班牙语系美洲的统一并不是一种乌托邦，也不是一个抽象概念。创造西班牙美洲历史的那些人与历史并没有什么区别。克里奥尔人和阿根廷人之间没有明显的区别。阿根廷人比秘鲁人更乐观和更积极，但每个人都是不信教和感性的。在他们之间，色调的差异比肤色的差异更大。

西班牙美洲不同地区的情况各不相同；地形不同，但人们几乎没有区别。历史的主题首先是人们。经济、政治和宗教都是人类现实的形式。它们的历史本质上就是人类的历史。

西班牙美洲人的身份在学术生活中找到一种表达方式。同样的想法和情感贯穿于所有印度—西班牙美洲人之中。所有有影响力的学术上的知名人士都对大陆文化产生影响。萨米恩托（Sarmiento）、马蒂（Martí）和蒙塔尔沃（Montalvo）并不只是属于各自的国家；他们属于西班牙美

---

① 庞加莱主义（Poincarism）是一场以雷蒙德·庞加莱（Raymond Poincare，1860 年 8 月 20日—1934 年 10 月 15 日）命名的政治运动。庞加莱是一位致力于政治和社会稳定的法国保守派领导人。

洲。达里奥（Darío）、卢格斯（Lugones）、席尔瓦（Silva）、内尔沃（Nervo）、乔亚诺（Chocano）和其他诗人也是如此。鲁本·达里奥（Rubén Darío）遍及西班牙美洲文学。目前，巴斯孔塞洛斯和因赫涅罗斯的想法即将具有大陆反响。巴斯孔塞洛斯和因赫涅罗斯是我们美洲全新的一代教师，他们是美洲思想的向导。

谈论一种正在萌芽和发展的合宜而真实的拉美文化是极其荒谬的，也是十分冒昧的。唯一明显的事实就是，有一种充满活力的文学作品已经反映了西班牙美洲人的心态和精神。这种文学——诗歌、小说、评论、社会学、历史和哲学——还没有与人们联系在一起；但它与知识分子有关联，即使只是部分和微弱的联系。

我们的时代终于造就了一种更加丰富多彩和广泛的交流，这种交流在西班牙美洲年轻人之中已经建立了一种革命情感。这种交流更能让人从精神而不是从智力上回想起团结的独立一代。现在与当时一样，一种革命精神把印度—西班牙美洲人团结起来了。资产阶级的利益是具有对抗性或竞争性的；大众的利益并非如此。美洲所有的新生代都与墨西哥革命及其命运、理想和人们站在同一阵线上。谨慎的外交祝颂词不会使这些人团结起来。在未来，人民大众的历史选择将使他们团结起来。

——《万象》，1924 年 12 月 6 日

2. 墨西哥与革命[*]

在墨西哥，波菲里奥·迪亚兹的独裁统治带来一种表面上的经济福祉，但也带来深层次的社会痼疾。在其掌权期间，波菲里奥·迪亚兹是墨西哥富豪统治的工具、代理人和囚犯。在改革革命和反对马克西米兰（Maximilian）期间，墨西哥人对富豪统治的封建特权发起攻击。随着马克西米兰的垮台，大地主们控制了这种自由主义和民族主义革命的一位上将即波菲里奥·迪亚兹。他们使迪亚兹成为一个官僚军事独裁政权的领袖。这种官僚军事独裁政权被指定用来镇压和遏制革命要求。迪亚兹的政治观点基本上是财阀式的。诡诈的和具有欺骗性的法律剥夺了墨西哥印第安人的土地，从而服务于民族资本家和外国资本家的利益。大庄园兼并了土著村社的合作农场（ejidos）和传统领地。因此，农民阶级是完全无产阶级化的阶级。财阀、大庄园主以及他们雇用的委托律师和知识分子构成一个派系。这种派系在结构上类似于秘鲁的文官党，它在外国资本的支持下主导着一个封建化的国家。波菲里奥·迪亚兹是其理想的宪兵。这种所谓的"实证主义顾问的"（científico）^① 寡头统治使墨西哥封建化。寡头们组织了一种大型禁卫军来保护它。大型禁卫军扩展了享有特别优待的外国资本家的特殊权利。在民众中，它鼓励死气沉沉和麻木不仁，并临时性地剥夺了一位动画师和领导者。但是，那些为争取土地权而顽强抗争的人们不能听任这种封建制度的存在，并否认它的要求。此外，工厂的发展正在创建一个工业无产阶级，外国移民正在给这

---

* Source："México y la revolución"，*Temas de Nuestra América*，in *Obras Completas*，1st ed.，Lima：Editorial Amauta，No. 12，1960，pp. 39 – 43.

① 字面意义是"一个科学家"，这里指的是迪亚兹的一群实证主义顾问。

些人带来新的社会观念。小型社会主义和工团主义的核心出现了。来自洛杉矶的弗洛雷斯·马贡（Flores Magon）给墨西哥注入一剂社会主义意识形态。最重要的是，他在农村煽动起一种苦涩的革命感情。一位领导人和一个事件能够激发并煽动一个国家。

波菲里奥·迪亚兹第七个任期即将结束，弗朗西斯科·马德罗这位领导人出现了。直到那个时候，马德罗还是一个没有政治意义的农民，他出版了一本反对迪亚兹连任的书。这本书控诉迪亚兹政府，引发了广泛的民众反响。起初，波菲里奥·迪亚兹无视逐渐削弱的暴君，盲目地相信自己的权力，并不担心马德罗及其著作引起的骚乱。迪亚兹认为，马德罗的人格是低劣的，也是毫无势力的。马德罗就像一个使徒一样被赞誉着和被追随着，他激起一种反对迪亚兹再次当选的强劲倾向。独裁者最终感到惊慌和不安，觉得有必要展开激烈的战斗。马德罗被判入狱。反动式的进攻驱散了反连任的政党，迪亚兹的一群实证主义顾问（cientificos）重新确立了他们的权威和权力。波菲里奥·迪亚兹赢得了第八次胜利，墨西哥百年庆典是其独裁统治的极好的神化。这样的成效让迪亚兹及其群体充满乐观主义精神和信心。然而，迪亚兹政府的终结却近在咫尺。马德罗被有条件地释放了，他逃到美国，在那里致力于组织革命运动。此后不久，奥罗斯科（Orozco）加入第一个起义部队。叛乱迅速蔓延开来。迪亚兹的一群实证主义顾问试图用政治武器来攻击它。他们宣布自己已准备好满足革命愿望。迪亚兹的这群实证主义顾问通过阻止另一次再选的法律。这一策略却无法牵制这场正在进行的运动。反连任运动只是一个过渡阶段。在反连任运动的周围聚集了所有愤愤不平的人、被剥削者和理想主义者。革命还没有一个纲领，但它已经开始被映衬了出来。革命的第一个具体要求就是为了那些被庄园主所篡夺的土地。

墨西哥的富豪统治阶层有着所有富豪的自我保护的敏锐直觉，他们推动着与革命者进行谈判。这使得革命没有凭借武力来推翻独裁统治。1912 年，波菲里奥·迪亚兹将政府移交给监督选举的德拉·巴拉（De la Barra）。马德罗通过与迪亚兹的一群实证主义顾问达成妥协来获得权力。因此，马德罗接受了他们的合作，保留了旧国会。这些事务和交易使马德罗开始动摇，并逐渐削弱了他。迪亚兹的这群实证主义顾问破坏了革命计划，并把马德罗从社会阶层中孤立出来。从这个社会阶层中，马德罗招募了他的皈依者，同时也为他们自己夺回权力做了准备。这群实证主义顾问埋伏着等待时机，以消除共和国总统任期内逐渐削弱和没落的马德罗。马德罗很快便失去他的群众基础。如今，先后出现了费利克斯·迪亚兹（Félix Díaz）的起义和维多利亚·瓦尔塔（Victoriano Huerta）的背叛，瓦尔塔在马德罗和皮诺·苏亚雷斯（Pino Suárez）的尸体上猛攻政府。"实证主义顾问"的反抗似乎获胜了。但是，军事首领的声明却无法阻止墨西哥革命的进展。这场革命的所有根源仍旧继续存在。贝努斯蒂亚诺·卡兰萨（Venustiano Carranza）将军举起马德罗的旗帜，经过一段时间的斗争，将维多利亚·瓦尔塔驱逐下台。革命要求更加突出和明确，墨西哥根据这些要求修订和革新了它的基本宪章。克雷塔罗州（Queretaro）宪法改革的第 27 条规定，土地属于国家，并要求瓦解大庄园制；第 123 条则将工人的各种愿望纳入宪法：包括工作日的最长期限、最低工资、健康和养老保险、工作意外赔偿和利润分成。

但是，一旦卡兰萨当选为总统，这些情况就不复存在了。作为一位地主，卡兰萨致力于维护地主阶级的利益，这就阻碍了他实施土地改革。革命所承诺的并由宪法改革所规定的土地划分并没有实现。卡兰萨政权逐渐变得僵化和官僚化。他最终声称自己有权指定他的继任者。革命党派不断地激发这个国家奋起反抗卡兰萨的这种想法。卡兰萨事实上被抛弃了，他死于一个不正规的群体手中。维多利亚·瓦尔塔的临时总统选举使奥布雷贡（Obregón）将军当选为总统。

奥布雷贡政府采取了坚定的措施来满足革命的最深层次的愿望：它已经把土地分给贫穷的农民。在尤卡坦（Yucatan）州的保护下，一种集体主义政权获得了蓬勃发展。奥布雷贡政府审慎而有组织的政策，使墨西哥的生活正常化，并说服了美国承认墨西哥政权。

但是，奥布雷贡政府最具革命性和最卓越的活动是它在教育方面的工作。何塞·巴斯孔塞洛斯是当代拉美最杰出的人物之一，他倡导了一种广泛和激进的公共教育改革。巴斯孔塞洛斯运用最新颖的方法来减少文盲；为最贫困的阶层创办了高校；犹如一个现代传教士一样，他已将托尔斯泰和罗曼·罗兰的作品传播到所有学校和图书馆；已将国家支持和教育孤儿与有残障的孩子的义务纳入公共教育法；将学校、书籍和想法散布在墨西哥这片广袤而又肥沃的土地上。

——《万象》，1924 年 1 月 5 日

𝒮. 波特斯·吉尔反对墨西哥地区工人联合会[*]

人们不再对墨西哥政策的临时总统的反动倾向存有什么疑虑。反对墨西哥地区工人联合会的真正动机隐藏在蛊惑人心的言语中，它的真正目的在于镇压或削弱工人群众的政治力量。这是一个明确的反革命目标，没有任何华丽的辞藻可以隐藏或掩饰它。

波特斯·吉尔对这些政策没有使命感和主动性；在他的管理部门，波特斯·吉尔服从比其个人判断更重要的影响因素。这是另一个确定的事实。因为一个突如其来的灵感，波特斯·吉尔并没有改变政府对墨西哥地区工人联合会的态度。波特斯·吉尔作为临时总统的候选对象，是由反对墨西哥地区工人联合会的力量所决定的，这种力量近年来在政府集团中已经壮大起来。当墨西哥地区工人联合会的最大胆的仇敌指控其领袖莫瑞斯（Morones）是刺杀奥布雷贡将军的马基雅维利式的煽动者时，这个政府的孕育期就开始了。从那一刻起，以革命原则的名义统治墨西哥的人民阵线被彻底攻破。所谓的奥布雷贡势力的崛起，必然会导致我们正在见证的革命和危机的发生。

在奥布雷贡和卡耶斯（Calles）政府期间，借助叛乱的小资产阶级和工人及农民组织之间在严格的改革基础上进行合作的一项默示的协议，从而确保革命政权的稳定。① 运用对付反动袭击的激进措辞，可以争取革

---

* Source："Portes Gil Contra la CROM"，*Temas de Nuestra América*，in*Obras Completas*，1st ed.，Lima：Editorial Amauta，No. 12，1960，pp. 56 – 59.

① 在一场被称为克里斯特罗叛乱（Cristero Rebellion）的大规模而又暴力的宗教战争中，一名宗教狂热分子暗杀了当选总统阿尔瓦罗·奥布雷孔（1880 年 2 月 19 日—1928 年 7 月 17 日），之后埃米利奥·波特斯·吉尔曾担任墨西哥的临时总统，任期为 14 个月。波特斯·吉尔为墨西哥实际统治者普鲁塔克·埃利亚斯·卡斯（Plutarco Elías Calles，1877 年 9 月 25 日—1945 年 10 月 19 日）效力。卡耶斯从 1924 年到 1928 年担任墨西哥总统，但是从 1928 年到 1935 年，他仍然是事实上的统治者。

命政权的稳定，便于群众保持积极性。然而，在现实中，所有激进主义必须为一种常态化和重建的政治做出牺牲。只有以此为代价，才能巩固革命性的征服。在革命的领导权之下，墨西哥地区工人联合会兴起并日益强大——它的严峻考验是1918年萨尔提略（Saltillo）的工人大会——从物质和智力层面而言，墨西哥地区工人联合会缺乏支配政府的能力和野心，在奥布雷贡的第一次选举和卡耶斯选举的时候都是如此。在萨尔提略会议上，墨西哥地区工人联合会的信徒还没有达到7000人，1926年减少到5000人。墨西哥地区工人联合会的整个发展过程都是在奥布雷贡和卡耶斯政府的领导下进行的。奥布雷贡和卡耶斯政府支持墨西哥地区工人联合会，也为它开展组织其名下的工人和农民群众的工作提供必不可少的保障。在其最伟大的动员时刻，墨西哥地区工人联合会预测其成员有200万。它的政治功能——尽管它在政府中具有代表性——与其社会力量无关。但是，在没有例外情形的帮助下，就像墨西哥及其政府历经长年的胜利的革命风潮那样，墨西哥地区工人联合会就无法在如此短的时间内创建起来，并不断壮大。

在这一政权之下，工人力量被不断地引导着朝改革的方向发展，资本和资产阶级的力量也发展起来。反抗的最不专业的能量被消耗在从外部向革命发起进攻的尝试中。最聪明的人在革命中运作，等待着热月政变（Thermidorian Reaction）拉响的时刻。

从理论或实践上说，墨西哥不是一个社会主义国家，革命遵守的是资本主义的原则和形式。这个国家的社会主义者构成其工人阶级的政治基础。然而，作为一个阶级组织，墨西哥地区工人联合会的政纲是适度的，但它必须日益强调社会财富社会化的计划。与此同时，这也是工人阶级和资产阶级在革命创建的政权中变得稳固的过程。他们倾向于支持一种更大程度上的政治成熟。这些小资产阶级分子即革命的军事领袖介于这两种影响力之间，他们必须定期地给资本主义势力让路。

通过这种方式，这条道路是为冲突而铺设的，虽然有点仓促，但在总统当选人奥布雷贡将军被暗杀之后冲突就爆发了。在卡耶斯之后，唯一的领袖奥布雷贡将军已经能够延续两种敌对势力之间的妥协。

墨西哥地区工人联合会在不利的条件和不适宜的时刻进入战斗状态。它的改革派总参谋部人员——莫瑞斯及其助理人员——从反战的、合法的和进化论的实践到反抗权力的斗争，他们都不能离职。莫瑞斯在最后一届墨西哥地区工人联合会大会上发表了热情洋溢和引发论战的演讲，却没有肯定工人阶级的权利和意愿。一旦工人阶级的情况和力量允许时，他们就会把政府掌控在自己手中。我们可以清楚地看到，莫瑞斯并没有放弃他的机会主义，他更相信利用领袖中的分歧和竞争的可能性，而不是把工人群众引导到一种真正的革命政治中去的可能性。呼吁将卡耶斯带入大会，是这种战略类型的一个策略而已。

由于这个原因，不受墨西哥地区工人联合会约束的各种工人组织努力创建一个统一的无产阶级阵线，这个阵线包括所有积极主动的部门。通过一次全国的农民大会，它有着重要的影响和意义。共产党及追随它的工人与农民团体的日常口号是："墨西哥地区工人联合会万岁！打倒它的中央委员会！"所有的工人力量都被召集起来援助墨西哥地区工人联合会对抗反动的进攻。孕育一个新联盟的所有顽固的倾向都是注定要失败的。公认的是，墨西哥地区工人联合会构成无产阶级不应该失去的一个起点。

这场革命面临着最严峻的考验。墨西哥比以往任何时候都更具备革命经验。这个国家的阶级政治正进入最引人关注的阶段。

——《万象》，1929 年 1 月 19 日

4. 从边缘看墨西哥政治的新历程*

对于拉美社会主义的理论家和实践者而言，仔细审查墨西哥事件注定要澄清那些常常混淆和损毁热情的超级美国问题专家的浅薄解释的问题。在革命活动和反动低潮时期，或许在后者中更准确和更简洁，随着马德罗的起义和波菲里奥·迪亚兹的覆灭，在墨西哥进行的历史实验为观察者提供了一些精确而独特的证据。这些证据对资本主义和由小资产阶级领导的所有政治运动的资产阶级有着必然的吸引力。这个历史实验也为观察者提供了它所有特定的思想混乱。

墨西哥使这些紧迫的和夸张的辩护者相信这种默认的希望，即墨西哥的革命将为一场本质上由拉美因素主导的社会主义革命提供守护神和方法，而且最保守地运用欧洲的理论。事实已经制止了这个热情和救世主般的希望。如今，没有任何一个谨慎的批判家会冒险承认，墨西哥革命的领导人和方案正在领导阿兹特克（Aztec）人们走向社会主义的假设。

路易斯·阿奎斯坦（Luis Araquistain）在一本书中明显赞同两年前他在墨西哥所研究的政治体制的工作。他觉得自己必须根据最基本的客观义务来破坏"社会主义革命"的传说。这也是年轻的秘鲁作家埃斯特班·帕列奇写了一系列文章的更为具体和系统的目标。自 1926 年以来，他一直与墨西哥的人们和事件有着直接的联系。这些作家是墨西哥政权的追随者或支持者。他们承认，就目前而言，这种政权的政策并不倾向于建立一个社会主义国家。弗罗伊兰·C. 曼扎尔雷兹（Froylán C. Manjarrez）在刊载于《熔炉》（*Crisol*）杂志上的一项研究中声称，逐步从资

---

* Source："Al margen del nuevo curso de la política mexicana"，*Temas de Nuestra América*，in *Obras Completas*，1st ed.，Lima：Editorial Amauta，No. 12，1960，pp. 66 – 70.

本主义过渡到社会主义阶段，生活"如今为我们提供了这个解决方案：在资本主义国家和社会主义国家之间有一种中间状态，即作为国民经济监管机构的国家，其使命与基督教的产权意识相对应，现在它获胜了，并将社会功能指派给作为国民经济监管机构的国家"。

在没有成为目的论者或决定论者的情况下，意大利法西斯主义者将精确地创设这种民族和统一的国家的任务独揽下来。阶级国家以高于阶级利益的国家的名义而备受谴责，一个调和与仲裁这些阶级利益的国家要视情况而定。这个特别的小资产阶级想法现在似乎已经融入作为革命浪潮之结果的政治体制的思想，这一点不足为奇。在其毫不含糊和毫无疑问的反革命活动的背景下，它获得了法西斯主义的支持。世界上的小资产阶级是相似的，尽管有些小资产阶级回归到马基雅维利、中世纪和罗马帝国，其他一些小资产阶级则梦想着一种能够将社会功能赋予所有权的基督教。弗罗伊兰·C. 曼扎尔雷兹的监管型国家正是法西斯国家。[①] 曼扎尔雷兹更乐意把德国政府中的这种监管看作魏玛宪法中的监管，这一点其实无关紧要。

魏玛宪法和政府中的社会主义政党的出现，都没有使德国从作为一个阶级国家和资产阶级—民主国家的特性中解脱出来。1918 年从革命中抽身而退的德国社会主义者——在魏玛宪法中有着正式表达的一种态度——没有提出任何超出这个国家缓慢而缜密的转变的东西，他们知道资产阶级利益主宰着这个国家。正如比利时的范德威尔德这样的改革派领导人所解释的那样，因为需要捍卫来自政府内部的工人阶级的利益以便反对资本主义的主导地位，加之社会主义议会派系的重要性和责任，因此，部长的合作是十分必要的。而且，诸如社会民主主义者希法亭（Hilferding）下台的事件，足以让德国社会主义者铭记政府中的资产阶级利益的实权和社会民主党合作的实际情况。希法亭曾担任财政部长，他因与德国国家银行（Reichsbank）的独裁者和大型金融资产阶级的受托人沙赫特（Schacht）发生冲突而被免职。

德国实现资产阶级民主的程度是对它进行分类和归类的标准。德国

---

① 弗罗伊兰·C. 曼扎尔雷兹是 1917 年墨西哥制宪会议的代表，这次制宪会议奠定了后革命时代墨西哥的司法基础。

的政治演变并不是通过魏玛宪法为工业国有化的模糊设计来衡量的，而是由它的资产阶级—民主制度的有效性来衡量的：普选、议会制度以及所有政党合法存在并传播它们理念的权利等。

奥布雷贡去世后的这段时期，同样可以根据先前被接受的极左势力的民主权利的中止来评判墨西哥的镇压以及波特斯·吉尔与奥尔蒂斯·鲁比奥（Ortiz Rubio）政权的右倾进展。墨西哥政府迫害墨西哥合众国工会联盟（the United Mexican Union Confederation/CSUM）、共产党、工人援助行动以及反帝国主义联盟的激进分子，因为这些激进分子批判它在帝国主义之前辞退，并传播一个无产阶级方案。墨西哥政府否认了墨西哥革命的真正使命：用一种资产阶级—民主政权取代专制和半封建的波菲里奥政权（Porfirista regime）。

监管型国家作为从资本主义向社会主义过渡的中间形态，似乎是一种明确而具体的倒退。监管型国家不仅不能确保无产阶级的政治和经济组织成为资产阶级—民主合法性的保证，而且，当无产阶级的政治和经济组织的最基本的表现让它感到有点困惑时，它还准备承担起攻击和摧毁这些组织的任务。监管型国家宣称自身是革命理想绝对的和可靠的储存库。它是一个有着父权意识的国家，在不承认社会主义的情况下，监管型国家反对无产阶级——这个阶级在历史进程中承担着履行这一义务的职责——当其确认并行使为这一职责而斗争的权利时，它不受所有资产阶级和小资产阶级影响的支配。

这些论点都不能反驳墨西哥革命的社会深度或其历史意义。击败墨西哥的波菲里奥的政治运动已经孕育了民众的情感，在民众力量中获得了支持，并被一种无可争辩的革命精神推动着。在所有的政治运动中，运动意味着超越和战胜封建主义及其寡头政治。在所有这些方面，政治运动是一种非同寻常且有启发性的经历。但是，鉴于领导这场革命的人们和引发革命的经济形势以及革命发展的本质，就这场革命的性质和目标而言，它是一场资产阶级—民主革命。在没有一个阶级政党的情况下，社会主义是不可能实现的。社会主义只能是社会主义理论和实践的产物。政权的理智的支持者聚集在《熔炉》杂志周围，他们已经承担起"界定和阐释革命意识形态的任务"。因此，他们认识到，革命意识形态既没有被界定，也没有被阐释。针对外国政治难民的最近的镇压行动——包括古巴人、委内瑞拉人等——表明这种阐释正在缓慢地到来。尽管墨西哥革命的政客彼此截然不同，但是他们尽量展示自己越来越不愿意进行一场资产阶级—民主革命。墨西哥革命的这些政客已经开始使革命倒退。与此同时，借助拉美的雄辩术，墨西哥革命的理论家正在为监管型国家这种中间形态提供理论支撑。墨西哥革命的一切，似乎与国家的法西斯主义理论一样。

——《万象》，1930 年 3 月 19 日

术语表

1. 艾柳（ayllu）：安第斯土著地区的社会组织的亲属关系形式。

2. 政治掮客（cacique）：泰诺语指的是加勒比地区的土著领袖。西班牙人把这个词带到安第斯山脉，特指当地的政治掮客。

3. 军事独裁者（caudillo）：19 世纪南美有魅力且经常独裁的政治领袖，常被翻译为铁腕人物。

4. 混血儿（cholo）：欧洲和土著血统的混血儿。

5. 文官党（civilismo/civilista）：19 世纪末 20 世纪初由那些反对军人执政的人所领导的秘鲁政治运动。

6. 古拉卡（Curaca）：安第斯山脉的世袭领袖。

7. 委托监护制（encomiendas）/委托监护主（encomenderos）：在殖民时期，委托监护主就是传统意义上的征服者，他负责执行委托监护制，并由西班牙皇室授予他土地。委托监护主负责将土地纳入国王的领地，使土地多产并使人们成为基督徒。作为一种回报，委托监护主可以支配他们认为合适的土地上的土著居民。

8. 挂钩制（enganche）：通过债务劳役制强迫招募契约劳工。劳动力招募者就是雇用劳工的人。

9. 酋长统治制下的大庄园制（gamonalismo）/酋长（gamonal）：贬义的秘鲁制度，指在当地地主或地头蛇控制下的大庄园制度；类似于领袖。

10. 随葬陶器（huaco）：一种古代或仪式上的物品，通常以陶瓷器皿的形式存在。

11. 土著主义（indigenismo）/原住民（indigenistas）：借助精英和受过教育的外来人来捍卫土著居民的权利。

12. 大庄园制（latifundia）/大庄园（latifundio）/大庄园主（lati-

fundista）：富有的当地地主（大庄园主）控制下的大地产。

13. 混血儿（mestizo）：印欧混血儿。

14. 明加（minga）：土著村社中从事集体劳动的合作小组。

15. 赋役制（mita）：西班牙殖民者统治下的强制性工作周期制度，这一制度强迫土著居民每次工作几周到几个月。

16. "蒙塔尼亚"（montaña）：秘鲁东部森林地区。

17. 雇工（pongazo）/仆人（pongos）：迫使土著雇员服从安排的家政服务。

18. 索尔（soles）：秘鲁的货币单位。

19. 印加帝国（Tawantinsuyu）：盖丘亚语就是印加帝国的名字。

20. 佃农制（yanaconazgo）/佃农（yanacona）（译者注：有的学者翻译成亚纳卡纳农）：收益分成制；被残酷剥削的租户。